対人社会心理学の研究レシピ

実験実習の基礎から研究作法まで

大坊郁夫 監修
谷口淳一・金政祐司・木村昌紀・石盛真徳 編

北大路書房

巻 頭 言

　今年（2016）年は横浜で第31回国際心理学会議が開催されるが，遡ること36年，1980年に第22回同会議が東ドイツのライプチッヒで開催された。そのとき，たまたま同じツアーで同室になったのが大坊先生だった。名前は存じ上げていたが，年上の方と初対面で同室ということで，かなり緊張したのを覚えている。しかし，これがきっかけになって現在に至るまで親しくおつき合いをさせていただくこととなった。ご存じのように先生は大変エネルギッシュで，研究業績を山のように築き上げる一方で数々の書籍の編集・監修にも携わり，さらには日本社会心理学会をはじめいくつかの学会の会長を歴任され，現在では学長という要職にある。時間管理の達人という噂もあるが，涼しい顔で実行してしまう先生にはただただ脱帽するしかない。

　そのお忙しいはずの大坊先生が，また新たに本書を監修された。執筆者の多くは，大坊先生の薫陶を受けて育った現役ばりばりの研究者である。先生は何回か大学を移られたが，それぞれの大学で多くのお弟子さんを育てられた。大坊先生とのおつき合いが長いので，学会などで彼らに会う機会も多く，その「成長」を目の当たりにしてきた。本書でも，大学院生だった方が今や貫禄十分の「中堅」になってまとめ役を務め，さらに若いお弟子さんも執筆陣に加わっている。いわば，「大坊ファミリー」が結集して，チームワークよく素晴らしい本が出来上がった。

　研究実績が豊富な執筆者によって書かれていることもあり，その内容は標準的なテキストとはひと味もふた味も違うものとなっている。各章には，その領域の概説に続いて，著者自身が実施した研究に基づく「実習」のセクションが配置されている。そこでは，研究の具体的方法が実践的な立場から紹介されており，試してみる価値がありそうなアドバイスが添えられている。考察のポイントなども示されており，レシピを作った著者たちの人柄がにじみ出てくるような気がする。若い読者の方々は，本書を読みながら，先輩が肩越しに優しくアドバイスを語ってくれるような錯覚に陥るかもしれない。同時に，研究の厳しさや楽しさを垣間見ることもできるだろう。是非，先輩が使っていた道具を譲り受けたつもりで，研究に役立てていただきたいと思う。

　今後とも，大坊先生をはじめ，次世代の社会心理学を担う（既に担いつつある）ファミリーの面々の益々の活躍を期待したい。また，本書を道案内にして新たに対人社会心理学の研究を始める方々の中から，さらに次の世代を担う研究者が現れてくれれば，私にとっても嬉しい限りである。そうした意味で，本書が世代を結びつける一冊となることを心より願っている。

東洋大学社会学部教授　安藤清志

まえがき

　心にかかわる科学ほど奥深い探究はない。それは，人なしにはすべての科学は成り立たないとともに，必ず人がなんらかの必要を感じたからそれぞれの科学が展開してきたからである。心にかかわる科学の中心となる心理学は，哲学にルーツをもつが，近代以降，実証的に心ないし行動を考察する科学として独自に展開してきた。人は他者と相互作用し，関係を結び，その関係を有形無形につないだ社会を築いている。少なくとも現代のわれわれはアプリオリにある社会の影響を受けながら，継承し，そして変革する社会を形成しつつある。

　社会の中で対人関係は多様な社会のダイナミズムを産むものであり，それが集団や社会を継承し，変革する中心になっている。この視点を強調する関心領域を従来の社会心理学から浮かび上がらせるものとして，本書では対人社会心理学を標榜する。対人社会心理学では，社会における個人，対人関係の心理過程に主な焦点を合わせながら社会と個人との関係を考えている。

　本書では，まず他者との関係においてこそ意味をもつ自己概念，自己のもつ社会的役割に焦点を合わせることから始めている。そして，親密な対人関係，友人関係，親密な関係の成立過程，多様化しつつある社会的ネットワークから対人関係を子細に扱うことの重要さを考える。さらに，対人関係を具体化する対人コミュニケーションをコミュニケーション・チャネルの理解から始め，非言語的コミュニケーションを主とする記号化と解読，対人関係，社会の紐帯化に欠かせない向社会的行動，そして社会的スキル・トレーニングの具体的プログラムを扱う。さらに，対人関係の集積ともいえる集団，コミュニティ，文化の領域について扱う。具体的には，集団内の葛藤の把握とその解決，文化理解の基礎としてのフィールドワーク，異文化理解に有用な顔の表情，異文化適応のためのトレーニングを紹介している。さらには，研究をどう展開していくのか，その過程に留意すべきこと，研究成果を分析するために用いられる統計分析の手順，最後には研究結果をどう他者に伝えるのかの具体的手順，成果として表すのかについての指針を述べている。

　当該の研究領域にはそれぞれ多様な研究の蓄積がある。ここでは，基本とする対象者を大学の学部生，大学院生とし，その領域の研究例をあげて実習，実験のトピックとして扱えるスタイルをとり，具体的な研究の進め方を示している。大学教員にとっての教材として役立つものであるようにも心がけている。

　各章で扱っているトピックは，執筆者が手がけ，一定の成果を得た研究をベースにしている。それゆえ，分析の視点としてあげられている分類変数の設定の仕方，分析方法は所定の結果を得やすいものになっている。詳細な研究方法についてはそれぞれにあげられている先行研究を参照していただきたい。本書の実験・調査の方法，結果の分析法，考察のポイントは具体的な経験に基づいたものであり，授業のマニュアルとして活用さ

れる際には，研究の手順を辿ることでリアリティの高い実習，実験を体験できるものであろう。さらに具体的な質問項目，尺度，時間配分等については監修者，章の執筆者に問い合わせていただければ幸いである。

　大学における実習，実験の授業は，心理学は実証的経験をふまえた科学であり，どのような対象であれ，行動の指標を慎重に準備し，一定の手順を整然と行うことによって意味ある知見を得ることになることを理解する重要な教育場面である。しかしながら，現状を振り返ってみると，以前に比べてしだいに，授業に要する時間の短縮，実施内容および分析，考察の手軽化が進んでいるように見受けられる。こうであっては，心理学のもつ魅力も正確には継承されないのではなかろうか。

　安易に研究することはできない。徹底した準備と手続きを経ることがなければ，心理学的分析に耐えられず，そこで得られた結果からは生産的な考察はできない。研究に必要な公平な態度，真摯な実証性を会得するのに早過ぎることはない。徹底した慎重さによってこそ研究計画は立てられ，しかもその計画は一般化できるはずのものである。すなわち，綿密な手順で行われる研究は特定の研究者が特定の環境でしか結果をもたらすものではなく，再現されるものでもあろう。

　研究を目指す者は，まずもって大学学部の基礎的な実習，実験の経験から研究の姿勢を学ぶ。心理学のストイックな厳しさと，その厳しさから生まれる結果のもつ意味の大事さを会得するのもこの経験からに外ならない。

　毎年各種の心理学関連の学会大会が開催され，そこでは膨大な研究成果が発表されている。しかしながら，その膨大さに比例するかのように，本格的な研究とはほど遠い，些細な試行的な研究，思いつき的な興味による発表（思いつきが悪いというのではなく，今後の研究のつながりを意識していないような）が多い。それらを，誰かが碁盤面に並べて見るならば，創造的な一連の研究として重要な意味をもつかもしれないが，当事者はそのような視点をもっていないのではないかと思わざるを得ない。このような現状は，基本となる研究トレーニングが十分にできていないことに起因するのかもしれない。おこがましい言い方であるが，本書を企画した意図には，この種の反省も含まれている。本書を手に取って当初は煩わしさを感じるかもしれないが，大学での対人社会心理学に関する実習，実験の標準的な展開の仕方を意図している。

　2011年秋に本書は企画され，それから約4年の時間が経過している。このように出版までの時間がかかったのは，以下のような監修者からの煩瑣な執筆依頼に原因がある。その内容は，実習，実験のマニュアルの意味を大きくもちながら，その研究に至る動向，研究のねらい，目的，研究の意義，方法・手続き，結果の求め方，分析法，考察のポイント，さらに，報告書の書き方，まとめ方などを含めることであった。この意を受け，部ごとに，執筆内容をふまえながら関連領域のプレビューを編者が担当している。

　本書は，学部生が行う実習，実験を履修する際の具体的な実験を指導する際に用いるマニュアルの様式をとりながら卒論実施，大学院生の研究展開に際しても有用になる性格をもつものである。多様な研究方法を着実に身につけるための「一種」の研究作法書とでもいい得るものを目指している。

各部のとりまとめを担当した編者は大阪大学大学院人間科学研究科の対人社会心理学研究室で監修者と研究の苦労を共にした気鋭の研究者である。編集の労に感謝したい。そして，めんどうな執筆を快諾していただき，かつこのように出版までの長い時間を待っていただいた執筆者に感謝申し上げたい。

　40年近くにわたる同学の友であり，早くから対人関係のもたらす心理的・社会的適応の働きに注目し，さらに広く社会心理学研究の興隆に貢献されている安藤清志先生（東洋大学社会学部教授）には，本書の巻頭言をいただいた。これまでのご交誼に感謝いたします。

　本書の企画から出版まで親身にご配慮いただいた北大路書房編集部の奥野浩之氏，そして監修者の研究室出身でもある安井理紗氏に篤く感謝いたします。

　最後に，有形無形に支えてくれる家族に感謝したい。

2015年11月19日
監修者　　大坊郁夫

目次

巻頭言　*i*
まえがき　*iii*

第1章　研究するということ　*1*

1　対人社会心理学研究の特徴　*1*
1. 研究の課題　*1*
2. 研究における価値　*1*
3. 対象の特徴　*2*
4. 研究の社会性　*3*

2　研究展開の段階　*4*
1. 関心をもつ　*4*
2. 推測する　*5*
3. 設計する　*5*
4. 仮説を立てる　*5*
5. 研究法を選ぶ　*6*
6. データを得る　*6*
7. 分析する　*6*
8. 成果を発表する　*7*

第Ⅰ部　自己を捉える

Preview：自己の研究　*10*
1. 自己とはなんだろうか？　2. 自己の何を測定するのか　3. 自己をどのように研究するのか　4. 自己について研究する前に

第2章　対人的自己：自己呈示を測定する　*14*

1　自己呈示の研究　*14*
1. 自己呈示とは　*14*
2. 自己呈示をどのように測定するのか？　*14*
3. どのような自己呈示をするかに影響する要因　*15*
4. 自己呈示のジレンマ状況　*16*
5. どういうときに自己呈示するのか？　*18*
6. 自己呈示の個人差　*18*

2　将来の相互作用の期待が自己呈示に与える影響を調べる実験（実習）　*19*
1. 実験の目的　*19*
2. 実験の準備と実施方法　*19*
3. 結果の整理　*23*
4. 考察の視点　*24*

第3章　自己への注意　27
1　導　入　27
2　実習（研究）方法　28
1. 方法の概要　28
2. 実施方法　29
3. 結果　30
4. 先行研究の結果　30
5. 考察　31

第4章　自己と well-being　33
1　問題設定　33
2　方法の概要　35
1. 実験の流れ　35
2. 実習課題の方法　35
3. 分析　38
4. 考察課題　39

第5章　自己概念と自己評価：自己評価をさまざまな側面から検討する　41
1　導　入：問題設定　41
1. 自己概念　41
2. 自己評価　42
3. 自己高揚傾向・幸福感の文化差　43
4. 文化的自己観　45
5. 自己意識　46
2　実　習　46
1. 方法の概要　46
2. パターンの選択と質問紙に入れる項目　47
3. 実施方法　49
4. 結果の分析　54
5. 考察の視点　59

第Ⅱ部　関係する人々

Preview：対人関係の研究　64
1. 対人関係を考える　2. 対人関係を捉える　3. 対人関係の研究対象を吟味する
4. 対人関係を分析する　5. 対人関係を再考する

第6章　親密な対人関係の測定　68
1　親密な対人関係を捉えるために　68
1. 親密な対人関係をどう捉えるか　68
2. 友人と恋人への「好き」は異なるのか　68
3. 激しい愛と穏やかな愛　69
4. 愛の三角理論　69

5. 愛の3要素と他の親密な関係の特質との関連　70
　2　愛の3要素と親密な異性関係の特質との関連についての調査（実習）　72
　　　1. 調査目的　72
　　　2. 質問紙の構成と実施方法　72
　　　3. データの分析と結果の整理　74
　　　4. 考察　79

第7章　友人関係の測定：友人関係への自己開示における
　　　　　理想と現実のズレが苦手意識に及ぼす影響　84

　1　友人関係の研究　84
　　　1. 青年期にとっての友人関係　84
　　　2. 友人関係の親密化にかかわる自己開示　84
　　　3. 親密な友人関係の分類　86
　　　4. 現代青年における自己開示の傾向　86
　　　5. 現代青年における友人関係の特徴　87
　　　6. 本実習の目的　88
　2　実　習　89
　　　1. 調査票の構成　89
　　　2. 調査実施とその注意点　93
　　　3. 分析手順と結果の読み取り　93
　　　4. 考察　97

第8章　親密な関係の成立：大学生の恋愛における告白　99

　1　恋愛における告白の研究　99
　　　1. 告白とは　99
　　　2. 告白の状況　100
　　　3. 告白の効果　100
　　　4. 告白の成否　101
　　　5. 告白の個人差　102
　2　恋愛における告白に関する調査（実習）　103
　　　1. 調査の目的　103
　　　2. 質問紙の作成と実施方法　103
　　　3. 結果の整理　104
　　　4. SPSSによる分析手順の例　105
　　　5. 考察の視点　106

第9章　オンラインとオフラインの対人関係　109

　1　社会関係資本としての社会的ネットワーク　109
　　　1. オンラインとオフラインの対人関係　109
　　　2. 社会関係資本論　110
　　　3. オンラインとオフラインの社会的ネットワークと社会関係資本　111
　2　社会関係資本としての社会的ネットワークと自尊心との関連（実習）　112
　　　1. 調査目的　112
　　　2. 質問紙の構成と実施方法　113
　　　3. データの分析と結果の整理　114
　　　4. 考察　118

第Ⅲ部　コミュニケーション

Preview：対人コミュニケーションの研究　*126*

1. 対人コミュニケーションを見つめ直す　2. 対人コミュニケーションの"何"を研究するか？　3. 対人コミュニケーションを"どう"研究するか？　4. 対人コミュニケーションの新たな一面を見いだす

第 10 章　対人コミュニケーション・チャネルの理解　*131*

1　対人コミュニケーション・チャネル　*131*
  1. 対人コミュニケーション・チャネルとは何か　*131*
  2. 聞き手の反応が話し手に及ぼす影響　*134*

2　聞き手の豊かな反応が話し手に及ぼす影響を調べる実験（実習）　*135*
  1. 実習概要　*135*
  2. 仮説　*135*
  3. 方法　*135*
  4. 結果の整理　*140*
  5. SPSS による分析手順例　*141*
  6. 考察　*142*

第 11 章　メッセージを伝える：記号化と解読　*144*

1　メッセージの送受信　*144*
  1. メッセージの記号化と解読　*144*
  2. 説得における対人コミュニケーション・チャネルの役割　*144*
  3. 非言語的コミュニケーションの効果　*145*

2　非言語的コミュニケーションが対人印象，態度変化に及ぼす影響を調べる提示実験（実習）　*147*
  1. 実験の目的　*147*
  2. 実験前に行うこと　*147*
  3. 事前調査　*151*
  4. 本実験　*151*
  5. 結果の整理　*152*
  6. 考察の視点　*153*

第 12 章　向社会的行動　*155*

1　向社会的行動の研究　*155*
  1. 向社会的行動とは　*155*
  2. 向社会的行動が生じる過程　*156*
  3. 向社会的行動の規定因　*156*
  4. 向社会的行動の規定因の整理　*158*
  5. 向社会的行動と社会的迷惑行為との関連　*159*

2　向社会的行動と社会的迷惑行為における合意性推定を調べる調査（実習）　*161*
  1. 調査の目的　*161*
  2. 調査の準備と実施方法　*161*
  3. データの分析と結果の整理　*162*
  4. 考察の視点　*164*

第13章　社会的スキル・トレーニング　*166*

1　社会的スキル・トレーニングとは　*166*
1. 導入　*166*
2. 社会的スキル・トレーニング研究の歴史　*167*

2　社会的スキル・トレーニング実習の実施　*167*
1. 実習概要（内容と手順）　*167*
2. 実習プログラム　*168*
3. 社会的スキル・トレーニング実習後のまとめ　*180*

第Ⅳ部　集団と文化

Preview：集団・文化の研究　*184*
1. 集団・文化研究を始める前に考えるべきこと　2. 文化をどのように捉え，どう研究するのか　3. 質的研究と量的研究　4. 集団をどのように捉え，どう研究するのか

第14章　情報共有と集団内葛藤　*188*

1　導　入　*188*
1. 2種類の集団内葛藤と集団への影響　*188*
2. 葛藤への対処行動　*189*
3. 関係葛藤に敏感な日本人　*190*
4. 葛藤を生じさせうる状況要因：情報の共有化　*191*
5. 情報共有を促進するためには　*192*
6. 実習：情報共有課題を用いた話し合い　*192*

2　実習（研究）方法，実施方法，手順　*193*
1. 方法の概要　*193*
2. 実習の手続き　*193*
3. 結果（結果の求め方，分析法）　*196*
4. 考察　*197*

第15章　文化とフィールド研究：写真投影法による身近な環境・空間の理解　*205*

1　導　入：質的研究としての写真投影法　*205*
1. 心理学における質的研究　*205*
2. 写真投影法とは　*207*

2　実習方法　*209*
1. 手続き　*210*
2. 考察課題　*213*

第16章　表情と文化　*215*

1　問題設定　*215*
2　実　験　*216*

1. 実験の流れ　*216*
   2. 実習課題の方法　*217*
   3. 分析　*218*
   4. 考察課題　*221*

第17章　文化理解と適応　222

1　導　入　*222*
   1. 問題設定　*222*
   2. 異文化トレーニング研究の小史　*223*
   3. 異文化コミュニケーション能力の測定　*225*
   4. 本実習の目的　*226*

2　実習（研究）方法：実施方法，手順　*226*
   1. 方法の概要：実験の流れ　*226*
   2. 実習課題の方法　*227*
   3. 結果の求め方，分析法　*231*
   4. 考察　*232*

第Ⅴ部　研究の作法

Preview：研究の達人になる　*238*

1. 研究成果は，適切な方法によって適切に測定されなければならない　2. 研究成果は，適切に分析されてこそ成果となる　3. 研究成果は，適切に表し，伝えられなければならない

第18章　研究の方法と結果を活かす　243

1　研究方法を活用する　*243*
   1. 観察法　*243*
   2. 実験法　*244*
   3. 調査法　*246*
   4. 面接法　*248*
   5. 実践的な研究方法　*249*

2　研究成果の表現方法　*249*
   1. 研究の実施方法　*250*
   2. 対象者の属性　*250*
   3. 分析方法　*251*
   4. 研究実施の倫理問題　*251*
   5. 論文等記述方法　*251*
   6. 結果を活かす　*252*

第19章　統計パッケージの利用：Rの基礎的な使い方　254

1　導　入　*254*
   1. Rのインストール　*254*
   2. Rを使う前に　*255*

3. Rの基本操作　　*256*

2　Rの実践　　*259*
1. データを読み込む　　*259*
2. データの変換や編集　　*261*
3. 分析　　*264*
4. エディタについて　　*273*
5. その他のソフトウェア　　*273*

第20章　結果を表す，発表する　　*278*

1　論文・レポート作成における心得　　*278*
1. 最低限の心得：体裁を整えよう　　*278*
2. 論理的な文章を書くために　　*279*
3. 心理学の論文・レポートを書く際のポイント　　*280*

2　実際に論文・レポートを書くために　　*283*
1. 文章を作成する　　*284*
2. アカデミック・スタイルの表を作る方法　　*285*
3. グラフを作成する　　*287*

引用参考文献　　*291*
索　引　　*307*
編者あとがき　　*313*

第1章 研究するということ

1 対人社会心理学研究の特徴

1．研究の課題

　対人社会心理学の研究は，人が含まれる場を時間の流れのあるプロセスとして捉えるものである。その研究から得られるものが現実的に意味あるものでなければならない。研究対象は，われわれが生活する社会的な環境に含まれている多くの要因とかかわっており，対象を狭い範囲に限定しては解明できないことが多い。したがって，他者とのつながりで個人を考えることも，また，マクロな社会システムや文化についての検討を含め，いかようなアプローチも可能である。ただし，換言すれば，常にダイナミックに要因間の関連を考えていかなければならない。

　たとえ，狭い範囲に場を絞ったとしても，そこにいる人々の思いは同質とはいい難く，葛藤が生じやすい。また，歴史を長期的，短期的に見ても大方の心や関係が一定であることもない。異質を前提とした同質，変化を前提とした安定をグローバルに扱うべきであり，対象の切り出し方や研究方法を常に吟味しなければならない。対人社会心理学の扱うことがらはこのような性質をもつ日常であり，多くの学問との重なりの多い特質をもっている。それだけに，多くの科学を見通せる位置にあるので，グローバルな視点を堅持し，社会的現実を適切に捉え，かつ，社会還元的の活動が求められる。

　用いる研究の方法は，関連諸科学の進展と結びつきながら，変化する側面もあり，多様である。研究を展開しながら，その方法自体を逐次検証し，進化させる努力をしなければならないであろう。

2．研究における価値

　その研究がどのような人間観，社会価値をふまえているのかは重要である。したがって，研究成果は，短期的な視点で評価されるべきではなく，歴史的な評価を待つ必要もある。

　さらに，現実の生活の出来事に働く規則性を説明すること，その背景にある原理を探り，それをもとにして，現在よりも適応的に行動する方法を人々に提供することである。

目指される目標は心理的健康を高め，価値ある生活の創出，すなわち，他者との適応的な関係を築き，相互協調的な社会を築くこと（well-being）こそが，心がけられなければならない。その際に，重要なこととして留意しなければならないことがある。個人の満足と社会の満足の両方を相互の関連において最大にする合理解を求めるという難題に答え続けなければならないことであろう。

いかなる関心によるものであれ，その研究の先に目指す価値は何か，研究方法の質や結果から何をどこまでを読み取るのかが重要である。研究者がそれをどのような文脈で検討し，何を主張したいかが問われる。

すなわち，研究の成果がわれわれにとってどのような価値につながるのかを熟考したうえで，綿密な計画を立て，真実を追究し，人間にとってのwell-beingの実現が考えられていること，さらに，個々の研究の具体的手順として参加者への配慮などが十分になされていることも重要な前提となる。

対人社会心理学の立場として，研究で目指すべき価値は何か，人々の適応，幸福を追究するということを明らかにし，個々の研究がどのように貢献できるのかを問い続けるべきであろう。結果から何をどこまでを読み取るのかなどは重要であるが，もっと大事なことは，研究者が目的とした問題をどのような文脈でどのような方法で検討したのかであり，社会に対して何を主張したいかこそが問われる。

3. 対象の特徴

人間の行動や心についての科学は，誰にとっても身近に関心のあることがらを扱っており，そこには，日常の生活において容易に実践でき，新たな適応的な生き方のための工夫が際限なく含まれている。かつ，生活の経験を長年積んだとしても，人の行動や心にはわからないことが多過ぎる。だからこそ，持続的な科学としての魅力がある。

人間を理解するための方法は数多いが，どのような心理学であれ，対象を生活と切り離すことはできず，対象とそれを扱う者の視点自体が混交する可能性が高い。それゆえに，まず，見る者の視点と対象を「できるだけ」区別できるように扱う方法を会得しなければならない。さらに，その前提として，①心，行動は時間のプロセスで現象するものであり，②同時に多くの要因と連結しながら成立していることをふまえて，総合的観点をもたなければならない。

対人社会心理学が中心となって考えるべき対象自体は固定ではなく，変質する可能性を常にもっている。つまり，研究方法の工夫が対象や時代に応じて常に吟味されなければならないことを示している。対人社会心理学は，人が構成因となる集団，歴史的な文化を有する社会を研究対象としてきた。元来，その対象は広範囲にわたり，他の研究領域との重なりをむしろ特徴とする科学である。このこと自体は今後も変わることはないものの，個人－関係－社会という要因化や相互の関係については，互いの要因への重なりや関係のあり方の変化を含んで常に検討しなければならない。

人は，自分一人では自身の特徴を十分には理解できない。他者との関係，相互作用のなかにあってこそ，他人との「比較」を通じて自分の特徴を捉えることができるもので

ある。さまざまな状況のもとで行う決定は，たとえ自分では自らの経験に基づいて独自に下したものと信じていても，実は家族や友人集団はもとより地域や時代に育まれた文化など社会的な影響を色濃く反映しているものである。他人との相互作用のなかにあって，自分の言動に対して相手がどのように反応するのか，その反応を読み取ることによって，自分の特徴を社会的なものとして理解することができる。もし唯一の存在であったならば，比較するものがないので自他の区別はできず，したがって，自分という概念は生じ得ないであろう。われわれはアプリオリに比較される（する）ように仕向けられているのである。個人であれ，対人関係であれ，人を考えるためには，このような視点は欠かせない。この点が人間理解の基本的な特徴である。人にかかわる研究にはこのような視点をふまえた姿勢は欠かせない

草創期の心理学を特徴づけることとして，哲学的思索からの早急な独立の試み，自然科学への過度な信奉ゆえに，扱う対象の構成要因の単純化，因果関係の単純な模式化，明示的と解釈しうる数量化への信頼などがあった。これらの科学的作法は，その科学のアイデンティティを確認するためには，必要なことであったといえる。まずは，このような方法を基盤とすることによって，異なる研究相互の関係を勘案しながら，科学としての心理学の基盤を創出することは必要である。一定の操作によって得られる結論の集積は，「検証可能な」明示性を与えることになるからである（大坊，2007a）。

人にかかわる心理学は，「間」や関係を扱っていることが大きな特徴である。人をつなぎ，社会を構成していることを気づき，さらに居心地のよい社会を築くための「思想」を身につけることに意味がある。しかも，心理学が考えるべき対象自体は固定ではなく，変容する可能性を常にもっているので，研究方法の工夫が対象や時代に応じて常に吟味されなければならない。

4. 研究の社会性

研究することは，すべからく社会的，公的な責任行為である。心理学の研究で扱う主題は，日常的な具体的な行動に由来するものであり，特殊で難解な命題を介してのものではない。とりわけ対人社会心理学で扱う主題は，個人の特徴から，対人関係，集団過程，社会現象，文化にかかわることまで多岐にわたる。研究の第一歩が，ささやかな個人的興味から出発することは少なくない。単純に興味をもったから，面白そうだから手がけたいとの思いが少なくないであろう。新鮮な興味はとても大事なことである。このような場合には，狭く偏った主義がないのでその研究にいかようにも組織的な科学に結びつく可能性を秘めている。

このことは，どのような研究であれ，白紙状態から始めるべきといっているのではない。虚心であることは，効率の悪い試行錯誤を招きやすいものでもある。ささやかな関心から見事な成果を上げ，歴史に貢献したものとしては，ゲシュタルト心理学の提唱者のヴェルトハイマ（Wertheimer, M.）の運動視研究やチャルディニ（Cialdini, R. B.）の説得行動の研究などがあることは衆目の一致するところであろう。

対人社会心理学の領域でいうならば，社会的に多くの関心を集めたことから触発され

た研究も少なくない。その代表例としては，キティ・ジェノヴィーズ事件に端を発するミルグラム（Milgram, S.）の冷淡な傍観者行動などがある。多くのマスコミがこの事件を取り上げ，都市化と他者への関心の低下の関連に多くの関心が向けられ，それへの対人社会心理学からの検証研究ともいえる。

　特定の組織における一連の組織的な研究は，強力な成果を上げる好例ともいえる。それは，大学，企業，研究所などが各種の公的私的な補助金を受けて行うことが多い。日本学術振興会の特別推進研究，基盤研究（S）や科学技術振興機構（JST）のCREST，ERATOなどが典型的である。特にJSTの場合には，募集テーマが提示されており，研究集団群がそれぞれに多くの研究者を構成して行うものであり，数年の継続的な，先端的な研究展開を担う。このような場合には，所属間の連携を前提としており，分担が基本となる。したがって，前提となるのは，すでに基盤となる相当数の関連研究成果を有している研究機関が前提であり，実践，応用研究が期待される。特に，社会的，公的な研究の責任が問われるものであろう。社会検証実験的な意味をもち，わが国の科学基本計画等をよく把握しておく必要がある。

2　研究展開の段階

　人間の心や行動についての研究は，いくつかの段階をたどるものである（大坊，2007b）。

関心をもつ

1．関心をもつ

　研究を行うためにまず必要な前提は，①「人」に関心をもつことである。日頃から自分の行動や他人の反応などに興味をもち，疑問をもつことは人間観察・理解の第1段階である。また，②社会的な出来事に関心をもち，今，世間で関心をもたれていることは

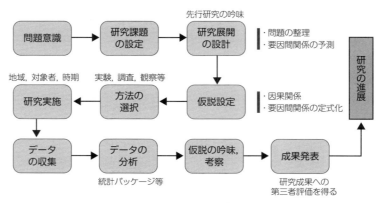

図1-1　研究展開のプロセス

何か，それはなぜかと気にすることは大事である。このような関心が乏しければ，長続きする研究の問題意識はできてこない。併せて必要なことは，③「発想豊か」なこと，つまり，いくつかの要因を関連して考え，見え難いところにも関連はないのか，規則性はないのかと考えることである。その作業を続けることによって，しだいに，なすべきことの道筋が朧気ながらにでも見えてくる。

2. 推測する

次の段階は，日常的な興味の内容を自分なりに吟味し，それがどのような要因に関連していることなのか，どのようなつながりから成り立っているのかを推測してみる。この場合，重要なのは，当該のことがらについて研究的な見方（理論や研究についての知識等）を詳しくもっているのかである。それは，問題を整理するヒントを与えるものであり，効率よく問題を整理し，研究の展開への道筋がスムーズにつくことにつながる。

3. 設計する

概略であれ，問題が整理されたならば，いよいよ具体的な研究を設計する段階となる。大まかな研究遂行の見通しを立てる。要因間に想定される関連性を先行研究とよく照合し，具体的な展開の枠組みを考える。この作業の過程において，先行研究での展開過程を詳細に知り，いくつかの研究の展開を比較するので，多くの具体的なヒントが得られる。自分の問題意識を焦点化し，研究の見通しもしだいに具体的なものになっていく。

🔑 設計する段階

4. 仮説を立てる

次は，仮説の段階となる。要因間の関連を定式化することは必要である。最も期待される研究は，因果関係を導き出すことである。この場合，論理的な思考を駆使し，かつ，因果関係についての可能性を綿密に追究することである。たとえば，「多くの人とつきあう人ほど，多様なコミュニケーション機会が多く，自分の考えや行動について，多くのコメントをもらうことが多い。したがって，相手を通じて自分自身の特徴について知り得ることになる」と考えたとする。そうすると，「自分だけでは，自分の特徴を十分には把握できない」「相互作用する相手の反応によって，自分がどう見られているのかを知ることができる」「知人・友人が多いと，コミュニケーション機会が多い」「つきあう相手の反応に影響を受ける」「つきあう相手が異なると，それぞれに違う意見や見方をもっている」というようなことを連鎖的に考える。これらのことから，因果的な関係を想定する。そこで，関連性を集約して，因果的仮説「社交的な人ほど，多くの友人を得ることができ，フィードバックを得られるので自分の特徴を多面的に把握できる」を立てる。このような定式化が仮説の一例である。なお，この前段階には，「友人が多いほど，自分の特徴を多くあげられる」などの相関的な仮説もある。この場合には，因果性まで仮説はできないが，当該の現象の大小関係についての関連性を推論するものであり，続いて因果関係が追究される必要がある。

🔑 仮説の段階

5. 研究法を選ぶ

🗝実現可能な研究法を選択する

次いで，この仮説を検討するために，実現可能な研究法を選択することになる。多様な研究法があるので，研究のねらいに応じて適切な方法を慎重に探すことである。前項の仮説を検討するためには，たとえば，パーソナリティ特徴を測定する尺度と「自分の特徴をいかに多面的に捉えているのか」について検討する測度を探す（あるいは作成する）ことになる。この点については，多面性をどのように規定するのかによっても適用される方法は異なるであろうし，行動観察，実験，面接，質問紙，web上での質問調査など多様な研究法が可能である。研究法の決定に際しては，得られた結果の一般化の可能性，当該の研究法のコストなども考慮すべき重要な点である。なお，この場合，社交的な人についてのみを対象とするのではなく，対照群となる社交的ではない人と比較することも欠かせない。

6. データを得る

🗝データを収集する段階

研究法を決めたならば，データを収集する段階となる。研究法の性質に応じて，入念な準備を行い，ねらい通りのデータが得られることを目指す。また，得られたデータをどう分析するのか（できるのか）までを具体的に考えたうえで，データ収集の方法決定を行わなければならない。データ収集を行ったにもかかわらず，質問紙の選択肢の表現が多義的であって，統計的な分析が適切に行えない，条件を設定して実験を行ったものの，参加者は実験のうえでは想定していなかった要因（範囲外変数）に反応してしまい，独立変数と従属変数との対応を適切にできないなどのことがあっては，その研究は無効なものとなってしまう。

7. 分析する

🗝分析

適切に得られたデータは，研究のねらいに即して，十分に分析されなければならない。研究計画の段階で分析まで周到に考えているならば，この点についての危惧はない。

人を対象とする研究では，行動や心という質を基本的に扱うことが一般的である。多くの場合は，得られた結果を具体的な指標値として捉え，仮説に即して考察する。そのために，対象となる要因を表す項目（変数）に合わせての分析は多様であるが，基本的には統計的な分析を行うことが多い。事例研究で用いられる面接などのように，対象者の特徴を典型として述べることに意味がある場合はこの限りではない。しかし，面接であれ，それを通して，何らかの特徴についての一般化を行う目的の場合には，得られた記録のコーディングによって，統計的な分析を施すことは一般的である。データを分析する際，同一の数量的データであっても，適用する統計的分析（同種の目的をもつ方法であれ）によっては，得られる結果は同じとは限らない。分析方法の特徴，限界をよく把握しておかなければならない。

たとえばRによるプログラム作成もあるが，SPSS，SASなどの統計パッケージを用いて分析することが多いが，前提として，統計法についての知識を十分にもっていなければならない。分析法をまったく知らなくとも，パッケージによっては，キー操作だけ

で，分析結果が得られ，かつ，作表図までできるものがある。その功罪については慎重に考えるべきである。

　統計パッケージによって計算法のデフォルト値などは異なることが多いこと，統計分析の前提をよく把握せずに安易に使用すると，得られた結果の意味が歪むことがあることに注意しなければならない。基本となることは，そのデータの性質，限界をふまえることである。

8．成果を発表する

　データ分析の結果が得られたならば，何らかの手だてによって，他者に示すべきである（所属機関での研究発表会，関連する学会などでの報告や論文としての刊行など）。その機会は一様ではないが，知り得たことを発表すること自体は社会への還元の一歩である。さらに，その研究への他者からの評価が得られることが重要なのである。発表することは，一連の研究を点検し，問題意識から結果にいたる過程を反芻し，仮説と結果とのつながりを吟味することであり，研究をまとめることでもある。発表することによって，自らの研究のストーリーは確固たるものとなる。

　多くの場合は，これによって完結するのではなく，研究課題の点検，方法の補強などを促すことになり，より綿密で充実した研究を導くことになる。

第I部
自己を捉える

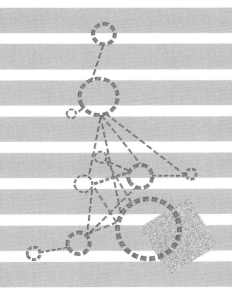

■ Preview ■

自己の研究

　あなたは今日，どれくらいの時間，自分について考えただろうか。30分？　1時間？　いやいや一日中考えていたという人もいるだろう。一方，まったく考えなかったという人もいるかもしれない。ただ，そんな人でも周囲から自分について考えるように求められることもあるだろう。たとえば就職活動の面接。「あなたはどのような人（自分）ですか」と聞かれる。普段自分について考えない人にとってはたいへんなことなので，事前に大学のキャリアセンターや先生の手助けを受けながら，自己分析をする。また，仕事や勉強に疲れたり，うまくいかなくなると「自分探しの旅」に出る人も多い。旅行会社のパンフレットには，さらには大学や専門学校のパンフレットにも「自分発見」という言葉が躍っている。テレビや雑誌で取り上げられる"自分発見できる"という「心理テスト」や「血液型・星座占い」も昔から変わらず人気である。

　私たちは毎日当たり前のように，自分について考えたり，自分とは何者かを表現したりしている。（社会）心理学でも自分つまり自己（self）についての研究はこれまで数多く行われ，現在でも重要な研究領域である。ただ，毎日当たり前のように考えている自己であるものの，それを研究対象とすることはなかなかに難しい。

1. 自己とはなんだろうか？

　自己について研究するためには，まず自己とは何なのかを定義しなければならない。心理学において自己について初めて取り上げたのはジェームズ（James, 1890）である。ジェームズは自己を，知る自己である主我（I）と知られる自己である客我（me）の2つに分けて捉えた。たとえば，自分のことを考えている状態を厳密に捉えれば，「自分Aが自分Bのことを考えている」ということになり，自分Aが主我であり，自分Bが客我である。このうち心理学で研究対象となるのは客我が多い。これは客我のほうが対象として捉えやすいからである。

　それでは自己とは時や場面によって変わるのだろうか，それとも変わらないのだろうか。おそらく，変わらない部分も変わる部分もあるというのが無難な答えだろう。ただし，自己の変わる部分を重視する研究もあれば，変わらない部分を重視する研究もある。スワンとボッソン（Swann & Bosson, 2010）によれば，心理学における自己研究の始祖ともいえるジェームズは自己の変わらない部分を重視していたが，しだいに自己にかかわる研究は変わる部分へと注目が移っていった。たとえば，社会学者として著名なゴフマン（Goffman, 1959）は社会的相互作用を演劇にたとえ，自己とは「役を演ずるもの」

ではなく,「演じられた役」そのものであるとして,場面や状況によって規定されるものと捉えている。そして役者が観衆から賞賛を得ることを求めて演技するように,自己は他者から高い評価を得ることを目標としながらふるまうとする捉え方が主流となった。ただし,1970年代,1980年代としだいに,自己の変わる部分に加えて変わらない部分も再び重視されるようになり,自己を多面的に捉えることが今日では一般的となっている。

2. 自己の何を測定するのか

自己に関する研究といっても,自己の何を研究するのかによっていくつかに分類できる。この第I部でもさまざまな自己の側面を扱っている。第3章「自己への注意」では自己に注意を向ける過程を扱った研究を取り上げている。私たちはいつでも自己に注意を向けるわけではなく,自己に注意を向けさせる状況要因の存在が指摘されている。また,どれくらい自己に注意を向けるのかについては個人差があることも知られている。また第3章では,自己が他者にどの程度見透かされていると思うのかという被透視感を取り上げ,公的自己意識,私的自己意識という自己に注意を向ける程度の個人差との関連を検討する。第4章「自己とwell-being」では,自らの過去を再構築したり,将来を想像することを繰り返しながら,自分の生き方や人生についての意味を生成し,主観的な自己に関する物語を生成する過程を扱った研究を取り上げる。ジェームズの言葉を借りれば,主我である自己が客我である自己を統合する過程の検討といえる。そしてそれらの自己の統合の様相がwell-beingにどのようにかかわるのかについても検討する。第2章「対人的自己」では他者に自己をどのように表現するのかという自己呈示過程について扱った研究を取り上げる。他者との将来の相互作用が期待できるのかどうかが,その他者に対して自己を表現したいという動機づけに影響するのか,また,他者から賞賛を得たいという欲求と,自己の変わらない部分を表現したいという欲求との葛藤のなかで,どのように自己を呈示するのかを検討している。第5章「自己概念と自己評価」では,親しい友人やそれほど親しくない他者と比較しながら,自己をどのように位置づけ,評価するのかという自己評価過程を扱った研究を取り上げる。また,第5章では自己を捉えるうえでの文化差についても扱っている。特にどのような文化に住んでいるかによって優勢になるものが異なるという相互独立的自己観,相互協調的自己観という2つの文化的自己観を取り上げ,それらの個人差が自己評価に与える影響についても検討する。

3. 自己をどのように研究するのか

自己にかかわる研究は,他の研究領域と同様に実験,調査,観察などさまざまな方法で検討されてきた。第I部で取り上げる研究も多様な方法を用いている。

第2章では実験室実験を行い,別室にいるとされる異性に対する自己呈示が測定される。自己呈示は質問紙によって測定され,事前に測定された結果との照合がなされる。ここでは事前調査で測定される自己概念を「変わらない自己」,実験室で測定される自己概念を「変わる自己」として捉え,それが相違するのかを検討するという手続きをとっ

ている。

　第3章と第5章では質問紙調査を用いた研究を行っている。質問紙調査では，公的自己意識尺度（第3章，第5章）や文化的自己観尺度（第5章）などの既存の尺度を用いることもあるが，既存の特性項目に対して質問方法を変えることで，異なる内容を測定する場合もある。第3章ではポジティブおよびネガティブな特性項目に対して，それぞれ被透視感を尋ねる質問をしている。第5章では12領域の特性項目に対して，自己評価，親しい他者に対する評価，平均的なクラスメートに対する評価という3つの異なる質問をして測定し，それらの比較を行っている。

　第4章では，ある特定の過去の出来事について具体的に記述するように求めるという手法を用いている。そして得られた定性的なデータを，既存の研究において定められた基準に従って，数名の研究協力者がコーディングを行い，定量的データに変換して分析を行うという手法を用いている。

　以上のように第2章から第5章にかけては，質問紙法や実験的手法，定性的データの採取とコーディングといった広範な自己の測定方法について紹介する。ただし，これらはいずれも自己報告の形をとるものであり，主観的な色合いが強い。第5章で説明されているように，自己報告式の回答形式の場合，文化規範の影響を受け，自分が属する文化規範に照らして望ましい回答をする可能性がある。このような自己報告式の欠点を埋める方法としては，観察を行って行動指標を測定する手法がある。たとえば，第2章で取り上げる自己呈示については，他者に対して実際にどのような行動を行ったのかを第三者が観察し，記録するという手法を用いた研究も先行研究では多数なされている。

　さらに潜在的測定を行うという方法もある。第2章や第5章で取り上げる質問紙尺度によって測定される自己意識は厳密には顕在的自己意識と呼ばれる。これに対して潜在的自己意識は自己に対する非意識的な認識である。潜在的自己意識を測定する方法としては，プライミングを用いた方法などさまざまあるが，ここではIAT（Implicit Association Test）課題について簡単に紹介する。IATは，特定のカテゴリーが，ポジティブあるいはネガティブといった評価とどの程度結びついているのかを，その特定のカテゴリーに属する具体的な事例，および評価をするために用いられる単語を使用して，カテゴリーに属する事例と，評価に用いられる単語を一緒にまとめる，あるいは別に分けるという作業にそれぞれ要する時間を測定することで調べる（工藤，2010）。たとえば，潜在的な自己評価を測定する場合は，自分あるいは他者というカテゴリーに属する単語，そしてポジティブあるいはネガティブな単語を用意する。課題は大まかに分けて2パターンあり，1つ目のパターンでは，「自己」あるいは「ポジティブ」な単語は左側に，「他者」あるいは「ネガティブ」な単語は右側に分類する。2つ目のパターンでは，「自己」あるいは「ネガティブ」な単語は左側に，「他者」あるいは「ポジティブ」な単語は右側に分類する。当該のカテゴリーと特定の評価が強く結びついているほど，分類は容易になるため，反応時間が短くなる。つまり，潜在的に自己をポジティブに捉え，他者をネガティブに捉えているほど，前者のパターンでは反応時間が速く，後者のパターンでは反応時間が遅くなる。このように自己とどのような評価が結びついているのかを

反応時間を用いて測定することで，自己報告式の測定で得られる顕在的な自己評価とは異なる潜在的な自己評価を測定することもできる。IATの詳しい手続きや背景にある原理などについては潮村（2008）などを参照されたい。

4. 自己について研究する前に

ここまで説明してきたように，自分および自己にかかわる研究領域は広範で，研究手法も多岐にわたる。近年はさらに新たな研究手法が続々と提案されており，洋邦問わず，最新の学術論文に当たることが必要である。当然のことながら，過去の先行研究で実施されてきた研究手法を十分に理解したうえで，最新の研究手法の検討を行わないと，新たな研究手法が妥当なものであるのか，自らの研究目的にかなったものであるのか十分な吟味を行うことはできない。

さらに当たり前のことであるが，研究手法が先にあるのではない。明らかにしたい研究目的や仮説があって，それに適した研究手法を選択する，あるいは考案する必要がある。研究目的や仮説が曖昧なままでは，いかにすぐれた研究手法も何の意味ももたない。また，研究目的を達成するための研究手法も単一の方法だけを用いるのではなく，複数の手法を用いることで，より信頼性，妥当性の高い研究結果を導くことができる。たとえば，潜在的な測定方法を用いる場合は，併せて顕在的な指標についても押さえておくことが必要である。

以上のような注意点について頭の隅に置きながら，以降の具体的な研究例を読み進め，実際に実施していただきたい。

第2章 対人的自己
自己呈示を測定する

1 自己呈示の研究

 自己呈示

1. 自己呈示とは

　自分とは誰であるのかを他者に伝えることは日常場面で頻繁に行われることである。一般には，このような行動を「自己紹介」という。ただし，心理学では「自己紹介」とはいわず，「自己呈示（self-presentation）」と呼び，研究が行われている。

　自己呈示と似た概念としては「自己開示（self-disclosure）」があげられる。これまでの心理学研究ではこの2つは異なるものとして扱われ，自己開示は自己をありのままに他者に伝えることを指し，自己呈示は自己を操作的に歪めて他者に伝えることとして区別される場合も多かった。ただし，実際の行動が自己呈示か自己開示かを厳密に区別することは困難である。自己をありのままに伝えるといっても，どこまでが「ありのまま」であるかはわからないし，自己の印象を操作的に伝えようとすることがすべて歪めることにはならない。つまり，どの行動が自己開示であるか自己呈示であるかと区別することは現実的でないといえる。以上を踏まえてここでは自己呈示を他者が形成する自らの印象を統制しようと試みる行動（Leary & Kowalski, 1990）として扱うこととする。

2. 自己呈示をどのように測定するのか？

　自己呈示はこれまでの研究においてどのように測定されてきたのだろうか。調査研究において自己呈示は尺度によって測定される。たとえば，谷口と大坊（2005）は異性との関係性によって自己呈示への動機づけが異なるのかを検討しているが，12項目からなる自己呈示尺度を使用している。本尺度は，リアリーら（Leary et al., 1994）の尺度を邦訳したものであり，「外見的魅力（外見的に魅力的である，など）」「有能さ（能力がある，など）」「社会的望ましさ（道徳的である，など）」「個人的親しみやすさ（親しみやすい，など）」の4領域から構成される。研究では回答者に自分にとって最も親しい異性を1人想定してもらい，その異性との関係性を問うとともに，自己呈示の4つの領域（12項目）それぞれをその人と普段一緒にいる時にどの程度示したいと思っているかを尋ね，「全く示したいと思わない」から「非常に示したいと思う」までの7件法

で評定を求めている。研究の結果は，4つの領域のいずれにおいても異性の友人に対してよりも恋人に対して自己呈示への動機づけが高くなっており，さらに，その異性との関係を重要であると思っているほど，また，相手に恋愛感情を強く感じているほど，自己呈示への動機づけが高くなることを示していた。

　実験的研究においては，調査研究と同様にどのような印象を相手に与えたいのかを自己報告させる方法と，実験参加者の自己呈示行動を観察して評定する方法とがある。たとえば，笠置と大坊（2010）の研究では複数観衆状況における自己呈示の動機的側面を前者の方法で，行動的側面を後者の方法で測定している。複数観衆状況とは，異なる印象を与えたい2人以上の観衆が同じ場面に存在するときにどのような自己呈示を行えばよいのかというジレンマに陥るという状況であり（笠置・大坊，2010），この研究では，初対面の異性と会話している場面を，同じく初対面の同性の他者に観察されるという状況を設定して実験を行っている。実験計画は，同性の観察者の有無と，会話相手の性別を要因とする2×2の2要因実験参加者間計画であった。自己呈示の動機的側面は，先述した谷口と大坊（2005）の4領域の尺度を用い，会話相手および観察者に対して各特性をどのくらい示したいと思ったのかを実験参加者に会話後に尋ねることで測定している。また，自己呈示の行動的側面は，会話の様子をビデオカメラで撮影し，その映像を研究の目的や仮説を知らない4名のコーダーが評定することで測定している。行動的側面の評定に際しては自己報告と同様に谷口と大坊（2005）の尺度を用いて，会話相手に対してそれぞれの特性をどのくらい行動によって示したかを「全く示そうとしていなかった」から「非常に示そうとしていた」の7件法で回答を求めている。そして，4名のコーダー間の評定一致率が高いことを確認したうえで，4名の評定平均値を分析に用いている。

　分析の結果，動機的側面では，外見的魅力については観察者の有無にかかわらず同性よりも異性に対して自己呈示動機が高くなっていたが，社会的望ましさや個人的親しみやすさについては，観察者がいる場合（複数観衆状況）のみ，同性よりも異性に対してそれらの自己呈示への動機づけが高くなっていた。また行動的側面については，同性の観察者がいない状況や会話相手が同性である状況に比べて，異性と会話しているところを同性の他者に観察される複数観衆状況において，外見的魅力の自己呈示行動が控えられ，その代わりに社会的望ましさや個人的親しみやすさの自己呈示行動が行われていた。これらは論文中の仮説を支持する結果であり，異性に対して外見的魅力を好ましく呈示することは同性からの反発を受けるため，複数観衆状況では外見的魅力の自己呈示行動を避け，それを補償するように社会的望ましさや個人的親しみやすさの自己呈示行動が行われたといえる。

3. どのような自己呈示をするかに影響する要因

　実際にどのように自己呈示がなされるのかには多くの要因が影響する。リアリーとコワルスキー（Leary & Kowalski, 1990）はどのように自己呈示するのかに5つの要因が影響するとしている。それは，①自己概念，②理想の自己像，③役割，④他者の価値づ

け，⑤自分に対する他者の現在のイメージ，である。

🔑 自己概念

① 自己概念：自分自身のことをどのように見ているのかはどのような自己呈示を行うのかに影響する。自分のことを真面目であると思っていれば，たとえば就職試験の面接でも真面目な自分のエピソードについて自己紹介するだろう。

② 理想の自己像：どのような自分でありたいのかも自己呈示を方向づける。シャイで対人関係が苦手であると自分のことを思っていたとしてもそれを克服したいと思っていれば，初対面の人にも積極的に話しかけるかもしれない。

③ 役割：どのような社会的役割を担っているのかも重要な自己呈示の要因となる。普段は先生に対しても"タメ口"で話している大学生も，バイト先ではしっかりとした敬語で接客の業務をこなしている場合がそれにあたる。

🔑 他者の価値づけ

④ 他者の価値づけ：相互作用を行っている，あるいは行うことになる他者がどのような人物を価値が高いとしているのかという情報も自己呈示に影響を及ぼす。たとえば，「世界へ羽ばたこう！」をモットーに掲げている企業の就職試験で，「自分は海外に行きたくないです」と言う学生はいないだろう。

⑤ 自分に対する他者の現在のイメージ：相互作用を行う時点で他者が自分に対してどのようなイメージを抱いているのかも自己呈示の方向性を左右する。友達グループのなかでリーダーシップを発揮したいと思っていても，それまでの関係のなかでおとなしい子と思われていたら，なかなかそれもできないだろう。

🔑 自己呈示のジレンマ状況

4. 自己呈示のジレンマ状況

　どのような自己呈示を行うのかには5つの要因が影響すると説明したが，それぞれが違う自己呈示を行うように働きかける場合も考えられる。たとえば，アルバイトの求人広告に「元気で何事にも前向きな人を望みます」と書かれているのを見たものの，「自分はネガティブシンキングだし，元気もないしなあ」と思うような場合である。それでも，このアルバイト先で働いてみたいと思った場合に，面接でどのような自己呈示を行ったらいいのかを非常に悩むことになる。

　このようなジレンマ状況でどのような自己呈示を行うのかについてはこれまでいくつかの研究が行われている。たとえば，ザンナとパック（Zanna & Pack, 1975）の実験では，魅力的な異性がもっている性役割ステレオタイプによって，異性に対して行われる自己呈示が影響を受けることが示されている。つまり，魅力的な異性が価値を置く異性像と自分の自己概念が異なるときに，そのギャップを埋めるように自己呈示が行われるということである。実験参加者は80名の女性であり，実験は予備セッションと実験セッションからなっていた。予備セッションにおいて実験参加者は伝統的性役割ステレオタイプ（男性は仕事をして，女性は家庭を守るものだというような固定観念）にみられる特性についての11項目からなる質問紙に回答した。3週間後，実験参加者は，「印象形成に関する実験」と称した実験セッションに参加した。実験課題は，もう1人の参加者とペアになり，お互いに自分の情報を示し合い相手への印象を作ること，そしてその印象に

間違いがないかを実際に対面して確認することであると説明された。実験参加者はその後，パートナーが回答したとされる質問紙を渡された。この質問紙の回答の内容は2種類あり，社会的に望ましい内容の回答と望ましくない内容の回答である。どちらの場合もパートナーが男子大学生であることはわかるようになっていた。次に，「女性に関する意見」とタイトルがある資料が渡され，パートナーが自分の理想の女性像について回答したものと説明された。この資料の内容も2種類あり，伝統的ステレオタイプに従った女性像か，非伝統的ステレオタイプに従った女性像のどちらかだった。その後実験参加者は，今度は実験参加者自身の情報をパートナーに伝えるためと言われ，予備セッションで用いられたものと同一の質問紙（伝統的性役割ステレオタイプに関する尺度）に回答した。さらに実験参加者は，知性についてもパートナーの印象形成に参考になるはずであるからと説明を受け，アナグラム課題に取り組むように求められた。

　よって実験計画は2（男性の望ましさ高低）×2（男性の理想の女性に対するステレオタイプが伝統的かそうでないか）デザインであり，従属変数は，実験セッションと予備セッションの質問紙の評定の変化である自己呈示変容度とアナグラム課題の結果だった。分析の結果，伝統的ステレオタイプに合致する方向へ評定を変容させる傾向は，非伝統的ステレオタイプ条件よりも伝統的ステレオタイプ条件の実験参加者に強いことが示された。また，パートナーが魅力的であると説明された場合においては，非伝統的ステレオタイプ条件の実験参加者は非伝統的ステレオタイプに合致する方向へ，伝統的ステレオタイプ条件の実験参加者は伝統的ステレオタイプに合致する方向へそれぞれ自己呈示を変容させたことが認められた。つまり，女性は魅力的な男性の理想に自分は近いという自己呈示を行ったといえる。しかし，パートナーがそれほど魅力的であるわけではないと説明された場合においては，伝統・非伝統的ステレオタイプ条件間で自己呈示変容度は異ならなかった。また，アナグラム課題の結果は，パートナーが魅力的であると説明された場合においてのみ伝統的ステレオタイプ条件のほうが非伝統的ステレオタイプ条件よりも課題を解いた数が少ないことが示された。ここで，課題を解いた数が少なかったのは，男性が魅力的な場合において，女性の実験参加者が「女性は男性よりも能力が劣っている」という伝統的な性役割ステレオタイプに合致するような行動を行ったためと考えられる。

　以上より，好ましい男性と個人的に対面することを予期させられた事態において女性実験参加者は，男性のもつ女性ステレオタイプに合致するような態度や行動を呈示したことが示された。男性においても同様の傾向が見られることは別の研究で示されている（Morier & Seroy, 1994）。

　また，プリナーとチェイクン（Pliner & Chaiken, 1990）の行った実験では，魅力的な男性によい印象を与えたいとき，女性はその男性の前で出されたクラッカーを少ししか食べず，女らしさのステレオタイプに合わせようとするが，あまり魅力的でない男性と相互作用しているときは食べることを控えないことが明らかになっている。これは魅力的な男性は「少食の女性が好きだろう」という推測（あくまで推測である）のもと，そのことと本来の自分が食べる量（1人でいる場合はもっと食べる）との間にギャップ

が生じ，食べる量が減ったということである。

5. どういうときに自己呈示するのか？

　相手の目が気になり，自らの印象をコントロールしたい，つまり自己呈示を行いたいという動機づけはいつも一定ではなく，状況によって変動すると考えられる。リアリーとコワルスキー（Leary & Kowalski, 1990）は自己呈示への動機づけが高くなる3つの状況をあげている。1つは，自分が望ましいと考えている印象と，相手が自分に対して抱いていると思う印象とが異なる場合である。たとえば，「自分は積極的な人間だ」と思われたいのに，「消極的だね」と言われたときである。これとは逆に，他者が望ましいと考えている印象と，自分が自分に対して抱いている印象との間にギャップがある場合，つまり先の研究のように自己呈示者がジレンマ状況に陥る場合も同様にそのギャップを埋めようと自己呈示への動機づけは高くなると考えられる。

　また，自己呈示を行うことによって得ようとしている目標の価値が高いほど，動機づけも高まるといえるだろう。たとえば，面接試験を受ける会社に入社したいという気持ちが強いほど，自己呈示への動機づけも高くなるといえる。先に紹介した実験では，相互作用する相手が魅力的である場合に自己呈示への動機づけが高くなっていたが，相手が魅力的なほど，よい評価をされて親密になることの価値が高いと考えているためである。

　さらに，自己呈示をうまく行うことに"意味"がある場合も自己呈示への動機づけは高まる。たとえば，面接会場に案内してくれる人よりも面接官に対してのほうが望ましいイメージを示そうとするだろう。また，相手との将来の相互作用が期待できる状況というのもこの例にあたる。つまり，今後もその人と関わる必要があるならば，自己呈示をうまく行うことに意味はあるが，その場限りであるならば，どのように思われてもよいと思い，自己呈示への動機づけは高まらないといえる。先に紹介した笠置と大坊（2010）の実験では，実験の参加者に会話相手とのその後の相互作用を期待させることで自己呈示への動機づけを高めている。また，木村ら（2004）は女子大学生を対象として会話実験を行っており，実験参加者に「実験で会話してもらった1，2週間後にもう一度同じ相手と会話してもらう」と告げる関係継続の予期条件と，そのような教示を行わない条件で対人コミュニケーションが異なるかを検討している。会話における行動指標のコーディングを行った結果，関係継続の予期がある場合のほうが，予期がない場合に比べて，相手に視線を多く向けていることが明らかになった。つまり，将来の相互作用が期待できることによって，相手と積極的にコミュニケーションをとろうとしたといえ，自己呈示がより行われたとも捉えることができるだろう。

6. 自己呈示の個人差

　自己呈示をどれくらい行おうとするのかには状況が影響を及ぼすことを先に述べたが，それだけでなく個人差もある。自己呈示の個人差に影響を与えるものとしてはこれまでさまざまな要因が検討されてきているが，その1つがセルフモニタリングである。セルフモニタリングが高い人は自らの社会的行動の状況的な適切さへの関心が高く，逆に

セルフモニタリング

セルフモニタリングが低い人は自らの態度や特性に基づいて行動する（Snyder, 1974）。つまり，セルフモニタリングが高い人は自らの行動が他者にどう映るのかを気にするため自己呈示にもより動機づけられると考えられる。また，自己概念と他者からの価値づけが対立するジレンマ状況において，セルフモニタリングが高い人は他者の価値づけにより影響を受けて自己呈示を行うことが予想され，実際に谷口（2001）は異性との相互作用を想定させた実験において，その予測を支持する結果を示している。

2 将来の相互作用の期待が自己呈示に与える影響を調べる実験（実習）

1. 実験の目的

本実習ではザンナとパック（Zanna & Pack, 1975）の実験，および谷口（2001）の実験に倣い，将来の相互作用への期待が自己呈示に影響を与えるのかを検討することを目的とする。

将来の相互作用が期待できる場合は期待できない場合に比べて，これから会う異性にポジティブなイメージを示したいという自己呈示への動機づけが高まると考えられる。そのため，統制群（相互作用の期待なし群）よりも実験群（相互作用の期待あり群）において自己呈示への動機づけ得点は高くなると予想される。また，実際にどのように自己呈示を行うかについても，上記の条件間で差がみられ，実験群（相互作用の期待あり群）のほうがこれから会う異性の価値づけに強く影響を受けた自己呈示を行い，さらに，そのような傾向はセルフモニタリング傾向が強い人ほど顕著であると予測される。

2. 実験の準備と実施方法

①　実験参加者の設定

谷口（2001）の研究では大学生を対象としていた。実験の目的には属性による結果の相違は含んでいないが，結果の一般化を考えれば幅広い対象を参加者としたほうが望ましいだろう。また，自己呈示への動機づけには性差がみられることが谷口と大坊（2005）の研究をはじめいくつかの研究で報告されているため，性差を独立変数として検討に加えるかは考慮の必要がある。ただし，ここでは性差を積極的には扱わないこととして説明を行う。

②　実験の準備

実験の準備として，事前調査と本実験で使用する自己報告式の質問紙，実験パートナー（別室で同時に実験に参加している，もう1人の実験参加者であり，相互に自己紹介と印象評定を行う異性の相手）が回答したとされる異性への好みが記されたシート，実験のカバーストーリーを作成する。

①自己概念と自己呈示の測定：事前調査での自己概念と，本実験の自己呈示を測定するために森（1983）の TSPS（Two-Sided-Personality-Scale）を用いる。TSPS はパーソナリティの2面性を測定するために作成されたもので，どちらも社会的に望ましく，互いに反対の内容を表しているパーソナリティ特性対（たとえば，"口数少ない" − "話好きな"）で構成されている。TSPS には 30 項目の特性対が含まれるが実験の目的上，そのうちのいくつかの項目を用いればよい。ここでは 10 項目を用いることとする。どの項目を用いるかは実験に合わせて選定すればよいが，ここでは森（1983）の研究結果で示された各特性対の反対得点の高い（＝特性対が対立概念として妥当である）上位 10 項目を用いることとする。回答は「1 ＝かなり当てはまる」「2 ＝当てはまる」「3 ＝やや当てはまる」「4 ＝どちらでもない」「5 ＝やや当てはまる」「6 ＝当てはまる」「7 ＝かなり当てはまる」の 7 件法で求める（図 2-1 参照）。

②セルフモニタリング尺度：岩淵ら（1982）のセルフモニタリング尺度 25 項目を用いる。「1 ＝全くそう思わない」「2 ＝そう思わない」「3 ＝どちらともいえない」「4 ＝そう思う」「5 ＝非常にそう思う」の 5 件法で回答を求める。項目例は「人の行動をまねるのは苦手だ（逆転項目）」「あまり詳しく知らないトピックスでも，即興のスピーチができる」などであるが，詳細は岩淵ら（1982）を参照されたい。

③実験パートナーへの自己呈示動機の測定：本実験において，実験パートナーに対する自己呈示動機を測定するために，谷口と大坊（2005）の自己呈示動機尺度 12 項

問1　あなたは自分のことをどのような人であると思いますか？　以下の項目のそれぞれの特性対のどちらにどの程度当てはまるのかについて，1 ～ 7 の数字のうち当てはまるものに○をつけて下さい。

		かなり当てはまる	当てはまる	やや当てはまる	どちらでもない	やや当てはまる	当てはまる	かなり当てはまる	
(1)	あきらめのよい	1	2	3	4	5	6	7	ねばり強い
(2)	口数少ない	1	2	3	4	5	6	7	話し好きな
(3)	融通がきく	1	2	3	4	5	6	7	一本気
(4)	陽気な	1	2	3	4	5	6	7	もの静か
(5)	それとなくいう	1	2	3	4	5	6	7	単刀直入
(6)	男性的	1	2	3	4	5	6	7	女性的
(7)	しぶとい	1	2	3	4	5	6	7	あっさりした
(8)	冷静な	1	2	3	4	5	6	7	情熱的
(9)	古風な	1	2	3	4	5	6	7	現代的な
(10)	社交的	1	2	3	4	5	6	7	孤独を好む

図 2-1　TSPS10 項目の質問紙の例

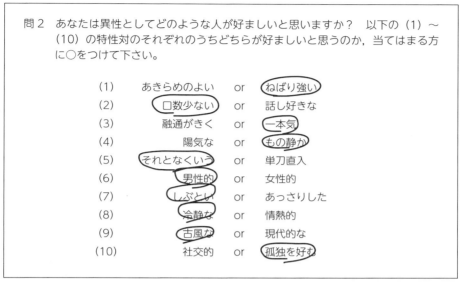

図 2-2　異性の好みを尋ねる質問紙の例と「理想の異性像」シートの例

目を用いる。自己呈示動機尺度は，外見的魅力（3項目：外見的に魅力的である，ハンサムである（かわいい），ファッションセンスがいい），有能さ（4項目：能力がある，知的である，主義・主張がある，ある程度うまくこなせる），社会的望ましさ（3項目：道徳的である，倫理感がある，社会的に望ましい人柄である），個人的親しみやすさ（2項目：親しみやすい，好感のもてる）の4つの下位因子から構成される。回答は「1＝全く示したいと思わない」「2＝示したいと思わない」「3＝どちらかといえば示したいと思わない」「4＝どちらともいえない」「5＝どちらかといえば示したいと思う」「6＝示したいと思う」「7＝非常に示したいと思う」の7件法で求める。

④実験パートナーの「理想の異性像」シートの作成：実験パートナーが回答したとして実験参加者に提示する「理想の異性像」シートをあらかじめ作成しておく。シートには，①の自己概念と自己呈示の測定で使用する TSPS10 項目の特性対について二者択一で回答させる形式のものを使用し，実際に実験パートナーが回答したかのように装い，実験者が手書きであらかじめ回答しておく。回答の方法としては全体として違和感のないようにしておく（図2-2参照）。なお，"回答済み"「理想の異性像」シートは実験参加者すべてに対して同一のものを使用する。

③ 実験の実施方法

事前調査を行った後，2週間程度の期間をあけて本実験を行う。事前調査は，個別に実験室に呼んで質問紙への回答を求めることが基本となるが，集合調査法で一斉に質問紙を配布することも可能である。ただし，事前調査と本実験のデータを照合する必要があるため，事前調査において学籍番号を回答してもらうなど何らかの形で個人を特定す

る必要がある。個人を特定した場合は特にデータの管理に注意を払うことが求められる。個人の匿名性を維持するのであれば，参加者本人しかわからないコード（数字や記号）を決めてもらい，それを実験の時まで覚えておいてもらうという方法もある。本実験には実験群（将来の相互作用を期待する群）と統制群（将来の相互作用を期待しない群）の2つの条件を設け，参加者をランダムに振り分ける。実験群と統制群の人数はできる限り同じになるようにする。

①事前調査：質問紙への回答を求める。質問紙には，①TSPS10項目と②セルフモニタリング尺度25項目を含み，どちらも自分にどれくらい当てはまるのかを尋ねる。また，性別や年齢などの属性情報についても尋ねておく。

②本実験：実験室を訪れた参加者に対して，これから行う実験がどのようなものかを説明する。この段階では本来の実験の目的を伝えることはできないので，偽の目的を伝える（カバーストーリー）。たとえば，次のようなカバーストーリーが適当である。実験群の場合は「現在，別室にあなたと同じく実験に参加している異性がいる。後でその異性と2人で共同作業をしてもらう。ただし，実際に相手に会う前にお互いの情報を交換し，互いの好意度を評定しておく」である。統制群の場合は「現在，別室にあなたと同じく実験に参加している異性がいる。あなたとその異性は自らの情報を交換し，好意度を評定する。ただし，この実験中にあなたとその異性が会うことはない」である。

まず，お互いの異性の好みを伝え合うと説明し，TSPS10項目の特性対について二者択一式で回答を求める（図2-2参照）。ただし，これは実験に対して参加者が不信感をもたないようにするための措置であり，この回答結果は使用しない。回答終了後に，もう1人の実験参加者に渡しに行くと実験参加者に告げて部屋を出る。数分後に，もう1人の実験参加者が回答したものとして，あらかじめ作成しておいた④の「理想の異性像」シートを参加者に渡し，確認するように指示する。

次に，新たな質問紙を配布して回答を求める。質問紙には，①のTSPS10項目の特性対に7件法で回答を求めるもの，もう1人の実験参加者に対する③の自己呈示動機を測定する12項目が含まれる。このうち自己呈示動機尺度の回答結果についてはもう1人の異性の実験参加者に見せないが，TSPS10項目の回答結果についてはその異性に見せ，それをもとにお互いが好意度を評定することを伝える。つまり，ここでのTSPS10項目への回答はもう1人の実験参加者への自己呈示であると考えることができる。

質問紙への回答終了後，デブリーフィングを行い，もう1人の実験参加者は存在しないこと，よってお互いに好意度を評定することも行わず，実験はここで終了であることを伝え，虚偽の説明を行ったことを謝罪する。そして実験の真の目的を伝える。最後に，実験の途中に真の目的に気づいたかどうかを確認しておき，気づいていた参加者のデータは分析に使用しないようにする。

3. 結果の整理

1 属性情報の整理

まず，基礎データとして男女の人数と，回答者の年齢の平均値と標準偏差（SD）を算出しておく。

2 異性の好みに従った自己呈示量の算出

実験パートナーからの「異性の好み」の情報にどの程度影響を受けたのかの指標として，異性の好みに従った自己呈示量の算出を行う。自己呈示量の算出は以下の手順で行う。

① TSPS10項目の各項目について，予備調査での評定と本実験での評定との差分を算出する。この時，実験参加者に提示した④の「理想の異性像」シートにおいて選択されていた特性の方向に，予備調査から本実験にかけて変化したのかが示されるように計算を行う。たとえば，「口数少ない-話し好きな」という特性対について，「理想の異性像」シートにおいては「口数少ない」が選択されていたとする。この特性対について，予備調査では「3：（口数少ないに）やや当てはまる」と回答し，本実験では「1：（口数少ないに）かなり当てはまる」と評定していたとすれば，異性の好みに従った自己呈示量は「2」ということになる。

② ここで，負の数値が得られる場合がある。値が負になるということは，予備調査より本実験にかけて異性の好みとは逆方向に変化したことを表しており，提示された異性の好みに対する反発を示している可能性も考えられる。ただ，本研究では自己概念に従った自己呈示を行うのか，それとも異性の好みに従った自己呈示を行うのかを問題としているため，負の値になった場合は変化がなかったとして扱う（「0」に変換する）。

③ 10項目すべてについて自己呈示量を算出した後，その平均値を算出する。ただし，ここで1つ注意すべきパターンがある。たとえば，予備調査で「1：（口数少ないに）かなり当てはまる」と評定しており，「理想の異性像」シートで「口数少ない」が選択されている場合である。この場合，予備調査から本実験にかけて異性の好みの方向に変化させることはできない。そこでこの場合は分析対象から外し，残りの項目で平均値を算出して全体の自己呈示量とする。自己呈示量については，回答者全体の平均値と標準偏差を算出しておく。

3 自己呈示動機とセルフモニタリング得点の算出

本実験において自己呈示動機を尋ねた12項目について，4つの下位因子ごとに$α$係数を算出し，十分な信頼性を有しているかを確認する。また，セルフモニタリング尺度についても，逆転項目の処理を行った後に25項目について$α$係数を算出し，信頼性の確認を行う。自己呈示動機の4つの下位因子，セルフモニタリング尺度について十分な信頼性を有していることが確認されれば，それぞれの変数の得点として平均得点を求める。そして，各変数について平均値と標準偏差を算出する。

4 セルフモニタリング得点の高低群分け

参加者をセルフモニタリングが高い群と低い群に分ける。高群と低群ができるだけ同人数になるように群分けをすることを目指し、セルフモニタリング得点の中央値を算出し、中央値以上を高群、中央値未満を低群となるように群分けを行う。群分けを行った後に高群と低群それぞれの人数を算出しておく。

5 実験条件が自己呈示動機に与える影響の検討（実験群と統制群の自己呈示動機の相違）

実験群と統制群で実験パートナーに対する自己呈示動機が異なるのかを検討するために t 検定を行う。t 検定を行う前に、実験群、統制群それぞれの自己呈示動機の4つの下位因子の平均値と標準偏差を算出しておく。t 検定における独立変数は実験条件（実験群と統制群の2群）であり、従属変数は自己呈示動機の4つの下位因子である。自己呈示動機の4つの下位因子それぞれについて、実験群と統制群の間に有意な差がみられるかを確認する。

6 実験条件とセルフモニタリングの高低が自己呈示に与える影響の検討

実験群においては統制群よりも、実験パートナーの異性に対する好みに従った自己呈示を行うのか、またそのような傾向はセルフモニタリングが高い人に顕著にみられるのかを検討するために2要因分散分析を行う。従属変数は 2 で作成した自己呈示量であり、独立変数は実験条件（実験群と統制群の2群）とセルフモニタリングの高低（高群と低群の2群）であり、ともに対応がない要因である。分散分析を行う前に各条件（実験群のセルフモニタリング高群、低群、統制群のセルフモニタリング高群、低群）の自己呈示量の平均値と標準偏差を算出しておく。分散分析の結果、実験条件、セルフモニタリングの高低それぞれの要因の有意な主効果および、それらの交互作用効果がみられたかどうかを確認する。有意な交互作用効果がみられた場合は、単純主効果検定を行い、セルフモニタリング高群、低群のそれぞれにおいて実験条件の有意な単純主効果がみられるかを確認する。

4. 考察の視点

以下のような点から考察を行う。

1. 実験群と統制群の自己呈示動機の相違についての t 検定の結果から、将来の相互作用が期待できる場合は期待できない場合に比べて自己呈示動機が高くなるとの仮説は支持されたといえるのか。仮説が支持された場合には、将来の相互作用がなぜ自己呈示動機に影響を与えるのかについて考察しなさい。仮説が支持されなかった場合は、なぜ支持されない結果が得られたのかの理由について考察しなさい。また、自己呈示動機の4つの下位因子のそれぞれで異なる結果が得られた場合にはその理由についても将来の相互作用への期待と絡めて説明しなさい。
2. 自己呈示量についての2要因分散分析の結果から、統制群（相互作用の期待なし群）

と比較して実験群（相互作用の期待あり群）のほうがこれから会う異性の価値づけに強く影響を受けた自己呈示を行うという仮説が支持されたといえるのか。①と同様に仮説が支持された場合と支持されなかった場合，それぞれの結果に従って，将来の相互作用が期待された場合に相手の異性の好みに従った自己呈示が行われるのか否かについて考察を行いなさい。

3. 自己呈示量についての2要因分散分析について有意な交互作用が得られたのか。そして，将来の相互作用が期待できる場合に期待できない場合よりも異性の好みに従った自己呈示が行われる傾向はセルフモニタリングが高い人に顕著にみられるとの仮説が支持されたといえるのか。仮説が支持された場合と支持されなかった場合，それぞれの結果に従って，セルフモニタリング傾向という個人差が自己呈示に果たす役割について考察を行いなさい。

4. 今回得られた結果の一般化可能性について考察しなさい。たとえば，実験パートナーが同性であった場合に同様の結果が得られるのか，また，実際に実験パートナーと会ったうえでさらに後日に相互作用が期待されるというような場合にはどのような結果が得られると予測されるのかといったことについて述べなさい。

5. 本実験で得られた結果が現実場面にどれくらい適用可能であるのか，どのような限界があるのかについて述べなさい。

●この章のねらい●

本章では「自己呈示」という概念を扱い，実習ではその測定を行った。本実習のねらいは何であるのかを最後に述べておきたい。

みなさんのなかには「本当の自分」とは何かに注意を払い，自分は変化しないという考えをもっている人がいるのではなかろうか。しかし，現実の他者との接触を考えた場合に，どんな人に対してもまったく同じように接する人はいないだろう。つまり，見せる自分の姿というのも他者が誰であるのか，どういう場面であるのかによって変化するといえる。初対面の人に対して何十年来の親友と同じように接する人はいないだろうし，先生に対して友達と同じように話しかけたりしないだろう（たまにそのような人もいるだろうが社会的に望ましいとはいえないだろう）。問題は他者とのどのような関係性や，あるいは自分が置かれているどのような環境要因が自己呈示に影響しているのかということである。本実習を機会にこのことに目を向けてもらいたい。

また，自己呈示をどのように測定するのかは，各自の研究で自己呈示とは何であるのかを定義すること，また研究で取り上げる自己呈示は何であるのかを決定することと連動する。本研究で取り上げた自己呈示は，異性の好みにどれくらい従った自己呈示を行うのかに焦点を合わせたが，他の研究ではどれくらい自己高揚的（自己卑下的）な自己呈示を行うのかを測定したもの（たとえば，

谷口・大坊，2008; 吉田・浦，2003）や，どれくらい性役割ステレオタイプに合わせた自己呈示を行ったのかを測定したもの（たとえば，Zanna & Pack, 1975）もある。自己呈示を測定する際には，まずはどのような自己呈示を取り上げるのかを明確にする必要がある。

　さらに本実習では，実験の参加者に偽の目的を伝えたうえで実験を進行した。本来，実験参加者には真の目的を伝えたうえで実験参加の許諾をとるべきであるが，実験の目的上，このように真の目的を隠す必要がある場合がある。そのような場合にも実験参加者に精神的，物理的なダメージや迷惑を与えないかに細心の注意を払い，虚偽の説明は最小限にとどめる必要がある。また，実験後には必ず参加者に詳細な実験の説明（デブリーフィング）を行い，データ使用の可否について了解を得る必要がある。なお最近では，大学をはじめどのような研究機関でも倫理規定を設けており，倫理審査を受けたうえで研究を行う必要がある場合が多くなってきた。本実習のような実験を行う場合は所属する研究機関の倫理規定や倫理審査についてまずは確認する必要がある。

第3章 自己への注意

1 導 入

　鏡に映った自分の姿を見るとき，人前に出て人から注目されるときなど，自分自身に注意を向けることがある。自分自身に注意を向けるか否かには，自己への注意を誘発する状況要因がかかわる。

　一方，自分自身に注意を向けるか否かには，自分自身への注意の向けやすさの個人差もかかわる。フェニグスタインら（Fenigstein et al., 1975）は，自分自身に注意を向けやすいか否かの個人差を測定する，自己意識尺度を作成した。質問項目の回答を因子分析した結果，注意を向ける自己の側面は2つに分けられることが明らかになった。1つは，外見などの他者が見ることができる自己の公的側面である。もう1つは，自己の思考や態度などの他者が見ることができない自己の私的側面である。自己の公的側面，私的側面への意識は，それぞれ公的自己意識，私的自己意識と呼ばれる。

　自己意識尺度の日本語版は，さまざまな研究者によって開発されている（岩淵ら，1981；中村，2000；押見ら，1985；菅原，1984）。菅原（1984）の開発した自意識[*1]尺度の項目例を表3-1に示す。自意識尺度は，公的自意識，私的自意識の2因子で構成さ

🔑 自己意識

🔑 公的自己意識
🔑 私的自己意識

表3-1　自意識尺度の項目例（菅原，1984）

公的自意識因子（11項目）
- 自分が他人にどう思われているのか気になる
- 自分についてのうわさに関心がある
- 人の目に映る自分の姿に心を配る

私的自意識因子（10項目）
- ふと，一歩離れた所から自分をながめてみることがある
- しばしば，自分の心を理解しようとする
- つねに，自分自身を見つめる目を忘れないようにしている

[*1] "自己意識"という概念は"自意識"と呼ばれることもある。本書では"自己意識"という表記を用いるが，菅原（1984）の尺度では"自意識"という表記が用いられているため，菅原（1984）の尺度に関わる部分については"自意識"という表記を用いる。

れる。公的自意識因子では公的自己意識の強さを11項目，私的自意識因子では私的自己意識の強さを10項目で測定する。それぞれの質問項目に，「1. 全くあてはまらない」「2. あてはまらない」「3. ややあてはまらない」「4. どちらともいえない」「5. ややあてはまる」「6. あてはまる」「7. 非常にあてはまる」の7件法で評定を求める。項目の合計点を各尺度の得点とする。菅原（1984）をもとに，公的自意識因子を構成する11項目の平均値を算出すると，男性が4.80，女性が5.13となる。また，私的自意識因子を構成する10項目の平均値を算出すると，男性が5.03，女性が5.40となる。いずれも女性の得点が有意に高いという結果が得られている。また，公的自己意識と私的自己意識には有意な正の相関（$r=.14, p<.01$）がみられることが示されている。公的自己意識と私的自己意識の相関については，他の自己意識尺度でも，中程度，あるいは弱い正の相関がみられることが報告されている。

　公的自己意識と私的自己意識の個人差はそれぞれ，対人行動や情報処理に異なった影響をもたらすことがさまざまな研究で示されている。たとえば，私的自己意識の高い者は自分の気持ちに忠実に行動しやすいこと（Scheier, 1976），公的自己意識が高い者は他者の行動が自分に向けられたものであると過大評価しやすいこと（Fenigstein, 1984）が明らかにされている。

　本実習では，公的自己意識，私的自己意識の個人差による自己に関する情報処理の違いを，被透視感に関する太幡（2006）の研究を例に学ぶことを目指す。被透視感とは，「相互作用する他者に対して，直接的に伝えていないのに，その他者に自己の内面を気づかれていると感じる感覚」である（太幡, 2006）。被透視感の下位概念として，気づかれたくないことがらに関する被透視感である懸念的被透視感や，気づいてほしいことがらに関する被透視感である期待的被透視感が想定されている（太幡, 2010）。太幡（2006）は，被透視感の特徴を明らかにするために，被透視感の強さと，公的自己意識，私的自己意識の個人差との関係を検討している。

被透視感

2 実習（研究）方法

1. 方法の概要

　本実習の目的は，公的自己意識，私的自己意識の個人差による，自己に関する情報処理の違いを学ぶために，自己の特性への被透視感の強さと，公的自己意識，私的自己意識の個人差の関係を調べることである。本実習は，太幡（2006）の研究2を簡略化したものである。

　本実習では，太幡（2006）に倣い，自己の特徴が表れにくい行動であっても，自己意識特性の高い者は，その行動を見た他者に対して自己の特性について被透視感を強く感じるか否かを検討する。具体的には，調査対象者が対人関係の葛藤課題に答え，その

回答を調査者に見られるという状況を設定する。調査対象者にとっては，自分の回答が，調査者に内面を気づかれる手がかりとなる状況である。対人関係の葛藤課題はほとんどの者が同じような回答を選択するものであったため，回答からだけでは調査対象者の特徴が表れにくいものとなっている。そして，「対人関係の葛藤課題への回答パターンを手がかりとして，調査者に自己の特性が見抜かれてしまうと感じる程度」を被透視感と操作的に定義し，ポジティブな特性，ネガティブな特性への被透視感の強さに回答するように求める。併せて，調査対象者に，自己の公的，私的側面への注意の個人差を測定する尺度に回答するように求める。分析では，ポジティブな特性，ネガティブな特性ごとに，被透視感の強さと，公的自己意識，私的自己意識の個人差の関係を検討する。

2. 実施方法

対象者は大学生であり，質問紙法を用いる。質問紙は，①〜③の順に構成する。

①対人関係の葛藤課題（恋愛場面，雇用者場面）に対して，解決方法を4つの選択肢の中から1つ選択させる形式で回答するように求める（制限時間は合わせて5分）。恋愛場面を表3-2，雇用者場面を表3-3に示す。対人関係の葛藤課題の回答順序が被透視感の回答に影響しないよう，課題の順序を変えた2通りの質問紙を用意する。なお，対人関係の葛藤課題は，太幡（2006）の予備調査において，ほとんどの者が4つの選択肢のうちの2つから解決方法を選択することが確認されている。

②自己の特性に対する被透視感について，「自分の対人関係の葛藤課題の回答から，自分の特性についてどの程度気づかれてしまうと思うか」に回答するように求める。被透視感の程度を回答するように求める特性を表3-4に示す。それぞれの特性について，「1. 全く見抜かれない」「2. ほんの少し見抜かれてしまうかもしれない」「3. やや見抜かれてしまう」「4. かなり見抜かれてしまう」「5. ほとんど見抜かれてしまう」の5件法で評定するように求める。

③菅原（1984）の自意識尺度など，自己の公的，私的側面への注意の個人差を測定する尺度に回答するように求める。

表3-2 対人関係の葛藤課題（恋愛場面）

あなたにはずっと前からつきあっている恋人がいます。その恋人とは時にはケンカもしましたが，今ではお互いのことをよく理解しあっています。あなたはこのまま交際を続けていつかはその恋人と結婚したいと考えるようになりました。先日，その恋人を家に呼んで両親に紹介しました。恋人が帰った後，両親に印象はどうだったかを聞いたところ，恋人の学歴を理由に交際を反対されてしまいました。あなたの両親はあなたが小さいころから，あなたのしつけや成績のことにとても厳しく，今までにもあなたの友人関係などにうるさく干渉してきました。さて，あなたはその恋人とこれからどうしますか。

〈回答の選択肢〉
・その恋人とは別れるだろう
・恋人の良い所をわかってもらえるよう両親を説得し，交際を認めてもらえるようにがんばるだろう（○）
・両親には恋人とは別れたとウソをついてつきあい続けるだろう
・両親の言うことなど気にせずにつきあい続けるだろう（○）

注）予備調査において，○がついている選択肢が常識的な解決方法とされた

表 3-3　対人関係の葛藤課題（雇用者場面）

あなたは会社の社長をしています。4ヶ月前，あなたは友人の娘を自分の会社の事務に雇いました。しかし彼女はまったく仕事ができません。パソコンも使いこなせないし，与えられた仕事も満足にこなせません。けれども彼女は一生懸命働いています。彼女の父親とあなたは古くからのつきあいで，あなたは恩を感じており，彼との関係を壊したくないと考えています。友人は，自分の娘は有能であると信じており，彼女はあなたの会社で働けて喜んでいると，うれしそうに話しています。さて，あなたはこれからどうしますか。

〈回答の選択肢〉
・別の社員を監視につけて彼女の間違いをカバーさせるだろう（○）
・彼女を解雇するだろう
・彼女の仕事を今より厳しくしたり，給料を下げたりして，彼女が自分から辞めるように仕向けるだろう
・彼女が仕事をきちんと出来るようになるまで，根気よく教えるだろう（○）

注）予備調査において，○がついている選択肢が常識的な解決方法とされた

表 3-4　被透視感を感じる程度に回答を求める特性（太幡，2006より作成）

ポジティブな特性	ネガティブな特性
・感じのよい	・だらしのない
・温厚な	・不満そうな
・意欲的な	・冷たい
・責任感のある	・落ち着きのない
・感受性のある	・うぬぼれた
・清潔な	・非論理的な

3. 結果

分析の手順は，①〜③のとおりである。

①自己の特性への被透視感は，ポジティブな特性とネガティブな特性ごとに合計得点を算出し，記述統計を確認する。合計得点を算出するにあたり，信頼性が高いことを確認するため，クロンバックの α 係数も求める。

②自己の公的，私的側面への注意の個人差を測定する尺度は，公的自己意識と私的自己意識ごとに合計点を算出し，記述統計を確認する。合計得点を算出するにあたり，信頼性が高いことを確認するため，クロンバックの α 係数も求める。また，公的自己意識と私的自己意識の相関係数を算出し，両者に有意な正の相関がみられることを確認する。

③自己意識の1つの側面と被透視感の関係を調べる際に，自己意識のもう1つの側面を共変量とする偏相関係数を算出する。すなわち，ポジティブな特性への被透視感について，私的自己意識を共変量として，公的自己意識との偏相関係数を算出する。また，公的自己意識を共変量として，私的自己意識との偏相関係数を算出する。ネガティブな特性への被透視感と自己意識の関係についても，同様の方法で偏相関係数を算出する。

4. 先行研究の結果

太幡（2006）では，ポジティブな特性への被透視感（α =.82）が M=2.32（SD=0.83），

ネガティブな特性への被透視感（α=.72）が $M=2.16$（$SD=0.75$）であった。したがって，調査対象者は，ある程度の被透視感を感じていたことが示されている。

続いて，自己意識と被透視感の関係を検討するために，相関分析を行った。ここで，中村（2000）に基づいて測定された公的自己意識（α=.78）と私的自己意識（α=.84）には有意な正の相関がみられた（$r=.42, p<.001$）ため，自己意識の1つの側面と被透視感の関係を調べる際に，自己意識のもう1つの側面を共変量とする偏相関係数を求めた。私的自己意識を共変量として，公的自己意識と被透視感の偏相関係数を求めたところ，ポジティブな特性への被透視感（$r_p=.31, p<.001$）とネガティブな特性への被透視感（$r_p=.16, p<.05$）に有意な正の相関がみられた。一方，公的自己意識を共変量として，私的自己意識と被透視感の偏相関係数を求めたところ，ポジティブな特性への被透視感（$r_p=.09, ns$），ネガティブな特性への被透視感（$r_p=.06, ns$）に有意な相関はみられなかった。なお，後者の分析では，私的自己意識と有意な正の相関がみられた視点取得（他者の視点から自己を見ようとする認知的行為；Davis, 1983）の個人差も共変量としている。

太幡（2006）の結果は，公的自己意識，私的自己意識の個人差によって，自己に関する情報処理に違いがみられることを示しているといえる。具体的には，公的自己意識が高いほど，ポジティブな特性であってもネガティブな特性であっても，自己の特性に被透視感を強く感じやすいことが明らかになった。一方，私的自己意識の高さと自己の特性への被透視感の強さには関係がみられないことも示された。

5. 考察

〈考察課題〉
1. 自己の特性への被透視感の強さと，公的自己意識，私的自己意識の個人差との関係について，得られた結果をふまえて考察しなさい。また，太幡（2006）の結果とは異なる結果が得られた場合，その理由についても考察しなさい。
2. 本実習で得られた結果について，日常場面にどのくらい適用可能であるのか，日常場面への適用にはどのような限界があるのかについて述べなさい。

〈考察のポイント〉

本実習の目的は，公的自己意識，私的自己意識の個人差による，自己に関する情報処理の違いを学ぶために，自己の特性への被透視感の強さと，公的自己意識，私的自己意識の個人差の関係を調べることであった。自己の特性への被透視感の強さと，公的自己意識，私的自己意識の個人差との関係について，得られた結果を吟味する必要がある。ここでは，公的自己意識が高いほど自己の特性に被透視感を強く感じやすい一方，私的自己意識の高さと自己の特性への被透視感の強さには関係がみられないという結果が得られた，太幡（2006）の考察を示す。

太幡（2006）は，被透視感の強さと公的自己意識に正の相関がみられた理由として，公的自己意識が高い者が，対人関係の葛藤課題への自分の回答が他者の回答に比べて調査者の目にとまりやすいと判断し，回答から自己の特性を見抜かれると推測したためで

あると考察している。公的自己意識の高い者の特徴として，他者の行動が自分に向けられていると過大評価しやすいことが示されている（Fenigstein, 1984）。

　一方，被透視感の強さと私的自己意識に関係がみられなかった理由として，自己の内面とした自己の特性は，太幡（2006）の状況では回答者に強く意識されることがらではなかったことが影響した可能性があると考察している。回答者に強く意識されることがらを自己の内面とした研究では，自己の内面を相手に気づかれている程度の推測（被透視感と対応する）と，私的自己意識に関係がみられることを示した研究もある。ギロビッチら（Gilovich et al., 1998）は，自己の内面にあることを相手に気づかれている程度を推測するとき，実際よりも程度を高く見積もるバイアスである透明性の錯覚（illusion of transparency）に関する研究で，内面を気づかれている程度の推測と自己意識特性の関係を検討している。彼らの研究では，実験参加者にウソをつくように指示し，ウソをついたことを自己の内面としている。実験参加者はウソをついたことを強く意識しやすい状況にあるといえるだろう。ウソをついた実験参加者に「自分のウソを何人に気づかれてしまうと思うか」を推測するように求めたところ，私的自己意識の高い者は気づかれてしまう程度を高く推測していたのに対し，公的自己意識の高さと推測には関係がみられなかった。

◉この章のねらい◉

　この章の主なねらいとして，実習を通して自己への注意の特徴を理解することがあげられる。注意を向ける自己の側面には，外見などの他者が見ることができる自己の公的側面，自己の思考や態度などの他者が見ることができない自己の私的側面がある。自己の公的側面，私的側面への意識は，それぞれ公的自己意識，後者は私的自己意識と呼ばれ，それぞれの側面への注意の向けやすさには個人差がある。そして，公的自己意識，私的自己意識の個人差によって，自己に関する情報処理に違いがみられる。以上にあげた自己への注意の特徴を，この章の実習を通して理解してもらいたい。

　また，この章の副次的なねらいとして，他者に自己の内面を気づかれているかもしれないという意識（内面の被知覚の意識）に関する知識を得ることがあげられる。この章の実習では，内面の被知覚の意識の中の懸念的被透視感に着目し，公的自己意識，私的自己意識の個人差による自己に関する情報処理の違いについて，被透視感に関する太幡（2006）の研究を例に学ぶことを目指した。被透視感は，日常生活のなかで多くの人に感じられている感覚であると報告されている（太幡・吉田，2008）。また，内面の被知覚の意識は，近年，注目されるようになっている（太幡，2010）。この章の実習が，内面の被知覚の意識に関してより深く学ぶ契機となることを期待したい。

第4章 自己と well-being

1 問題設定

　世界中でさまざまな生活様式や文化が存在することが広く知られるようになり，価値観の多様化が受容されるにつれて，よい人生とは何か，何が幸せなのかといった問いに答えることも難しくなってきた。われわれ日本人のなかであっても，どう生きればよいのかについて意見が完全に一致することは少ないだろう。古くはアリストテレス（Aristotle）が eudemonia という言葉を用いて，潜在的な可能性を十分に発揮できている状態が最善であると説明している。関連して社会心理学においては，人間の適応状態に関する概念を統合的に well-being と呼ぶ。アリストテレスの考えと同様に，自己決定理論（Deci & Ryan, 2000）では，人間の潜在性の最大化に注目し，対人関係，自律性，能力といった3つの心理的要素を向上，達成することが well-being にとって重要であると説明している。また，人々が主観的に感じる well-being の要素を明らかにした研究においても（Ryff & Singer, 1998），対人関係や自律性，個人的成長などの充足が重要となることが明らかとなっている。これらの知見は，現状よりもさらによい状態へ移行していくポジティブな変化や活動のうちに，人々の well-being があると考えている点が共通している。また，これらのアプローチが重視する well-being は，アリストテレスの思想を基盤とすることから，eudaimonic well-being と呼ばれている（通常，well-being がそのまま英語で用いられることから，ここでも eudaimonic として表記する）。

　eudaimonic well-being と対比されるもう1つの考え方として，hedonic well-being（これもそのまま英語で表記することとする）と呼ばれるものがある。これは，アリスティッポス（Aristippus）やエピクロス（Epicurus）の思想に基づいており（Waterman, 2008），欲求を充足させることにより得られるポジティブな状態を well-being として考える。人間は必然的に自分の欲求を実現させたがるものであり，それによって得られる快楽や楽しみが最大化されること，あるいは苦痛を感じる経験からは自由であることが人生にとって最善であるということである。人生全体に対する主観的な満足度（Diener et al., 1985）は hedonic well-being として測定されることが多い。通常は，このような

🔑 よい人生

🔑 eudaimonic well-being

🔑 hedonic well-being

単純に快楽で満たされる人生よりは，eudaimonic well-being に反映されるような理性的に成熟し道徳的な判断ができる成長を志向する人生が重要であると考えられるため，後者を重視する研究が多い。両者の特徴的な違いの1つは，hedonic well-being のよい人生の基準は個人のなかにある一方で，eudaimonic well-being では社会的な基準でのよい人生を志向する点であろう。

多くの研究が，well-being と関連する要因を検討しており，生物学的な神経システム（Urry et al., 2004）やパーソナリティ（DeNeve & Cooper, 1998），宗教（Pargament, 2002），感謝（Emmons & McCullough, 2003），対人関係（Ryff & Singer, 2000）など，個人内から社会関係に至る幅広い知見が明らかになっている。ただし，個人のよい人生や well-being を考える際に，個人が自分をどのように捉え，自分の人生をどのように理解しているのかといった主観性を無視することはできない。これは hedonic well-being のよい人生の基準が個人内にあるという問題とは別であり，人々は自分の生き方や人生について意味を生成し，主観的な自己に関する物語を形成するという，ある意味ダイナミックなプロセスの問題である（McAdams, 1985）。過去を再構築したり将来を想像することを繰り返しながら，人生物語を統合することで，自らの人生の目的や理解が明らかとなっていき，このような人生物語そのものがその人のよい人生や well-being と深く関連するのである（Bauer et al., 2008；上出・大坊，2011）。

バウアーら（Bauer et al., 2005）では，人生物語を，認知的発達，感情的発達の理論に基づくコーディング基準から評価し，人々の出来事に対する解釈が eudaimonic well-being や hedonic well-being と関連することを明らかにしている。人生物語は定性的なデータであるが，物語をある基準から吟味することで，個人の生き方や人生に対する理解を定量的なデータとして扱うことが可能である。具体的には，物語のなかに，認知・感情的発達の理論から定義された「主題」があるかないかを判断する。1つは，認知的発達の理論から（たとえば，Piaget, 1967），出来事を多面的に捉え各視点の共通・差違性を見出し統合させる「統合的主題」という。もう1つは，感情的発達に焦点を当て（たとえば，Maslow, 1954），金銭や地位ではなく，個人的成長や対人関係，社会貢献といった内在性を重視する「内在的主題」である。

バウアーら（Bauer et al., 2005）の報告によると，内在的主題は eudaimonic well-being と強く関連し，一部 hedonic well-being にも関連することが報告されている。金銭や社会的地位には人間はすぐに慣れてしまうため，一時の幸福を感じることがあったとしても，すぐにその効果は消えてしまいがちである。一方，個人の成長や社会的関係は努力次第で常に達成感が得られる可能性あるため，well-being と関連しやすいと考えられる。また，よい人生を考えるうえで，well-being の指標以外に，自我発達（Loevinger, 1976）の程度も注目されている。自我発達とは，人生における意味をより深く追究するうえで，出来事を複雑な視点で理解し，統合的な意味生成ができるかどうかにかかわる自己概念の発達を意味し，これは統合的主題と関連することが報告されている。本章では，個人の人生に関する物語を収集し，定性的なデータから well-being や自我発達との関連を定量的に明らかにすることを主眼とする。

2 方法の概要

1. 実験の流れ

このテーマについては，以下のトピックについて，小集団で実習を行う。①から③が含まれた質問紙を作成し，人数分あらかじめ用意するとよい。
　①人生物語の記述
　② well-being 尺度への回答
　③自我発達尺度への回答
　④物語のコーディング
　⑤自我発達尺度のコーディング

2. 実習課題の方法

1 人生物語の記述

　3種類の出来事（人生での最高，最悪，転換期）の記述を行う。最高のときは「一般的に人生のなかで非常に気持ちが高まり，楽しく，興奮し，充実感があり，とてもポジティブな感情経験などがあるエピソードのこと」である。最悪のときは「今までで最もネガティブな感情を感じた出来事。人間関係に悩んだり，二度と経験したくないと願うような出来事」，転換期は「人生や自分自身の転換期となったと思う出来事。自分がこれまでとは違う，新しい人間に変わったと思えるような出来事」である。物語を記述する際には，ファシリテータが「これが特別で特定の出来事であり，一般的な『時間』や『場所』で起きたものではないと確信できる出来事を記述してください。何がいつ起き，誰が関係し，何を考え，感じたのか，なぜその出来事が重要であるのかを，できるだけ詳しく正確に書いてください」と説明をし，質問紙にもそのような説明を加える。分量を事前に特定しないが，各出来事について A4 用紙1ページ程度かそれ以上が望ましい。短すぎる場合には分析ができないため，できるだけ詳しく書くように促す。

2 well-being 尺度への回答

　eudaimonic well-being に関してはリフとキーズ（Ryff & Keys, 1995）に基づき西田（2000）が作成した心理的 well-being の6次元から構成される尺度を用いる。43項目である。この尺度には，自己受容（自己に対するポジティブな態度），ポジティブな対人関係（他者との信頼できる関係に関心があり，愛情，親密性を大切にする），自律性（自己決定的で，自ら基準をもって行動，評価が可能であること），環境の統制（外的な活動や周囲の環境を必要に応じて選択したりコントロールできること），人生の目的（人生に対して意義を感じ，生きることに対する目標をもっていること），個人的成長（新しい経験に開かれており，自分がますます成長する存在であると意識していること）が含まれている。

　hedonic well-being には，ディーナーら（Diener et al., 1985）に基づき大石（2009）

表 4-1　人生満足度尺度の項目（大石, 2009）

①ほとんどの面で，私の人生は私の理想に近い。
②私の人生は，とてもすばらしい状態だ。
③私は自分の人生に満足している。
④私はこれまで，自分の人生に求める大切なものを得てきた。
⑤もう一度人生をやり直せるとしても，ほとんど何も変えないだろう。（逆転項目）

が作成した人生満足度尺度を用いる。これは5項目と少ないため，表4-1に項目を示す。

③ 自我発達尺度への回答

佐々木（1980）によると，レヴィンジャー（Loevinger, 1976）の自我発達は，統合的主題が反映するような認知的な発達の程度と常に一貫した正の相関関係が示されるわけではないことが指摘されている。たとえば，知能（IQ）と自我発達の相関関係は非有意であったという報告がある（Hann et al., 1973）。一方，自我発達との有意な正の相関関係が報告されている研究もある（Frank & Quinlan, 1976）。これらの結果から，自我発達と認知的，知的な発達が，直接的に関連する同一の概念ではないと考えられよう。バウアーらの報告（Bauer et al., 2005）においては自我発達と統合的主題との有意な関連性が示されているが，以上の報告からすると，慎重に検討する必要がある。

自我発達は，「衝動統制と性格発達」，「対人関係スタイル」，自己概念を含む「意識的とらわれ」，「認知スタイル」という多様な側面が絡み合った，包括的な様式である（表4-2；佐々木，1980）。自我発達の段階は一定の順序で進み，全9段階の間には質的な差がある。その多様な側面を詳細にみると，「認知スタイル」の側面においては，概念的な複雑さに対する耐性が段階を経るごとに深まっていくことが示されており，確かに統合的主題が反映するような認知的な複雑さや統合的視点と関連する部分もあると思われる。

しかしながら，「意識的とらわれ」の側面では，社会問題への関心や，社会的文脈における自己理解が強調されており，「対人関係スタイル」においても，集団内での相互依存状態における自律性の尊重が反映されている。これらの点からすると，対人関係の大切さや社会貢献の尊重といった内在的主題が関連する可能性を排除しきれない。このような可能性も分析の際に考慮する。ここでは，自我発達尺度（Loevinger, 1976）の日本語版（渡部・山本，1989）を測定する。この尺度は文章完成方式である。

④ 物語のコーディング

バウアーら（Bauer et al., 2005）のコーディング方法について，いくつかダミーの物語を用意して練習を行う（表4-3）。3種類の出来事につき，統合的主題，内在的主題についての有無を0あるいは1で判断し，得点化する。各主題は個人内で合計し，0〜3点の幅になる。コーダーは2名以上で個別にコーディングを行い，終了したら一致率を算出する。その際，一致率が低い場合にはコーディングをやり直す必要がある。先行研

表 4-2 自我発達段階の特徴（佐々木，1980）

段階	衝動統制・性格発達	対人関係スタイル	意識的とらわれ	認知スタイル
前社会的 共生的		自閉的 共生的	自己 対 非自己	
衝動的	衝動的 報復の恐れ	依存的，搾取的 受け入れ的	とくに性的・攻撃的な 身体感情	ステレオタイプ 概念的混乱
自己 保護的	外在化された非難 見つけられる恐れ 日和見主義	用心深い 操作的 搾取的	自己保護 願望，物事 利益，統制	
自己保護 同調的	単純絶対の規則への服 従と同調	操作的 服従的	伝統的性役割の具体的 側面	概念的単純さ ステレオタイプ
同調的	外的規則への同調 規則違反への罪悪感 恥	所属的 皮相的な良さ	社会的受容性 平凡な感情 外見，行動	概念的単純さ ステレオタイプ 決まり文句
自己 意識的	規範の文化 目標	集団に関係しての自己 意識 援助的	適応，問題，理由 機会（曖昧）	多重性
良心的	自己評価的基準 結果への罪悪感 長期の目標理想 自己批判	伝達への関心 責任のとれる 集中的 相互的	分化した感情 行動の動機 自尊，達成 特性，表現	概念的複雑さ パターンの考え
個人 主義的	付加：個性の尊重	付加：情緒的問題とし ての依存	付加：外的生活から内 的生活を区別 発達，社会的問題	付加：過程と結果の区 別
自律的	付加：葛藤する内的欲 求の克服	付加：相互依存 自律性の尊重	生き生きと伝わる感情 心身の統合 行動の心理的原因 社会的文脈における自己 役割概念 自己充足	増大した概念的複雑さ 広い視野 複雑なパターン 曖昧さへの耐性 客観性
統合的	付加：達成できないも のの放棄 内的葛藤の和解	付加：個性の育成	付加：同一性	

究（Bauer et al., 2005）では 82〜84％である。コーディング結果が異なる記述に関しては基準をもとに合議を行う。

　コーダーは，エピソード内で生じている主な活動や状況を判断し，行動的に何が生じているのかについて把握する。さらに，その人が，その状況について中心的に主張していることを把握し，それについて，統合的，内在的という観点からコーディングを行う。その物語に関する個人にとっての意味に基づいて各主題が表れているかどうかを判断するのであり，物語に書かれている出来事のタイプに基づく判断を行うのではない。たとえば，物語のタイプが「結婚」という同じ出来事であっても，出来事の記述の仕方により，各主題が表れているかどうかは異なるということである。これらの例を含めてコーディング基準を表 4-3 に示す。

表 4-3　統合的主題，内在的主題のコーディング基準

統合的主題	内在的主題
出来事に対して，自己や他者といった複雑な視点から認知ができており，それらのときに葛藤する視点が統合され，以前よりも新たな視点が得られたなどの学習や成長を示しているもの。事実を記述しているが，その事実から当人が何かの概念的なものを発見したり学習したという記述がないものは非統合的とする。学習をほのめかしているが，確たる証拠がない曖昧なフレーズに注意する。 悪い例：「僕は変わった」「僕は成長した」と記述しているが，具体的にどのように変わったのかという例示表記がないもの。これは統合的主題ではない。 良い例：異なる観点や葛藤する内容が記述されており，それらがどのように統合され，バランスがとられたのかといったプロセスや方法を記述しているものは統合的主題が表れていると考えられる。	個人の成長，意義ある関係性や社会貢献の重要性を示しているもの。お金，ステータス，外見，心理的・身体的健康に重きを置くものは非内在的とする。物語の内容から，個人にとっては，何がこの出来事を重要なものに，または意味のあるものとしているのかを判断する。 悪い例：教師という職業的には社会貢献に関する出来事を記述してはいるが，その出来事の重要性が，本人のステータスや権威にあることを強調している物語は内在的主題が表れているとはいえない。 良い例：同じ教師に関する物語であっても，その出来事の重要性が，学生の成長や変化に対する感激や，他者へ貢献できた喜びなど，内的な人間性に言及している物語は内在的主題があると考えられる。

⑤　自我発達尺度のコーディング

　渡部と山本（1989）のマニュアルに従い，コーディングの練習を行う必要がある。ある程度練習を繰り返した2名以上のコーダーが個別にコーディングを行う。また，物語のコーディングと同様に，一致率を算出する。その際，一致率が低い場合にはコーディングをやり直す必要がある。コーディング結果が異なる記述に関しては基準をもとに合議を行う。得点化についても渡部と山本（1989）に従い，個人ごとに自我発達の程度を得点化する。

3. 分析

　ここでは，物語に表れる統合的主題，内在的主題が，eudaimonic well-being, hedonic well-being, 自我発達の程度に関連するかどうかを調べる。eudaimonic well-being である心理的 well-being の尺度については6次元ごとに得点化し，hedonic well-being である人生満足度は5項目を合計して1つの得点として扱う。

　記述統計量，相関係数の算出などから，基本的なデータの確認を行う。その後，性別（男性 =1，女性 =2），年齢，統合的主題得点，内在的主題得点を説明変数，well-being の合計7指標，自我発達得点を目的変数としたステップワイズ法による重回帰分析を行う。

PC-SAS プログラムの例

```
/* 変数の入力 */
data d1;
  infile 'C:¥***¥data.csv' dlm=',' lrecl=32760;
  INPUT OBS age sex
```

```
            integ1 integ2 integ3 intrin1 intrin2 intrin3
            pwb1 pwb2 pwb3 pwb4 pwb5 pwb6
            SWLS
            egodvlp;

INTG = integ1 + integ2 + integ3;
INTR = intrin1 + intrin2 + intrin3;

/* 平均値，標準偏差など記述統計量の算出 */
PROC MEANS mean STD;
VAR INTG INTR pwb1 pwb2 pwb3…;
run;

/* 各変数間の相関係数の算出 */
PROC CORR;
VAR INTG INTR pwb1 pwb2 pwb3…;
run;

/* 年齢，性別，物語得点が well-being などの指標に及ぼす影響を調べるステップワイズ法による重回帰分析 */
PROC REG;
MODEL pwb1 pwb2 pwb3…= sex age INTEG INTRI /STB DW VIF SELECTION=STEPWISE;
run;
```

4. 考察課題

1. 参考資料を吟味して，well-being の概念についてまとめなさい。
2. 自伝的物語をデータとして用いる際のメリット，デメリットについて考察しなさい。
3. 物語の変数が well-being などの指標に関連する理由について考察しなさい。関連しなかった場合は，その理由について考察しなさい。

〈考察のポイント〉

1. well-being に関して元来哲学の分野で用いられてきた思想が，心理学の分野にどのような形で用いられるようになったのかを理解する。
2. 物語という定性的なデータを分析する手法は多様にある一方で，分析手法を理論的に確立していなければ，コーディングの結果として算出されたデータの妥当性が低くなるという難しさもある。これらのデータの扱い方の可能性と，分析する際にどのような点に注意すればよいのかを考える。
3. 物語に反映されている主題と，尺度で定量化された well-being の得点との関係を理解する。物語は過去の振り返りや将来に対する展望などの時間的な幅を現時点に集約しているものであり，well-being 得点は現時点でのその人の適応状態である。これらの変数が関連する理由について文献を参考に考察する。

●この章のねらい●

　よい人生とはどのような要素で構成されているのかについては，従来さまざまな議論がなされてきた。ここで紹介したものだけではなく，心理学や哲学以外でも人々の幸福やよい人生は研究の最終目的となっていることがある。個々の研究の目的はよい人生や幸せにどのような視点からアプローチしているかを明確に理解しておく必要がある。たとえばこの実習では，親密な対人関係における人生物語に焦点を当てているが，この方法論を用いて，まったく異なる側面の人生物語を検討することも可能である。どのような視点が個人のwell-beingに重要となるのかについても議論を行っていただきたい。

　また，個人が幸せを追求しすぎることは，社会的ジレンマの例のように，社会にとって不適応となるパターンも考えられる。本実習のなかで個人にとってのよい人生を，社会的背景との関連でどのように検討していけばよいのかについて，発展的な議論を行うことも重要であろう。個人のwell-beingと社会のwell-beingは両立しうるものなのか，あるいはいずれが優先されるものなのかなどについて，先行研究を調べて理論的な議論を行うことも，今後の関連研究においては有用となる。

　よい人生や幸福という価値を科学的に扱うことはいったいどういうことなのかについて考察する点も重要である。よい人生を定義するということは，同時に悪い人生を想定するということである。一部の研究成果だけを参考にするのではなく，自分自身が参照している先行研究や獲得したデータが，どのような位置づけにあり，どのようなことまでがいえるのか，あるいはいえないのかを常に自覚し客観的に記述する練習をするきっかけにしてほしい。

第5章

自己概念と自己評価
自己評価をさまざまな側面から検討する

1 導　入：問題設定

1. 自己概念

 自己概念

　私たちは物心がついた乳児期から老人期に至るまで，自分はどういう人間か，また自分は他者と比べてどういった特徴があるかを考えながら生きている。自分についての知識は自己概念や自己像と呼ばれ，自己概念のありようが私たちの日常生活に及ぼす影響については，社会，発達，教育，メンタルヘルス，健康，医療，看護など，心理学はもちろん，それ以外の領域でもさまざまな研究が行われている。

1 自己概念を得る手段

　私たちが自己概念を得る（これを自己認識と呼ぶ）手がかりには，(1) 物理的環境との交渉の結果，(2) 自己省察の結果，(3) 他者との相互作用の結果，(4) 集団への所属の結果，の4種類があるとされている（高田，1992）。(1) はたとえば，自分は20kmのマラソンを楽に走ることができた，ボールを20m投げられた，TOEICで700点がとれた，など，自己の行動に対する物理的な結果をもとに，自己概念を形成するものである。(2) はたとえば，「私は人前ではつい良い所を見せようとしてしまう。私はどうも格好をつけるのが好きな性格なようだ」と考えるなど，自分の体験や行動について思い返し考えた結果から自己概念を形成するというものである。(3) はたとえば，複数の友人から「お人好しだね」と言われた経験から，自分はお人好しな性格なんだと認識する，というように，周囲の他者が自分に対してもつ印象から自己概念を形成するというものである。(4) はたとえば，「私はバスケットボール部に入っているが，この部は運動能力が高い人が集まると皆思っている。この部でうまくやれているということは，私は運動能力が高いんだろう」というように，自己が所属する集団（内集団）とそうでない集団（外集団）との比較によって知り得た内集団の特徴をもとに自己概念を形成する，というものである。

　北米と日本の大学生が，どのように自己概念を得ているかを調べた研究がある（Schoeneman, 1981）。この研究では，上記4つの方法のうち，(2) 自己省察と (3) 他

者との相互作用がどの程度行われているかを調べるため，①自己観察（上記の（2）），②社会的フィードバック（上記の（3）），③社会的比較（自分を他の人と比較することで，上記の（2）と（3）の混合）の3種類に分けたうえで，大学生にどの方法をよく用いるかを選択させた。その結果，北米の大学生が自己認識の手段として自己観察をあげた率は全反応の70.2％，社会的フィードバックが18.8％，社会的比較が10.7％であった。他方，日本人大学生ではその率はそれぞれ50.2％，23.6％，26.2％と，北米人よりも相対的に他者を媒介とした自己認識の方法を用いることが多いことが示された。このように，人がどのように自己概念を得るかについては，文化差があるようだ（高田, 1995）。

②自己概念の内容

さて，次は個人の自己概念の内容について考えていく。1人の人間のなかにはさまざまな種類の自己概念がある。たとえば，ある人は，女性であり，妹であり，サークルでは部長であり，アルバイトでは場を和ませる役であり，数学が得意だが体育は苦手，お笑い芸人の△△が好きで，ミニチュアダックス（犬）を飼っている，などである。そのようにたくさんある自己概念のうち，私たちがどの側面を重視しているかについて，文化比較を行った研究があるので紹介しよう。

まず，自己の側面は，大まかに次の3つに分けられるとされる。それらは①物質的自己（身体，衣服，家族，家，財産，集めた・買った物など，自分のものといえるもののうち触ることができるものから得られる自己のイメージ），②社会的自己（社会のなかでの自分の役割や他者が自分のことをどう考えているか，などから得られる自己のイメージ），③精神的自己（自分の能力，価値観，感情，意見や性格など，内面から定義される自己のイメージ），である。カズンズ（Cousins, 1989）は，アメリカ人と日本人の大学生が自分のことを説明した文章をこの3側面から分類し比較した。その結果，③精神的自己（自分の性格特性）についての記述は，アメリカ人の記述の中の59％を占めていたが，日本人は19％であった。また②社会的自己に関する記述は，アメリカ人は9％であったが，日本人は27％であった。このように文化によって自己概念の内容も異なるようである。この文化差については，西洋文化で育った人の回答は，状況に左右されない「個人の特徴」が強調され，東洋文化で育った人の回答は，「関係性や状況的文脈」が重視されているのだと解釈されている。

🔑 文化差

🔑 自己評価

2. 自己評価

ここまでは，私たちが自己概念を得る手がかり，そして自己概念の内容について説明してきたが，次は人々がもつ自己の能力や考え，自己概念の内容への評価（自己評価と呼ぶ）について見ていこう。これまでの研究の結果，自己評価は客観的で公正なものとはなりづらく，頻繁に自己肯定的な方向に歪む傾向があることがわかっている（ポジティブ幻想）。有名な調査に，アメリカの大学情報や入試情報を提供するCollege Board社が1976〜77年に行った，高校生100万人を対象にしたものがある。この調査の結果，高校生の70％が自分のリーダーシップ能力を平均以上だと答え，また友人とうまくやっ

🔑 ポジティブ幻想

ていく能力に関しては全員が平均以上だと答えており，さらにそのうち25％が自分は上位1％に入ると答えていることが示されている（Dunning et al., 1989）。また別の調査では，企業経営者や部長の90％が自分の業績を他の経営者や部長よりすぐれていると答え（Myers, 1993），大学教授の94％が自分の業績は平均以上だと答えている（Cross, 1977）など，この傾向は年代層を問わず存在することが明らかになっている。「平均以上」でありうるのは全人口の50％のみであるため，このように多くの人が自分のことを「平均以上」だと考えるのは，明らかに自己認識に歪みが生じていることになる。このように私たちが自分のことを好意的に認識してしまうという傾向は自己高揚傾向と呼ばれ，多くの研究が行われている。

 自己高揚

3. 自己高揚傾向・幸福感の文化差

　これまで紹介してきたように，自己評価における自己高揚傾向はよく観察される現象である。しかし，このような傾向は，北米を含む西洋文化においてはよくみられるが，日本を含む東洋文化においては明確にはみられないともいわれている。たとえばハイネとリーマンは，日本とカナダの大学生に「大学卒業後に就く仕事を気に入る」「将来マイホームをもつ」というようなポジティブな出来事と，「アルコール中毒になる」「結婚後，数年で離婚する」というようなネガティブな出来事のリストを見せ，それらの出来事が将来，自分や同じ大学の同性の学生（以下，他者と表記）に起こると考える程度を推測させた（Heine & Lehman, 1995）。その結果，カナダ人大学生はポジティブな出来事は自分には67.6％起こるが，他者には52.8％起こると考え，その度合いに統計的に有意な差がみられた。つまり，将来的によい出来事は他者よりも自分に起こりやすいと考える傾向がみられたということである。逆にネガティブな出来事は自分には18.1％しか起こらないが，他者には25.3％起こると評定されており，ここにも統計的に有意な差がみられた。つまり，カナダ人大学生は悪い出来事は自分には起こりにくいと考えていたということである。他方，日本人大学生はポジティブな出来事については自分には47.1％，他者には43.5％，ネガティブな出来事については自分には20.7％，他者には20.4％起こると考えており，ポジティブ・ネガティブな出来事の両方において，自己と他者の評価の間に統計的な差はみられなかった。つまり，ポジティブな出来事もネガティブな出来事も自分にも他者にも同じくらい起こりやすいと考えていたということである。OECDの調査（内閣府，2014）では，日本を含めた7か国の13歳から29歳の若者合計7431人を対象として自己認識などを尋ねたところ，図5-1に示すように，日本の若者は「自分自身への満足度」「将来への希望」「40歳になったときに幸せになっているか」について，満足度や希望度が低いことが示されている。幸福感についての31か国13000人の国際比較研究でも，日本や韓国など東アジアの人々は，欧米の人々に比べて自分自身や自分の人生への満足感を低く評価することが示されている（Diener & Diener, 1995）。

　このように日本人は欧米人に比べて，さほど自分のことを高く評価しない傾向があるということがわかる。これにはいくつかの理由が考えられる。第1に，日本人は欧米人に比べて本当に自己評価が低く自信がないこと，第2に，日本文化と欧米文化では「もっ

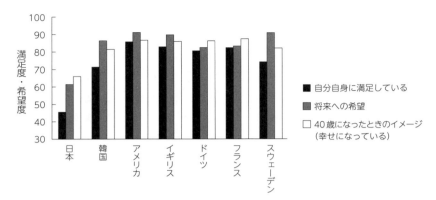

図 5-1　OECD 調査による各国若者の自己認識の違い

ているとよい」とされる特性が異なること（たとえば北米文化では自己の将来や活躍をポジティブに思い描くことが重要とされるが，日本文化ではよい対人関係を築くことが重要とされる，など），第 3 に，日本を含む東アジアでは，自分について謙遜することをよいとする文化規範があるため，たとえ質問紙であっても謙遜して低めに答えてしまう，というものである。

このような観点から，欧米では自己高揚傾向が観察されやすいが，東アジアでは観察されづらいのは，測定されてきた側面（例：リーダーシップ能力）が北米人にとって重要性の高い項目だったから，という考えもある。つまり，東アジアでも，回答者にとって重要性の高い側面（例：優しさ，まじめさ）を測定してやれば，自己高揚傾向が表出されるという指摘である（Brown & Kobayashi, 2002; 伊藤，1999; Sedikides et al., 2003）。たとえば伊藤（1999）は，優しさ，信頼感，まじめさ，明るさ，誠実さなどの特性では，半分以上の日本人大学生が自己を平均以上のレベルだと認識していることを明らかにしている（逆に，スタイルや容貌の側面では平均以下だと認識されていた）。

ほかにも，相互依存的（たとえば調和性や誠実性など）や，集団主義的（たとえば，協調的，協力的，我慢強いなど）な自己の側面では，日本人も自己高揚を行っていることを示した研究や（外山・桜井，2000，2001; Sedikides et al., 2003），自己ではなく自分を含む集団については，日本人もポジティブな評価を行いやすいことを示した研究もある（遠藤，1997; Endo et al., 2000）。つまり，日本では，優しさや信頼感，まじめさなどの特徴，また他者とよい関係をもつことは重要であり，かつそれらの特徴において高く自己評価することは，謙遜の規範を破らないということであろう。

この観点から，ディーナーらは「文化によって求められるもの（規範）が異なるため，人はそれぞれ自分が住む文化の規範に合致するように性格を形成する。そして，文化規範と性格が合致する人ほど幸福感が高くなる」という予測を「個人−文化合致仮説」と呼び，さまざまな文化のデータからこの仮説を検証している。具体的には，集団主義よりも個人主義が重視される文化においては，自尊心が高い人が人生満足度も高いこと（Diener & Diener, 1995），また個人の気分がよいほど幸福感が高いのに対し，集団主

義が重視される文化では対人関係の充実度がよいほど人々の幸福感が高い（Suh et al., 2008）ことや，外向性が重視される文化では内向性が重視される文化よりも外向的な人の幸福感が高い（Fulmer et al., 2010）ことが示されている。

4. 文化的自己観

🔑 文化的自己観

このような文化差についてさらに詳細に理論化したのがマーカスと北山である。マーカスと北山は，このような文化差が生じる原因は「文化によってそこに住む人々の自己観が異なる」からだと説明している（北山, 1998; Markus & Kitayama, 1991）。北米などの欧米文化においては「相互独立的」な自己観が優勢であるが，日本を含む東洋文化においては，「相互協調的」な自己観が優勢であるとされている。

🔑 相互独立的自己観
🔑 相互協調的自己観

図 5-2 はこの相互独立的自己観と相互協調的自己観を模式的に示したものだが，この図にあるように，相互独立的自己観が優勢な文化では，自己は，他者やまわりの物事とは区別され，切り離された実体であるとされている。そして，北米を含む欧米文化においてはこの自己観が優勢で，そのため，自己を説明するものは，能力や性格など，その人自身がもつ特徴となる。そのような文化・社会において適応するためには，「自分自身のなかに，望ましい特徴や誇るに足る特徴を見いだし，それらを外に表現し，そのような特徴を現実のものとしていくことになる」という。そのため，特に北米文化では自己高揚の規範が顕在化しているという。他方，相互協調的自己観が優勢な文化では，自己は境界線が他者と重なり合い，関係志向的なものだとされている。そして，日本を含む東洋文化においてはこの自己観が優勢で，そのような社会で適応していくためには，人は「自分の周囲で意味のある人間関係を見いだし，自らをその人間関係の中の重要な一部分として認識し，またまわりの人にもそう認識されること」が重要であるとされる。そのためには，周囲の人間関係において期待されることを見極め，もしも自分のなかに望ましくない特徴があればそれを修正する必要があるため，東洋文化においては，謙遜あるいは自己批判的な規範が顕著になるという。

このように異なる自己観のもとでは，自己や他者に対する考え方，また自己や集団の

(a) 相互独立的自己観の模式図

(b) 相互協調的自己観の模式図

図中の〇は，人の心理的な自己・他者の境界を表し，×は能力や性格などさまざまな特徴を表す。自己と他者が重なる個所にある×は，他者との関係性のなかにある特徴であり（例：友人の前ではひょうきんであるが父親の前ではまじめで無口である），自己のなかにある×は，他者とは関係がなく，常時知覚される自分の特徴のことである。

図 5-2 文化による自己観の違い（Markus & Kitayama, 1991）

行動が異なってくると考えられている。自己観が異なるのは，異なった国や文化間（これを文化レベルでの違いという）だけでなく，同じ文化内にでも個人差が存在する（これを個人差レベルでの違いという）とされており（北山，1998; Yamaguchi, 1994），この観点から，2つのタイプの自己観を測定する尺度がいくつか開発されている（たとえば，木内，1995; Singelis, 1994; 高田ら，1996; Yamaguchi et al., 1995）。

山口（Yamaguchi, 1994; 改訂版は Yamaguchi et al., 1995）は，このような個人差としての個人主義・集団主義の度合いを測定する尺度として，「集団主義尺度」を作成した。集団主義を「個人の目的よりも集団の目的を優先すること」と定義し，個人における集団主義傾向を測定する集団主義尺度を作成した。そして比較文化調査の結果，文化を越えて，集団主義傾向の高い人は親和的傾向が高く，人から拒否されることへの感受性が高く，独自性を求める欲求が低いことを示した。

高田ら（1996）は，個人は他者とは独立した存在で，独自性を主張することが重要であるという考えをもつ「相互独立的自己観」，人はさまざまな人間関係の一部であることが重要であるという考えをもつ「相互協調的自己観」を測定する尺度を作成した。この尺度の詳細については後述する。

5. 自己意識

自己意識は，第3章「自己への注意」で解説がなされているとおり，自己へ注目を行う傾向の個人差のことである。外見やしぐさなど他者から直接見える自己の側面や，自己が他者に与えている印象に注意を向けやすい性質は公的自己意識，自分の考えや感情など他者から直接見えない自己の側面に注目しやすい性質は私的自己意識と呼ばれている。このように自己意識が2つの因子からなることを明らかにしたフェニグスタイン（Fenigstein, 1979）は公的自己意識が高い人は他者からの評価に敏感であることを示した。またカーバーらの研究では，公的自己意識が高い人は他者の目を意識して自己表出の仕方を変える傾向が強いことを示している（Carver & Humphries, 1981）。

このことから考えると，自己を卑下することがよいとされる規範がある日本においては，公的自己意識が高い人は，自己評価を下げて他者評価を上げる自己卑下を行う可能性が考えられる。逆に私的自己意識が高い人は，自己評価も他者評価も同程度の高さになると考えられる。

2 実 習

1. 方法の概要

本実習は，授業時間内に受講者が10分ほどの質問紙に回答し，データ分析を行うものである。回答者を受講者以外とする場合は，休み時間などを利用し，授業外で質問紙

を実施してもよい。

　まず受講生は個人で質問紙に回答する。授業時間内で回答する場合は質問紙を配布し，それぞれの回答者がすべての項目を回答し終わるまで待つ。その後，クラス全員の質問紙を1か所に集め，順不同にしたうえで番号をふり，別の人が回答した質問紙を個々に渡す。受講生はランダムに回ってきた1人分の質問紙の回答をそれぞれエクセルに1行のデータとして打ち込み，教員（もしくはクラス代表者）に渡す（学内ネットワークシステム，もしくはUSBメモリなどを用いるとよいだろう）。教員あるいは代表者は，クラス全員のエクセルデータを1シートに統合し，統計ソフトのデータシートに変換し，全員に配布する。その後，データ整理，分析を行い，結果を確認し，振り返りを行う。

2. パターンの選択と質問紙に入れる項目

　質問紙に入れる項目は次のとおりである。(a) 自己評価12因子36項目，(b) 親しい他者評価12因子36項目，(c) 平均的なクラスメート評価12因子36項目（以上(a)〜(c) は項目内容は同じで3種類の評価対象者への評価），(d) 自意識[*1]尺度21項目（公的自己意識11項目，私的自己意識10項目），(e) 文化的自己観尺度20項目（相互協調的自己観10項目，相互独立的自己観10項目）の5種類である。

　質問紙にはさまざまな分析例を想定してこの5種類を入れているが，下記のように単純化することも可能である。以下，実習法として，最も単純なものから複雑なものまで5パターン記載する。全パターンのモデル図を図5-3に示した。授業時間や授業の目的，受講者の理解度などにあわせてどのパターンを行うか選択するとよいだろう。

1 パターン1：単純な実習法1（評価対象者が1種類，評価領域が2種類）

　評価対象者として (a) 自己の1種類を用い，評価領域として，後述の全12因子のなかで使用してみたいと講義担当者または受講生が考える因子を2つ選ぶ。2つ選ぶ際には，「自己の能力に関する領域」と「他者への配慮に関する領域」の双方が含まれるように選ぶとよいだろう。このパターンの研究計画は，独立変数が評価領域（2水準：自己の能力に関する領域・他者への配慮に関する領域）で，従属変数が評価の高さとなる，繰り返しのある1要因2水準研究計画である。

2 パターン2：単純な実習法2（評価対象者が1種類，個人差変数が2種類）

　評価対象者として (a) 自己の1種類を用い，評価領域は12個のうち，興味のあるもの，もしくは次に説明する個人差変数の高低で違いがみられそうなものを1つ選ぶ。個人差変数として，(d) 自意識21項目か(e) 文化的自己観20項目を使用する。個人差変数は，(d) 自意識尺度，(e) 文化的自己観尺度（それぞれ2種類，合計4種類ある）のどれか1つを用いてもよいし，自己意識の公的自己意識と私的自己意識の両方を測定し，公的

---

　*1　第3章と同じく本章でも，菅原(1984)の尺度に関わる部分については"自意識"という表記を用いる。

① パターン1

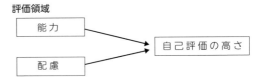

② パターン2：個人差変数は，自己意識か文化的自己観のどちらか。図は自己意識の場合。

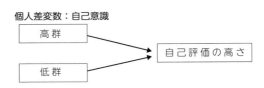

③ パターン3：評価対象者は (a) 自己と (b) 親しい他者，もしくは (a) 自己と (c) 平均的なクラスメートのいずれかを用いる。図は (a) 自己と (b) 親しい他者，の場合。

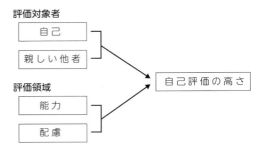

④ パターン4：パターン2，3と同様，図では評価対象者を (a) 自己と (b) 親しい他者，の場合，個人差変数は自己意識の場合を示している。

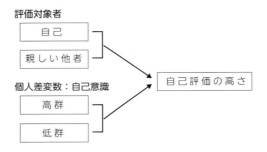

⑤ パターン5：パターン3と4の混合。パターン4と同様，図では評価対象者を (a) 自己と (b) 親しい他者，の場合，個人差変数は，自己意識の場合を示している。

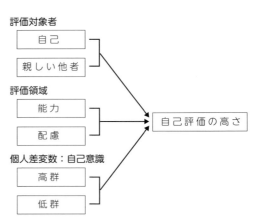

図 5-3　パターン1〜5の研究計画のモデル図

第 5 章 自己概念と自己評価：自己評価をさまざまな側面から検討する

自己意識から私的自己意識の差を計算して「公的自己意識の相対的な高さ」を出してもよい。データシートを作成後，逆転項目に気をつけたうえで全項目を合計（あるいは平均値化）し，さらに個人差変数として，上記のように公的と私的自己意識の差をとる場合は計算値を出し，回答者全体の平均値で高群・低群に分ける。このパターンの研究計画は，独立変数が個人特性（2水準：自己意識もしくは文化的自己観の高群・低群）で，従属変数が評価の高さとなる，繰り返しのない1要因2水準研究計画である。

③ パターン3：難易度が中程度の実習法1（評価対象者が2種類，評価領域が2種類）

評価対象者として（a）自己と（b）親しい他者，もしくは（a）自己と（c）平均的なクラスメートの2種類を用い，評価領域としてはパターン1と同様に2種類を選ぶ。このパターンの研究計画は，独立変数が評価対象者（2水準）と評価領域（2水準）で，従属変数が評価の高さとなる，繰り返しのある2要因（2×2）研究計画である。

④ パターン4：難易度が中程度の実習法2（評価対象者が2種類，個人差変数が2種類）

評価対象者として（a）自己と（b）親しい他者，もしくは（a）自己と（c）平均的なクラスメートの2種類を用い，個人差変数としてパターン2と同様に，（d）自己意識か（e）文化的自己観を使用し，高群・低群を作成する（パターン2と同様，個人差変数は，自己意識，文化的自己観尺度（それぞれ2種類，合計4種類ある）のどれを用いてもよい）。このパターンの研究計画は，独立変数が評価対象者（2水準）と個人差変数（2水準）で，従属変数が評価の高さとなる，繰り返しのある2要因（2×2）研究計画である。

⑤ パターン5：複雑な実習法：パターン3と4の混合

評価対象者として（a）自己と（b）親しい他者，もしくは（a）自己と（c）平均的なクラスメートの2種類を用い，評価領域としてパターン1と同様に2種類を選ぶ。さらに，個人差変数としてパターン2と同様に，（d）自己意識か（e）文化的自己観を使用し，高群・低群を作成する。このパターンの研究計画は，独立変数が評価対象者（2水準）と評価領域（2水準）と個人差変数（2水準）で，従属変数が評価の高さとなる，繰り返しのある3要因（2×2×2）研究計画である。

そのほか，さらに余力のある場合は，評価対象者として（a）自己，（b）親しい他者，（c）平均的なクラスメートの3種類を用いた分析を実行したり，評価領域として，全12因子計36項目を用いた分析を行うと，さらに詳細な検討を行うことができるだろう。12因子の評価領域はそのまま使用することもできるが，データ整理の段階で因子分析を行い，さらに少数の因子にまとめても，分析がしやすいだろう。

3. 実施方法

① 質問紙の作成

実習の時間的余裕や受講者の理解度などにより，パターン1〜5のいずれかを選んで質問紙を作成する。以下では各尺度項目について詳細に説明する。

表 5-1 自己，親しい他者，平均的なクラスメート評価に用いる項目

項　目	因　子
1. 社交能力がある 2. 交際範囲が広い 3. 同年配の異性と楽しく話ができる	①社交
4. 人に対して思いやりがある 5. 人に対して寛大である 6. おおらかな人柄である	②優しさ
7. 自分の生き方に自信がある 8. 個性的な生き方をしている 9. 自分に自信がある	③生き方
10. きちょうめんな性格である 11. 自分に厳しい 12. 責任感が強い	④まじめさ
13. 体力・運動能力がある 14. 運動神経が発達している 15. スポーツマンタイプに見える	⑤スポーツ能力
16. 知的能力がある 17. 人よりいろいろなことを知っている 18. 頭の回転が速い	⑥知性
19. 趣味・特技に自信がある 20. 特技がある 21. 熱中している趣味がある	⑦趣味や特技
22. 陽気な性格である 23. 楽しい性格である 24. おもしろい性格である	⑧楽しさ
25. おしゃれな 26. 容姿がよい 27. 外見的に魅力的である	⑨外見的魅力
28. ほっとすると言われる 29. 安らげると言われる 30. 一緒にいて落ち着くと言われる	⑩癒し
31. 根気強い性格である 32. 忍耐強い性格である 33. 一生懸命な性格である	⑪精神的強さ
34. 気づかいができる 35. 思いやりがある 36. 他者の気持ちを察することができる	⑫配慮

①複数の対象への評価：(a) 自己，(b) 親しい他者，(c) 平均的なクラスメート評価

　　ここで用いられるのは本実習の従属変数となる項目で，評価対象者1人あたりの評価領域数は最大で12因子合計36項目ある。1因子のみ使用する場合は3項目となる。具体的な評価項目は表5-1に示す。項目は，自己認知の諸側面測定尺度（山本ら，1982）および一般的自己呈示尺度（小林・谷口，2004）より，自己評価および他者評価を行うにあたり意味的に自然な12領域を選択した。具体的には，自己認知の諸側面測定尺度より①社交，②優しさ，③生き方，④まじめさ，⑤スポーツ能力，⑥知性，⑦趣味や特技，の7因子，一般的自己呈示尺度より⑧楽しさ，⑨外見的魅力，⑩癒し，⑪精神的強さ，⑫配慮，の5因子，合計12因子（1因子3項目で合計36項目）である。このうち，①社交，③生き方，⑤スポーツ能力，⑥知性，⑦趣味や特技，⑧楽しさ，⑨外見的魅力，

■次の特徴のおのおのについて、<u>あなた自身</u>にどの程度あてはまるかをお答え下さい。
他の人にどう見られているかではなく、あなたが、<u>あなた自身</u>をどのように思っているかをありのままにお答え下さい。
あてはまる度合いを、「1・あてはまらない」から「5・あてはまる」の間から選び、数字に○を付けてください。

	あてはまらない	ややあてはまらない	どちらともいえない	ややあてはまる	あてはまる
1. 社交能力がある	1	2	3	4	5
2. 交際範囲が広い	1	2	3	4	5
3. 同年配の異性と楽しく話ができる	1	2	3	4	5
4. 人に対して思いやりがある	1	2	3	4	5
5. 人に対して寛大である	1	2	3	4	5
6. おおらかな人柄である	1	2	3	4	5
7. 自分の生き方に自信がある	1	2	3	4	5
8. 個性的な生き方をしている	1	2	3	4	5
9. 自分に自信がある	1	2	3	4	5
10. きちょうめんな性格である	1	2	3	4	5
11. 自分に厳しい	1	2	3	4	5
12. 責任感が強い	1	2	3	4	5
13. 体力・運動能力がある	1	2	3	4	5
14. 運動神経が発達している	1	2	3	4	5
15. スポーツマンタイプに見える	1	2	3	4	5
16. 知的能力がある	1	2	3	4	5
17. 人よりいろいろなことを知っている	1	2	3	4	5
18. 頭の回転が速い	1	2	3	4	5
19. 趣味・特技に自信がある	1	2	3	4	5
20. 特技がある	1	2	3	4	5
21. 熱中している趣味がある	1	2	3	4	5
22. 陽気な性格である	1	2	3	4	5
23. 楽しい性格である	1	2	3	4	5
24. おもしろい性格である	1	2	3	4	5
25. おしゃれな	1	2	3	4	5
26. 容姿がよい	1	2	3	4	5
27. 外見的に魅力的である	1	2	3	4	5
28. ほっとすると言われる	1	2	3	4	5
29. 安らげると言われる	1	2	3	4	5
30. 一緒にいて落ち着くと言われる	1	2	3	4	5
31. 根気強い性格である	1	2	3	4	5
32. 忍耐強い性格である	1	2	3	4	5
33. 一生懸命な性格である	1	2	3	4	5
34. 気づかいができる	1	2	3	4	5
35. 思いやりがある	1	2	3	4	5
36. 他者の気持ちを察することができる	1	2	3	4	5

パターン2～5の場合は、リード文の下線部を「あなた自身」に加えて、「あなたにとって最も親しい同性の他者」もしくは「平均的なクラスメート」に変えたものの合計2種類作成し、評価対象者2人を評定できるようなシートを作る。「あなたにとって最も親しい同性の他者」および「平均的なクラスメート」のシートでは、2行目（他の人に～お答え下さい）は取る。

注）項目1, 13, 16は原論文では「～に自信がある」となっていたが、本実習で使用する他者評価には適さないと考え、本章では「～がある」と書き換えている。

図 5-4　質問紙の例

は「自己の能力に関する領域」であり，②優しさ，④まじめさ，⑩癒し，⑪精神的強さ，⑫配慮は「他者への配慮に関する領域」である。実際の質問紙の例は図5-4を参照。

②個人差変数：(d) 自己意識，(e) 文化的自己観

個人差変数は，分析が煩雑になることを避けるため，自己意識，文化的自己観合計4種類のうち，興味のあるものを用いて分析に使用するとよいだろう。

自己意識を測定するために使用する自意識尺度（菅原，1984）は，人がどの程度自己に注意を向けやすいかを測定する尺度である。公的自己意識を測定する11項目と，私的自己意識を測定する10項目からなり，「以下の項目は，あなたにどの程度あてはまるでしょうか。『1. 全くあてはまらない』から『7. 非常にあてはまる』のうち最も近いもの1つに○をつけてください」というリード文に続いて，表5-2に示した項目を並べる。それぞれの項目を合計（合計した場合の理論的中央値は公的自己意識が44，私的自己意識が40）もしくは平均値化（平均した場合の理論的中央値はそれぞれ4）することによって，公的自己意識および私的自己意識の得点を得ることができる。菅原（1984）は，大学生男女を対象とした調査を行い，公的自己意識，私的自己意識それぞれの項目を合計し，その平均値は公的，私的自己意識それぞれ，男性で52.8，50.3，女性で56.4，54.0であったことが示されている。高群・低群の分割は，公的自己意識，私的自己意識それぞれこの平均値を参考にしてもよいし，実習のクラス平均値を使用してもよいだろう。あるいは，公的自己意識から私的自己意識を引くことによって，回答者が相対的にどの程度公的自己意識が強いのかを把握することもできる。本実習では，公的自己意識から私的自己意識を引いた値を使用する。

表5-2　自意識尺度の項目（菅原，1984）

項　目	因　子
1. 自分が他人にどう思われているのか気になる 2. 世間体など気にならない（逆） 3. 人に会うとき，どんなふうにふるまえばよいのか気になる 4. 自分の発言を他人がどう受け取ったか気になる 5. 人に見られていると，つい格好をつけてしまう 6. 自分の容姿を気にするほうだ 7. 自分についてのうわさに関心がある 8. 人前で何かするとき，自分のしぐさや姿が気になる 9. 他人からの評価を考えながら行動する 10. 初対面の人に，自分の印象を悪くしないように気づかう 11. 人の目に映る自分の姿に心を配る	公的自(己)意識
1. 自分がどんな人間か自覚しようと努めている 2. その時々の気持ちの動きを自分自身でつかんでいたい 3. 自分自身の内面のことには，あまり関心がない（逆） 4. 自分が本当は何をしたいのか考えながら行動する 5. ふと，一歩離れたところから自分をながめてみることがある 6. 自分を反省してみることが多い 7. 他人を見るように自分をながめてみることがある 8. しばしば，自分の心を理解しようとする 9. 常に，自分自身を見つめる目を忘れないようにしている 10. 気分が変わると自分自身でそれを敏感に感じ取るほうだ	私的自(己)意識

注）（逆）は逆転項目を意味する。実際の質問紙にする際には（逆）マークはつけない。

文化的自己観尺度（高田ら，1996）は，マーカスと北山（Markus & Kitayama, 1991）が提唱する文化的自己観の2つの概念，すなわち相互協調的自己観および相互独立的自己観をそれぞれ10項目計20項目で「全くあてはまらない」から「ぴったりあてはまる」の7件で測定するものである。具体的な項目を表5-3に示した。高田ら（1996）によると，相互協調的自己観は「評価懸念（4項目）」と「他者への親和・順応（6項目）」，相互独立的自己観は「独断性（6項目）」と「個の認識・主張（4項目）」の各2つの下位領域から構成され，それぞれの α 係数は .81, .70, .72, .74 であるが，相互協調性と相互独立性領域のそれぞれ10項目を一括した場合の α 係数も .78, .79 であり，十分な内的一貫性を有していることが示されている。そのため，10項目を合計もしくは平均値化することによって，相互協調的自己観および相互独立的自己観の得点を得ることが

表 5-3 文化的自己観尺度の項目と下位領域（高田ら，1996）

項　目（下位領域名）
1. 常に自分自身の意見を持つようにしている（個の認識・主張）
2. 人が自分をどう思っているかを気にする（評価懸念）
3. 一番最良の決断は，自分自身で考えたものであると思う（独断性）
4. 何か行動をするとき，結果を予測して不安になり，なかなか実行に移せないことがある（評価懸念）
5. 自分でいいと思うのならば，他の人が自分の考えをなんと思おうと気にしない（独断性）
6. 相手は自分のことをどう評価しているかということから，他人の視線が気になる（評価懸念）
7. 自分の周りの人が異なった考えを持っていても，自分の信じるところを守り通す（独断性）
8. 他人と接するとき，自分と相手との間の地位や相対関係が気になる（評価懸念）
9. たいていは自分一人で物事の決断をする（独断性）
10. 仲間の中での和を維持することは大切だと思う（他者への親和・順応）
11. 良いか悪いかは，自分自身がそれをどう考えるかで決まると思う（独断性）
12. 人から好かれることは自分にとって大切である（他者への親和・順応）
13. 自分が何をしたいのか常にわかっている（個の認識・主張）
14. 自分がどう感じるかは，自分が一緒にいる人や，自分のいる状況によって決まる（他者への親和・順応）
15. 自分の考えや行動が他人と違っていても気にならない（独断性）
16. 自分の所属集団の仲間と意見が対立することを避ける（他者への親和・順応）
17. 自分の意見をいつもはっきり言う（個の認識・主張）
18. 人と意見が対立したとき，相手の意見を受け入れることが多い（他者への親和・順応）
19. いつも自信をもって発言し，行動している（個の認識・主張）
20. 相手やその場の状況によって，自分の態度や行動を変えることがある（他者への親和・順応）

注1）奇数項目は相互独立的自己観，偶数項目は相互協調的自己観であり，それぞれを合計（もしくは平均値化）することによって，それぞれの得点を得ることができる。なお，項目後のカッコの中は相互独立的自己観，相互協調的自己観の下位領域を示している。本実習では使用していないが，興味に応じて特定の領域のみを測定するなどして使用することも可能である。
注2）カッコ内の下位領域名は，質問紙作成の際にはつけない。

表 5-4 文化的自己観尺度の平均値（標準偏差）（高田ら，1996 より作成）

	相互独立的自己観		相互協調的自己観	
	独断性	個の認識・主張	評価懸念	他者への親和・順応
男性（n=684）	4.51 (0.96)	4.25 (1.11)	4.96 (1.16)	4.90 (0.79)
女性（n=253）	4.45 (0.92)	4.19 (0.98)	4.89 (1.10)	5.02 (0.69)
全体（n=937）	4.49 (0.95)	4.23 (1.08)	4.94 (1.15)	4.94 (0.77)

できる。高群・低群に分割する場合には，男女大学生を対象とした高田ら（1996）の平均値を表5-4に示すので，この表を参考にしてもよいし，実習のクラス平均値を使用してもよいだろう。本研究では，下位領域を1つにまとめたうえで，相互協調的自己観得点から相互独立的自己観得点を引くことによって，回答者が相対的にどの程度，相互協調的自己観が強いのかを把握する。

② 回答とデータ入力，データ整理

全員が回答し終わったら質問紙を1か所にまとめ，回答者番号をふり，ランダムに質問紙を1部ずつ再配布し，1人1部ずつデータ入力を行う。

入力は図5-5に示すとおり行う（あらかじめ講義担当者がこの形式の入力エクセルシートを作成し，受講生に配布しておくとスムーズである）。入力が終わったら全員のデータ（入力者1人あたりのデータは1行）を代表者に集め，代表者は1行×人数分をコピー＆ペーストにてまとめ，クラス全員分を1つのシートにする。完成したら，統計ソフトのデータファイルに変換し，データファイルを全員に再配布し，次に述べるデータ整理を行う[*2]。

データ整理は，評価領域の因子（自己の能力に関する領域3項目など）や個人特性（公的自己意識11項目など）ごとにα係数を算出し，ある程度信頼性が高いことを確認したうえで因子の項目をまとめる。自意識尺度は，まず公的自己意識，私的自己意識の得点（合計もしくは平均点）を算出した後に公的自己意識から私的自己意識を引き，「公的自己意識の相対的強さ」得点を算出する[*3]。文化的自己観についても同様に，まず相互協調的自己観と相互独立的自己観それぞれの得点（合計もしくは平均点）を算出した後に，相互協調的自己観得点から相互独立的自己観を引き，「相互協調的自己観の相対的強さ」得点を算出する。

4. 結果の分析

以下では5つのパターンごとに分析方法を示す。

① パターン1

独立変数が評価領域（2：自己の能力に関する領域，他者への配慮に関する領域），従属変数が評価の高さとなる，対応のあるt検定。

② パターン2

独立変数が個人特性（2：自己意識もしくは文化的自己観の高群・低群），従属変数が評価の高さとなる，対応のないt検定。

[*2] 前述のとおり，授業用の学内ネットワークシステムを用いたり，USBメモリを用いると，クラス内のデータの配布・回収が楽にできるであろう。

[*3] 公的自己意識が11項目，私的自己意識が10項目あることに注意が必要である。よって引き算をする場合は，それぞれ11項目，10項目の評定値を（合計するのではなく）平均値化することをすすめる。

第 5 章　自己概念と自己評価：自己評価をさまざまな側面から検討する

a. パターン 1 の場合

No.	自己評価 (能力) 1	...	自己評価 (能力) 3	自己評価 (配慮) 1	...	自己評価 (配慮) 3
1						
2						
3						
4						
5						
6						
7						
8						

b. パターン 2 の場合（個人差変数は、A か B のいずれか一方でよい）

No.	自己評価 1	...	自己評価 3	公的 自己意識 1	...	公的 自己意識 11	私的 自己意識 1	...	私的 自己意識 10	相互協調 的自己観 1	...	相互協調 的自己観 10	相互独立 的自己観 1	...	相互独立 的自己観 10
1															
2															
3															
4															
5															
6															
7															
8															

（A: 公的自己意識～私的自己意識、B: 相互協調的自己観～相互独立的自己観）

図 5-5　データ入力例

c. パターン3の場合（評価対象者は例として平均的なクラスメートを記載しているが，親しい他者と平均的なクラスメートのどちらを使用してもよい）

No.	自己評価（能力）1	...	自己評価（能力）3	自己評価（配慮）1	...	自己評価（配慮）3	平均的なクラスメート評価（能力）1	...	平均的なクラスメート評価（能力）3	平均的なクラスメート評価（配慮）1	...	平均的なクラスメート評価（配慮）3
1												
2												
3												
4												
5												
6												
7												
8												

d. パターン4の場合（個人差変数は，AかBのいずれか一方でよい）

No.	自己評価1	...	自己評価3	平均的なクラスメート評価1	...	平均的なクラスメート評価3	公的自己意識1	...	公的自己意識11	私的自己意識1	...	私的自己意識10	相互協調的自己観1	...	相互協調的自己観10	相互独立的自己観1	...	相互独立的自己観10
1																		
2																		
3																		
4																		
5																		
6																		
7																		
8																		

（ A ）公的・私的自己意識　　（ B ）相互協調・相互独立的自己観

図 5-5　データ入力例

第 5 章　自己概念と自己評価：自己評価をさまざまな側面から検討する

e．パターン 5 の場合（評価対象者は例として平均的なクラスメートを記載しているが、親しい他者と平均的なクラスメートのどちらを使用してもよい。また個人差変数は、例として文化的自己観を示しているが、これも自己意識でもよい）

No.	自己評価 (能力) 1	自己評価 (能力) 3	自己評価 (配慮) 1	・・・	自己評価 (配慮) 3	平均的な クラス メート 評価 (能力) 1	平均的な クラス メート 評価 (能力) 3	・・・	平均的な クラス メート 評価 (配慮) 1	平均的な クラス メート 評価 (配慮) 3	相互協調 的自己観 1	・・・	相互協調 的自己観 10	相互独立 的自己観 1	・・・	相互独立 的自己観 10
1																
2																
3																
4																
5																
6																
7																
8																

図 5-5　データ入力例

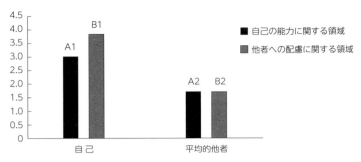

図5-6　パターン3の分析結果の例

3 パターン3

独立変数が評価対象者（2：「自己」と「親しい他者」，もしくは「自己」と「平均的なクラスメート」），評価領域（2：自己の能力に関する領域，他者への配慮に関する領域），従属変数が評価の高さとなる，繰り返しのある2要因分散分析。分析結果のグラフ例を図5-6に示す。

交互作用効果がみられた場合は単純主効果の検定を行う。つまり自己の能力に関する領域，他者への配慮に関する領域という評価領域別に，評価対象者の主効果を検討する（具体的には図5-6のA1とA2の間に，またB1とB2の間に有意差があるかの検討）[*4]。

4 パターン4

独立変数が評価対象者（2：「自己」と「親しい他者」，もしくは「自己」と「平均的なクラスメート」），個人特性（2：自己意識もしくは文化的自己観の高群・低群），従属変数が評価の高さとなる，繰り返しのある2要因分散分析。

交互作用効果がみられた場合は，パターン3と同様に単純主効果の検定を行う。

5 パターン5

独立変数が評価対象者（2：「自己」と「親しい他者」，もしくは「自己」と「平均的なクラスメート」），評価領域（2：自己の能力に関する領域，他者への配慮に関する領域），個人特性（2：自己意識もしくは文化的自己観の高群・低群），従属変数が評価の高さとなる，繰り返しのある3要因分散分析。

3要因分散分析を行い，評価対象者×評価領域×自己意識（もしくは文化的自己観）の2次交互作用が有意であれば，個人差変数（たとえば自己意識）の高群・低群別に，パターン3，4の分散分析を行う[*5]。

[*4] 評価対象者別に，評価領域の主効果を検討してもよい（たとえば，A1とB1の間に有意差があるか，A2とB2の間に有意差があるかを検討する）。

[*5] 本来であれば3要因で下位検定を行うべきであるが，分析が複雑になり実習の範囲を超えると担当講師が判断する場合には，このような2要因分散分析を行ってもよい。

5. 考察の視点

以下のような点から考察を行う。

1. パターン1：2つの評価領域（自分の能力に関する領域と他者への配慮に関する領域）の自己評価の比較から，どのようなことがいえるか。回答者が日本人であることから，本章の前半で紹介した日本や東アジアに特有な文化規範や文化的自己観の観点や，余裕があれば自己評価の文化比較の先行研究もふまえて，今回の結果を考察しなさい。

2. パターン2：選んだ領域（自分の能力に関する領域もしくは他者への配慮に関する領域）の自己評価と，個人特性（自己意識もしくは文化的自己観）の関係について，どのようなことがいえるか。本章で紹介した個人特性の先行研究をふまえて，今回の結果を考察しなさい。

3. パターン3：評価対象者と評価領域の組み合わせによる自己評価の違いについて，どのようなことがいえるか。具体的には，①評価対象者による評価の違い，②評価領域による評価の違い，③それらの交互作用効果の結果から何がいえるかをまとめなさい。特に①で「自己」より「親しい他者」のほうが評価が高い結果になるとか，②で自己の能力に関する領域よりも他者への配慮に関する領域のほうが評価が高い結果になった場合，日本や東アジア文化に特有な文化規範や文化的自己観の観点，余裕があれば自己評価の文化比較の先行研究もふまえて，今回の結果を考察するとよいだろう。評価対象者を「自己」と「親しい他者」とした場合は特に文化レベルでの相互協調的自己観の説明から，「自己」と「平均的なクラスメート」とした場合は自己高揚やポジティブ幻想の説明から考察ができるであろう。

4. パターン4：評価対象者と個人特性の組み合わせによる自己評価の違いについて，どのようなことがいえるか。個人特性の先行研究もふまえて，今回の結果を考察しなさい。評価対象者を「自己」と「親しい他者」とした場合は特に文化レベルでの相互協調的自己観の観点から，「自己」と「平均的なクラスメート」とした場合は自己高揚やポジティブ幻想の説明から考察しなさい。また，個人特性（公的自己意識の高低や，個人レベルでの相互協調的自己観の高低）によって違いがみられるかどうかについて考察しなさい。

5. パターン5：評価対象者と評価領域，個人特性の組み合わせによる自己評価の違いについて，どのようなことがいえるか。パターン3，4で記載したポイントをふまえて考察しなさい。

◉この章のねらい◉

本章では以下の点を学ぶことをねらいとしている[*6]。まず1点目に，人の自

[*6] 本章で紹介した課題は，小林らの研究（Brown & Kobayashi, 2002; Kobayashi & Brown, 2003）が基になっている。

己概念・評価にはさまざまな側面が存在することを理解してもらいたい。本章では，12因子すべてを用いてはいないが，表5-1を見るだけでも，さまざまな評価の領域があることがわかるだろう。もしくは，パターン1や2を，複数の評価領域において検討して，違いや類似点をみてもよいだろう。

2点目は，パターン3～5で，評価対象者を「自己」と「親しい他者」とした場合に関係する。具体的には，北米の研究では，人は「自己」について「他者」よりもポジティブな認知・評価を行うことが示されている（自己高揚，ポジティブ幻想）が，特に日本人は「親しい他者」については「自己」よりもポジティブな認知・評価を行う傾向があるということだ。つまり日本には，「自分自身の有能性をアピールするよりも，親しい他者と良好な関係性を築くことが大事だ」という規範があるため，自己高揚が行われにくいのだ。ただし，評価対象者を「自己」と「平均的なクラスメート」とした場合は，北米の研究と同様に，「自己」を「他者」よりもポジティブに評価する，という傾向がみられるだろう。

3点目は，実習ではなく第1節で説明した先行研究からの学びになる。日本人の自己評価は欧米（特に北米）人に比べて低いとされているが，それは評価の対象となる領域（所属する文化規範に合致する領域）や比較他者（「親しい他者」「平均的なクラスメート」）によって変化するということである。文化差に興味のある読者は，さまざまな本や論文が出ているので読んでみるとよいだろう。ただし専門書や論文は難しいことが多いので，大学1～2年生については「心理学」や「社会心理学」の教科書の中の一章で自己や文化を扱った章があればそれを読むのがよい。ゼミなどで専門的に勉強したい読者には，専門書を読むことをすすめる。

4点目は，上記の2，3点目で指摘した現象がみられるかどうかは，個人の性格特性によって異なる，ということである。つまり，各人の自己評価がどれだけ高いか，他者と比べて高いかどうかには，個人差が存在するのだ。この点はパターン2，4，5を行った場合に把握できるだろう。しかし，ここで用いた自己意識や文化的自己観の高低といった個人差変数は，自己評価の高さを予測する変数として十分ではない可能性もあり，場合によっては自己評価に違いがでないこともあろう。その場合は，どういった個人差変数を用いれば自己評価に差が出ると思うかを，自由に考察してみるとよいだろう。

最後に5点目として，さまざまな文化間の差異を説明する概念として，文化的自己観があることを理解してほしい。この点は，通常の実習授業では，日本人以外の人から回答を得ることが難しいため，データがなく理解することが難しいかもしれない。しかし，今回の実習授業から得られた「日本人の自己評価」の結果が，必ずしも世界の標準的な結果ではないということを理解することは重要である。同じアジアのなかでも，東アジア人，西アジア人と出身地域によっても回答パターンは異なるだろうし，欧米人，特に北米人は，東アジア人と異なったパターンを示すことが多い。このように，人の心理は生まれ育った文化

に大きく影響されるものである。そして今回の実習の結果はあくまで日本国内，あるいは自分の大学のある地域の特徴であるだけかもしれない，と，絶えず視野を広げて，自己や自集団を相対的に見つめる練習をしてほしい。文化差が存在する原因としてはさまざまな要因が研究者によって指摘されているが，有名な説明要因として，文化的自己観という考え方があることも理解しておくとよいだろう。

第II部
関係する人々

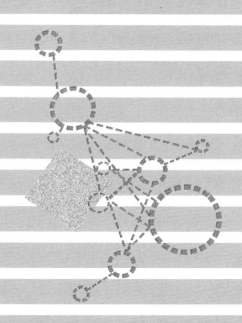

■ Preview ■

対人関係の研究

　対人関係を研究するというのはどういうことであろうか。自分のまわりの友達に話や意見を聞き，人とのつきあい方を考えることだろうか。あるいは，自分の恋人に不満点をあげてもらい，自身の恋愛関係を見つめ直すことであろうか。確かにそれらは大切なことではあるが，対人関係を"研究する"ということとは異なる。対人関係の研究は，恋愛関係や友人関係といった個々人にとって身近なことがらをその対象として扱っているため，その結果は，「あぁ，わかる，わかる」「僕はそうは思わない」「私の場合もそうだった」というように個人的な経験に還元されやすい。しかし，何かを研究するということは，自身の経験を離れ，ものごとを客観的に捉えることに他ならない。つまり，対人関係を研究するということは，たとえ自身が失恋を経験している最中であっても，親友と言い争って仲違いしているような状況であったとしても，それらの個人的経験から遠く身を置き，対人関係をあくまで客観的にながめ，捉えるという，ある意味，苦行のような作業を必要とするものなのである。

1. 対人関係を考える

　対人関係について客観的に考えるというのは意外と難しい。もちろん，あなたにとっての恋愛関係や友人関係とはどのようなものか，といった個人的な態度や意見を問われれば，すんなりと答えられるかもしれない。しかし，対人関係について"客観的"に思考するとなると，先のような個人的経験に後ろ髪を引かれ，それにからめとられてしまう場合も少なくない。しかしながら，個人的な経験や体験がいかようなものであれ，対人関係の研究を行う際に重要となるのは，自身が検討しようとしていることがらが世間一般の人たちの経験する対人関係（の諸側面）と対応しているのかどうか，あるいは，一般的な対人関係において妥当性をもつような仮説やモデルが設定できているのかどうかについてきちんと熟慮することである。

　では，そのためには何が必要であろうか。それは，これまでの研究の知見や情報をきちんとふまえるということである。ただし，そうであるからといって，ここで，研究のアイデアや着眼点を日常的な人間関係の観察や個人の対人関係における経験からもってくること自体を否定しているわけではない。対人関係の研究を行う限りにおいては，日常的な対人関係での出来事や身の回りの人間関係で起こりうることがらから乖離しない事象が研究の対象となるのは当然のことである。しかしながら，自身が研究で検討したいことがらが，これまでの対人関係の研究においてどのように位置づけられるものなの

か，あるいは，これまでのどのような対人関係の研究と自身の研究は関連をもつものなのかを知ることは，自分の研究を客観的に捉える上において非常に重要となってくる。それゆえに，これまでの研究の知見や情報を入念に仕入れ，それらを吟味するということが必要となってくるのである。

2. 対人関係を捉える

対人関係を研究の対象とするためには，それを捉える際に適切な測定法を用いる必要がある。たとえば，どのような相手に好意を抱くのか，魅力を感じるのかといった対人関係のかなり初期段階をターゲットとした研究（対人魅力に関する研究など）を行う場合，いくつかの条件を設定し，実験参加者を未知の他者に会わせて，その印象を尋ねるといった実験的手法が有益なものとなる。しかし，すでに関係が形成されているような友人関係や恋愛関係，あるいは親子関係を研究の対象とし，それらの関係内で普段経験される感情や関係への満足度，日常的なやりとりといった関係の常態的な変数を扱う場合は，質問紙調査法や日誌法（日記法）が有用となるであろう。さらに，友人関係や恋愛関係といったすでに形成された関係を対象とする場合であっても，それらの関係での特定の状況における個々の行動や感情（表出），たとえば，友人やカップル間の会話場面でのふるまいや葛藤場面での反応を研究のターゲットとする場合は，実験的手法や観察法を用いる必要がある。このように，自身の研究が，親密な関係の何を捉え，何を明らかにしようとしているのか，そのターゲットあるいは射程を明確にすることが対人関係の研究を行う際には重要となる。

3. 対人関係の研究対象を吟味する

対人関係の研究では，多種多様なことがらが研究の対象となる。本第Ⅱ部「関係する人々」において紹介されているものとしては，まず，第6章では，愛情という観点から親密な関係を捉えるため，愛情の3要素，すなわち，親密性，情熱，コメットメントに焦点を当て，それら3要素と親密な関係の諸側面との関連についての検討がなされている。続く，第7章では，友人関係をターゲットに，そこでの理想の自己開示と実際に行っている現実の自己開示とのズレが，ネガティブな状況下での相手に対する苦手意識を増大させるのかに関する検討が紹介されている。さらに，第8章では，親密な関係において相手との関係をより密なものとするための告白をテーマに，告白の成否にかかわる諸要因（告白までの期間や告白内容など）を検討するための，また，告白経験と個人特性との関連について検討を行うための研究手順が説明されている。第Ⅱ部の最後，第9章では，インターネット上（オンライン）の対人関係と日常生活での対面上（オフライン）の対人関係，双方の社会関係資本（social capital）ならびに自尊心が人生の満足度に及ぼす影響について検討を行う方法が展開されている。

ただし，本第Ⅱ部で紹介されているものは，対人関係の研究のほんの一部であり，先に述べたように，対人関係の研究では，さまざまなことがらが研究の対象となる。たとえば，対人関係におけるバーバルならびにノンバーバル行動（第Ⅲ部等参照），対人関

係での感情経験や感情表出（第Ⅳ部等参照），また，さまざまな対人関係に対する期待やそこに求めるもの，対人関係に関する思い込みや信念，あるいは対人関係についての態度などである。加えて，対人関係でのストレスやそれに対する生理的反応や脳活動，ストレスへの対処法なども研究の対象となるであろう。さらに，日常的な対人過程に焦点を当て，友人や恋愛関係，配偶者関係での片方のパートナーが，もう一方の個人の特性や行動，感情を普段どのように捉えており，また，それらをどのように統制している（促進・抑制させている）のかも研究の対象となりうる。このように，対人関係の研究対象は多岐にわたっており，また，それに見合う形のさまざまな研究手法を勘案する必要があるだろう。

4．対人関係を分析する

　対人関係の研究に限ったことではないが，分析を行う際には，そもそも自分が何を明らかにしようとしていたのか，また，データ収集以前に，自身がどのような仮説やモデルを設定していたのかが重要となってくる。定量的研究を行っている場合，集まったデータ自体は所詮数字でしかない。それらの数字の羅列をじっとながめたとしても何も見えてはこないし，数字のみを追いかけたとしても何も明らかになることはないだろう。それらの数字に意味があるのは，それが実験参加者や調査協力者の反応だからこそ，である。それゆえ，分析を行うにあたっては，当然のことながら，収集されたデータが何と対応しているのか，実験参加者や調査協力者が何に対して反応したものなのかをきちんと念頭に置いておく必要がある。そうでなければ，分析に研究者が振り回されてしまうことになるだろう。特に質問紙法を用いた研究の場合，データ収集前に条件設定をすることの多い実験的研究とは異なり，そもそもどの変数が独立変数であったのか，また，どの変数を従属変数として設定したのかについて，研究者自身がデータ収集後に混乱に陥ることが少なくない。対人関係の研究は，どうも身近なことがらを研究対象としているがゆえか，それが色濃く表れやすいように思われる。その場合は，先のように，収集されたデータを凝視したり，分析結果の有意水準（やアスタリスク）のみを追いかけたりするのではなく，自分が当初どのようなことを明らかにしようとしていたのか（何が原因で何が結果であると考えていたのか），また，実験参加者や調査協力者が何に反応していたのか（実験条件やその設定，質問紙尺度が測定している概念やその測定項目自体）に立ち戻り，今一度それらについて思索しながら，分析を進めていくのがよいだろう。

5．対人関係を再考する

　これまで述べてきたように，対人関係の研究は，その対象が日常的な出来事や身近な人間関係で起こりうることがらであるがゆえに，それらを客観的に捉え，研究上で扱っていくには時に困難を伴うこともある。しかし，私たちの日常的な生活との関連が深いからこそ，対人関係に関する研究は非常に重要なものともいえるだろう。たとえば，日本の生涯未婚率（50歳になった時点で1度も結婚をしたことがない人の割合）

は，2010年の段階で，男性が20.14％，女性が10.61％となっており（国立社会保障・人口問題研究所，2015），実に，男性の5人に1人，女性の10人に1人が生涯結婚しない状況にある（もちろん，50歳以上になって初めて結婚するケースもまったくないとはいえないが…）。このような未婚率の高さは，日本が抱える大きな問題，少子化問題や高齢者介護の問題とも密接に関連するものである。未婚化の原因については，当然のことながら，経済的な理由や生活形態の多様化，結婚に対する社会的圧力の低下，高学歴化など，さまざまな要因が考えられるが，その1つに，対人関係の形成と維持に関する個人的，あるいは関係的な要因をあげることができるだろう。つまり，これは対人関係の研究対象となりうることがらなのである。実際，恋愛関係のカップルが結婚にたどりつくまでの平均交際期間が4.48年であることからも（国立社会保障・人口問題研究所，2012），結婚あるいは未婚の問題を考えるうえで，親密な関係をいかによりよく継続，維持させていくのか，その規定因を探ることは重要であるといえるだろう。

近年，インターネットやSNSの出現，普及により対人関係のあり方は，一昔前とは異なる様相を見せている。第9章の研究においても，オンラインの対人関係のもつ社会関係資本とオフラインの対人関係のもつそれは弁別して捉えられており，このようなオンライン上のつながりとオフラインの関係性の分化は，今後，さらに加速していく可能性は十分にある。

対人関係の諸側面は，時代や環境，文化的背景から多大なる影響を受けている。しかし，それと同時に，変容可能性の薄い，かなり普遍的でコアな部分も，対人関係には存在しているはずである。対人関係の研究を行っていく上においては，それらを加味しながら，自分がいかなる対人関係のどのような側面をどのように捉えたいのか，また，自分自身の研究の射程範囲をどこに設定したいのかを明確にしていくことが重要となる。これらの点をふまえながら，本第Ⅱ部「関係する人々」の対人関係の研究を読み進めていただきたい。

第6章 親密な対人関係の測定

1 親密な対人関係を捉えるために

1. 親密な対人関係をどう捉えるか

親密な関係の特質を捉えることはなかなか難しい。相手に対する愛情や関係への満足度といった関係の特質は，どのようにして捉えたらよいのであろうか。お互いに知らないもの同士が，実験室などで初めて出会った際の反応ややりとりを調べる場合とは異なり，すでに形成された継続している関係の諸側面について検討を行おうとする場合，質問紙調査法が有用な方法の1つとなりうる。本章では，心理学において質問紙調査を実施する際に重要な役割を果たす心理尺度の検討について解説を行う。

本章では，親密な関係の特質として，主に愛（あるいは愛情）を取り扱う。愛のようなつかみどころのない，実体のないものをはたして測定することは可能なのかと疑問に思われる方もいるかもしれない。実際，社会心理学において，愛や恋愛に関する研究が，実証的研究の1つの領域として認知されることになったのは，比較的近年になってからのことである。

2. 友人と恋人への「好き」は異なるのか

愛や恋愛に関する実証的研究の先駆けは，ルビン（Rubin, 1970）によるものであろう。彼は，恋愛相手に抱く恋愛感情（love）と友人への好意（liking）とは異なるものであるとの見解を示した。彼によると，恋愛感情は相手と心身ともにつながっていたい，相手のために何かをしてあげたい，相手を独占して二人きりでいたいという気持ちが入り混じったものであるのに対して，好意は相手のことを高く評価し，相手を尊敬，信頼する気持ちであるとされる。

このような恋愛感情と好意との違いについて検討を行うため，ルビンは，それらを測定するための尺度として恋愛尺度ならびに好意尺度を作成し，大学生を対象として調査を行った。その結果（表6-1），恋愛相手に対する回答では，恋愛尺度と好意尺度双方の得点が高かったが，同性の友人に対する回答では，好意尺度の得点は高いが恋愛尺度の得点は低いことが示された。この結果は，個人にとって恋愛感情と好意とがそれぞれ別

表 6-1 恋愛相手と同性の友人に対する恋愛尺度と好意尺度の得点（Rubin, 1970 より作成）

	恋愛相手		同性の友人	
	男性	女性	男性	女性
好意尺度得点	84.7	88.5	79.1	80.5
恋愛尺度得点	89.4	89.5	55.1	65.3

のものとして経験されることを示唆している。

3. 激しい愛と穏やかな愛

バーシェイドとウォルスター（Berscheid & Walster, 1978）は，恋愛関係における愛に着目し，愛には，質的に異なる2つのものがあると主張した。彼女らの述べる質的に異なる2つの愛とは，激しい愛である熱愛（passionate love）と穏やかな愛とされる友愛（compassionate love）である。

バーシェイドらによると，恋愛関係は，最初，熱愛という激しい愛をもって始まるが，時間が経つにつれて熱愛はしだいに薄れていってしまう。そして，相手への熱愛が徐々に薄れていくと，今度は相手に対して穏やかな愛，友愛を感じるようになる。つまり，恋愛関係にある個人は，熱愛と友愛を同時に経験することはなく，熱愛が終焉を迎えた後に，相手に対する愛は友愛へと移行していくとされるのである。

しかし，この熱愛と友愛が同時期に経験されることはないという主張には多くの批判もある。たとえば，熱愛の測定尺度（Hatfield & Sprecher, 1986）を作成したハットフィールドは，親密な関係において人々は熱愛と友愛を同時に経験しうるものであると述べている。さらに，近年の研究でも，恋愛関係においては熱愛と友愛の両方を経験するとの仮定から，それらの測定を行った結果，熱愛と友愛がともに関係満足度と関連すること，また，熱愛よりも友愛のほうが関係満足度との関連が強いことが示されている（Sprecher & Regan, 1998）。このことから，熱愛と友愛は，恋愛関係で同時に経験されうるものであり，それら双方がともに関係の継続には重要な役割を果たしているといえるだろう。

🔑 関係満足度

4. 愛の三角理論

スタンバーグ（Sternberg, 1986）は，上記の愛に関する先行研究ならびに自身の知能に関する研究の結果をふまえ，愛が3つの要素から成り立つものであるとの見解を示した。それら3つの要素とは，親密性（intimacy），情熱（passion），コミットメント（commitment）である。先のバーシェイドとウォルスターの愛の2分類との関連でいえば，親密性は友愛と，情熱は熱愛と対応していると考えることができるだろう。

🔑 愛の三角理論

🔑 愛の3要素

親密性とは，愛の中心的な要素であり，関係の温かさや相手とつながっているという感覚として経験されるものである。情熱は，身体的あるいは性的魅力によって喚起される要素であり，激しい感情をともない，積極的に相手とかかわろうとする動機となる。

表 6-2 愛の 3 要素の特徴（Sternberg, 1986 より作成）

関係における特徴	愛の 3 要素		
	親密性	情熱	コミットメント
安定性	やや高い	低い	やや高い
意識的コントロールの可能性	普通	低い	高い
経験的な顕著さ（自覚の程度）	可変	高い	可変
短期的な関係での重要さ	普通	高い	低い
長期的な関係での重要さ	高い	普通	高い
愛が存在する関係での共通性	高い	低い	普通
心理生理学的な関与	普通	高い	低い

　また，コミットメントは，関係へのかかわりの程度あるいは関係への関与を意味し，関係を継続させていくためには欠かせない要素である。このコミットメントは，比較的浅い関係では，相手を愛する決意として，長期間続いている関係では，愛を継続していこうとする意思として経験される。関係における 3 要素それぞれの特徴については，表6-2 に示した。これら 3 つの要素が，さまざまに組み合わさることで愛はその強さと形を変えていくことになる。

　愛の三角理論の特徴は，愛を 3 つの要素から捉えたことで，その強さと形を視覚的に示すことを可能にした点にある。また，スタンバーグ自身も述べるように，愛の 3 要素は，恋愛関係や友人関係といった特定の関係だけでなく，その多寡はあれ，すべての関係に存在しうるものであり，それゆえ，それら 3 つの要素からさまざまな関係を捉えることができるとされる。

5．愛の 3 要素と他の親密な関係の特質との関連

　親密性，情熱，コミットメントという愛の 3 要素を測定するための尺度，愛の三角理論尺度（TLS: Triangular Love Scale）は，スタンバーグ自身によって作成され，その後，改訂されている（Sternberg, 1987, 1988, 1997）。TLS の妥当性については，これまでいくつかの研究（Chojnacki & Walsh, 1990; Hendrick & Hendrick, 1989; Whitley, 1993）で検討されてはいるものの，同時に，下位尺度間（3 要素の間）の相関関係の高さ，また，因子分析の際，複数の因子に負荷する項目の存在など，測定上の問題点を指摘する声もある（Acker & Davis, 1992）。

　TLS に関する研究としては，スタンバーグ自身（Sternberg, 1997）が，その妥当性の検討を行っており，両親や友人，恋人といった関係性の違いによって愛の 3 要素の程度が異なり，情熱については，両親や友人と比較して恋人に対してその得点が高くなるという結果を得ている。また，愛の 3 要素と親密な関係の特質との関連について検討した研究では，コミットメントの高さが，関係への満足度の高さにつながることが示されている（Acker & Davis, 1992）。

　金政と大坊（2003a）は，スタンバーグ（Sternberg, 1997）が作成した 45 項目のTLS の邦訳化の過程で，前述のような TLS の問題点である複数の因子に負荷する項

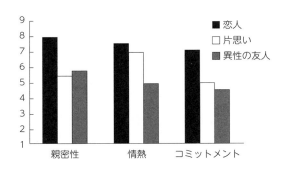

図 6-1　愛の 3 要素の親密な異性関係による差異（金政・大坊，2003a より作成）
注）TLS は 9 件法であるため，得点の範囲は 1 〜 9

の削除などを行うことで，項目数を 27 まで減らした TLS の邦訳版，TLS27 を作成した。その邦訳版の TLS を用い，大学生を対象に親密な異性関係について検討を加えた結果，先行研究（Sternberg, 1997）と同様に，相手との関係性によって愛情の 3 要素の程度は異なるという結果を得ている。🔑 相手との関係性

図 6-1 に示したように，TLS に回答する際に想定した相手が恋人である場合，片思いの相手や異性の友人を想定した場合と比べて，親密性，情熱，コミットメントのすべての要素でその得点が高い。また，想定した相手が片思いか異性の友人であるかの違いは，情熱において主に認められ，片思いの相手の場合，親密性やコミットメントの程度は，異性の友人の場合とあまり違いはないものの，情熱に関しては，恋人を想定した場合と同程度に高いことが示された。

次に，想定した相手を恋人に限定し，相手とつきあっている期間と愛の 3 要素の得点との関連について検討を行った結果（表 6-3），親密性とコミットメントの 2 つの要素は，恋愛関係が長くなるにつれてしだいに上昇する傾向があるものの，情熱についてはそのような関連はみられなかった。加えて，金政と大坊（2003a）の研究 2 では，親密な異性関係においては，親密性が高くなるほど，その関係において自己をポジティブに評価しやすい傾向があることも報告されている。これらの結果は，3 要素の理論的定義や表 6-2 に示した親密性，情熱，コミットメントそれぞれの特徴とも整合性がとれているということができるだろう。

表 6-3　愛の 3 要素と恋愛相手とつきあってからの期間との関連（金政・大坊，2003a）

愛の 3 要素	つきあってからの期間		
	長期群	中期群	短期群
親密性	7.31a	7.04a	6.40b
情熱	6.45	6.77	6.31
コミットメント	6.39a	6.34	5.54b

注）各行において，a–b 間に有意な差あり

2 愛の3要素と親密な異性関係の特質との関連についての調査（実習）

1. 調査目的

　本実習では，金政と大坊（2003a）に倣い，愛の3つの要素である親密性，情熱，コミットメントと親密な関係の特質との関連について検討することを目的とする。問題部分でも述べたように，TLS は，同性友人関係や親子関係に対しても使用することができるが，ここでは，親密な異性との関係に焦点を当てて調査を行う。また，親密な異性関係の特質としては，さまざまなものが考えられるが，ここでは相手との関係性ならびに行動的指標，相手とつきあってからの期間（あるいは，知り合ってからの期間），関係満足度と関係重要度，関係における自己認知を取り上げる。

　愛の3要素と相手との関係性については，想定した相手が恋人の場合，それが異性の友人や片思いの相手の場合と比較して，親密性やコミットメントの得点は高く，また，情熱の得点は，異性の友人の場合と比べて，恋人や片思いの相手を想定した場合に高くなるものと予想される。さらに，愛の3要素の得点は，それぞれ相手との行動的指標や関係満足度，関係重要度と有意な正の相関関係を示すとともに，相手とつきあってからの期間は，それが長くなるほど，親密性やコミットメントの得点は高くなると考えられる（ただし，恋人を想定して回答した人が少なかった場合，分析の対象を，恋人を想定した人に限定せず，相手とつきあってからの期間を相手と知り合ってからの期間に置き換えることも可能ではあるが，金政・大坊，2003a では愛の3要素と相手と知り合ってからの期間との間には関連性はみられていない）。最後に，関係における自己認知に対しては，愛の中心的な要素である親密性からの影響が，情熱やコミットメントからのそれよりも大きいと予想される。

2. 質問紙の構成と実施方法

① 調査対象者の設定

　金政と大坊（2003a）の調査対象者は，大学生であった。調査対象者を大学生に限定する必然性はないが，本調査が親密な異性関係に関することがらをテーマとしていることを考えると，青年期の者を対象とするのがよいであろう。

② 質問紙の構成（章末の質問紙のサンプルを参照のこと）

　回答者の年齢や性別といったデモグラフィック項目については，表紙あるいは以下の尺度の後に配置する。

　まず，調査対象者に，現在最も親しい異性を想定しながらその後の質問に回答してもらいたい旨を教示する必要がある。教示の仕方は，さまざまだが，たとえば，「現在，あなたの恋人や好きな人，もしくは家族以外で最も親しい異性についてお聞きいたします。恋人や好きな人，もしくは片思いの人がいる方はその人のことについて，好きな人

がいないという方は家族以外で最も親しい異性の人について以下の質問にお答えください」といった教示を回答者に与えるのがよいであろう。

①現在思い浮かべている最も親しい異性に関する質問
  a. 相手のイニシャルを問う質問（この質問は，必須ではなく，また，分析にも用いないが，この後の質問群にきちんと1人の相手を想定して回答してもらうために配置しておくのがよいであろう）
  b. 相手の年齢を問う質問
  c. 相手との関係性について尋ねる質問（たとえば，1. 恋人，2. 片思い，3. 友人，4. その他（　　　　）といった選択肢から，相手との関係を選び，○をしてもらう）
  d. 相手と知り合ってからの期間を尋ねる質問
  e. さらに，相手との関係性で「1. 恋人」と回答した者に，相手とつきあってからの期間を尋ねる質問

②関係への評価尺度（金政・大坊，2003b）
　現在思い浮かべている最も親しい異性との関係満足度ならびに関係重要度を問うための尺度である。関係満足度を測定する2項目，関係重要度を測定する2項目の計4項目からなる。回答者は7件法で評定を行う。

③RCI 尺度（Relationship Closeness Inventory；久保，1993）
　現在思い浮かべている最も親しい異性との日常的な行動を尋ねるための尺度である。金政と大坊（2003a）では，久保（1993）のものを一部改変して使用している。回答者には，相手と1週間に会う回数と時間，1週間に電話する回数と時間，最近1か月において相手と行ったことのある行動（行動の多様性）などについての回答を求める。

④TLS27（金政・大坊，2003a）
　現在思い浮かべている最も親しい異性に対する愛の3要素（親密性，情熱，コミットメント）を測定するための尺度である。親密性の10項目，情熱の10項目，コミットメントの7項目の計27項目からなり，回答者は，「全く当てはまらない＝1」から「非常に当てはまる＝9」の9件法で評定を行う。

⑤関係における自己認知尺度（Kanemasa et al., 2004）
　現在思い浮かべている最も親しい異性との関係における自己認知を測定するための尺度である。「社交性」「魅力性」「人柄のよさ」「責任・まじめさ」「自信」の5つの下位尺度からなる（「自信」のみ4項目，その他は5項目の計24項目）。回答者は，現在思い浮かべている最も親しい異性と一緒にいるときの自分の印象について，各項目に「かなり当てはまる＝1」「どちらでもない＝4」「かなり当てはまる＝7」（両側に対となる形容詞を配置）のSD法の7件法で回答を行う。

③ 実施方法

大学の講義や演習などで実施する場合は，集団調査法で質問紙を一斉に配布し，回答してもらうことになる。回答に要する時間は，10分から15分程度であろう。また，実施の際には，収集されたデータは統計的に処理されるため回答者の匿名性は保たれることについて教示を行うとともに，データ入力の際には，回答者の匿名性が確保されるように十分配慮する必要がある。

3. データの分析と結果の整理

次に，データの分析と結果の整理の仕方について解説を行う。なお，各分析の解説では，その際に使用する統計ソフトSASのプログラムを簡潔に記した。

① 基礎データの整理

まず，基礎となるデータの整理を行う必要がある。たとえば，回答者の男女別の人数，回答者の年齢の平均と標準偏差（SD），さらに，「①現在思い浮かべている最も親しい異性についての質問群」や「③RCI尺度の質問群」に関しても，それらの平均やSD，あるいは頻度などを求めておく必要があるだろう。そのためのSASのプログラムを以下に示す。

・平均ならびにSDを算出したい場合

```
PROC MEANS;
  VAR（平均，SDを求めたい変数名を記入）;
RUN
```

・度数や頻度を求めたい場合

```
PROC FREQ;
  TABLE（度数，頻度を求めたい変数名を記入）;
RUN;
```

求めた平均や度数は表などにまとめてレポート等で報告する。

② TLS27の因子分析

因子分析には，さまざま種類があるが，ここでは金政と大坊（2003a）と同様に，共通性の初期値としてSMC（squared multiple correlation；重相関係数の二乗）を用いた最尤法，プロマックス回転での因子分析を行う。また，その際，因子の抽出は，その理論的背景ならびに先行研究の結果から3因子を指定する。そのためのSASのプログラムは次のようなものである。

```
PROC FACTOR N=3 METHOD=ML ROTATE=P PRIOR=SMC
     FLAG=.40  REORDER SCREE;
  VAR（因子分析を行いたい項目群の変数名を記入）;
```

```
RUN;
```

　因子分析の結果は，金政と大坊（2003a）などを参考にきちんと表にまとめておくのがよいであろう。なお，回答者の人数が十分に得られていない場合，因子分析の結果として，先行研究と同様の因子構造が得られない可能性もあるが，ここでは，金政と大坊（2003a）での因子分析結果に倣い，親密性，情熱，コミットメントの3要素と各項目との対応をとることにする。

③ 信頼性の検討

　次に，各下位尺度の信頼性を確認する。信頼性係数がどの程度であればよいのかについての明確な基準はないが，一般に信頼性係数が.70以上であれば，信頼性（あるいは項目間の内的一貫性）は高いといえるため，それらの得点を合成して下位尺度得点の算出を行うことができるだろう。ここでは，TLS27の親密性，情熱，コミットメント，関係満足度と関係重要度，さらに，関係における自己認知尺度の社交性，魅力性，人柄のよさ，責任・まじめさ，自信，それぞれの信頼性を確認しておく必要がある。以下にそのためのSASのプログラムを記す。

```
PROC CORR ALPHA NOSIMPLE NOCORR;
VAR（信頼性係数を算出したい項目群の変数名を記入）；
RUN;
```

④ 下位尺度得点の算出

　上記の信頼性の検討で各下位尺度の信頼性の高さが確認できたら，次に，各項目の得点を合成して下位尺度得点の算出を行う。なお，逆転項目がある場合には，それを処理した後に下位尺度得点の算出を行う必要がある。ここでは，TLS27の親密性，情熱，コミットメント，関係満足度と関係重要度，さらに，関係における自己認知尺度の社交性，魅力性，人柄のよさ，責任・まじめさ，自信についての下位尺度得点を算出する。以下に下位尺度得点を算出するためのSASのプログラムを記す。

```
（作成したい変数名を入れる。たとえば，intimacy）=（項目の得点を足し合わせる式を入れ，
それを項目数で割る。たとえば，（Q101+Q104+Q113+Q105+Q110）/5;）
```

　上記の方法で算出した下位尺度得点については，「① 基礎データの整理」と同様に，それらの平均ならびにSDを求めておく。求めた平均やSDについては，③で算出した信頼性係数とともに，表6-4のようにまとめて表記するのがよいであろう（数値は仮想のもの）。

表 6-4　愛の三角理論尺度の項目例，平均と SD ならびに信頼性係数

愛の3要素	項目例	平均 (標準偏差)	α係数	項目数
親密性	・私と○○さんの関係は温かいものである。 ・○○さんとの関係は居心地のよいものである。	6.21 (1.34)	.92	10
情　熱	・ふと気がつくと○○さんのことを考えている時がよくある。 ・○○さんを見るだけでドキドキしてしまう。	6.01 (1.52)	.91	10
コミットメント	・私と○○さんとのかかわりは揺るぎないものである。 ・○○さんとの関係を終わらせることなど私には考えられない。	5.23 (1.21)	.89	7

⑤ 性差の検討

　これまで TLS については，性差がみられたことを報告する研究はあまりないが，確認のため愛の3要素の得点に関して，性差の検討（t 検定）を行っておくのも1つである。また，性差が認められた際には，これ以後の分析については性別を統制して行うのがよいだろう。性差の検討のための t 検定の SAS のプログラムを以下に記した。

```
PROC TTEST;
CLASS（性別の変数名を記入）;
VAR（性差を検討したい変数名を記入）;
RUN;
```

　上記の t 検定の結果は，表にまとめて，あるいはレポート等の本文中において報告を行う。

⑥ 愛の3要素と相手との関係性についての分析

　相手との関係性によって愛の3要素得点，すなわち，親密性，情熱，コミットメント得点に違いがみられるのかについて検討を行うため，想定した相手との関係性を独立変数，愛の3要素，親密性，情熱，コミットメントそれぞれの得点を従属変数とした1要因分散分析を行う。その際，相手との関係性について尋ねた質問で「4. その他」と回答した回答者については分析から除外しておいたほうがよいであろう（つまり，1. 恋人，2. 片思い，3. 異性の友人の3水準での分析を行うということである）。その際の SAS のプログラムを以下に記す。なお，多重比較については Tukey 法を用いることとした。

```
PROC GLM;
CLASS（関係性についての変数名を記入）;
MODEL（従属変数となる変数名を記入。つまり，親密性，情熱，コミットメントに関する変数
　名を記入する）=（関係性についての変数名を記入）/SS2;
MEANS（関係性についての変数名を記入）/TUKEY;
RUN;
```

　分散分析の結果については，レポート等の本文での記述とともに表 6-5 のように表や

表 6-5　想定相手との関係性による愛の 3 要素得点の差異

愛の 3 要素	恋人 (n=123)		片思い (n=83)		異性の友人 (n=151)		F 値 (df)	
親密性	6.91 (1.12)	a	4.35 (1.45)	b	4.63 (1.49)	b	72.56 (2,355)	***
情熱	6.54 (1.27)	a	6.02 (1.35)	a	3.85 (1.82)	b	58.34 (2,355)	***
コミットメント	6.01 (1.65)	a	4.01 (1.58)	b	3.48 (1.46)	c	65.21 (2,355)	***

***$p < 0.01$
注）各行において異なるアルファベット間に有意差あり

表 6-6　愛の 3 要素と行動的指標との相関関係

関係についての質問	愛の 3 要素		
	親密性	情熱	コミットメント
会う回数（回／週）	.32***	.22***	.40***
1 回当たりの会う時間（時間／回）	.23***	.15**	.24***
電話の回数（回／週）	.30***	.21***	.29***
1 回あたりの電話時間（分／回）	.32***	.14**	.18***
最近 1 か月における行動の多様性	.50***	.34***	.46***

***$p < .001$；**$p < .01$

図にまとめて報告するのがよいであろう（数値は仮想のもの）。

7　愛の 3 要素と行動的指標ならびに関係満足度や重要度との関連についての分析

　次に，愛の 3 要素と相手との行動的指標ならびに関係満足度，関係重要度との関連について検討することを目的として，それらの変数間に相関分析を行う。なお，行動的指標に関しては，正規分布していない場合や分散が大きい場合には，それらの変数をあらかじめ対数変換しておいてから愛の 3 要素得点との相関分析を行うのがよいだろう。相関分析を行うための SAS のプログラムは以下のようなものである。

```
PROC CORR;
VAR（愛の 3 要素の変数名を記入）；
WITH（行動的指標，関係満足度，関係重要度の変数名を記入）；
RUN;
```

　相関分析の結果は，レポート等の本文での記述とともに表 6-6 のように報告するとよい（表には愛の 3 要素と行動的指標との関連のみを記した。数値は仮想のもの）。

8　相手とつきあった期間と愛の 3 要素との関連についての分析

　相手とつきあった期間によって愛の 3 要素得点は異なるのかについての分析を行うに

あたって，まず，分析の対象者を，相手との関係性について尋ねた質問で「1. 恋人」を選択した者に絞る必要がある。さらに，相手とつきあった期間についての群分けを行わなければならない。ここでは，仮に，つきあった期間が6か月未満を短期群，6か月から1年未満を中期群，1年以上を長期群と群分けすることとしよう。その後，親密性，情熱，コミットメントそれぞれの得点について，相手とつきあった期間の群間に差がみられるのかに関する1要因分散分析を行う。その際のSASのプログラムを以下に記す。なお，多重比較についてはTukey法を用いることとした。

```
【群分けについて】
IF 0=<（相手とつき合った期間の変数名を記入）<6 THEN（新しい変数名を入れる。ここでは
period とする）='3L';
IF 6=<（相手とつき合った期間の変数名を記入）<12 THEN（上記と同じ period と記入）='2M';
IF 12=<（相手とつき合った期間の変数名を記入）THEN（上記と同じ period と記入）='1H';
【1要因分散分析について】
PROC GLM;
CLASS（群分けの際に使用した period を記入）;
MODEL（ここに分散分析を行いたい変数名を入れる）=（群分けの際に使用した period を記入）
/SS2;
MEANS（群分けの際に使用した period を記入）/TUKEY;
RUN;
```

なお，分析の結果については，第1節の表6-3のような形でまとめてレポート等で報告するのがよいであろう。

9 愛の3要素が関係における自己認知に及ぼす影響についての分析

最後に，愛の3要素が関係における自己認知に及ぼす影響についての検討を行うが，愛の3要素はそれぞれが高い関連をもつため，それを統制した形で各要素の関係における自己認知への影響過程の検討が可能となる重回帰分析を行うのがよいだろう。そのため，親密性，情熱，コミットメント得点を説明変数とし，関係における自己認知の5つの下位尺度得点をそれぞれ目的変数とした重回帰分析（ステップワイズ法）を行う。なお，多重共線性のチェックのためのVIFの数値も算出できるSASのプログラムを以下に記す。

```
PROC REG;
MODEL（ここに目的変数となる変数名を記入）=（ここに説明変数となる変数名を記入）/VIF
STB SELECTION=STEPWISE;
RUN;
```

重回帰分析の結果については，下記の表6-7のような形でまとめて本文での記述とともにレポート等で報告するのがよいであろう（数値は仮想のもの）。

表6-7 愛情の3要素が関係における自己認知に及ぼす影響

関係における自己認知	R^2	F	標準偏回帰係数（β）		
			親密性	情熱	コミットメント
社交性	.28	79.25***	.54***		-.15*
魅力性	.18	48.54***	.33***	.30***	
責任・真面目さ	.09	18.91***			.19*
人柄のよさ	.13	33.14***	.28***	.25**	
自信	.12	28.02***	.35***		

*$p < .05$；**$p<.01$；***$p<.001$
VIF（Variance Inflation）= 1.00～2.56

4. 考察

以下の点について，得られた結果から考察を行う。

1. 相手との関係性による親密性，情熱，コミットメント得点の違いから，どのようなことがいえるのか。3要素の定義をふまえ，予想されたような差異が相手との関係性によって認められたのかについて考察しなさい。
2. 行動的指標ならびに関係満足度や重要度との関連において，愛の3要素の弁別性は認められたのか。認められたのであれば，それらは3要素の理論的定義や特徴と整合するのかどうかについて，認められなかったのであれば，そのことは何を意味するのかについて述べなさい。
3. 相手とつきあった期間による愛の3要素得点の違いは，愛の3要素の特徴と整合するものであるかについて考察を行いなさい。
4. 愛の3要素が関係における自己認知に及ぼす影響についての分析からどのようなことがいえるのか。親密な異性関係での自己認知が高くなるためには，親密性，情熱，コミットメントのどの要素が重要であると考えられるのか，おのおのの要素の理論的定義をふまえながら考察しなさい。
5. 今回の結果をふまえ，愛の3要素との関連が予想される個人特性や関係の特質をあげ，今後の研究展開を述べなさい。

●この章のねらい●

　親密な関係をいかようにして捉えるのか。このテーマについて社会心理学ではいく人もの研究者がさまざまな議論や理論を展開してきた。そのため，親密な関係を捉えるためのツールは多種多様なものが存在する。本章の実習では，そのなかでもスタンバーグの愛の三角理論に着目し，親密性，情熱，コミット

メントという愛の3要素が，おのおのの定義や特徴と対応する形で親密な関係の特質と関連しているのかについて検討を行った。実習を通して，愛の3つの要素がそれぞれいかに相手との関係性や関係満足度，関係における自己認知と関連しているのかを知ることで，良好な異性関係を形成し，それを維持していくためには，どのような愛の要素が関係の進展にともなって重要となるのかを理解することができるだろう。

　また，本実習は，心理尺度の妥当性の検討過程の再現でもある。心理尺度の妥当性の検討は，どうすればそれが示されたことになるのかが非常に難しい。心理尺度の妥当性は，研究のたびにその検討がなされ続けているといっても過言ではないだろう。その意味で本実習の結果から愛の三角理論尺度の妥当性についても議論を行っていただきたい。

　本章で紹介した愛の三角理論も親密な関係を捉えるための1つの考え方に過ぎない。親密な関係を捉えるためには他にもさまざまなアプローチがある。それらを学ぶとともに，親密な関係を捉える方法を自分なりに考えていただければ幸いである。多面的なアプローチから親密な関係に迫ることは，どうすれば親密な関係をうまく維持していけるのか，その具体的な方法や方略を探るための必要不可欠な視点なのである。

第 6 章　親密な対人関係の測定

【質問紙のサンプル】

> Q1. それでは，「現在，あなたの恋人や好きな人，もしくは家族以外で最も親しい異性」についてお聞きいたします。恋人や好きな人，もしくは片思いの人がいる方はその人のことについて，好きな人がいないという方は家族以外で最も親しい異性の人について以下の質問にお答えください。

01. その人のイニシャルをお答えください。　　（　　・　　）

02. その人の年齢は，何歳ですか？　　　　　（　　　　）歳

03. その人との関係は，あなたにとって下記のどの言葉に一番よく当てはまりますか？
　　あてはまる番号に〇をつけて下さい(4. のその他に〇をつけた場合は，関係を括弧内に記入して下さい)。
　　1. 恋人　　2. 片思い　　3. 友人　　4. その他（　　）

04. あなたはその人と知り合ってからどのくらいになりますか？………………約（　　年，　　ヶ月）

05. また，03. で 1. 恋人，と答えられた方はその人とつきあい始めてからどれくらいたちましたか？
　　　　　　　　　　　　　　　　　　　　………………約（　　年，　　ヶ月）

では，あなたが今思い浮かべている人とあなたの関係についてお答え下さい。

> 以下，1～7 の数字のうち当てはまるものに〇をつけてください。

06. 現在，あなたはその人との関係にどの程度満足していますか？
　　　全く満足していない ◄――― 普通 ―――► 非常に満足している
　　　　1　　2　　3　　4　　5　　6　　7

07. 現在，その人はあなたの望むこと（要求）をどの程度満たしてくれると思いますか？
　　　全く満たしていない ◄――― 普通 ―――► 非常に満たしている
　　　　1　　2　　3　　4　　5　　6　　7

08. 現在，あなたはその人との関係をどの程度重要視（大切に）していますか？
　　　全く大切にしていない ◄――― 普通 ―――► 非常に大切にしている
　　　　1　　2　　3　　4　　5　　6　　7

09. あなたは現在のその人との関係をどの程度持続してほしいと思いますか？
　　　全く持続してほしくない ◄――― 普通 ―――► 非常に持続してほしい
　　　　1　　2　　3　　4　　5　　6　　7

10. その人と 1 週間に平均何回 2 人で会いますか？……………………… 約（　　　）回／週

11. 1 回あたりに過ごす時間は平均するとどのくらいですか？…………約（　　　）時間／回

12. 1 週間に平均何回電話（携帯電話を含む）で話しますか？…………約（　　　）回／週

13. 1 回の電話（携帯電話を含む）で平均どのくらい話しますか？………約（　　　）分／回

14. 次の行動のうち，最近の 1 か月で，2 人で行ったことがあるのはどの行動ですか？　行ったことすべてに〇を付けてください。

　　a. 雑談　　　　　　　b. 映画を見る　　　　c. 飲食　　　　　　　d. TV・ビデオを見る
　　e. 散歩をする　　　　f. コンサートに行く　g. ドライブ　　　　　h. 音楽を聴く
　　i. アルバイト　　　　j. 勉強する　　　　　k. ショッピング　　　l. 音楽を聴く
　　m. サークル活動　　　n. ゲームをする　　　o. 本・雑誌を読む　　p. 野外活動
　　q. 遊園地・動物園へ行く　　r. カラオケに行く

Q2. 以下の文章があなたと今あなたが思い浮かべている人との実際の関係の特徴をどれくらい表現(表している)と思いますか？ 質問文の「○○」のところに「あなたが今思い浮かべている人」を当てはめて，以下の文章にお答え下さい。

	全く当てはまらない	あまり当てはまらない	どちらとも言えない	やや当てはまる	非常に当てはまる
01. ○○さんのことを強く愛している。	1 2	3 4	5	6 8	7 9
02. 私にとって○○さんとの関係よりも大切なものなど他にない。	1 2	3 4	5	6 7	8 9
03. 私と○○さんとの関わりは揺るぎないものである。	1 2	3 4	5	6 7	8 9
04. 私は○○さんへの強い責任をこの先もずっと感じていると思う。	1 2	3 4	5	6 7	8 9
05. ○○さんは私にとって非常に魅力的な人だ。	1 2	3 4	5	6 7	8 9
06. 私は○○さんの身体に触れるのがすごく好きだ。	1 2	3 4	5	6 7	8 9
07. ○○さんとの関係は居心地のよいものである。	1 2	3 4	5	6 7	8 9
08. ○○さんについて空想にふけることがある。	1 2	3 4	5	6 7	8 9
09. 私は○○さんからかなりの情緒的（心理的）なサポートを受けている。	1 2	3 4	5	6 7	8 9
10. 私は○○さんの情緒的（心理的）な支えにかなりなっていると思う。	1 2	3 4	5	6 7	8 9
11. 私は○○さんに対して何らかの責任を感じている。	1 2	3 4	5	6 7	8 9
12. ○○さんは私のことを本当に理解してくれていると思う。	1 2	3 4	5	6 7	8 9
13. ○○さんなしの生活など考えられない。	1 2	3 4	5	6 7	8 9
14. ○○さんを見るだけでドキドキしてしまう。	1 2	3 4	5	6 7	8 9
15. ○○さんとの関わりは何者にもじゃまされないものである。	1 2	3 4	5	6 7	8 9
16. 私は他の誰よりも○○さんと一緒にいたい。	1 2	3 4	5	6 7	8 9
17. 私は必要な時には○○さんを頼ることができる。	1 2	3 4	5	6 7	8 9
18. ○○さんとの関係を終わらせることなど私には考えられない。	1 2	3 4	5	6 7	8 9
19. ロマンチックな映画を見たり本を読んだりすると，つい○○さんのことを考えてしまう。	1 2	3 4	5	6 7	8 9
20. 私は○○さんとの関係になにかしら運命的なものを感じている。	1 2	3 4	5	6 7	8 9
21. ○○さんを心理的（情緒的）に近い存在だと思っている。	1 2	3 4	5	6 7	8 9
22. 私は私自身の事柄（情報）を○○さんと深く共有している。	1 2	3 4	5	6 7	8 9
23. ○○さんとはうまくコミュニケーションをとれている。	1 2	3 4	5	6 7	8 9
24. ふと気がつくと○○さんのことを考えている時がよくある。	1 2	3 4	5	6 7	8 9
25. 私と○○さんの関係は温かいものである。	1 2	3 4	5	6 7	8 9
26. ○○さんは必要なときには私を頼ることができる。	1 2	3 4	5	6 7	8 9
27. ○○さんは私の理想的な人である。	1 2	3 4	5	6 7	8 9

注）愛の3要素と各項目との対応については，金政・大坊（2003a）を参照のこと。

Q3. 次に以下の「ことば」が，現在思い浮かべている人と一緒にいるときのあなた自身についてどれくらい当てはまると思いますか？　その程度を表す数字を1～7の中から選んで○をつけてください。

	かなり当てはまる	ほぼ当てはまる	やや当てはまる	どちらでもない	やや当てはまる	ほぼ当てはまる	かなり当てはまる	
01. 自分の考えをもっている	1	2	3	4	5	6	7	自分の考えをもっていない　J
02. 容姿のよい	1	2	3	4	5	6	7	容姿のわるい　M
03. 生き方に自信をもっている	1	2	3	4	5	6	7	生き方に自信をもっていない　J
04. 服のセンスがよい	1	2	3	4	5	6	7	服のセンスがわるい　M
05. 目標をもっている	1	2	3	4	5	6	7	目標をもっていない　J
06. 顔がきれいでない	1	2	3	4	5	6	7	顔がきれいである　M
07. 気がやさしい	1	2	3	4	5	6	7	気がきつい　H
08. 人のわるい	1	2	3	4	5	6	7	人のよい　H
09. なまいきでない	1	2	3	4	5	6	7	なまいきな　H
10. ひとなつっこい	1	2	3	4	5	6	7	近づきがたい　S
11. にくらしい	1	2	3	4	5	6	7	かわいらしい　M
12. 心のひろい	1	2	3	4	5	6	7	心のせまい　H
13. 軽率な	1	2	3	4	5	6	7	慎重な　SE
14. 重厚な	1	2	3	4	5	6	7	軽薄な　SE
15. 分別のある	1	2	3	4	5	6	7	無分別な　SE
16. 親しみやすい	1	2	3	4	5	6	7	親しみにくい　S
17. 自信のない	1	2	3	4	5	6	7	自信のある　J
18. 明るい	1	2	3	4	5	6	7	暗い　S
19. 無責任な	1	2	3	4	5	6	7	責任感の強い　SE
20. ふまじめな	1	2	3	4	5	6	7	まじめな　SE
21. 親切な	1	2	3	4	5	6	7	いじわるな　H
22. 無口な	1	2	3	4	5	6	7	おしゃべりな　S
23. 話しやすい	1	2	3	4	5	6	7	話しにくい　S
24. 魅力的な	1	2	3	4	5	6	7	魅力的でない　M

注）各項目の後ろに，「社交性」についての項目はS，「魅力」についての項目はM，「人柄のよさ」に関する項目はH，「責任・真面目さ」についての項目はSE，「自信」に関する項目はJと明記した。

第7章 友人関係の測定
友人関係への自己開示における理想と現実のズレが苦手意識に及ぼす影響

1 友人関係の研究

🔑 友人関係

1. 青年期にとっての友人関係

　青年期における友人関係は，社会発達的な過程において重要な役割を担っている。青年期は，親の期待や大人が作り出した規範に対して抵抗しながら自立していく過程であり，葛藤や不安，反発心などを抱え，精神的に不安定になりやすい。そのため，同年代で悩みを共有できる友人の存在が，それまで以上に必要になる。しかし，生まれたときから与えられ依存してきた親子関係と友人関係は異なる。友人関係は，多様な人間関係の中から個人の意思によって選び，対等な関係を築かなければならない。遠矢(1996)は，友人関係は，お互いの立場の「対等性」，関係構築の「自発性」，お互いが影響し合う「相互的互恵性」に特徴づけられると述べている。また，このような友人関係は，次のような機能をもつ（松井，1990）。第1に，友人関係は，悩みごとを聞き，不安や問題を解消する手助けをしたり，共に活動したりすることによって，青年に心理的なゆとりを与え，精神的に支える役割をする（安定化の機能）。第2に，さまざまな関係性の中でどのように振る舞えばよりよく温かな人間関係を築けるか，人間関係に関する知識やスキルを友人から学習する（社会的スキルの学習機能）。第3に，友人は，見習い，自分もそうありたいと思う手本，すなわち発達的なモデルの機能を果たす（モデル機能）。

　これらのことから，親からの自立の過程で，同世代の友人との間に親密な関係を築けるか否かは，青年期におけるアイデンティティの確立や社会化など，個人の適応を左右する重要な発達課題といえる。

🔑 自己開示

2. 友人関係の親密化にかかわる自己開示

　友人関係は，「友人関係の形成（常識的，相手中心，明朗かつ率直な態度で相手を受け入れる素地をつくる段階）」，「友人関係維持（頻繁な相互作用とある程度の距離を確保する段階）」，「友人関係深化（本音の自己開示と相手との類似性，相補的な役割を担う段階）」の段階を経て親密さを増していくが，このような対人関係の親密化過程においては，どの段階においても，親密さに応じた自己開示がなされる（楠見，1988；遠矢，

1990)。自己開示とは，自分自身のことを，正直に，言語によって伝える行為である。このような自己開示は，対人関係の深まりに大きな影響を及ぼしている。すなわち，自己開示は，友人関係を形成し，親密さを深めていくための重要な行為といえる。

アルトマンとテイラー（Altman & Taylor, 1973）の社会的浸透理論によると，自己開示の特徴として，相手との関係性に応じた内容の深さの自己開示がみられるという。初対面の者同士では，趣味や出身地など，浅いレベルの自己開示がなされ，関係性が深まり互いの親密さが高い者同士では，深刻な悩みや性的な話など，深いレベルの自己開示がなされるようになる。

アルトマン（Altman, 1973）は，自己開示の返報性（自分が受けた行為を自分も相手にお返しすること）にも着目している。自己開示の返報性とは，一方の自己開示が他方の同じ深さの自己開示を誘発することである。対人関係の初期は，表面的で浅いレベルの自己開示が交わされやすく，深い自己開示は互いに控えられる。対人関係が進展すると，互いの関係性を深めるために，表面的な自己開示が減り，内面的な深い自己開示の返報性が増す。さらに人間関係が進展し，両者の親密性が深まると，それまでに多くのことを語り，安定的な信頼できる関係性を築いてきたために，表面的・内面的いずれの自己開示の返報性も減少する。

社会的浸透理論や自己開示の返報性の理論は，親密性の段階に応じた自己開示をすることによって，相互の信頼感や対人魅力が高められ，安定した対人関係の形成が促されることを意味している。親密な友人関係は，「適切な状況でふさわしいレベルの自己開示を相互に行いながら時間をかけて築かれたもの」（遠矢, 1996）といえる。

下斗米（2000）は，友人関係がどのように親密になるのかという友人関係の親密化過程における段階理論について，多くの研究をレビューしている。その結果，①自己開示，②類似・異質性認知（お互いの似ている部分，異なる部分を判断する行為），③役割行動という3つの事象が，多くの研究に共通して重視されていることを見いだしている。人間関係の初期における類似性は，友人関係を成立させるために重要であるが，友人関係が成立し，親密になる過程においては，互いの役割行動が求められるようになっていく。たとえば，落ち込んでいるとき，そっと声をかけてほしい人もいれば，しばらく放っておいてほしい人もいる。落ち込んだ友人に声をかけ励ます行為は，前者にとっては温かいサポートであっても，後者にとってはお節介として受け取られるかもしれない。役割行動とは，このように，相手にどのように接してほしいかを期待する行為であり，自分自身も相手に対してどのようにふるまえばよいのかを判断する行為でもある。このような役割行動を明確にするためにも，親密化の過程で交わされる自己開示は重要である。どのような部分は似ていて，どのような部分は似ていないのかという類似・異質性の認知は，親密化の過程で徐々に交わされる自己開示を通じて明確になる。友人関係の親密化では，自己開示によって明らかにされた互いの類似・異質な点に基づいて，特定の役割行動を遂行するようになる（下斗米, 2000）。

3. 親密な友人関係の分類

ところで，親密な友人関係におけるさまざまな心理や行動を明らかにするためには，まずは友人関係における親密さを測定する必要がある。友人関係の親密さの測定は，①親密性のレベルを段階に応じて分類する方法や，②親密さの程度そのものを問う方法，③2者関係の親密さのイメージを測定する方法などが存在する。

①の方法では，たとえば，「親友もしくはそれに近いと思われる同性同年代の友人」（関係の親密さ High 条件）と「あまり好意をもっていない同性同年代の知人」（関係の親密さ Low 条件）に2分する方法（高木，1992），「親友」「友達」「顔見知り」の3群に分類する方法（下斗米，2000），「顔や名前を知っている程度の同性の友達」（親密性レベル1）から「最も親しい同性の友達」（親密性レベル4）の4段階に分類する方法（山中，1994）などがあげられる。②の方法では，想起した人物との親しさの程度について，「全く親しくない」から「極めて親しい」まで双極で問う方法（下斗米，2000）や，「親しくない」，「少し親しい」，…「非常に親しい」まで単極で問う方法（丹野，2008）などの測定がみられる。③の方法では，2つの円の一方を自分，他方を相手に見立て，2つの円が完全に交わっている段階から完全に分離している段階まで5段階を設け，自分と相手との親密さのイメージに最も近いものを選択させる方法もある（諸井，1989）。

このように，親密さの基準や測定方法は研究者によって異なる。また，いずれの親密性の測定においても，自分と相手との親密さがどの程度なのかについては，回答者の主観にゆだねられている。なお，後述の実習では②の方法で親密さを測定する。

4. 現代青年における自己開示の傾向

広沢（1990）は，中学，高校，大学生の男女を対象に，困った場面における自己開示を誰にするのかについて調べている。図7-1のとおり，1990年の段階では，中学生，高校生，大学生のいずれについても，同性の友人に対して最も多くの相談・自己開示がなされていた。

しかしながら，内閣府が2014年に公表したわが国における若者（13～29歳）の意識

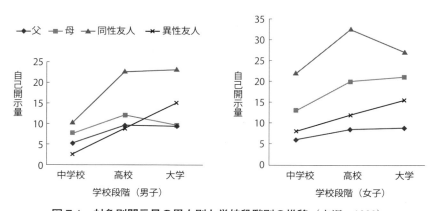

図7-1 対象別開示量の男女別と学校段階別の推移（広沢，1990）

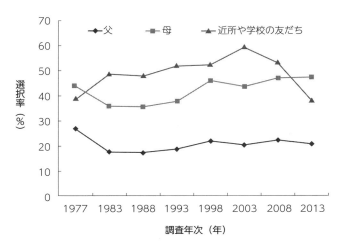

図 7-2 　悩みや心配事の相談相手（内閣府，2009，2014 より作成）

の特徴においては，これまでの青年像とは異なる傾向が表れている。図 7-2 のとおり，悩みや心配ごとの相談相手として「近所や学校の友だち」が選択される割合は，2008 年度から 2013 年度にかけて大幅に減少し，2013 年度調査においては，「母」の 47.3％ を下回る 38.0％ であった。ところが，同調査において「どんなときに充実しているか」を尋ねた結果，充実感は，「家族といるとき」（67.3％）よりも「友人や仲間といるとき」（80.3％）のほうが感じられていることが明らかになっている。このように，親よりも友人との関係に充実感を感じていながら相談相手として友人の選択率が低いということは，親密な関係を望む一方，相談したくてもできない，あるいは相談はしないという友人との関係性がうかがえる。

　また，吉岡（2001）は，中学生・高校生を対象とした調査において，友人関係を構成する 5 つの側面（自己開示・信頼，深い関与・関心，共通，親密，切磋琢磨）を抽出している。それぞれの側面について，理想とするつきあい方と現実のつきあい方の程度を尋ねた結果，中学生女子と高校生の男女において，「自己開示・信頼」における理想と現実のズレが大きいほど，友人関係の満足度が低くなることが見いだされている。中学生女子では「深い関与・関心」，高校生女子では「親密」における理想と現実のズレが大きいほど友人関係満足度が低いという結果も得られたが，いずれも「自己開示・信頼」に比べ影響は小さい。また，女子は，「自己開示・信頼」における理想，現実，理想と現実のズレのいずれについても，男子に比べて高いことが報告されている。このような結果から，女子は男子よりも友人関係において自己開示をしていると考えられるが，理想と現実のズレが大きいということは，理想とするほど実際には自己開示をできるような関係性を築けていないのではないかと推測される（吉岡，2001）。

理想と現実のズレ

5．現代青年における友人関係の特徴

　内閣府（2014）における相談相手の変化や吉岡（2001）の友人関係における理想と現

実のズレは，現代青年における友人関係の希薄化に関連するとも考えられる。従来，青年期の友人関係では，内面をさらけだす自己開示を行いながら，特定の友人との間に親密な関係を築くことによって，アイデンティティの確立や社会化が成熟されるといわれてきた。しかし，1980年ごろから，内面的な友人関係を避け，友人から低い評価を受けないように警戒したり，互いに傷つけあわないような表面的で円滑な関係を志向したりする友人関係のあり方が指摘されている（岡田，2007，2010を参照）。岡田（2007）は，現代青年の友人関係における希薄化について，友人関係のモデルを検証したところ，3つの類型を見いだしている。すなわち，①内面を開示する友人関係をとり従来の青年観に合致する特徴をもつ群，②対人関係から回避する傾向をもつ群，③自他ともに傷つくことを回避しつつ，円滑な関係を志向する群である。岡田（2010）は，現代青年の友人関係は単純に希薄化しているわけではなく，さまざまな関係性・場面に応じた個々の社会的スキルを発達させていることを示唆しているが，友人を傷つけたり，友人から傷つけられたりする恐れのある行為を避ける青年がいる（岡田，2007）ことも実証している。

6. 本実習の目的

　先述したように，青年期の友人関係においては，親密さの段階に応じた自己開示がなされやすいが，その一方では，友人であっても自分の悩みを相談することなく，傷つけあうことを恐れる青年のいることが明らかにされている。また，中学生と高校生において，自己開示をしたいと思いながらも，理想とするほど実際には自己開示をできていない場合，友人関係の満足度が低い（吉岡，2001）ことも示されている。この自己開示をしたくても十分にできていないという状態は，伝え方がわからないというコミュニケーションの未熟さを反映しているとも考えられるが，自己開示をすることによって，拒絶をされたり相手から否定的な評価を受けたりしたくないという気持ちや，相手に気をつかわせたくないというような友人に対する遠慮も少なからず含まれるであろう。

🔑 否定的評価

　上述した否定的評価を恐れる気持ちや友人に対する遠慮のような傾向は，友人関係の希薄化においてみられる互いに傷つけあわないような表面的で円滑な関係を志向するという現代青年の特徴とも関連すると考えられる。学校や職場においては，グループやチームで課題解決を行うことが多々あるが，課題解決場面では，メンバー同士の効果的なコミュニケーションを求められる。しかし，そのような場面では，自分の考えを相手に伝えることや妥協点を探る話し合い，相手のミスの指摘など，コミュニケーション方法をしくじれば，相手から否定的評価を受けかねない対人状況も多い。特に，ミスの指摘は，相手の自尊感情にかかわることであり，相手を傷つけたり，指摘後の当事者間の関係性やコミュニケーションにネガティブな影響を及ぼしたりする可能性もある。また，そのようなネガティブな対人状況においては，相手から否定的な態度をとられる場合もあるため，自分自身が傷つく可能性のある状況でもある。そのため，他者のミスを指摘するという状況は，あまりかかわりたくない苦手な対人状況であると考えられる。

　改めて，友人関係における自己開示と現代青年における友人関係の傾向とを関連づけて考えてみる。自己開示をしたいと思いながらも，実際には理想とするほど自己開示が

できていない友人関係においては，否定的な評価を恐れて自己開示をためらうように，否定的な評価を受ける状況を避けやすいと考えられる。仮に避けられないのであれば，そのような状況における否定的感情は高まるであろう。先述したミスを指摘する場面では，相手やミスを指摘する行為に対するわずらわしさと相手からの評価を気にする懸念からなる苦手意識が高まることが指摘されている（日向野・小口，2002, 2007）。友人に対して十分または理想とするほど自己開示ができないということは，その友人に対してネガティブなコミュニケーションを行うことも思うようにできず，そのような状況では否定的感情すなわち苦手意識も高まるであろう。そこで，本実習では以下の仮説を検証する。

🗝苦手意識

▶仮説：「友人関係における自己開示の理想と現実のズレが大きいほど，友人から否定的評価を受ける状況において苦手意識を感じやすいであろう」

また，上記の仮説を検証する前に，親密度による自己開示の差異について検討することが重要であろう。吉岡（2001）における理想の自己開示，現実の自己開示，自己開示における理想と現実のズレの知見は，中高生を対象とした結果であるうえ，「友達とのつきあい方」のみで親密度の観点を含めた検討はなされていない。したがって，「親友」「友達」「顔見知り」という親密度の異なる関係性を取り入れて，理想の自己開示や現実の自己開示，両者のズレを測定し，自己開示の様相をより詳しく検討する。同様に，友人から否定的評価を受ける状況における苦手意識についても，「親友」「友達」「顔見知り」という親密度の異なる関係性においてどのような違いがみられるのか，検討する。

🗝親密度

本実習では，親密度の異なる関係性に応じた自己開示と苦手意識の様相を明らかにするとともに，上記の仮説を検証することを目的とし，友人関係における親密度と自己開示における理想と現実のズレ，否定的評価を受ける恐れのある場面における苦手意識について測定していく。

2 実 習

1. 調査票の構成

1 調査対象者
調査における質問文の水準から，高校生以上を対象とすることが望ましい。

2 調査票の構成
①同性の他者の想定とその人に関する質問

下斗米（2000）を参考に，大学入学以来（高校生であれば，高校入学以来）知り合っ

た人の中から，一緒にいる機会のある同性の友人1人を具体的に思い浮かべるよう指示する。その際，相手のイニシャル，年齢，知り合ってからの期間（年月），1か月あたりの接触日数を回答させる。このような情報は，特定の他者をより具体的に想起してもらうための操作である。

②想定した人との関係性

次に，想起してもらった同性の人物との関係性を尋ねる。下斗米（2000）が用いた教示文を参考に（図7-3の質問2参照），「親友」「友達」「顔見知り」の3対象を設定し，最も当てはまる関係性に○をつけてもらう。

③想定した人との親密さの程度

さらに，想起してもらった同性人物との親密度を，「全く親しくない」(-4)から「極めて親しい」(+4)の双極9件法で尋ねる。

▶調査実施上の工夫：①〜③において，任意の相手を想起させると親密度が偏る可能性がある。調査参加者数が少ない場合は，調査参加者に想起・回答させる同性の人を「親友」，「友達」，「顔見知り」のいずれかになるよう予め操作してもよい。その場合は，図7-3の調査票も作り変える。具体的には，質問1の教示を次のようにするとよいであろう。「大学入学以来知り合った人の中から，あなたと一緒にいる機会のある同性の親友（または友人か顔見知り）を，具体的に1人思い浮かべてください」。また，質問2は削除し，質問1に続けて質問3を尋ねてもらうようにする。

④否定的評価を受ける恐れのある状況における苦手意識の測定

否定的評価を受ける恐れのある状況として，グループワーク中に相手のミスを指摘しなければならない場面を設定し，そのような状況における苦手意識を測定する。

日向野と小口（2007）は，児童用対面苦手意識尺度を作成し，友人のミスを指摘する場面における苦手意識を測定している。同尺度は，同性の苦手な部下のミスを指摘する場面における苦手意識を測定する職場用対人苦手意識尺度（日向野・小口，2002）をもとに作成されている。いずれの尺度も，ミスを指摘する際の率直な不快感情を主とする「わずらわしさ」（児童用対面苦手意識尺度6項目，職場用対人苦手意識尺度7項目）と，相手から受ける評価や自分のふるまい方に対する不快感情を主とする「懸念」（各5項目）の下位尺度をもつ。児童用対面苦手意識尺度と職場用対人苦手意識尺度のクロンバックの信頼性係数は，対人苦手意識 .67 および .83，わずらわしさ .75 および .87，懸念 .59 および .72 であることが報告されている。

本実習では，児童用対面苦手意識尺度をベースに，職場用対人苦手意識尺度の項目表現も考慮しつつ，大学生が相手のミスを指摘する場面における苦手意識を測定しうる項目になるよう修正した尺度を用いる（図7-3問4参照）。同尺度を用いて，任意で想起させた「親友」「友達」「顔見知り」のいずれかについて，相手のミスを指摘する場面における大学生の苦手意識を「当てはまる」（5点），中点として「どちらともいえ

第 7 章　友人関係の測定：友人関係への自己開示における理想と現実のズレが苦手意識に及ぼす影響

1. 大学入学以来知り合った人の中から，あなたと一緒にいる機会のある同性の人を，具体的に 1 人思い浮かべてください。その人のイニシャル，年齢，知り合ってからどれくらいか，どれくらいの頻度で会うのかについて，お答えください。

    イニシャル　（　　　　　）
    年齢　（　　　　　）歳
    知り合ってからの期間　（　　　　）年（　　　　）か月
    接触頻度　1 か月に（　　　　）日くらい

2. 質問 1 で想定していただいた方は，あなたにとって「親友」とよべるほど親密な人でしょうか，「友達」づきあいをするくらい，あるいは「顔見知り」程度の間柄という方がふさわしいでしょうか。最も当てはまる間柄に〇をつけてください。

    （　親友　・　友達　・　顔見知り　）

3. 質問 1，2 で想定していただいた方とあなたは，どの程度親密な間柄といえますか。最も当てはまるところの数字に〇をつけてください。

    全く親しくない　　　　　　　　　　　　　　　　極めて親しい
    　-4　　-3　　-2　　-1　　0　　+1　　+2　　+3　　+4

4. 質問 1 から質問 3 で想定していただいた方とあなたが，一緒にグループワークを行う場面を想像してください。グループワーク中に，あなたは，その人のミスを指摘しなければならないとします。その際，以下の文章はあなたにどのくらい当てはまりますか。

	当てはまらない	やや当てはまらない	どちらともいえない	やや当てはまる	当てはまる
1. できるならその人と関わりたくない	1	2	3	4	5
2. ゆううつでつまらない気分になる	1	2	3	4	5
3. イライラする	1	2	3	4	5
4. その人をうっとうしく思う	1	2	3	4	5
5. 同じグループでなければつき合わなくてすむのにと思う	1	2	3	4	5
6. どのように伝えようかと考えてしまう	1	2	3	4	5
7. 自分のことをどう思われるだろうかとあれこれ悩む	1	2	3	4	5
8. その人との関わりにストレスを感じる	1	2	3	4	5
9. 毅然とした態度を示せるか自信がない	1	2	3	4	5
10. その人のプライドを傷つけないよう当たりさわりのないように指摘する	1	2	3	4	5
11. 要点や趣旨を手短に伝え，必要以上に関わらない	1	2	3	4	5
12. その人に悪い印象を与えないよう表面上は穏便にすませる	1	2	3	4	5

5. あなたがこうあってほしい，こうでありたいと思うその人とのつきあい方はどのようなものですか（理想）。また，あなたの日頃のその人とのつきあい方は，どのようなものですか（現実）。それぞれ，最も当てはまる数字に〇をつけてください。

	理想				現実			
	全然当てはまらない	あまり当てはまらない	少し当てはまる	非常に当てはまる	全然当てはまらない	あまり当てはまらない	少し当てはまる	非常に当てはまる
・自分の素直な感情・態度を示すことができる	1	2	3	4	1	2	3	4
・なんでも話し合うことができる	1	2	3	4	1	2	3	4
・考えたことや感じたことを正直に話すことができる	1	2	3	4	1	2	3	4
・互いに弱い部分を見せ合うことができる	1	2	3	4	1	2	3	4
・相談し合うことができる	1	2	3	4	1	2	3	4
・自分の嫌なところを見せることができる	1	2	3	4	1	2	3	4
・隠し事をしなくてもよい	1	2	3	4	1	2	3	4
・心を許すことができる	1	2	3	4	1	2	3	4
・自分のことをよく分かってくれる	1	2	3	4	1	2	3	4

6. あなたの性別と年齢をお答えください。
　　性別（ 男性 ・ 女性 ）
　　年齢（　　　　　）歳

質問は以上です。協力いただきありがとうございました。

図 7-3　調査票サンプル

ない」(3点)，「当てはまらない」(1点)の5件法で回答を求める。

⑤想起した友人との理想の自己開示と現実の自己開示

　友人とのつきあい方の理想や現実，およびそのズレを測定する友人関係尺度（吉岡，2001）から，相手へ自己開示ができるという内容と，相手への信頼感を表す内容によって構成される「自己開示・信頼」尺度（9項目）を用いる。同尺度のクロンバックの $α$ 係数は .92 であり，内容的妥当性も確認されている。調査では，回答者が想起した親友，友達，顔見知りのいずれかの関係性の他者について，「あなたがこうあってほしい，こうでありたいと思うその人とのつきあい方」（理想）と，「あなたの日頃のその人とのつきあい方」（現実）のそれぞれについて，非常に当てはまる(4点)，少し当てはまる(3点)，あまり当てはまらない(2点)，全然当てはまらない(1点)の4件法で回答を求める（図7-3の問5）。同尺度では，「なんでも話し合うことができる」「自分の嫌なところを見せることができる」など，自己開示の具体的な内容は示されていないが，尺度得点が高いほど，自己開示量が多く深い自己開示がなされていること，自分のありのままの姿をさらけ出していることを表す。

⑥デモグラフィック情報
性別と年齢を尋ねる。

2. 調査実施とその注意点

調査票を配布し，注意事項を説明した後，各自のペースで回答を求める。調査票の配布と回収は一斉に行ってもよいが，回収においては，個人の回答内容がわからないよう留意する。

卒業論文や調査研究における質問紙調査では，調査の概要（結果に影響が出るため，真の目的や仮説は伏せる），回答は任意であること，回答は統計的に処理され，個人のプライバシーは守られることなどを説明したうえで，研究協力者（回答者）の利益・権利を尊重し，調査による不利益をこうむることのないよう，最大限の配慮をする必要がある。インフォームドコンセント（説明に基づいた研究協力者の自発的な同意）が得られた場合に限り，研究者は研究協力者に対し，調査票への回答を求めることが可能になる（宮本・宇井，2014；村井，2012などを参照）。このような手続きは，口頭での説明に加え，調査票の表紙や別紙にまとめて記し，調査協力の諾否を尋ねる質問を設ける。実習においても，必要に応じて，同様の手続きをとることが望ましい。

3. 分析手順と結果の読み取り

ここでは，SPSSによる分析例を紹介する。なお，実習では得られるサンプル数が少ないことが見込まれるため，ここでは性差の分析を行わない方法を記す。比較的多くのサンプルを得られた場合は，性差も含めて検討することが望ましい。

1 親密度得点の変換

"親密度"は，「全く親しくない」-4点から「極めて親しい」+4の両極9件法で測定していたが，これを「全く親しくない」1点から「極めて親しい」9点になるよう値を変換する。

① ［変換(T)］－［他の変数への値の再割り当て(R)］をクリック。
② "親密度"の変数名を選択して，［入力変数 -> 出力変数(V):］の中に入れると，［S親密度 ->?］と表示され，右側に［変換先変数］を入力できるようになる。［名前(N)］に新しい任意の変数名を入れ，［変更］。
③ ［今までの値と新しい値(O)］をクリックし，［今までの値(V)］に -4，［新しい値(L)］に 1 と入れ，［追加］をクリック。同じ要領で，-3 は 2，-2 は 3，…+3 は 8，+4 は 9 になるよう指定したら，［続行］，［OK］の順にクリックする。

2 項目分析

各変数について，天井効果とフロア効果の有無を確認する。［分析(A)］－［記述統計(E)］－［記述統計(D)］の順にクリックし，"親密度"，"対人苦手意識"尺度，理想と現実の"自己開示・信頼"尺度の全項目を［変数］に入れ，［OK］。

▶**結果の読み取り**：各項目について，「平均値±標準偏差」の値を確認する。「平均値＋標準偏差」の値が，回答の上限値（親密度は9点，苦手意識は5点，自己開示・信頼は4点）を上回っていたら天井効果，「平均値－標準偏差」の値が，回答の下限値（いずれの尺度も1点）を下回っていたらフロア効果があると判断する。いずれの効果も，データが正規分布ではなく，回答が得点の高いほう（天井効果）か低いほうに偏っている（フロア効果）ことを意味する。天井効果，フロア効果の確認には，度数分布を図示して，データの偏りを確認する方法もある（小塩，2011を参照）。

回答が偏りやすい項目（例：「私は留年したくない」など）もあるため，天井効果やフロア効果が多少みられたとしても，重要な項目は削除しないほうがよいこともある。しかし，あまりにも高得点（天井効果）や低得点（フロア効果）にデータが偏っている場合は，分析から項目を除外する。

③ 信頼性係数の算出

"わずらわしさ"，"懸念"，理想の"自己開示・信頼"，現実の"自己開示・信頼"尺度の内的一貫性を確認するために，それぞれクロンバックの α 係数を算出する。

① ［分析(A)］－［尺度(A)］－［信頼性分析(R)］の順にクリックし，"わずらわしさ"尺度の7項目（図7-3の苦手意識尺度の項目1, 2, 3, 4, 5, 8, 11）すべてを右側の［尺度(I)］ボックスに投入。

② ［モデル(M):］でアルファを指定したら，［統計(S)］をクリック。

③ ［記述統計］の［尺度(S)］と［項目を削除したときの尺度(A)］，［項目間］の［相関行例(L)］をチェックして，［続行］，［OK］。

④ "懸念"（図7-3の苦手意識尺度の項目6, 7, 9, 10, 12），理想の"自己開示・信頼"，現実の"自己開示・信頼"についても同様の分析を行う。

▶**結果の読み取り**：出力画面の信頼性統計量という表にクロンバックの α が表示される。α 係数は.80以上であることが望ましいが，.70程度あれば，おおむね信頼性は得られたと考え，α 係数の算出に使用した項目を1つの尺度としてみなしてもよいであろう。α があまりにも低い場合は，「項目削除後の α 係数」を参考にし，尺度と関連の低い項目を削除してから，再度 α 係数を求めるとよい。詳しくは，小塩（2011）などを参照。

なお，尺度の検討においては，本来は因子分析や主成分分析を用いた検討をすることが望ましい。

④ 項目平均得点の算出

対人苦手意識尺度の"わずらわしさ"と"懸念"の下位尺度，理想と現実の"自己開示・信頼尺度"について，それぞれ項目平均得点を算出する。

① ［変換(T)］－［変数の計算(C)］－［目的変数(T)］に新しい変数名を入力し，［数式(E)］の中に，以下の例のように数式を入力。③で信頼性係数を算出した際に α 係数を低

第 7 章　友人関係の測定：友人関係への自己開示における理想と現実のズレが苦手意識に及ぼす影響

下させる項目があった場合は，平均項目得点の算出において，該当する項目を含めない。

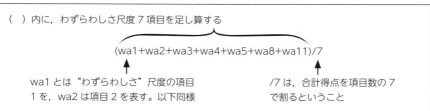

② "懸念"尺度と理想および現実の"自己開示・信頼"尺度についても，同様に平均項目得点を算出する。

5 想起された対象者との関係性と親密度（操作チェック）

図7-3の問2で想起された同性の人との"関係性"（親友・友達・顔見知り）を尋ねたが，親密な関係性ほど問3の親密度が高くなるはずである。そこで，関係性を独立変数，親密度を従属変数とする1要因の分散分析を行う。

① ［分析 (A)］－［平均値の比較 (M)］－［一元配置分散分析 (O)］の順にクリック。
② ［従属変数リスト (E)］に親密度，［因子 (F)］に関係性を入れる。
③ ［その後の検定］で［Tukey(T)］，［オプション］で［記述統計 (D)］をチェックしたら，［OK］。

分散分析

親密度

	平方和	自由度	平均平方	F 値	有意確率
グループ間	44.439	2	22.220	22.416	.000
グループ内	18.833	19	.991		
合計	63.273	21			

多重比較

従属変数：親密度
Tukey HSD

(I) 関係性		平均値の差 (I-J)	標準誤差	有意確率	95% 信頼区間	
					下限	上限
親友	友達	1.667*	.502	.010	.39	2.94
	顔見知り	3.500*	.525	.000	2.17	4.83
友達	親友	-1.667*	.502	.010	-2.94	-.39
	顔見知り	1.833*	.554	.010	.43	3.24
顔見知り	親友	-3.500*	.525	.000	-4.83	-2.17
	友達	-1.833*	.554	.010	-3.24	-.43

*. 平均値の差は 0.05 水準で有意です。

図7-4　一元配置分散分析と多重比較の出力サンプル

▶結果の読み取り：一元配置分散分析の結果をみると，関係性による親密度の違いは0.1％水準で有意（$F_{(2,19)}=22.42, p<.001$）であり，関係性によって親密度が異なるといえる。しかし，この段階では，親友，友達，顔見知りの3者において，親密度にどのような差異があるのかわからない。そこで，多重比較の結果をみる。多重比較の表で，［平均値の差 (I-J)］という列の数値にアスタリスク（*）がついているか，有意水準の列で値が0.05未満になっていれば，2者間に有意な差があることになる。図7-4の例では，親友と友達には1％水準で有意な差があり，親密度は親友のほうが友達よりも高い（平均値の差 (I-J) が正の値）。なお，親友，友達，顔見知りそれぞれの平均値と標準偏差は，オプションで［記述統計］をチェックしていれば，「一元配置分散分析」出力の前に表示される。

6 理想と現実のつきあい方のズレ得点の算出

［変換 (T)］ー［変数の計算 (C)］ー［目的変数 (T)］に"ズレ"を表す"自己開示のズレ"を入れたら，［数式 (E)］の中に，「"理想のつきあい方"の平均項目得点－"現実のつきあい方"の平均項目得点」を入れ，［OK］。

7 関係性による理想の自己開示，現実の自己開示，自己開示のズレの分析

①関係性（親友・友達・顔見知り）によって理想の自己開示得点が異なるかを検討するために，関係性を独立変数，理想の自己開示の項目平均得点を従属変数とする1要因の分散分析を行う。同様に，②関係性による現実の自己開示，③関係性による自己開示のズレについても，1要因の分散分析を実施する。

8 関係性による苦手意識のわずらわしさと懸念の分析

関係性（親友・友達・顔見知り）によってわずらわしさと懸念が異なるか，関係性を独立変数，わずらわしさと懸念をそれぞれ従属変数とする1要因の分散分析を行う。

9 仮説の検討：自己開示における理想と現実のズレとわずらわしさ，懸念との関連

自己開示における理想と現実のズレとわずらわしさ，懸念との関連を分析対象者全体と関係性（親友・友達・顔見知り）ごとに検討する。まず，関係性にかかわらず，分析対象者全体で分析を行う。

① ［分析 (A)］ー［相関 (C)］ー［2変量 (B)］をクリックし，自己開示における理想と現実の"ズレ"，苦手意識の"わずらわしさ"，"懸念"の項目平均得点を［変数 (U)］の中に入れる。

② 「相関係数」を Pearson，「有意差検定」を両側 (T)，有意な相関係数に星印をつける (F) にチェックを入れたら［OK］。

次に，分析対象者の中から，親友を選んだ対象者のみを選び出すために，ケース選択を行う。

③ ［データ (D)］ー［ケースの選択 (S)］ー［選択状況］で IF 条件が満たされるケース (C)

第7章 友人関係の測定：友人関係への自己開示における理想と現実のズレが苦手意識に及ぼす影響

相関係数

		わずらわしさ	懸念	ズレ
わずらわしさ	Pearson の相関係数	1	-.326	.035
	有意確率（両側）		.139	.878
	N	22	22	22
懸念	Pearson の相関係数	-.326	1	-.019
	有意確率（両側）	.139		.932
	N	22	22	22
ズレ	Pearson の相関係数	.035	-.019	1
	有意確率（両側）	.878	.932	
	N	22	22	22

**．相関係数は1％水準で有意（両側）

図7-5 相関係数の出力のサンプル

をチェックしたら［IF］をクリック。
④左の変数ボックスの中から"関係性"を選択して右のボックスに入れ,「関係性＝親友」（親友を1で入力している場合は,「関係性(に該当する変数)=1」）になるよう入力して,［続行］－［OK］。
⑤手順①, ②と同様の手順で, 対象者ごとに相関係数を算出する。

▶読み取りのポイント：2つの変数の間に, 有意な相関関係がある場合, 相関係数の横にアスタリスクがつく（有意水準の値は$p<.05$）。有意な相関が得られたところは, ①相関の方向（相関係数の値が正なら正の相関, 負なら負の相関）と②相関の強さ（相関係数の絶対値0に近いほど弱く, 1に近づくほど強い）を確認する。

4. 考察

以下のような観点について, 考察をする。根拠になる統計分析の結果を記したうえで考察をするが, 考察では統計量を記さない。統計分析を知らない人が読んでもわかるような, 一般的な表現に置き換えて記すこと。先行研究や関連する研究を適宜引用しながら, 考察をすること。

1. 関係性（親友・友達・顔見知り）によって理想の自己開示, 現実の自己開示, 自己開示における理想と現実のズレに差異はみられたか。中高生を対象とした吉岡(2001)の研究では, 理想の自己開示ほど現実の自己開示はなされていないため理想と現実とのズレがみられた。本実習で得た大学生の自己開示についても, 中高生における結果（吉岡, 2001）と同様の結果がみられたか否かを検討しながら, 大学生における関係性に応じた自己開示の特徴について, 検討する。
2. 関係性（親友・友達・顔見知り）によって相手のミスを指摘する場面における苦手意識（わずらわしさと懸念）に差異はみられたか。関係性による苦手意識の差異がみられた場合, みられなかった場合のいずれについても, わずらしさと懸念に含まれる項目に着目しながら, ミスを指摘する場面の苦手意識（わずらわしさと懸念）の特徴

について検討する。
3. 親友，友達，顔見知りのそれぞれについて，仮説は支持されたか否か。すなわち，自己開示における理想と現実のズレが大きいほど，相手のミスを指摘するという否定的評価を受ける恐れのある行為に対する苦手意識（わずらわしさと懸念）は高くなったか。仮説が支持されたのであれば，それは現代青年における友人関係の希薄化がもたらすような，自他ともに傷つくことを回避しつつ，円滑な関係を志向することの表れ（岡田，2007）であると解釈できるのか。また，仮説が支持されないのであれば，本実習における大学生の友人関係について，どのようなことがいえるのか。考察1と2の観点も含めながら，検討してみよう。

●この章のねらい●

本実習では，友人関係について調査を行った。第1節の問題では，友人関係における自己開示の役割を主に記したが，友人関係にかかわる心理学的要因（たとえば，自己概念，自己肯定感，孤独感，ソーシャルサポートなど）は多岐にわたる。また，本実習ではミスを指摘するという特定の場合における苦手意識を測定したが，失言をしてしまったときや誘いを断るときなど，特定場面における苦手意識も多様である。さらに，友人関係における苦手意識は，特定場面にかかわらず，特定他者に対しても向けられる。友人関係に影響を及ぼす心理学的要因について，さまざまな研究にふれて興味関心を広げていただきたい。

親密な関係には，友人関係だけでなく男女の恋愛などもあり，親密な関係を捉える概念は幅広い。第1節の問題で述べたとおり，親密な関係の測定方法もさまざまである。親密な関係を築く2者は誰であるのか（同性間または異性間，親子間や教師・生徒間など），自分にとってどのような関係（恋人や友達など）であるのか，相手に向けられる感情（LoveやLikeなど）はどのようなものであるのかなど，親密さをどのように定義するのかにより，適した測定方法は異なる。親密さを測定する研究を実施する際には，親密さの定義に応じたより適切な方法を選択していただきたい。

最後に，あなた自身は，どのような友人関係を築いているであろうか。この実習を通じて，あなた自身の日頃の友人関係や友人への接し方を振り返り，あなたにとってのよりよい友人関係とはどのようなものか，考える機会にしていただきたい。

第8章 親密な関係の成立
大学生の恋愛における告白

1 恋愛における告白の研究

1. 告白とは

　青年期にある若者にとって，"恋愛"は最も関心の高い問題の1つといえよう。恋愛関係における研究は多岐に渡っているが，松井（1990）は，①恋愛に対する態度や認知，②異性選択と社会的交換，③恋愛感情と意識，④恋愛の進行と崩壊の4領域に分類している。告白の研究は④の領域にかかわっており，対人関係の親密化過程のなかで捉えることができよう。関係の親密化過程のモデルとして，レヴィンジャー（Levinger, 1983）は対人関係の変化を，A：知己になる段階，B：関係の構築の段階，C：持続の段階，D：崩壊の段階，E：終焉の段階の5段階からなるモデルを提出している。恋愛研究においては，DからE段階にあたる恋愛関係の崩壊，つまり「失恋」の研究はなされているものの（大坊，1988；飛田，1989，1992；和田，2000；栗林，2001；加藤，2005；山下と坂田，2008など），恋愛関係のごく初期の形成プロセスに関する研究は少ない。レヴィンジャー（1983）のモデルのA段階からB段階への移行において，異性関係の場合には，同性友人の親密化過程とは異なり，「告白」という手続きを伴うことが多々見受けられる。栗林（2002）は，恋愛における告白を「恋愛関係の形成を目的として，特定の相手に自分の好意を伝達する行為」と定義している。

恋愛関係

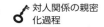対人関係の親密化過程

　大学生の恋愛観について検討した石川（1994）の研究で，告白に関する意識が取り上げられている。このなかで，恋人とのつきあいのきっかけが尋ねられており，「相手から告白された」が41.4％と最も多かった。また「自分から告白した」と答える割合は男性が34.2％，女性が10.4％と男性のほうが多く，「相手から告白された」は男性が27.0％，女性が57.5％と女性のほうが多かった。アッカーマンら（Ackerman et al., 2011）の研究では，現在の交際においてどちらが先に"I love you"と告白したかについて調べたところ，男性から告白が70％を占めていた。「告白」に関しては男性のほうが積極的で女性は受け身といえよう。

　山田（1991）は相手を恋人と意識する時点を尋ねたところ，「相手に告白され，自分のなかで好きだという気持ちがはっきりした時」「告白し，相手から好きだという返事

をもらった時」と回答する者が過半数を越えていた。また意思表示による確認の必要性について，「"恋人になろう"という意思表示がなければ恋人とはいえない」かどうか尋ねたところ，5割以上の者が必要条件であると答えた。山根（1987）は，記号学の立場から「恋人であること」を表す行為について大学生に調査したところ，「キスをする」「抱き合う」に続き「相手に好きだと言う」があがっていた。これらは恋愛関係の認識に告白が重要であることがうかがえる結果といえよう。

2. 告白の状況

では具体的に恋愛における告白はどのように行われているのであろうか。栗林（2002）は，大学生を対象に質問紙調査を行い，告白の状況に関する基礎的な特徴を検討している。この調査では7割以上の者が告白の経験があった。結果は，①男性は4月・6月・7月・9月の，女性は2月・6月・8月・12月の告白が多い。②告白の時間帯は16時と22～24時が多い。③男性は女性に比べ公園や道端や車内など屋外で，女性は男性に比べ学校や飲食店など屋内で告白していた。④告白の3分の2は直接会って口頭で述べられており，特に男性で8割以上に及んだ。⑤男性は女性よりも「つきあってください」という交際申し込みを含んだ告白を行っていた，というものであった。

また告白を促進する外的要因として，第三者の影響をあげることができる。中山（2009）は，異性に告白をしようとしている青年が第三者である友人からアドバイスを受けるという仮想場面で，その友人の専門性（ターゲットの異性について詳しい）と信頼性（正直な人）の程度，アドバイスの唱導方向（告白をすすめるかやめさせるか）を実験的に操作し，友人のアドバイスを受け入れるかどうかを検討した。その結果，友人の専門性が高くかつ信頼性が高い場合に最もアドバイスを受け入れることがわかった。また，女性は「告白をやめたほうがよい」というアドバイスを受け入れやすく，逆に男性は「告白をしたほうがよい」というアドバイスを受け入れやすいことも明らかとなった。

3. 告白の効果

恋愛関係における告白の効果

恋愛関係の進展に影響する告白の効果に着目した研究として，樋口ら（2001）があげられる。彼らは恋愛関係における告白の言語的方策を明らかにし，その方策の有効性に関して状況要因を交えながら検討した。言語的方策は，「つきあってください」に先行する言葉として，「好きです」など好意の伝達を単純に行っている"単純型"，「一生のお願いだから」「君がいないとダメなんだ」など相手の必要性を強調したり交際を懇願する"懇願型"，「○○さんと話をするだけで幸せになる」など相手といるときの自分の気持ちや相手の魅力を説明する"理屈型"の3タイプにまとめられた。そして，①両思い状況で告白したほうが，片思い状況でよりも関係が進展しやすい，②単純型の告白を用いた場合に最も関係が進展しやすい，③単純型告白方策の効果の優位性は，状況（恋人や好きな人の有無・告白回数・被告白回数）および性別を問わないことが明らかとなった。

告白者の印象についての研究も行われている。橋本（2002）は仮想の片思い物語を呈

示し，物語に登場する求愛（告白）者とその求愛を断る者（拒絶者）に対する対人認知を検討した。その結果，拒絶者に比べ求愛者は積極性や意欲など力本性（意志の強さ＋活動性）が高く評価され，分別や慎重さといった社会的望ましさは低く評価された。また特に男性求愛者は個人的親しみやすさが低く評価された。ただし，ここで呈示された物語は，拒絶後も相手を追いかける諦めの悪い内容であり，このことが否定的印象をもたらした可能性は考慮する必要がある。

4. 告白の成否

　栗林（2004a）は，告白の成否の規定因について検討している。この研究では，告白の結果「恋人関係になった」場合を告白の成功とみなしている。告白経験者について，告白の成功率を性別・所属別に求めたところ，高校男性は52.8％，高校女性は48.7％，大学男性は64.9％，大学女性は57.1％であった。

　さて告白成功者と失敗者とでは，何が異なるのであろうか。主な結果は以下のようであった。①告白成功群は3か月以内の告白が41.2％と最も多かったが，失敗群は1年を越えてからの告白が50.7％と最も多かった。②成功群のほうが，「2人で遊びに行く」「2人で食事に行く」「相手の買い物につきあう」「親に紹介」「ペッティングをする」などの交際行動の経験率が高かった。③成功群の半数が夜に告白をしていたが，失敗群では夜は3割程度であった。④告白の場所は成否別の割合に有意な偏りはみられなかった。⑤告白の方法について両群とも直接対面での告白が過半数を占めたが，有意な偏りはみられなかった。⑥失敗群に比べ成功群は「つきあってください」といった交際の申し込みを含んだ告白内容の割合が高かった。⑦成功群（61.4％）のほうが失敗群（37.7％）よりも，相手が告白を受け入れてくれる可能性を高く見積もっていた。⑧告白時の自他の恋愛感情の強さを，完全に高まった状態を100として告白時の状態がどのくらいの割合（％）なのかを回答させたところ，自分の恋愛感情の強さについては，成功群（78.7％）と失敗群（80.5％）で差はないが，相手の自分に対する恋愛感情の強さの推測については，失敗群（34.3％）のほうが成功群（61.1％）よりも低く見積もっていた。⑨失敗群に比べ成功群では，相手の状態は「特に何もなし」という割合が高く，また「誰かに片思い中」という割合が低かった。

　これらの結果から告白を行う際のポイントはどのようなものになるだろうか。まず知り合ってから告白に至るまでに着目すると，成功者の多くが知り合ってから3か月以内に告白しており，2人で遊びや食事や買い物に行くなど2人きりになる交際行動を経ていた。これは松井（1990）の恋愛行動の進行に関するモデルでいえば，第2段階以降にあたる行動である。また成功者は，告白を相手が受け入れる可能性を十分高く認知し，相手の恋愛感情の強さを高く推定していた。これらのことから，短期間のうちに一気にお互いの恋愛感情を高め，2人だけの行動を行う実績づくりが重要であるといえよう。また，成功者は相手が告白を受け入れるであろうと思っていることから，「ダメでもともと」「当たって砕けろ」「一か八か」という意識は薄いように思われる。受容可能性を高く見積もれるということは，告白までの期間で十分な関係を相手との間に形成できて

いることを意味する。成功者の告白は，告白により「無関係」から「恋愛関係」へと関係の一変を図るというよりも，二者がすでに形成している関係を「恋愛関係」へと昇華・明確化させるために行われると考えられる。次に告白当日の状況に着目すると，告白時に「（恋人として）つきあってください」と交際の申し込みをはっきり伝えることが成功者のパターンとして現れていた。明確に自分の意向を伝え，相手に理解させることが重要である。また成功者の多くは，告白を夜に行っており，ムード作りもある程度必要かもしれない。ただし，夜という時間帯に2人だけで会うということ自体，ある程度の親密な関係がすでに形成されていることの証拠ともいえる。

5. 告白の個人差

🔑 シャイネス

🔑 社会的スキル

　告白の個人差に関する研究としては，栗林（2002）は，シャイネスと社会的スキルを取り上げている。シャイネスは「特定の社会的状況を越えて個人内に存在し，社会的不安という情動状態と対人的抑制という行動特徴をもつ症候群」と定義されている（相川，1991）。シャイネスの高い者は，主張性の欠如や意見表明困難性，他者が存在するところでの意思伝達や思考の困難性などを引き起こす（Zimbardo et al., 1975）。一方，社会的スキルとは，「円滑な対人関係を実現するために用いられる熟練した認知や行動の有機的集合体」である（栗林，2004b）。堀毛（1991）によると，社会的スキルは「表に現れた行動」「中範囲の能力概念」「高次の抽象過程」の3つのレベルに分類できるが（Spitzberg & Cupach, 1989），第1のレベルの「行動」は，さまざまな社会的場面を円滑かつ正常に処理し，課題解決や目標達成につながる行動を意味するとしている。ここに着目した堀毛（1994）は「記号化」「解読」「統制」3つの基本スキル因子を測定する尺度（ENDE2）を作成している。本稿では特に「記号化」スキルに注目する。記号化能力の高い人は，自分の感情・態度などを，さまざまなチャンネルを通じて外部に表出する能力に長けている（堀毛，1991）。栗林（2002）の研究で，シャイネスの高い人・社会的スキルの低い人は告白の回数が少なく，告白時に否定的感情を伴いやすいことがわかっている。

　菅原（2000）も，個人差変数を取り上げつつ，恋愛における告白行動の促進・抑制について検討している。この研究では，告白行動において，「関係形成の期待」と「拒絶される懸念」の2つの心理的要因を仮定し，前者は告白を促進し，後者は抑制することを見いだした。また関係形成の期待は相手への愛情度や承認獲得欲求と関係があり，拒絶される懸念は拒否回避欲求や対人不安傾向などと関係があることも示されている。

　また栗林（2004a）では，告白経験のない者，告白したが失敗した者，告白が成功し恋愛関係となった者の3群でシャイネスと社会的スキルの程度が異なるのかを検討している。その結果，告白成功者のほうが告白経験のない者よりもシャイネスが低かった。また告白成功者および告白失敗者のほうが告白経験のない者よりも社会的スキルが高かった。告白の成否でシャイネスや社会的スキルの違いは特にみられないが，告白経験の有無において違いが現れていることから，まず告白というアクションを起こすうえでシャイネスが低く，社会的スキルに長けていることが重要であるといえよう。

2 恋愛における告白に関する調査（実習）

1. 調査の目的

本実習では栗林（2004a）に倣い，恋愛における告白の成否を規定する要因について検討することを目的とする。規定因として，告白時の状況，告白までの期間，告白までの交際内容，告白の受容可能性，告白・被告白者の恋愛感情の強さ，告白者の特性（シャイネス・社会的スキル）を取り上げる。

シャイネスの高い人は告白するということに関しても，相手に自らの好意の気持ちを伝えることが困難であり，相手が好意を受け止めにくくなるため，失敗しやすいと予測される。また社会的スキル（記号化スキル）に長けた者は，「告白」を通じて自分の気持ちを相手に十分伝達できるため，成功しやすいと予想される。

2. 質問紙の作成と実施方法

① 調査対象者の設定

栗林（2004a）の研究では高校生と大学生を対象としていた。調査の趣旨を考えると，やはり恋愛を経験する時期にある青年が調査対象者となるだろう。性差を検討するのであれば，男女比への配慮も必要である。また，告白の経験がない者の回答は不要ではなく，むしろ告白経験者との特徴の違いを検討するための比較対象として分析の対象となりうる。

② 質問紙の構成

被験者の基本的属性（性別・年齢・所属など）の他，以下のような問いを設定する（質問紙のサンプルは章末を参照のこと）。

①告白経験：告白の有無を尋ねる。告白経験のある者はその回数も尋ねる。
②最近の告白の実態：知り合ってから告白までの期間（月単位），告白時間，告白場所（自宅，学校，道端など），告白方法（直接口頭，電話，手紙など），告白内容（好意の伝達・交際申し込みなど）を尋ねる。また，告白までの交際行動は松井と戸田（1985）の交際行動項目を参考に作成した33項目について経験の有無を尋ねる。その他に，告白時の相手の交際状況（恋人がいた・失恋直後・片思い中など），告白の受容可能性（％），告白時点での両者の恋愛感情の強さ（％）を尋ねる。
③告白の結果：告白後，「恋人関係になった」「友人関係になった」「関係が完全になくなった」「変化なし」かを尋ねる。
④個人特性：相川（1991）の特性シャイネス16項目5段階尺度と堀毛（1994）のENDE2より記号化スキル4項目5段階尺度を用いる。

③ 実施方法

「心理学実験」など大学の授業で実施する場合は，集合調査法で一斉に質問紙を配布

する。回答に要する時間は 10 分から 15 分程度である。なお，個人のプライバシーに強くかかわる内容であることから，データ入力の際には個人が特定されないよう配慮する必要がある。

3. 結果の整理

1 告白経験の有無

すべての調査参加者を分析対象とし，告白経験について性別（男・女）別にクロス集計し，χ^2 検定を行う。告白経験は，「0 回，1 回，2 回以上」のようにカテゴリーを設定する。

2 告白の成否の規定因

告白の結果に関する質問で，「恋人関係になった」場合のみ告白の成功とみなし，以下の要因との関連を検討する。ここでの分析対象者は，告白経験者のみとする。

① 告白経験者の基本的属性：告白経験者について，告白の成功率を性別にクロス集計し，χ^2 検定を行う。

② 告白までの期間：知り合ってから告白までの期間を「3 か月以内」「4～6 か月」「7～12 か月」「13 か月以上」に分け，期間×成否の χ^2 検定を行う。

③ 告白までの行動：知り合ってから告白時点までの交際行動 33 項目それぞれについて告白の成否別に経験率を求める。各項目の経験の有無×告白の成否の χ^2 検定を行い，どの項目で告白の成否の差がみられるかを検討する。

④ 告白の時間・場所・方法：まず告白の時間帯を「1～6 時」「7～12 時」「13～18 時」「19～24 時」の 4 つの時間帯に分け，告白の成否別の割合を求める。次に告白の場所を「自分の家」「相手の家」「学校」「道端」「公園」「車内」「その他」に分け，告白の成否別の割合を求める。そして告白の方法について，「対面」「電話」「手紙」「メール」「その他」に分け，告白の成否別の割合を求める。告白時間・場所・方法のそれぞれについて告白の成否別にクロス集計し，χ^2 検定を行う。

⑤ 告白内容：告白内容×告白の成否別のクロス集計をし，χ^2 検定を行う。

⑥ 告白時の相手の交際状況：告白時の相手の交際状況について，告白の成否別にクロス集計し，χ^2 検定を行う。

⑦ 告白の受容可能性：相手が告白を受け入れてくれる可能性について，告白の成否を要因とする t 検定を行う。

⑧ 告白時点での両者の恋愛感情の強さ：自分と相手の告白時の恋愛感情の強さについて，告白の成否を要因とする t 検定を行う。

3 告白と個人特性（シャイネス・記号化スキル）

すべての調査参加者を分析対象とし，告白経験なし群，告白失敗群，告白成功群のシャイネスと記号化スキルの程度が異なるのかを検討するために，1 要因（3 水準）の分散分析を行う。

なお，[1]～[3]の分析結果は適宜，表や図を作成して視覚的に理解しやすくなるよう工夫をする。

4. SPSS による分析手順の例

分析には SPSS（Statistical Package for Social Science）などの統計ソフトが便利である。SPSS の基本的な操作方法は，竹原（2013）や小塩（2011）の解説書を参照するとよい。これら解説書には，データセットの作成方法，データの加工，各種統計検定の具体的な操作手順などが記されている。もちろん本実習で予定されている統計分析である，χ^2 検定，t 検定，1 要因分散分析についても解説されている。そのため，ここで具体例をあげて紹介するのは，本実習で頻出するクロス集計（χ^2 検定）のみにとどめておく。なお本章では SPSS ver.20 に準拠して説明する。

例として，告白の成否と告白時間帯の 2 変数間に連関があるかについて検討してみる。ここでは，栗林（2004a）が集めたデータを再分析した結果を示す。手順は以下のとおりである。①分析前にデータの加工を行う。告白の結果に関する質問で，「恋人関係になった」者を告白成功群，それ以外の者を告白失敗群とする。また，告白時間帯を「1 ～ 6 時」「7 ～ 12 時」「13 ～ 18 時」「19 ～ 24 時」の 4 つの時間帯に分けておく。②告白の成否（2）×告白の時間帯（4）のクロス集計を行う。SPSS のメニューから［分析］→［記述統計］→［クロス集計表］の順にクリックしていく。クロス集計表のウィンドウが出たら，［行］ボックスに告白の成否を，［列］ボックスに告白時間帯を投入する。③［統計量］ボタンを押し，［カイ 2 乗］にチェックを入れる。④［セル］ボタンを押し，パーセンテージの［行］にチェックを入れる。また，残差分析をすることでセルの偏りを調べることができるので，残差の［調整済みの標準化］にチェックを入れておく。

告白成否群分け と 告白時間帯 のクロス表

			告白時間帯				合計
			1～6時	7～12時	13～18時	19～24時	
告白成否群分け	告白成功群	度数	11	4	28	41	84
		告白成否群分け の %	13.1%	4.8%	33.3%	48.8%	100.0%
		調整済み残差	.1	-2.8	-1.0	2.7	
	告白失敗群	度数	8	12	26	17	63
		告白成否群分け の %	12.7%	19.0%	41.3%	27.0%	100.0%
		調整済み残差	-.1	2.8	1.0	-2.7	
合計		度数	19	16	54	58	147
		告白成否群分け の %	12.9%	10.9%	36.7%	39.5%	100.0%

カイ 2 乗検定

	値	自由度	漸近有意確率 (両側)
Pearson のカイ 2 乗	11.718[a]	3	.008
尤度比	11.961	3	.008
線型と線型による連関	4.374	1	.036
有効なケースの数	147		

a. 0 セル (.0%) は期待度数が 5 未満です。最小期待度数は 6.86 です。

図 8-1　SPSS によるクロス集計と χ^2 検定の出力

⑤実行すると図8-1のような結果が出力される。標準化された残差は，平均が0で，標準偏差が1になっているので，5%の有意水準であれば絶対値が1.96（1%の有意水準であれば絶対値が2.58）よりも大きければ，有意な偏りがあると判断できる（田中・山際, 1992, p.262を参照）。

この結果を見ると，19～24時の告白は告白成功群に多く，7～12時の告白は告白失敗群に多いことがわかる（$\chi^2(3)$）=11.72, p<.01）。

5. 考察の視点

以下のような点から考察を行う。

1. 告白成功者と失敗者の比較から，どのようなことがいえるか。告白成功者に顕著に表れたことはどのようなことだろうか。またこれらの結果から，告白を成功させるために考慮すべきことは何かについて述べなさい。
2. 告白行動と個人特性（ここではシャイネスと社会的スキル）とは関係があるのか。あるとすれば，なぜその個人特性は関係するのかについて考察しなさい。
3. 今回取り上げた変数の他，告白の成否にどのような変数がかかわるだろうか。また告白行動と関係する個人特性として，その他にどのようなものが考えられるだろうか。今後の検討課題として自由に提案しなさい。
4. 恋愛の告白に関する今回の実習の結果を参考にして，現在の青年の恋愛の特徴を述べなさい。

○この章のねらい○

冒頭でも述べたが，恋愛の問題は青年期の重要な関心の1つである。恋愛における告白は，青年にとって身近であり，また悩ましいトピックである。そのため，他者の告白の実態を知りたいと思う気持ちは，純粋な好奇心から湧いてくるであろう。本章の実習は，さまざまな観点から告白の実態にアプローチしており，そうした好奇心を満たしてくれると思われる。ただし，本章の実習のねらいは単に好奇心を満たすことだけではない。むしろ，異性と親密な関係を築くときにどのような要因が影響しているのか，どのようなプロセスがあるのか，どうすれば相手とよりよい関係を築けるのか，といったことを掘り下げて考えるきっかけとしてもらいたい。本章では異性との関係が成立した後の問題は扱わなかったが，いかにしてその関係を発展・維持していくかということも重要な課題である。また場合によっては，いったん形成された関係が崩壊する（失恋）こともありえる。関係崩壊を導く要因は何か，失恋にどう対処すればよいのか，失恋からの立ち直りの検討なども重要な課題である。こういった課題に，多角的にアプローチしようとする姿勢をもってもらいたい。

第 8 章　親密な関係の成立：大学生の恋愛における告白

【質問紙のサンプル】

Ⅰ．あなたの異性とのつきあいについてお聞きします。
　1. あなたには異性の友達が何人ぐらいいますか？……………………………（　　　）人
　2. あなたは今までに何人の異性とつきあったことがありますか？　………………（　　　）人
　3. あなたは今までに好きな異性に対して何回告白したことがありますか？…………（　　　）回
　4. あなたは今までに異性から何回告白されたことがありますか？………………（　　　）回

Ⅱ．あなたが実際に好きな異性に告白した時のことをお聞きします。
　　「あなたがした最初の告白」についてお答えください。
　　※今までに告白経験がない方は，設問「Ⅳ」へ進んでください。

①相手の方のイニシャルは？……………………………………………………姓　　名
　　　　　　　　　　　　　　　　　　　　　　　　　　　　　　　　　　　（　　・　　）

②相手の当時の年齢と職業をお答えください。……………………年齢（　　　）　職業（　　　　　）

③相手とはいつ知り合いましたか？……………………………＿＿＿＿＿年　　　月頃（西暦）

④相手とはどこで出会いましたか？　番号に○をつけてください。
　　1. 教室等学校内　　　2. 部活・サークル　　　3. アルバイト先　　　4. パーティ・合コン
　　5. 道端で（ナンパ含む）6. 飲食店等　　　　　7. 友人の紹介　　　　8. その他（　　　　）

⑤あなたは告白をいつしましたか？　時期をお答えください。…………＿＿＿＿＿年　　　月頃（西暦）

⑥あなたは告白をする前に，その告白を相手がどの程度受け入れてくれると思いましたか？　当てはまる度合の数字に○をつけてください。
　　　　0　　10　　20　　30　　40　　50　　60　　70　　80　　90　　100（％）

⑦告白した当日，あなたは事前に告白をしようと思っていましたか？　当てはまる番号に○をつけてください。
　　1. 「絶対その日に告白しよう」と決めていた
　　2. チャンスがあれば告白しようと思っていた
　　3. その日に告白しようとは思っていなかった
　　4. その他（　　　　　　　　　　　）

⑧あなたは次のどのような方法で相手に告白しましたか？　番号に○をつけてください。
　　1. 対面で告白した　　2. 電話で告白した　　3. 電子メール（携帯や PC メール等）で告白した
　　4. 友人などに頼んだ　5. 手紙で告白した　　6. その他（　　　　　　　）

⑨⑧で「1〜3」と答えた方のみにお聞きします。それ以外の方は次（⑩）へ進んでください。
　(1) あなたはどこで告白しましたか？　番号に○をつけてください。
　　1. 学校　　　　2. 道端　　　　3. 自分の家　　　4. 相手の家　　　5. 公園
　　6. 会社・アルバイト先　　7. レジャー施設（遊園地・動物園等）　　8. 飲食店
　　9. 部活・サークル　　10. 車内（乗り物内）　　11. 駅・空港　　12. ホテル
　　13. その他（　　　　　　　）
　(2) 時間帯はいつでしたか？……………………………………………＿＿＿＿＿時頃（24h 表記）

⑩どんな内容の告白をしましたか？　当てはまる番号 1 つに○をつけてください。
　　1. 「好きです」など，好意の伝達の言葉
　　2. 「好きです。つきあってください」など，好意の伝達と交際の申し込みの言葉
　　3. 「つきあってください」など，交際申し込みの言葉
　　4. 1〜3 以外の遠回しな表現
　　5. その他（　　　　　　　　）

⑪あなたが告白をした時期，相手はどのような状況にいましたか？　番号に○をつけてください。

1. 恋人がいた　　2. 失恋したばかりだった　　3. 誰かに片思いをしていた
4. 特に何もない様子だった　　5. わからない　　6. その他（　　　　　　　）

⑫（1）告白時，あなたの相手に対する恋愛感情の強さはどのくらいでしたか？　当てはまる度合の数字に○をつけてください。
　　　0　10　20　30　40　50　60　70　80　90　100（%）

（2）その時，相手は自分に対してどのくらい恋愛感情を持っていたと思いますか？　当てはまる度合の数字に○をつけてください。
　　　0　10　20　30　40　50　60　70　80　90　100（%）

⑬告白してから返事をもらうまでの期間はどのくらいありましたか？　当てはまる番号に○をつけてください。
1. すぐに返事をもらった　　　　2. いったん返事を保留された
3. 最後まで返事をもらえなかった　　4. その他（　　　　　　　）

⑭あなたが告白した結果，相手との関係はどうなりましたか？　番号に○をつけてください。
1. 恋人関係になった　　2. 友人関係になった　　3. 関係が完全になくなった
4. 変化なし　5. その他（　　　　　　　）

⑮⑭で「1」と答えた方のみにお聞きします。
その後，2人の交際期間はどのくらいありましたか？…………………約＿＿＿年＿＿＿か月
（現在も続いている場合は現在までの期間をお答えください）

⑯⑭で「2〜5」と答えた方のみにお聞きします。
その後，同じ相手に再度告白しましたか？………………………（1．はい　　2．いいえ）

Ⅲ．以下の行動の中から，あなたが告白する以前に相手との間で経験している行動について，当てはまる番号全てに○をつけてください。
1. 友人や勉強の話をする
2. 子どもの頃の話をする
3. 肩をたたいたり，ちょっと身体に触れる
4. 悩みを聞いてあげる（または聞いてもらう）
〜〜〜〜〜〜〜〜〜〜〜〜〜〜〜〜〜〜〜〜〜〜〜〜〜〜〜〜〜〜
31. 相手を殴ったことがある（または殴られた）
32. 婚約ではないが結婚しようと約束した
33. 結婚相手として親に紹介した（または紹介された）

Ⅳ．以下の文章は，あなたにどの程度当てはまりますか？　次の1〜5の数字のうち，あなたに当てはまると思うところに○をつけてください。

（以下，相川，1991の特性シャイネス尺度16項目）

Ⅴ．いろいろな人とのつきあいの中で，あなたは以下の行動がどのくらいできますか？　次の1〜5の数字のうち，あなたに当てはまると思うところに○をつけてください。

（以下，堀毛，1994のENDE2の記号化スキル尺度4項目）

第9章 オンラインとオフラインの対人関係

1 社会関係資本としての社会的ネットワーク

1. オンラインとオフラインの対人関係

　近年のスマートフォンの普及に伴い，TwitterやFacebook，LINEといったソーシャル・ネットワーキング・サービス（social networking service: SNS）の利用が世界的に広まっている。SNSは，社会的ネットワーク（social network）の構築のためのコミュニケーションツールであり，電子メールのメッセージ機能や，電子掲示板のコミュニティ機能など，従来のオンライン（インターネット上）のサービスのさまざまな側面を含んだ総合的なサービスである。日本では，13歳から49歳までの世代におけるインターネットの利用率はすでに9割を超えている。また，高機能化が進むスマートフォンの普及と相まって，すべての年代においてSNSの利用が拡大しつつある（総務省，2014）。

　このように，多くの世代にとって，インターネット上でつながる対人関係，すなわちオンラインの社会的ネットワークは，地縁や血縁でつながるオフライン（対面）の社会的ネットワークとの共存関係のうえで成り立っているのが現状である。それにもかかわらず，従来のインターネット研究の多くは，インターネットの役割をコミュニケーション手段の1つとして狭義に捉え，その独自性を強調しすぎているきらいがある（一例として，Joinson et al., 2007）。こうした研究は，オンラインの社会的ネットワークとオフラインの社会的ネットワークを二項対立的に論じているにすぎず，もはや現状を正しく反映しているとはいえない（五十嵐，2012）。

　今日の社会では，個人のもつ対人関係全体を俯瞰的に捉えることが重要であり，オンラインとオフラインの社会的ネットワークを通じたコミュニケーションが，個人の心理的健康や社会参加に対してどの程度の影響力をもつのかを総合的に検討することが求められている。そこで本章では，個人が集団や社会とかかわりをもつなかで，オンラインとオフラインの社会的ネットワークが果たす役割について，社会関係資本論（social capital theory）の枠組みに基づいて検討することを試みる。

2. 社会関係資本論

　社会関係資本論とは，個人のもつ対人関係や，コミュニティにおける構成員間のつながり，すなわち社会関係としての社会的ネットワークを，個人や集団，社会にとって有益なアウトカム（成果）をもたらす資本（capital）として捉えるという理論である（Adler & Kwon, 2002）。この理論は経済学の考え方を取り入れており，資源（resource）ではなく資本という用語を用いて，社会的ネットワークがもたらすアウトカムを説明している。その理由は，資源という言葉が「生産活動のもとになる労働力などの総称」を意味するのに対し，資本という言葉には「剰余価値を生むことによって自己増殖する価値」という側面が含まれるからである（用語の意味は広辞苑第六版による）。すなわち，社会関係資本の醸成は，個人の価値を高め，集団の発展をもたらすことにつながるのである。

　社会関係資本を構成する基本的な要素は，社会的ネットワーク，信頼（trust），互酬性の規範（norm of reciprocity）の3つである（Putnam, 2000）。社会的ネットワークは，個人間や集団内での情報や資源を伝達するための基盤となる。信頼は，不確実性の高い状況での取引や契約，さらに新たな関係性の構築を促進する。互酬性の規範は，「困った時にはお互い様」という言葉に表されるような，個人間や集団に内在化された援助へのインフォーマルな相互期待，および相互監視のルールであり，社会的ネットワークの機能を維持するための潤滑油となる。社会関係資本を測定レベルで取り扱う際には，これら3つの要素のいずれか，もしくはすべてに注目して検討を行うことになる。

　社会関係資本の役割は，図9-1にみられるように，橋渡し型（bridging social capital）と結合型（bonding social capital）の2つに大別される（Putnam, 2000）。橋渡し型社会関係資本は，他者一般に対する信頼によって結ばれる弱いつながり（weak ties）として，多様な社会的ネットワークからの道具的なサポートを提供する。橋渡し型社会関係資本のもたらすアウトカムとしては，別々の大学に通っている学生同士が，共通の趣味などを通して知り合い，学校というコミュニティの垣根を越えて，サークルや同好会

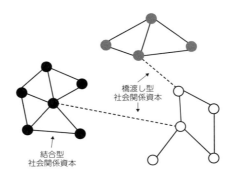

図9-1　橋渡し型社会関係資本と結合型社会関係資本の例

注）○は個人，○の色は個人の属性や特徴，○と○の間の線はつながりを表す。橋渡し型社会関係資本（点線）は，異なる属性や特徴をもつ個人を結びつけ，結合型社会関係資本（実線）は，似たような属性や特徴をもつ個人を結びつける。

を作るといった事例や，さまざまな価値観やスキル，経歴をもつ人々が，共通の目標をもってオンラインのコミュニティに集い，創造的なプロジェクトを成し遂げて社会的なムーブメントを巻き起こすといった事例があげられる。人間はもともと類似性の高い他者に対して魅力を感じる傾向があるが（Byrne, 1971），橋渡し型社会関係資本の考え方に基づくと，目標の共有に基づく多様な社会的ネットワークの形成と，それを維持するための信頼や規範の醸成が，個人や集団，社会にとって有益な変革をもたらすのである。

　一方，結合型社会関係資本は，親密な相手との間の情緒的な信頼を基盤とする強いつながり（strong ties）として，社会的ネットワークからの心理的な安寧を提供する。結合型社会関係資本のもたらすアウトカムとしては，失恋して落ち込んでいる時，自分のことをよく知る親友が励ましてくれることで心理的な落ち着きを取り戻し，新たな一歩を踏み出すことを決意するといった事例や，普段からつきあいのある顔見知りの人々で構成される地域コミュニティの自警団が，地域内の声かけ事案（「車に乗らない？」と子どもに声をかけて誘うなどの事案）や治安の悪化を防ぐといった事例があげられる。このように，結合型社会関係資本の考え方に基づくと，個人は類似した他者とのつながりがもたらす関係性の安全基地（secure base; Bowlby, 1969；安心感を提供する愛着対象の存在によって，探索行動などの非愛着的活動が活発になる傾向；金政, 2003）の側面を重視して，社会的ネットワークを構築しているといえよう。

　また，社会関係資本における橋渡し型と結合型の区分は，社会的ネットワークの形成と維持を促す個人の2つの基本的動機である，エフェクタンス（効果性；effectance）と安全（safety）の動機にも密接に関連する（Kadushin, 2012）。エフェクタンスの動機とは，社会的ネットワーク内で人々を仲介するブローカー（仲介人）の役割を果たすことや，他者より高い地位に立とうとすることに関連した動機づけであり，安全の動機とは，親密な他者との社会的ネットワークを重視し，安心感や受容感を得ようとする動機づけを指す（Hirashima et al., 2014）。個人にとっての社会的ネットワークは，どのような動機に基づいて行動するかによってその役割が異なり，さまざまな異なるアウトカムをもたらすのである。

3. オンラインとオフラインの社会的ネットワークと社会関係資本

　エリソンら（Ellison et al., 2007）は，大学生活においてFacebookの社会的ネットワークが果たす役割を，社会関係資本論のアプローチに基づいて検討した。この調査では，ミシガン州立大学の1年生から4年生に対し，Facebookの利用度，Facebookの利用動機，大学内で橋渡し型・結合型社会関係資本の恩恵を受けた程度，自尊心，大学生活への満足度を尋ねた。自尊心は他者からの受容を示すバロメーターであり（Baumeister & Leary, 1995），自尊心が高いことは生存のための基本的な欲求である所属欲求（the need to belong）が満たされていることを意味する。逆に，自尊心が低いことは所属欲求が満たされていないことを意味し，対人関係における孤独感やストレスが高まっている状態である。

　エリソンらの研究によると，回答者のFacebookでの友人数の平均は，およそ150名

から 200 名の間であった。また，Facebook は新しい社会的ネットワークをオンラインで獲得するよりも，むしろオフラインの社会的ネットワークを維持する目的で使われていた。ただし，新入生は 3 年生や 4 年生に比べて，新しい社会的ネットワークをオンラインで獲得するために Facebook を利用する傾向がみられた。次に，大学内で社会関係資本の恩恵を受けた程度がどのような要因に基づいて決定されるのかを検討したところ，Facebook の利用は，大学内での結合型社会関係資本の構築に結びついていることが明らかとなった。すなわち，オンラインでの他の大学生とのコミュニケーションは，大学内で情緒的なサポートを得られる社会的ネットワークの構築を促していた。一方，大学生活への満足度の低い学生や，自尊心の低い学生は，Facebook の利用によって橋渡し型社会関係資本を構築していた。従来，大学内で多様な社会的ネットワークをもつことが困難であったこれらの学生にとって，Facebook の利用は開かれた社会的ネットワークの形成を促し，将来的な大学生活への満足度を高める役割をもつことが明らかとなった。

　ただし，自尊心の低い人は，必ずしも Facebook で能動的に橋渡し型社会関係資本を構築しているわけではない。フォレストとウッド（Forest & Wood, 2012）によると，自尊心の低い人は，自尊心の高い人に比べて，Facebook を安心して自己開示を行える場所として高く評価していた。その一方で，自尊心の低い人の Facebook の投稿内容は，自尊心の高い人の投稿内容に比べて，第三者からネガティブで好ましくないと評価されていた。これらの結果は，自尊心の低い人が，非社会的な利益，すなわち身体的・精神的健康の改善を求めて Facebook に投稿を行っていることを示唆している。ところが，投稿に対して Facebook で実際に「いいね！」ボタンが押された回数（＝ポジティブなフィードバックの程度）を分析したところ，自尊心の低い人の場合は，ポジティブな内容の投稿に「いいね！」ボタンが多く押されていたのに対し，自尊心の高い人の場合は，ネガティブな内容の投稿に「いいね！」ボタンが多く押されていた。このことは，意外性のある投稿にポジティブなフィードバックが行われやすいことを意味する。エリソンらの知見とあわせて考えると，自尊心の低い人は Facebook を通じた他者からの賞賛に支えられて，ポジティブな内容を投稿するようになり，その結果，橋渡し型社会関係資本を構築するようになるというプロセスが推測される。

2　社会関係資本としての社会的ネットワークと自尊心との関連（実習）

1. 調査目的

　本実習では，エリソンらの研究（Ellison et al., 2007）を参考に，大学生を対象として，大学内でのオフラインの社会関係資本と，オンラインの SNS の社会関係資本が人生満足感に及ぼす影響を検討する。2015 年現在，日本の大学生の間では Facebook よりも

TwitterやLINEといったサービスのほうが普及していると考えられるため，SNSの利用状況（利用期間，利用頻度，利用目的，重要度，友人数）についてはサービスごとに個別に測定する。

また，エリソンらの研究では，社会関係資本をオンラインとオフラインで区別せず，「個人に有益なアウトカムをもたらす大学内の対人関係」として扱っていた。本実習では，大学という枠を超えて，個人のもつ対人関係全体が人生満足感に及ぼす影響を捉えるため，オフラインの社会関係資本を「大学内の対人関係」，オンラインの社会関係資本を「大学の内外を問わずSNSで交流する対人関係」としてそれぞれ扱う。

オンラインとオフラインの社会関係資本の役割に影響を与える個人要因としては，自尊心を取り上げる。自尊心は所属欲求の充足のバロメーターであり，自尊心の高さは人生満足感の高さと関連していることが予測される。同様に，大学におけるオフラインの橋渡し型・結束型社会関係資本の構築も，人生満足感の高さと関連することが予測される。一方，オンラインの橋渡し型社会関係資本の構築は，自尊心の低い人にとって，人生満足感の高さと関連することが予測される。

2. 質問紙の構成と実施方法

1 調査対象者の設定

本調査の目的は，社会関係資本論的アプローチに基づいて，オンラインとオフラインの社会関係資本と人生満足感との関連を明らかにすることである。したがって，調査対象者はSNSを日常的に利用している大学生となる。ただし，同様の調査は会社組織やコミュニティなどのさまざまな社会集団でも実施可能であり，身近なサンプルだという理由のみで調査対象者を安易に大学生に設定することは慎むべきである。また，調査時点でのSNSの利用状況は，総務省の情報通信白書の最新版で確認する必要がある[*1]。

2 質問紙の構成

性別や年齢といった回答者の個人属性については，質問紙の最初あるいは最後に配置する。また，回答者の答えやすさを考慮して，SNSの利用状況に関する質問を先に配置し，その後，自尊心，人生満足感，社会関係資本に関する尺度をそれぞれ配置する。

① SNSの利用状況：まず，(a) Twitter, LINE, Facebookのそれぞれのサービスについて，アカウントの有無を「あり」「なし」の2件法で尋ねる。利用している場合は，それぞれのサービスについて，(b) 1日あたりの平均利用時間（分），(c) 交流のある友人の数（人），(d) サービスの重要度（5件法；「1＝まったくあてはまらない」から「5＝非常にあてはまる」）について尋ねる。

② 自尊心：他者からどの程度受容されているかを含めた自己全体への感情的評価を測定するために，自尊感情尺度10項目（Rosenberg, 1965；日本語版は山本ら，

---

*1　http://www.soumu.go.jp/johotsusintokei/whitepaper/

1982）を用いる。回答者は，「1＝まったくあてはまらない」から「5＝非常にあてはまる」の5件法で回答を行う。なお，項目8「もっと自分自身を尊敬できるようになりたい」については，日本人サンプルを対象にした分析では同一因子に含まれないことが繰り返し示されているため，除いても問題ない（堀，2003）。

③人生満足感：人生満足感尺度5項目（Diener et al., 1985；日本語版は原著者のWebサイトに記載[*2]）を用いる。回答者は，「1＝まったくあてはまらない」から「7＝非常にあてはまる」の7件法で回答を行う。

④社会関係資本：オンラインとオフラインの社会関係資本について測定するために，4種類の下位尺度を含むインターネット社会関係資本尺度40項目（Williams, 2006；邦訳は筆者）を改変して用いる。この尺度では，オンラインの社会関係資本の測定に20項目，オフラインの社会関係資本の測定に20項目を用い，それぞれ下位尺度として，橋渡し型社会関係資本10項目，結束型社会関係資本10項目が含まれている（章末の【インターネット社会関係資本尺度】を参照）。研究の目的と尺度の測定内容を一致させるため，原尺度中の「オンライン」の表記は「SNS」に，「オフライン」の表記は「この大学」に変更する。また，SNSが何を意味する略語なのかについて，教示文で具体的な説明を加える。回答者は，「1＝まったくあてはまらない」から「5＝非常にあてはまる」の5件法で回答を行う。

③ 実施方法

調査の実施にあたっては，調査者および回答者の所属機関の倫理規程に抵触しないよう，回答者のプライバシーに十分配慮して行う必要がある。特に，大学の講義時間などの集団場面で一斉調査を行う場合は，人生満足感に関する質問など，回答者によっては他者に知られたくない質問が含まれていることに十分配慮し，席順の配置を1人おきにするなどの細心の注意が必要である。また，調査の実施時には，答えたくない質問には答えなくてもよいこと，回答は匿名で収集し，データは統計的に処理されるため，個人が特定されることはないという点を強調してアナウンスを行う。なお，調査への協力を単位取得の要件とするコースクレジットの一環で，学籍番号や氏名などを聞く必要がある場合は，これらの情報のみ質問紙とは別の用紙で尋ねるなど，質問紙への回答と個人を特定できる情報が調査者によって関連づけられないように配慮する。

3. データの分析と結果の整理

それぞれの分析の解説では，統計ソフトウェアRのスクリプトを簡潔に示した。なお，Rでは「#」記号以降はコメント扱いとなるため，分析の際には入力しなくてもよい。

質問紙のデータは，データフレームdatに読み込まれているとする。また，事前にpsychパッケージをインストールしておくこととする。以下のデータの分析に関しては，

＊2　http://internal.psychology.illinois.edu/~ediener/Documents/SWLS_Japanese.doc

章末の【質問紙のサンプル】を参考にしながら読み進めると理解しやすくなる。

1 基礎データの整理

測定項目それぞれに変数名をつけて，データの要約を行う。基礎的なデータとして，男女別の人数の度数分布，平均年齢については必ずまとめておく。さらに，SNSの利用状況についても，サービスの利用の有無については度数分布を，サービスの利用時間，友人数，重要度については平均値と標準偏差をそれぞれ確認する。

- 度数分布，平均値，標準偏差を求めるスクリプト

```
table (dat[, c ("変数名")])
mean (dat[, c ("変数名")])
sd (dat[, c ("変数名")])
```

2 因子分析

まず，自尊心尺度，人生満足感尺度について，理論的背景および先行研究の知見から1因子構造を仮定して，重み付け最小二乗法，プロマックス回転による因子分析を行う。オンラインの社会関係資本尺度20項目，オフラインの社会関係資本尺度20項目それぞれについても，個別に因子分析を行う。この場合の因子数は2を指定する。以降は，すべての尺度で想定通りの因子構造が得られたと仮定して説明する。

- スクリープロットおよび因子分析（重み付け最小二乗法，プロマックス回転，2因子解）のスクリプト（例：自尊感情尺度（変数名：b1-b10とする））

```
library(psych)# psychパッケージの読み込み：分析中に一度実行すれば，以降は不要
dat.factor <- dat[,c("b1", "b2", "b3", "b4", "b5", "b6", "b7", "b8", "b9", "b10")] # 因子分析を行う変数の項目群を指定
dat.factor.cor <- cor(dat.factor, use = "complete.obs")# 固有値算出のための相関行列の計算（欠損値を除く）
eigen(dat.factor.cor)# 固有値の算出
VSS.scree(dat.factor) # スクリープロット
result <- fa(dat.factor, nfactors = 2, fm="wls", rotate = "promax", smc = TRUE) # 因子分析（重み付け最小二乗法，プロマックス回転，2因子解）
print(result, digits = 2, sort = T)# 結果の出力（因子負荷量で並び替え）
```

3 信頼性の検討

因子分析の結果に基づき，1因子の尺度の場合はその尺度について，複数因子の尺度の場合は下位尺度ごとにクロンバックの信頼性係数（α）を算出し，項目群の内的一貫性がどの程度であるかを検討する。なお，項目の意味が本来の因子と逆の意味をもつ逆転項目については，因子分析において因子負荷量がマイナスとなる。この場合，逆転項目の得点の意味を他の項目とそろえるために，逆転項目を「項目最小値＋項目最大値－回答値」として，以下のように処理する。

・逆転項目の処理のスクリプト（例：自尊感情尺度の項目5）

```
b5r <- 1 + 5 - b5  # rは逆転項目(reverse)の意味，式は「項目最小値 + 項目最大値 − 項目の変数名」
```

すべての逆転項目の処理後，オンライン・橋渡し型の社会関係資本，オンライン・結束型の社会関係資本，オフライン・橋渡し型の社会関係資本，オフライン・結束型の社会関係資本4種類の下位尺度，ならびに自尊心尺度と人生満足感尺度について，それぞれ信頼性係数を算出する。その際，逆転項目の処理後の変数を用いることに注意する。

・信頼性係数の算出のスクリプト（例：自尊感情尺度）

```
dat.se <- dat[, c("b1","b2","b3r","b4","b5r","b6","b7","b8r","b9r","b10")]  # 項目3, 5, 8, 9 は逆転項目
alpha(dat.se)
```

信頼性係数の基準は，一般的には $\alpha > .70$ といわれている。この基準を満たした場合，項目間の内的整合性は十分に高く，尺度得点および下位尺度得点を算出することが可能であると判断できる。

4 尺度得点，下位尺度得点の算出

信頼性係数の確認後，尺度に含まれる各項目の得点を合計し，1因子の尺度の場合は尺度得点，複数因子の尺度の場合は下位尺度得点をそれぞれ算出する。逆転項目が含まれる場合は，逆転処理後の変数を用いて計算する。

・尺度得点の算出のスクリプト（例：自尊感情尺度）

```
esteem <- rowSums(dat.se) / ncol(dat.se)  # 尺度に含まれる項目得点の合計÷項目数
```

その後，尺度得点それぞれについて，平均値と標準偏差を算出し，度数分布を確認する。

5 自尊心と人生満足感との関連，心理変数とSNSの利用状況との関連の検討

自尊心の高さが人生満足感を高めるという予測を検討するため，ピアソンの相関係数を算出する。同様に，SNSの利用状況と，自尊心，人生満足感，オンライン・オフラインの社会関係資本との関連についても，相関係数を算出して有意性検定を行う。分析の結果は，レポートなどの本文中で報告を行う。

・相関係数の算出のスクリプト（自尊感情と人生満足感）

```
cor.test(esteem, satisfaction)
```

6 人生満足感と社会関係資本との関連の検討

人生満足感を規定する要因を明らかにするために，自尊心とオンライン・オフライン

の社会関係資本4種類を独立変数，人生満足感を従属変数とする重回帰分析を行う。その際，自尊心の高低によってオンラインの橋渡し型社会関係資本が人生満足感に与える影響は異なることが予測されるため，これらの変数間の交互作用を検討する（手続きについては，Aiken & West, 1991 を参照）。この場合，交互作用項の投入による多重共線性の問題を回避するため，分析に先立ち，すべての独立変数の回答値を中心化（各回答値からその平均値を引くこと）する必要がある。また，自尊心とオンラインの橋渡し型社会関係資本については，中心化した変数を用いて交互作用項を計算しておく。

- 回答値の中心化のスクリプト（例：自尊感情）

```
esteem.c <- esteem - mean(esteem) # 中心化した変数の名前には，末尾に c(centerized) をつける
```

- 交互作用項の計算のスクリプト（例：自尊感情とオンラインの橋渡し型社会関係資本；いずれも中心化済み）

```
online.bridging.cXesteem.c <- online.bridging.c * esteem.c
```

次に，中心化した各変数（自尊心，オンライン・オフラインの社会関係資本4種類）に加えて，中心化した自尊心とオンラインの橋渡し型社会関係資本の交互作用項を独立変数として，人生満足感を従属変数とする重回帰分析を行う。分析結果は表9-1のようにまとめる（表中の結果は仮想データに基づく）。

- 重回帰分析のスクリプト（独立変数：自尊心（中心化済み），4種類の社会関係資本（中心化済み），交互作用項　従属変数：人生満足感）

```
reg <- lm(satisfaction ~ online.bridging.c + online.bonding.c + offline.bridging.c + offline.bonding.c + esteem.c + online.bridging.cXesteem.c)
summary(reg) # 結果の出力
```

モデルの決定係数（R-square）が有意であり，さらに交互作用項が有意である場合，下位検定を行う。ここでは，自尊心の高低によってオンラインの橋渡し型社会関係資本が人生満足感に与える影響がどのように変化するのかを検討する。具体的には，自尊心

表9-1　人生満足感に対する重回帰分析の結果（仮想データ）

独立変数	β
オンライン・橋渡し型社会関係資本	.160*
オンライン・結束型社会関係資本	.184*
オフライン・橋渡し型社会関係資本	.205**
オフライン・結束型社会関係資本	.314**
自尊心	.369**
オンライン・橋渡し型社会関係資本×自尊心	.125*
R^2	.352**

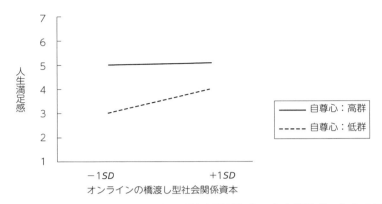

図9-2　自尊心とオンラインの橋渡し型社会関係資本が人生満足感に与える影響

が平均値から1標準偏差だけ大きい場合，ならびに自尊心が平均値から1標準偏差だけ小さい場合について，オンラインの橋渡し型社会関係資本が人生満足感に与える影響が異なるかどうかを明らかにするため，単純傾斜分析を行う。分析結果は，レポートなどの本文中で報告する。仮想データの例では，自尊心が高い場合（平均＋1SD），オンラインの橋渡し型社会関係資本の単純傾斜は有意ではなかった（β = .025, $n.s.$）。一方，自尊心が低い場合（平均－1SD），オンラインの橋渡し型社会関係資本は人生満足感を高めていた（β = .348, p < .01）。結果をグラフにまとめる際には，オンラインの橋渡し型社会関係資本について，平均値から1標準偏差の間隔における傾斜（－1SDから＋1SD）を，自尊心が高い場合（高群），低い場合（低群）のそれぞれの条件で描く（図9-2）。

・単純傾斜分析のスクリプト（例：自尊感情とオンラインの橋渡し型社会関係資本；いずれも中心化済み）

```
esteem.c.high <- esteem.c - sd(esteem.c)
esteem.c.low <- esteem.c + sd(esteem.c)
online.bridging.cXesteem.c.high <- online.bridging.c * esteem.c.high
online.bridging.c Xesteem.c.low <- online.bridging.c * esteem.c.low
# 自尊心が平均値から1SDだけ大きい時の単純傾斜分析
reg.high <- lm(satisfaction - online.bridging.c + online.bonding.c + offline.bridging.c + offline.bonding.c + esteem.c.high + online.bridging.cXesteem.c.high)
summary(reg.high)
# 自尊心が平均値から1SDだけ小さい時の単純傾斜分析
reg.low <- lm(satisfaction - online.bridging.c + online.bonding.c + offline.bridging.c + offline.bonding.c + esteem.c.low + online.bridging.cXesteem.c.low)
summary(reg.low)
```

4. 考察

得られた結果について，以下の点から考察を行う。

1. SNSの利用状況の分析から，最も利用されているサービスと，その質的，量的な特徴をまとめなさい。

2. 自尊心の高さが人生満足感を高めるのは，どういったメカニズムによるものか。幸福感や大学生活への適応プロセスに関する先行研究を調べ，その理由について述べなさい。ここでは，社会関係資本論以外の枠組みを用いても問題ない。
3. オンラインとオフラインの橋渡し型・結合型社会関係資本が，人生満足感にどのような影響を与えているかをまとめなさい。
4. 自尊心の高低によって，人生満足感にオンラインの橋渡し型社会関係資本が及ぼす影響はどのように異なるか。自尊心の高い人，低い人の社会的ネットワークの特徴と，社会的ネットワークを通じて他者から提供される援助の役割に注目して考察しなさい。
5. 得られた結果を発展させ，オンラインとオフラインの社会関係資本は，個人の心理的な特徴だけでなく，個人が所属する集団の連帯やパフォーマンスにどのような影響を与える可能性があるか，多面的に考察しなさい。

●この章のねらい●

　本章では，社会関係資本論の枠組みに基づいて，SNSの利用が人生満足感に与える影響を，自尊心との関連から検討した。インターネット研究においては，人間行動の科学的理解を目的とする理論やモデルに基づいて，コミュニケーションの視点，パーソナリティの視点，集団や他者とのかかわりの視点を明確に区別することが重要である。しかし，日常生活におけるインターネットの身近さゆえに，インターネット研究はしばしば，単なる利用状況の把握や，個人特性とインターネット利用との相関的な記述など，人間行動の理解をもたらすとはいえない個人的な体験の追従，表面的な目的の追求に陥りがちである。特に，個人のパーソナリティを重視する特性論的な人間観にのみ焦点を当て，「○○という心理的特徴をもつ人は，このようにインターネットを利用する」といった表層的な興味・関心に基づく研究は，集団や他者とのかかわり，さらには社会的状況が個人の態度や行動に影響を与えるという重要な視点が抜け落ちている。こうした研究は，社会心理学的な人間観に基づいたインターネットの影響を検討することにはつながらない。

　高度情報化社会におけるインターネットの役割を明らかにするうえで，社会関係資本論などの理論的背景を基盤にすることは，現実に根差したインターネット研究を行う研究実施者の最低限の責務である。読者には，こうした点に十分な自覚をもったうえで，インターネット研究に取り組んでもらうことを願う。

【質問紙のサンプル】

(1) 以下のSNS（ソーシャル・ネットワーキング・サービス）について，利用状況をご回答ください。

サービスの種類	アカウント	平均利用時間（一日）	交流のある友人数	あなたにとってのこのSNSの重要度
1. Twitter	あり・なし	分	人	1 2 3 4 5
2. LINE	あり・なし	分	人	1 2 3 4 5
3. Facebook	あり・なし	分	人	1 2 3 4 5

(2) あなた自身についてお聞きします。それぞれの項目について，あてはまると思う番号を1つ選び，○をつけてください。

	全くあてはまらない←			→非常にあてはまる
1. 少なくとも人並みには，価値のある人間である。	1	2	3	4	5
2. 色々な良い素質を持っている。	1	2	3	4	5
3. 敗北者だと思うことが良くある。	1	2	3	4	5
4. 物事を人並みには，うまくやれる。	1	2	3	4	5
5. 自分には，自慢できるところがあまりない。	1	2	3	4	5
6. 自分に対して肯定的である。	1	2	3	4	5
7. だいたいにおいて，自分に満足している。	1	2	3	4	5
8. もっと自分自身を尊敬できるようになりたい。	1	2	3	4	5
9. 自分は全くだめな人間だと思うことがある。	1	2	3	4	5
10. 何かにつけて，自分は役に立たない人間だと思う。	1	2	3	4	5

(3) 下記の文書を読み，どのくらい同意するかを，下記の測定尺度（1～7）を使って示してください。

	全くあてはまらない←	→非常にあてはまる
1. ほとんどの面で，私の大学生活は私の理想に近い。	1 2 3 4 5 6 7	
2. 私の大学生活は，とてもすばらしい状態だ。	1 2 3 4 5 6 7	
3. 私は自分の大学生活に満足している。	1 2 3 4 5 6 7	
4. 私はこれまで，自分の大学生活に求める大切なものを得てきた。	1 2 3 4 5 6 7	
5. もう一度大学生活をやり直せるとしても，ほとんど何も変えないだろう。	1 2 3 4 5 6 7	

(4) あなた自身についてお聞きします。それぞれの項目について，あてはまると思う番号を1つ選び，○をつけてください。項目中の「SNS」とは，Twitter，LINE，Facebookを意味します。

	全くあて はまらない←				非常に →あてはまる
1. 私は，SNSでつながりのある人と交流することで，新しい知人と出会える。	1	2	3	4	5
2. SNSは，私がいつも新しい人と交流する場所である。	1	2	3	4	5
3. 私には，とても重要な決定をするときにアドバイスを求める人が，SNSにいる。	1	2	3	4	5
4. 私は，SNSでつながりのある人と交流することで，自分がより大きなコミュニティの一員であると感じる。	1	2	3	4	5
5. 私は，SNSでつながりのある人と交流することで，世界の人々はみんなつながっていると実感する。	1	2	3	4	5
6. 私は，SNSでつながりのある人と交流することで，この街の外で起こっていることに興味を持てる。	1	2	3	4	5
7. SNSで私とつきあいのある人たちは，私が不公正に立ち向かうのを支えてくれる。	1	2	3	4	5
8. 私には，孤独を感じたときに，話せる相手がSNSにいる。	1	2	3	4	5
9. SNSで私とつきあいのある人たちは，私によい仕事を紹介してくれるだろう。	1	2	3	4	5
10. 私には，困ったときに助けてくれる，信頼できる人がSNSにいる。	1	2	3	4	5
11. 私は，SNSでつながりのある人と交流することで，世界の他の地域に興味を持てる。	1	2	3	4	5
12. もし緊急で1万円を借りなければいけなくなったとしたら，私はSNSで助けてくれる人を知っている。	1	2	3	4	5
13. 私には，個人的で内面的な問題について打ち解けて話せる相手が，SNSにいない（逆転項目）。	1	2	3	4	5
14. 私は，SNSでつながりのある人と交流することで，新しいことに挑戦する気になる。	1	2	3	4	5
15. 私には，何か大事なことをしてくれるSNSの知り合いがあまりいない（逆転項目）。	1	2	3	4	5
16. SNSで私とつきあいのある人たちは，私のために自分の評判を危うくすることも気にしないだろう。	1	2	3	4	5
17. SNSで私とつきあいのある人たちは，なけなしのお金を私と分け合ってくれる。	1	2	3	4	5
18. 私は，SNSでつながりのある人と交流することで，自分がより大きな社会全体の動きにつながっていると感じる。	1	2	3	4	5
19. 私は，SNSでつながりのある人と交流することで，私と似ていない人たちの考えていることに興味を持てる。	1	2	3	4	5
20. 私は，SNSのコミュニティにおける活動を支援するために，時間を使いたい。	1	2	3	4	5

(5) あなた自身についてお聞きします。それぞれの項目について，あてはまると思う番号を1つ選び，○をつけてください。

	全くあてはまらない ←				非常に → あてはまる
1. 私は，この大学の人と交流することで，新しい知人と出会える。	1	2	3	4	5
2. この大学は，私がいつも新しい人と交流する場所である。	1	2	3	4	5
3. 私には，とても重要な決定をするときにアドバイスを求める人が，この大学にいる。	1	2	3	4	5
4. 私は，この大学の人と交流することで，自分がより大きなコミュニティの一員であると感じる。	1	2	3	4	5
5. 私は，この大学の人と交流することで，世界の人々はみんなつながっていると実感する。	1	2	3	4	5
6. 私は，この大学の人と交流することで，この街の外で起こっていることに興味を持てる。	1	2	3	4	5
7. この大学で私とつきあいのある人たちは，私が不公正に立ち向かうのを支えてくれる。	1	2	3	4	5
8. 私には，孤独を感じたときに，話せる相手がこの大学にいる。	1	2	3	4	5
9. この大学で私とつきあいのある人たちは，私によい仕事を紹介してくれるだろう。	1	2	3	4	5
10. 私には，困ったときに助けてくれる，信頼できる人がこの大学にいる。	1	2	3	4	5
11. 私は，この大学の人と交流することで，世界の他の地域に興味を持てる。	1	2	3	4	5
12. もし緊急で1万円を借りなければいけなくなったとしたら，私はこの大学で助けてくれる人を知っている。	1	2	3	4	5
13. 私には，個人的で内面的な問題について打ち解けて話せる相手が，この大学にいない（逆転項目）。	1	2	3	4	5
14. 私は，この大学の人と交流することで，新しいことに挑戦する気になる。	1	2	3	4	5
15. 私には，何か大事なことをしてくれるこの大学の知り合いがあまりいない（逆転項目）。	1	2	3	4	5
16. この大学で私とつきあいのある人たちは，私のために自分の評判を危うくすることも気にしないだろう。	1	2	3	4	5
17. この大学で私とつきあいのある人たちは，なけなしのお金を私と分け合ってくれる。	1	2	3	4	5
18. 私は，この大学の人と交流することで，自分がより大きな社会全体の動きにつながっていると感じる。	1	2	3	4	5
19. 私は，この大学の人と交流することで，私と似ていない人たちの考えていることに興味を持てる。	1	2	3	4	5
20. 私は，この大学のコミュニティにおける活動を支援するために，時間を使いたい。	1	2	3	4	5

注）（逆転項目）の表記は，質問紙には含めない。

第 9 章　オンラインとオフラインの対人関係

【インターネット社会関係資本尺度（Williams, 2006；邦訳は筆者）】

　研究の目的と尺度の測定内容を一致させるため，原尺度中の「オンライン」の表記は「SNS」に，「オフライン」の表記は「この大学」に変更している。

オンライン・橋渡し型
1. 私は，SNSでつながりのある人と交流することで，この街の外で起こっていることに興味を持てる。
2. 私は，SNSでつながりのある人と交流することで，新しいことに挑戦する気になる。
3. 私は，SNSでつながりのある人と交流することで，私と似ていない人たちの考えていることに興味を持てる。
4. 私は，SNSでつながりのある人と交流することで，世界の他の地域に興味を持てる。
5. 私は，SNSでつながりのある人と交流することで，自分がより大きなコミュニティの一員であると感じる。
6. 私は，SNSでつながりのある人と交流することで，自分がより大きな社会全体の動きにつながっていると感じる。
7. 私は，SNSでつながりのある人と交流することで，世界の人々はみんなつながっていると実感する。
8. 私は，SNSのコミュニティにおける活動を支援するために，時間を使いたい。
9. 私は，SNSでつながりのある人と交流することで，新しい知人と出会える。
10. SNSは，私がいつも新しい人と交流する場である。

オンライン・結束型
1. 私には，困ったときに助けてくれる，信頼できる人がSNSにいる。
2. 私には，とても重要な決定をするときにアドバイスを求める人が，SNSにいる。
3. 私には，個人的で内面的な問題について打ち解けて話せる相手が，SNSにいない（逆転項目）。
4. 私には，孤独を感じたときに，話せる相手がSNSにいる。
5. もし緊急で1万円を借りなければいけなくなったとしたら，私はSNSで助けてくれる人を知っている。
6. SNSで私とつきあいのある人たちは，私のために自分の評判を危うくすることも気にしないだろう。
7. SNSで私とつきあいのある人たちは，私によい仕事を紹介してくれるだろう。
8. SNSで私とつきあいのある人たちは，なけなしのお金を私と分け合ってくれる。
9. 私には，何か大事なことをしてくれるSNSの知り合いがあまりいない（逆転項目）。
10. SNSで私とつきあいのある人たちは，私が不公正に立ち向かうのを支えてくれる。

オフライン・橋渡し型
1. 私は，この大学の人と交流することで，この街の外で起こっていることに興味を持てる。
2. 私は，この大学の人と交流することで，新しいことに挑戦する気になる。
3. 私は，この大学の人と交流することで，私と似ていない人たちの考えていることに興味を持てる。
4. 私は，この大学の人と交流することで，世界の他の地域に興味を持てる。
5. 私は，この大学の人と交流することで，自分がより大きなコミュニティの一員であると感じる。
6. 私は，この大学の人と交流することで，自分がより大きな社会全体の動きにつながっていると感じる。
7. 私は，この大学の人と交流することで，世界の人々はみんなつながっていると実感する。
8. 私は，この大学のコミュニティにおける活動を支援するために，時間を使いたい。
9. 私は，この大学の人と交流することで，新しい知人と出会える。
10. この大学は，私がいつも新しい人と交流する場所である。

オフライン・結束型
1. 私には，困ったときに助けてくれる，信頼できる人がこの大学にいる。
2. 私には，とても重要な決定をするときにアドバイスを求める人が，この大学にいる。
3. 私には，個人的で内面的な問題について打ち解けて話せる相手が，この大学にいない（逆転項目）。
4. 私には，孤独を感じたときに，話せる相手がこの大学にいる。
5. もし緊急で1万円を借りなければいけなくなったとしたら，私はこの大学で助けてくれる人を知っている。
6. この大学で私とつきあいのある人たちは，私のために自分の評判を危うくすることも気にしないだろう。
7. この大学で私とつきあいのある人たちは，私によい仕事を紹介してくれるだろう。
8. この大学で私とつきあいのある人たちは，なけなしのお金を私と分け合ってくれる。
9. 私には，何か大事なことをしてくれるこの大学の知り合いがあまりいない（逆転項目）。
10. この大学で私とつきあいのある人たちは，私が不公正に立ち向かうのを支えてくれる。

第III部
コミュニケーション

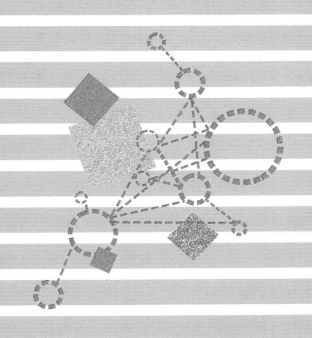

対人コミュニケーションの研究

■ Preview ■

1. 対人コミュニケーションを見つめ直す

　今日，あなたは何人の相手と言葉を交わしただろうか。言葉は交わさなくても遠くから笑いかけた相手，目が合った相手は何人いただろうか。たくさんの人々と暮らす社会生活において，当たり前のように対人コミュニケーションが日々繰り返して行われている。自分の"こころ"も他者の"こころ"も，目に見えず，形がない。そのような，目に見えず，形もない"こころ"を伝え合う「対人コミュニケーション」について，第Ⅲ部で見つめ直してみよう。

　私たち一人ひとりの"こころ"と"こころ"をつなげるのが対人コミュニケーションである。対人コミュニケーションをより深く理解するために，まず，目に見えない，形のない"こころ"をお互いに伝え合うための手がかりに焦点を当てる（第10章）。次に，その手がかりを用いて私たちが"こころ"をどのように伝え，理解しているのかを考える（第11章）。そして，お互いの"こころ"をうまく伝え合うことができないと，社会で共に暮らす他の人々の考えを歪めて捉えてしまい，社会的迷惑行為などの反社会的行動につながる危険性があることに目を向ける（第12章）。最後に，円滑な対人コミュニケーションを積み重ねて良好な対人関係を築くための能力を向上させることができないか，そのためにはどうすればいいのかを問う（第13章）。

2. 対人コミュニケーションの"何"を研究するか？

　研究計画を立てる際は，対人コミュニケーションの"何"を"どのように"研究するかを意識しながら計画を立ててもらいたい。対人コミュニケーションの"何"を研究するのかは研究対象の設定に関する問いである。"どのように"研究するのかは研究方法に関する問いである。研究対象と研究方法は密接に関連するが，対人コミュニケーションを初めて研究する学部生や大学院生はそれらを区別したうえで，それぞれを意識して研究計画を立てることを推奨する。

　はじめに，対人コミュニケーションの"何"を研究するかを考えてみよう。対人コミュニケーションという一見複雑に思える現象を分解してみると，誰と誰が，どのような関係性で，どういったメッセージを，どのようなメディアを通じて，どのような手がかりを用いて伝え合うか，そして，どのような目標があって，どのような結果をもたらすか，などの要因に整理することができる。

　「誰と誰が」というコミュニケーションする人物に注目すると，同性・異性の性別，

子ども・青年・高齢者などの年齢，大学生・社会人などの社会的役割，アジア人や北米人などの文化的背景といったさまざまな観点から対象を設定できる。実験実習や卒業研究で研究参加者を設定する場合は，どうしても20歳前後の大学生を対象にすることが多くなるだろう。しかし，社会を構成するのは性別・年齢・社会的役割・文化的背景など多様な属性をもつ人々である。たとえば，高齢化社会といわれる現代社会では，高齢者と若者がかかわるような，異なる世代の間でコミュニケーションする機会も増えている。田渕と三浦（2014）では，高齢者が過去の経験とそこから得た自らの知恵を語る場面を設定し，相手が同年代の高齢者か世代の異なる若者か，相手からの反応がポジティブかニュートラルかを実験的に操作して検討している。その結果，相手が若者の場合は，聞き手がニュートラルな反応よりもポジティブな反応をしたほうが，高齢者は次世代を教え導くことへの関心を高め，若者への利他的行動が促進されていた。相手が同年代の高齢者ではそのような違いはみられなかった。このような研究から，世代間のコミュニケーションを円滑に行うヒントが得られるかもしれない。

　コミュニケーションする者同士がどのような「関係性」なのかも研究対象を決める際に考慮すべき要因の1つとなる。関係性は，初対面，友人関係，恋愛関係，家族関係，職場上の関係など大きな幅があり，必ずしも友好な関係とは限らず競争関係や敵対関係を扱うこともありえる。山本と鈴木（2005）は，初対面の未知関係と友人関係で表情にどのような違いがあるかを実験的に検討している。その結果，未知関係に比べ友人関係は互いの気持ちを共有したいというコミュニケーション動機が高まり，笑顔の同時生起が頻繁に生じていた。また，同じ初対面でも，今後も相手と関係を続けていきたいと思うか，つまり関係に対する展望がコミュニケーションに影響を及ぼす（木村ら，2012）。

　どんな「メッセージ」を伝えるかも重要な研究対象である。日常のコミュニケーションで，他者に親しみを伝えることもあれば，怒りを伝えることもある。感情以外にも私たちは互いの"こころ"を伝え合うためにさまざまなメッセージをやりとりしている。小川（2008）は，対人関係の展開に伴いコミュニケーションでやりとりされるメッセージがどう変容するかを実験的に検討している。初対面の女性2名でペアを構成し，1週間間隔で3回の会話セッションを実施した。その会話を録音し，逐語記録にしたうえでスタイルズ（Stiles, 1992）のVerbal Response Modes（VRM）と呼ばれるカテゴリーに従ってメッセージを分類した。VRMのカテゴリーは，内面的情報・考え・意図の表明である「開示」，客観的情報の表明である「情報」，情報や方向づけの要求である「質問」，相手のコミュニケーションを受け取ったことの伝達や相づちなどの「応答」，話し手が聞き手と賛成・不賛成という態度や経験を共有したことを確認するための発話である「確認」，他者の行動を導く忠告・命令・教示である「指示」，他者の経験や行動についての説明や分類である「解釈」，相手の経験や行動を言葉にする繰り返しである「反射」からなる。分析の結果，会話を重ねるごとに「開示」時間が長くなる一方で，「質問」や「情報」は減少した。関係の進展に伴って自分に関して話すようになる一方，互いを知らない初対面では質問と回答が多いようである。

　目に見えず，形のない"こころ"を伝え合う「手がかり」も豊富であるが，この点に

関しては第10章・第11章で詳しく説明することにしたい。

　何を通じてコミュニケーションするかは「メディア」と呼ばれる。メディアは利用可能な手がかりに制約を課すと同時に，それぞれのメディアの特徴を活かすことができれば，コミュニケーションの可能性を大きく広げてくれる（川浦，1993；川浦ら，1996）。インターネットが浸透し，次々に新しいツールが登場する現代社会では，メディア・コミュニケーション研究は不可欠と考えられる（三浦ら，2009；浮谷・大坊，2015）。人々がメディアでどのようにコミュニケーションするかを調べる視点もあれば，コミュニケーションに困難さを抱える人をメディアでどう支援できるのかを調べる視点もありうる。たとえば，岡（2014）では，言語を用いて自分の考えを表現することを著しく苦手とする人のマイクロブログ利用を検討している。研究の趣旨や匿名性の保持，ログデータの使用などを説明して本人の同意を得て分析を行った。その結果，言語表現を著しく苦手とする人が，マイクロブログの一種であるTwitterのリツイート機能（他者の投稿した情報を自らの投稿として転載できる機能）を用い，豊富な語彙を有する他者の言葉を借りて自らの言語表現の幅を拡張していた。インターネットに存在する膨大な言語情報を取捨選択して利用することで言語表現が苦手でも自らの考えを表現できる可能性がある。

　何のためにコミュニケーションするかという「目標」や，そのコミュニケーションによって何が起きたかという「結果」に焦点を当て研究する選択もある。平川ら（2012）は，遠回しに他者に依頼する間接的要求に注目し，間接的要求の目標を整理している。その結果，要求の強制を緩和して他者がネガティブ感情を喚起しないようにする「他者配慮」，要求の応諾率を高めようとする「応諾獲得」，直接的な依頼を他者に断られ自分の面子が潰れることを避ける「明確拒否の回避」，相手からネガティブな印象をもたれないようにする「印象管理」，要求の申し訳なさを他者に伝達しようとする「負債感伝達」の5つの目標を明らかにしている。私たちは単独の目標だけではなく，同時に複数の目標を立てながらコミュニケーションを行うこともある。

　対人コミュニケーションの"何"を研究するかという計画を立てる際には，以上述べたような，当該分野における近年の研究状況を把握することも不可欠である。特に実験的アプローチを用いた対人コミュニケーション研究の動向や課題に関しては，小川（2011）にまとめられているので参考にするとよい。

3．対人コミュニケーションを"どう"研究するか？

　次に，対人コミュニケーションを"どう"研究するかを考えよう。基本的なアプローチとしては，観察法・実験法・調査法・面接法のいずれか，もしくは複数の方法を組み合わせて用いることになるだろう（第10章・第11章・第18章参照）。そのうえで，対人コミュニケーションの行動や認知，感情などを測定することが多い。対人コミュニケーションの行動は，言語行動と非言語行動に大別できる。実験法や観察法でコミュニケーションの音声映像データを取得した場合，言語行動の分析は，逐語記録を作成し，小川（2008）が用いたような分類に従って客観的に定量化が可能である。また非言語行動の

分析は，第10章で紹介するイベント・レコーダーなどを用いて行動の生起頻度や時間を計測できる。

近年では，コミュニケーション中の非言語行動の測定に便利な，新たな機器が登場して用いられつつある。たとえば，視線の動きを自動的に検出・記録するアイカメラやアイマークレコーダーは従来指摘されていたノイズを解消する技術が向上して利用しやすくなった。村山ら（2012）は，アイカメラを用いて，社会的スキルと視線の関連を実験的に検討している。その結果，社会的スキルの高い者は，喜び感情のエピソードを語る際は相手に視線を向け，怒り感情のエピソードを語る際は相手に視線を向けない傾向がみられた。その一方，社会的スキルの低い者は話題の感情価による視線の使い分けがみられなかった。また，表情を自動的に検出し，その感情を解析する装置にフェイス・リーダーがある（den Uyl & van Kuilenberg, 2005）。これまでは訓練を積んだ判定者が膨大な時間や労力をかけて表情分類を行ったが，フェイス・リーダーは，表情を撮影した映像から喜び・悲しみ・怒り・恐怖・嫌悪・驚きの各感情を表出している程度を自動的に解析する装置である。さらに，藤原と大坊（Fujiwara & Daibo, 2014）はコミュニケーションを撮影した映像および録音した音声から分析ソフトを用い，手のジェスチャーや身体接触，発話を自動的に定量化する試みを報告している。イベント・レコーダーを用いた定量化と比較し，手のジェスチャーが生起した時間は両者の測定で違いがみられなかった。身体接触や発話の生起時間は分析ソフトによる自動的な定量化よりイベント・レコーダーによる定量化のほうがわずかに上回る結果となった。今後，定量化の手続きがさらに洗練されれば研究のコストを大幅に減らす画期的な方法になるかもしれない。他にも環境自体に測定・記録装置を組み込むシステムも登場している（第18章）。

実験室での研究は，剰余変数を統制したうえで研究者の関心に即して対人コミュニケーションという現象を厳密に吟味できる。しかし，実験室は特殊な閉鎖的環境であり，また研究者に観察されているため自然なコミュニケーションができなくなることや，時間的制約から，日々の生活のなかで繰り返される長期的なコミュニケーションの様子はわからないことが問題点となる。そこで，携帯型のセンサーを各自が一定期間身につけ，日常のコミュニケーションを連続的に測定する方法もある。たとえば，田原ら（2013）では職務チームの日常業務中の自然なコミュニケーションを10週間にわたって携帯型機器で測定している。その結果，コミュニケーション量が職務チームのパフォーマンスを常に予測するわけでないことを明らかにし，必要最小限の効率的なコミュニケーションが高度なチームワークと関連することを示唆している。この種の方法を用いれば，観察に伴う大きな負担がなく，客観的な測定が可能となる。ただし，現在の技術ではコミュニケーションの質を十分測定するのは難しい点や，測定機器の入手が費用面も含めて容易ではない点に注意する必要がある。

実験法や観察法だけでなく，もちろん調査法による対人コミュニケーション研究も可能である。研究対象の性質から実験法や観察法の実施が困難な場合や，1回のコミュニケーションではなく日常生活のなかでの習慣的なコミュニケーション全体を検討したい場合には調査法が有効になる。前者の研究の例として，大坪ら（2003）は，医師・看護

師・薬剤師を対象に，医療現場で投薬量の間違いが疑われる場面を想定してもらい，エラーを指摘する際に生じる抵抗感を尋ねている。調査の結果，いずれの職種でも同じ職種内の同期よりも先輩にエラーの指摘をすることに抵抗感があり，同期より後輩には抵抗感がなかった。また，異職種間でも看護師・薬剤師が医師に指摘することの抵抗感が高かったことから，医療現場では同職内・異職間の両方に地位格差に由来する，エラー指摘への抵抗感が存在することが示されている。後者の研究例として多川と吉田（2006）は，日々の習慣的なコミュニケーションが親密な対人関係に及ぼす影響を質問紙調査で検討している。その結果，日常生活で起きた出来事のこまめな報告や，その相手との間だけで通じるような言葉遣い，相手が自分の話を誠実に聴くことが親密な関係の愛情を高めることを報告している。

　インターネットの浸透と新たなコミュニケーション・ツールの登場は，これまでにない研究方法を可能にしている。インターネット上で，同時的・多方向的に対人コミュニケーションを行うことのできるサービス・アプリケーションはソーシャル・メディアと呼ばれる。そこで記録されたログデータを分析すれば，個人単位では岡（2014）のような研究ができ，さらに集団単位や社会単位のコミュニケーションも研究できる。三浦ら（2015）は，東日本大震災時のTwitter利用者が投稿した感情反応表出の分析を行っている。具体的には，地震発生直前から直後の1週間にわたる日本語のログ175,790,125件すべてを対象に，地震・津波と原発事故への言及中にポジティブ感情と不安や怒りのネガティブ感情がどのように表出されたかを検討した。その結果，ネガティブ感情では怒りよりも不安が多く表出されていた。また，時間経過とともに地震・津波への言及ではネガティブ感情が減衰する一方で，ポジティブ感情は増加していた。しかし，原発事故へのネガティブな言及は時間経過と関連がみられなかった。ソーシャル・メディアのログを解析するアプローチは，出来事後に回顧を求めて調査法や面接法を行うことでは得られない，当時の状況下の実際のコミュニケーションのあり様を時系列的，地理的に考慮しながら調べることができる。さらに，大規模データによる検討は，対人コミュニケーションの集合体として社会単位の現象を解明する糸口になる可能性がある。

4. 対人コミュニケーションの新たな一面を見いだす

　誰もが日々当たり前のように繰り返し経験している対人コミュニケーションを研究し，新たな発見をすることは非常に困難を伴うだろう。対人コミュニケーションの"何"を"どのように"研究するかを徹底的に考え，工夫するしかない。研究対象を設定するためには先行研究の吟味が不可欠となる。また，誰もが気軽に使える便利な研究方法の登場が研究分野全体を促進するのはもちろん，これまで誰も手を出せなかった方法や誰も思いつかなかった方法から飛躍的な研究展開が起きるかもしれない。簡単なことではないが，自戒の念を込めながら読者にもそんな研究の遂行を期待したい。基本的な研究方法の理解・修得はその前提となる。続く章を読み，対人コミュニケーションの研究手法を身につけ，あなたの研究成果を報告してもらいたい。自らの研究成果を他者と共有するという行為自体も，一種のコミュニケーションといえよう。

第10章 対人コミュニケーション・チャネルの理解

1 対人コミュニケーション・チャネル

1. 対人コミュニケーション・チャネルとは何か

　私たちは，目に見えない，形のない自分の"こころ"をどうやって他者に伝えるのだろうか？　また，他者の"こころ"も目に見えず，形がない。それをどうやって知ろうとするのだろうか？　本章では，目に見えない，形のない"こころ"を伝え合うための手がかりとなる「対人コミュニケーション・チャネル」に注目する。

① 対人コミュニケーション・チャネルの分類

　「対人コミュニケーション」は，人と人とが身体や音声，モノを手がかりにして，メッセージを伝え合うこと（大坊，1998）と定義される。私たちは，友人や家族など，誰かとただおしゃべりがしたくてコミュニケーションすることもあれば，何らかの反応を相手から引き出したくてコミュニケーションすることもある。カフェで恋人ととりとめのない話を何時間もするのは前者の例で，仕事の営業で取引先の人に新製品をアピールするのは後者の例である。

　対人コミュニケーションは，自らのメッセージを他者に伝える「記号化」と，他者のメッセージを理解する「解読」に分けて考えることができる。言い方を換えると，記号化と解読を繰り返すプロセスこそが対人コミュニケーションなのである。この，記号化や解読のための手段を「チャネル」と呼ぶ。チャネルは，言葉はもちろん，表情や視線，姿勢，ジェスチャーなど，多岐にわたる（図10-1）。コミュニケーションを，言語的チャネルを用いるものと，それ以外のチャネルを用いるものとに分ける場合は，それぞれ「言語的コミュニケーション」と「非言語的コミュニケーション」と呼ぶ。

🔑 対人コミュニケーション
🔑 チャネル
🔑 言語的コミュニケーション
🔑 非言語的コミュニケーション

② 対人コミュニケーション・チャネルの性質

　言語チャネルに比べて，非言語のチャネルは自動的に生じやすく，コントロールが難しいといわれる。アンバディとワイズバッハ（Ambady & Weisbuch, 2010）は，非言語のチャネルには，「無意図性」「統制不可能性」「効率性」「無自覚性」の特徴がある

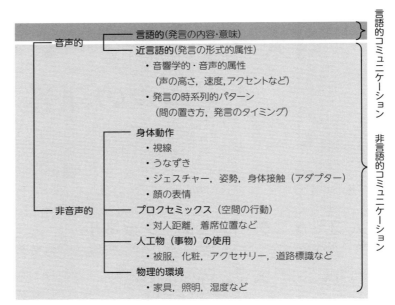

図 10-1　対人コミュニケーション・チャネルの分類（大坊，1998 を一部改変）

と指摘している。「無意図性」は，自分が意図せず，行動してしまうことを指す。たとえば，恥ずかしくて顔が紅潮したり，緊張して足が震えたりするのは，自分がしようと思ってしているわけではない。また，「統制不可能性」は行動を始めたり，やめたりすることが自分でできないことを指す。顔の紅潮や足の震えをコントロールするのは困難だろう。そして，「効率性」は大きな労力を要せず，メッセージを伝えて，理解することを指す。すべての非言語的チャネルを意図的にコントロールすることは，私たちの限られた認知能力では困難だが，自動性によって莫大な認知的努力を払わずにコミュニケーションを行うことができる。さらに，「無自覚性」は，通常私たちが非言語的チャネルをほとんど自覚していないことを指す。私たちは自分の表情を見ることができず，自分の声を他者と同じように聞くこともできない。ただし，非言語的チャネルのすべてが自動的なわけではなく，相手や状況によって，私たちは認知的な努力を払って，非言語的チャネルを意識的にコントロールすることがある。大好きな異性との初デートでは，相手に好意をもってもらえるように，笑顔で，相手を見つめて，対人距離を狭めるかもしれない。加えて，非言語的チャネルのなかでもコントロールしやすいチャネルと，そうでないチャネルが存在する。エクマンとフリーセン（Ekman & Friesen, 1969）によれば，相対的に，表情は意識的にコントロールしやすい一方で，音声や手足の動きはコントロールしにくい。

3　対人コミュニケーション・チャネルの制約

どのチャネルを使用できるかは，コミュニケーションの状況によって異なる。その場で利用できるチャネルを制約する特定のコミュニケーション状況のことを「メディア」という。たとえば，メディアが対面なら，私たちはすべてのチャネルを使用できる。し

かし，メディアが携帯電話なら，音声チャネルを使ってメッセージを伝え合うことになる。あるいは，メディアが携帯電話メールなら文字を中心に用いて，場合によっては顔文字や絵文字を使うこともあるだろう。加えて，メディアの種類によって，記号化と解読の時点がどの程度一致するかという「同時性」，コミュニケーションする者が同じ場所にいるかを指す「空間の共有」，自分が移動してもコミュニケーションできるかを指す「可搬性」が異なる（川浦，1990）。たとえば，メディアが携帯電話なら，「同時性」と「可搬性」はあるが，「空間の共有」はない。また，メディアが携帯電話メールなら，「可搬性」はあるが，「同時性」や「空間の共有」はない。近年，新たなコミュニケーション・ツールが次々に登場している。そこで，メディアの特性を十分に理解していなければ，メッセージを伝え合うことが難しくなる。携帯電話は互いの表情や視線が見えず，さらにメールは互いの声も使わず，文字でメッセージを伝え合う。しかし，新しいツールは用途に応じた使い方次第で，対人コミュニケーションの可能性を大きく拡張してくれる。携帯電話を使えば，遠く離れた相手といつでもコミュニケーションできるし，メールを使えば，互いの時間が合わなくても時間差のあるコミュニケーションが可能となる。

4 対人コミュニケーション・チャネル間の連動性

対人コミュニケーション・チャネルは，それぞれが独立しているわけでなく，連動している。知り合いが遠くにいるときは相手をしっかり見ている一方で，知り合いが近くにいるときはそれほど相手を見なくなることがある。これは対人距離と視線のチャネルが連動している例である。対人距離が遠いと視線によって親しさを表現し，距離が近くなると，それが親しさの表現になるため，その分だけ視線を減らすのである。この場合，チャネル同士が補い合うように連動している。また，対人コミュニケーションのなかで，時間経過に伴って自分のチャネルと相手のチャネルが連動し，類似化していくことがある。これは，「シンクロニー」と呼ばれる現象である。相手の笑顔を見て自分も笑顔になったり，悩みごとの相談をしていて気がつけば同じ姿勢をとっていたりすることが当てはまる。

5 対人コミュニケーション・チャネルの機能

対人コミュニケーションのなかで，チャネルはどのような機能をもつのだろうか。パターソン（Patterson, 1983）によれば，チャネルの機能として「情報の提供」「相互作用の調整」「親密さの表出」「社会的コントロールの実行」「サービスや仕事上の目標の促進」があげられる。「情報の提供」は，相手にメッセージを伝えるという基本的機能である。私たちはさまざまなチャネルを駆使して情報を伝え合っている。「相互作用の調整」は，人と人のかかわりを円滑にする機能を指す。たとえば，相手の発言を促したいときに目配せしたり，自分が話したいときに手を動かしたりすることがある。「親密さの表出」は，好意や関心，敵意など，相手に対するさまざまな感情を伝える機能である。たとえば，相手に対する好意を微笑みで伝えたり，前傾姿勢で興味や関心を伝えたりすることがあげられる。「社会的コントロールの実行」は，他者に影響を与えて，何らかの反応を引き出す機能を指す。誰かを説得することや命令することがこれにあたる。

チャネルの機能

「サービスや仕事上の目標の促進」は，職務や役割を遂行する機能である。診断や治療のために医師が患者に接触する場合や，スポーツの専門家が指導生にコーチする場合が例としてあげられる。これらの機能のうち，「情報の提供」と「相互作用の調整」は特定の行動でのチャネルの働きなのに対し，「親密さの表出」や「社会的コントロールの実行」「サービスや仕事上の目標の促進」は一連のやりとりでのチャネルの働きになる。

2. 聞き手の反応が話し手に及ぼす影響

　本実習では，聞き手の反応が話し手にどのような影響を及ぼすのかを実験的に検討する。この実習を通じて，対人コミュニケーション・チャネルの働きについて，理解を深めてもらいたい。聞き手の反応が話し手に及ぼす影響に関しては，多くの先行研究によって検討がなされている。

　聞き手のうなずきは話し手の発話を促す。マタラッツォら（Matarazzo et al., 1964）は就職希望者の採用面接場面で実験している。実験群では，面接者のうなずきを操作した。具体的には，面接のはじめと終わりは面接者が自然にうなずき，中盤の間だけ就職希望者の発言中ずっとうなずくようにした。統制群では，面接者はずっと自然にうなずいた。就職希望者の発言時間を調べたところ，実験群においては面接のはじめと終わりに比べて，中盤の発言時間が顕著に長くなっていた。また，中盤の発言時間を統制群と比べても，実験群のほうが明確に長くなっていた。面接者がうなずくことで，就職希望者は自分の発言が面接者に承認されていると認知し，積極的に発言するものと思われる。聞き手のうなずきは，話し手にとって社会的な強化子となるのだ。すなわち，聞き手のうなずきは報酬となり，話し手の発言を促す効果をもっている。

　また，聞き手のうなずきは話し手の発話を促すだけでなく，話し手が形成する印象にも影響を及ぼす。川名（1986）は，聞き手のうなずきと相づち（「ええ」「はい」「なるほど」などの言葉）によって，話し手が聞き手に対して感じる魅力に違いがあるのかを実験的に検討した。話し手には，主題統覚検査（TAT）から選んだ絵を見て，できるだけ面白く，ドラマチックな話をあらかじめ創作してもらい，聞き手に話すように求めた。聞き手には2つの条件があり，うなずきや相づちをたくさんして相手に興味を示す条件と，うなずきや相づちを控える条件があった。話し手は話を終えたあとで，聞き手の印象について形容詞対に回答した。実験の結果，知性や道徳性ではうなずきによる違いがみられなかった。一方，親しみやすさや好意については，うなずきや相づちの少ない聞き手より，うなずきや相づちの多い聞き手のほうが，話し手からポジティブな印象をもたれていた。加えて，聞き手からうなずきや相づちをたくさんもらった話し手のほうが，そうでない話し手よりも場の雰囲気が楽しかったと回答していた。話し手は聞き手からうなずきや相づちをもらって，自分が相手から承認されていると認知し，その相手に好印象を形成したようである。さらに，自分を承認した相手は自分と考え方が似ていると思われるために，類似性魅力が影響したのかもしれない。話し手は，うなずきや相づちの多い聞き手を好ましく思うのである。

🔑 印象形成

　聞き手はうなずきや相づちだけではなく，表情やジェスチャー，言葉にならない声な

どの豊かな反応を示す。バベラスら（Bavelas et al., 2000）は，聞き手の反応を，うなずきや相づちのような，話し手が話している間いつ行っても適切な反応と，表情やジェスチャー，言葉にならない声のような，話し手が特定の話をしているときにだけ適切とみなされる反応に区別して，実験を行っている。その結果，聞き手が話に集中しているときは両方の反応が生じる一方，聞き手が話に集中していないと後者の反応は生じなかった。また，聞き手が豊かな反応を示すほうが，話し手の話がうまく構成され，面白くなることが実験の結果から示唆された。話し手は，聞き手の反応を確認しながら話しているため，適切に豊かな反応を返すかどうかで，どのような話がなされるかが異なるのかもしれない。実際に，聞き手の反応は話し手が語る内容にも影響するのだろうか。実習を通じて，自分たちで確かめてみよう。

2 聞き手の豊かな反応が話し手に及ぼす影響を調べる実験（実習）

1. 実習概要

本実習の目的は，聞き手の豊かな反応が話し手に及ぼす影響を検討することである。具体的には，実験参加者である話し手が「危ないところを間一髪で助かった経験」を話す状況で，サクラである聞き手の反応（①無反応，②一定のうなずきのみ，③マルチ・チャネルの反応）によって，話し手の発話行動（発話時間と内容）と聞き手に対する印象がどう変わるのかを実験的に調べる。聞き手による①〜③の反応は，サクラの演技で操作する。話し手の発話時間について，第三者がコーディングによって定量化する。発話の内容については，話の構成と面白さの観点から第三者が評定を行う。聞き手に対する印象は，話し手に質問項目への回答を求める。

2. 仮説

仮説は3つある。仮説1は「発話時間の長さは，社会的強化子の多さから③＞②＞①の順になるだろう」である。仮説2は「発話内容の構成や面白さは，共同話者である聞き手の働きから③＞②＞①の順になるだろう」である。仮説3は「聞き手にもつ好印象の程度は，反応性のよさから③＞②＞①の順になるだろう」である。

3. 方法

1 条件

実習の実験条件は3つある。条件①は，聞き手の反応なし条件である。この条件では，話し手の発話中，聞き手役のサクラは言葉を発しないで，できるだけ無反応でいるよう心がける。条件②は，単調な反応の聞き手条件である。この条件では，話し手の発話中，聞き手役のサクラは言葉を発しないで，一定のテンポでうなずくよう心がける。条件③は，豊かな反応の聞き手条件である。この条件では，話し手の発話中，聞き手役のサク

ラは話の内容に応じた表情，声，うなずき，ジェスチャーを行うよう心がける。ただし，聞き手は意味のある言葉は口にせず，話し手と会話しないよう注意する。実験参加者には条件を知らせず，いずれかの条件に振り分ける。授業で実施する際，聞き手役のサクラはあらかじめ決めておき，各条件の演技を練習しておくことが望ましい。また，サクラであることを口外しないように伝えておく。

② 従属変数

　従属変数は3つある。1つ目は，話し手の発話時間である。これは，話し手が発話している様子をビデオカメラで撮影しておき，後からコーディングによって生起時間を定量化する。ビデオカメラで記録すれば，音声と映像を分析できるので，表情や視線など他のチャネルを定量化することも可能である。ビデオカメラがない場合，発話だけを分析する場合はICレコーダーで記録してもよい。会話後に，音声（映像）を再生しながら，話し手と聞き手以外の者がコーダーとなり，イベント・レコーダーやストップ・ウォッチを用いて定量化を行う。PC上で使用できるイベント・レコーダーは，荒川（2008）のsigsajiが無料提供されており，便利である（図10-2）。sigsajiは，http://www.k2.dion.ne.jp/~kokoro/mivurix/sigsaji.htmlからダウンロードできる。詳細は荒川（2008）を参照し，使用の際はHPの注意事項をよく読んでいただきたい。コーディングは，あらかじめ操作的定義を設け（表10-1），特定の発話時間に対して2名以上で定量化して，一致率を確認し，分析の際は平均値を用いるとよい。

🔑 非言語行動の操作的定義

　2つ目の従属変数は，話し手の発話内容である。発話の生起時間を定量化する際に使用した音声を再生しながら（音声と映像がある場合は，音声だけを聴く），話し手と聞き手以外の者が評定者となって，話の構成と面白さの2つの観点から評定を行う。話の構成について，その話の構成がどのくらいよかったかを，「1＝ひどい構成だった」から「4＝どちらでもない」を中点にして「7＝とてもよい構成だった」までの7件法で評定する。話の面白さについては，その話がどのくらい面白かったかを，「1＝とてもつまらなかった」から「4＝どちらでもない」を中点にして「7＝とても面白かった」までの7件法で評定する。分析の際は，複数名の評定結果を平均して用いるとよい。

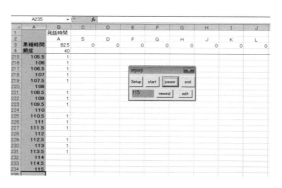

図10-2　sigsajiの使用画面例

表10-1 操作的定義の例（木村ら，2012を改変）

行動の種類	操作的定義
発話	音声を発している状態。「うんうん」や「はいはい」などの音声を伴う相づち，咳払い・鼻息などは含まない。
視線	相手に対して視線を向けている状態。
笑顔	微笑み（頬，目元，口元から判断）や，それに声が伴っている状態。
身体接触	手の動きに関して，膝の上で手を組む，あるいは膝の上に手を置いている状態を基本姿勢とした。基本姿勢以外で，手を使って頭や顔，腕，足など自身の体に対して触れている動作時間および頻度を測定した。例えば，髪をいじる，鼻をこする，両手をこする，指を絡ませる，手を組む，服を整える，スカートの端をいじる，ブーツをいじる，などである。着衣については身体の一部と考えて，身体操作として測定した。

3つ目の従属変数は，話し手が聞き手に対して形成する印象である。話し手が話を終えたあとで，聞き手に対する印象を問う質問項目に回答してもらう。質問項目は林（1978）を参考に，個人的親しみやすさ，社会的望ましさ，活発さの3点を尋ねる。個人的親しみやすさは，聞き手がどのくらい親しみやすいと感じたのかを，社会的望ましさは，聞き手がどのくらい社会的に望ましい人物だと感じたのかを，活発さは，聞き手がどのくらい活発だと感じたかを「1＝全く当てはまらない」から「4＝どちらでもない」を中点にして「7＝非常によく当てはまる」までの7件法で回答を求める。

③ 装置・道具

まず，実験者が時間を測るためのストップ・ウォッチと，実験参加者に開始と終了を知らせるためのベルがあると便利である。また，会話の様子を記録するために，ビデオカメラと三脚（もしくは，ICレコーダー）が必要である。次に，発話時間（や他のコミュニケーション行動）を定量化するために，音声映像の再生に使用するテレビ・モニターと，コーディング・ソフトのインストールされたノートPC（もしくは，ストップ・ウォッチ）2台を用意しておく。テレビ・モニターは，発話内容を評定する際にも使用する。

④ 手続き

実験参加者には，話し手になって，3分間で「危ないところを間一髪で助かった経験」について聞き手に話すよう求める。参加者には，事前に図10-3の用紙を配布して，実験実施までに話の筋書きを考えてきてもらう。聞き手はサクラが担当する。可能であれば，実験までに条件ごとの反応を練習しておくのが望ましい。

実験の配置（図10-4）と流れは以下のとおりである。実験が始まるまでは，話し手と聞き手が顔を合わせないよう，待機用の席で座っていてもらう。実験の準備ができたら，はじめに，実験者は，話し手と聞き手をイスに着席させ，ビデオカメラの設定を行う（記録したいチャネルをきちんと撮影できているかをチェックする）。その後，話し手と聞き手に教示を伝える。

会話実験　事前回答用紙　「危ないところを間一髪で助かった経験」

あなた自身が経験したことや，あなたの知り合いから聞いた経験を1つ思い出して実験までに回答してください。「危ないところを間一髪で助かった経験」について，以下の質問にそれぞれ回答してください。ご協力よろしくお願い致します。

問1
それは誰が経験したことですか？
もっとも当てはまるものに1つだけ○をつけてください。
その他の場合は（　　）内の空欄に回答をお願いします。

あなた・友人・家族・知り合い・その他（　　　　　）

問2
それはいつの出来事ですか？
どのくらい前か，季節はいつか，など（　　）内に自由に記述してください。
（　　　　　　　　　　　　　　　　　　）

問3
それはどこで起きた出来事ですか？　（　　）内に自由に記述してください。
（　　　　　　　　　　　　　　　　　　）

問4
どんな危ないことが起きたのですか？
なぜ助かったのか，もし助からなければどうなっていたのか，など□内に自由に記述してください。

図10-3　話し手用の事前配布用紙

「本日は実験に参加いただき，ありがとうございます。これから2人で，話し手と聞き手に役割分担して会話してもらいます。あなたが話し手で，あなたに聞き手をお願いします（それぞれを手で指し示しながら）。話し手のあなたには，『危ないところを間一髪で助かった経験』を3分間で話してもらいます。それは誰かが危うく怪我をしそうになったり，悪いことが起こりそうになったりしたけど，最後はうまくいった話です。もしあなたの身に起こったことが思いつかなかったら，あなたの知り合いに起こったことについて，お話ししていただいてかまいません。たとえば，スキーや乗馬をしていて危なかった経験や，レポートのデータがパソコン上で消えてしまいそうになった経験があげられます。事前に記入いただいた用紙の内容についてお話しください。お話しする際は，用紙を持たずにお話しするようにお願いします。開始の合図としてベルを鳴らしますので，ベルが鳴ったら話を始めてください。3分間経ちました

図10-4　実験室の配置例

ら再びベルを鳴らしますので，ベルが鳴ったら話をやめてください。お話の間，私は部屋から退室します。よろしいでしょうか。何か不明な点はありますか」

　また，実験参加者には，話の様子をビデオカメラで撮影する（IC レコーダーで録音する）許可を得る。その際，撮影されたデータは研究目的でのみ使用し，厳重に保管することを実験参加者に併せて伝える。許可をもらえたら，実験参加者から質問がないことを確認して，ビデオカメラ（IC レコーダー）の記録を開始した後，ベルを鳴らすと同時にストップ・ウォッチをスタートし，実験者は部屋から退室する。3分間経ったら，実験者は再び部屋に入って，ベルを鳴らしてストップ・ウォッチをとめる。その後，ビデオカメラ（IC レコーダー）の記録を停止する。

　話し手が話をしている間の，聞き手の反応は，実験条件によって異なる。聞き手は，①無反応，②単調な反応，③豊かな反応のいずれかの反応を行う一方で，実験参加者は話し手としていずれかの条件に参加する（参加者間要因配置）。実験参加者の人数はそれぞれの実験条件でできるだけ均等になるのが望ましい。実験参加者の人数が少ない場合は，すべての条件に順番に参加するかたちをとればよい（参加者内要因配置）。ただし，その場合は条件に参加する順番の影響が生じうるため，①→②→③の順番で参加する者と，③→②→①の順番で参加する者を半数ずつにし，カウンターバランスをとることをすすめる。

　話し手の話が終わったら，実験者は，話し手と聞き手を実験開始まで待機していた席に誘導する。それから，相手の印象に関する質問項目に回答するよう求める（実際は，話し手だけが回答する）。最後に，デブリーフィングを行い，実験を終了する。

　実験が終了したら，話し手の発話時間と発話内容を定量化する。[2]で述べたように，

それぞれの指標について，話し手と聞き手になった者以外が定量化を担当する。

4. 結果の整理

3つの仮説について，1要因3水準の実験参加者間要因分散分析を行う。それぞれの分析結果は，文章で記述するとともに，図を記載するとわかりやすくなる。

1 仮説1の検証

仮説1「発話時間の長さは，豊かな反応の聞き手，単調な反応の聞き手，無反応の聞き手の順になるだろう」を検証するために，話し手の発話時間を従属変数，聞き手の反応を独立変数にした1要因3水準の実験参加者間要因の分散分析を行う。主効果が有意になったら，多重比較を行い，発話時間の長さが仮説のとおりになったかを確認する。分散分析の結果を示した図の例をあげておく（図10-5）。

🔑 1要因分散分析

2 仮説2の検証

仮説2「発話内容の構成や面白さは，豊かな反応の聞き手，単調な反応の聞き手，無反応の聞き手の順になるだろう」は発話内容の構成と面白さのそれぞれについて分析する。まず，発話内容の構成のよさを従属変数，聞き手の反応を独立変数にした1要因3水準の実験参加者間要因の分散分析を行う。次に，発話内容の面白さを従属変数にして同様に分散分析を行う。それぞれの分析で，主効果が有意になったら，多重比較を行い，発話内容の構成や面白さが仮説のとおりになったかを確認する。仮説2aと2bのように仮説を分けて，支持・不支持を検討するとよい。

3 仮説3の検証

仮説3「聞き手にもつ好印象の程度は豊かな反応の聞き手，単調な反応の聞き手，無反応の聞き手の順になるだろう」は，個人的親しみやすさ，社会的望ましさ，活発さのそれぞれについて分析する。まず，個人的親しみやすさの印象を従属変数，聞き手の反

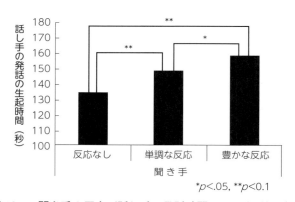

図10-5 聞き手の反応が話し手の発話時間に及ぼす影響（例）

応を独立変数にした1要因3水準の実験参加者間要因の分散分析を行う。その後，社会的望ましさや活発さを従属変数にして同様に分析する。それぞれの分析で，主効果が有意になったら，多重比較を行い，個人的親しみやすさ，社会的望ましさ，活発さが仮説のとおりになったかを確認する。この指標についても，仮説3a，3b，3cのように仮説を分けて，支持・不支持を検討するとよいだろう。

5. SPSSによる分析手順例

ここでは，SPSSによる分析手順の例として，仮説1の検証を取り上げ，話し手の発話時間を従属変数，聞き手の反応を独立変数にした1要因3水準の実験参加者間要因の分散分析を行う。手順は以下のとおりである。はじめに，SPSSのメニューから［分析］→［平均の比較］→［一元配置分散分析］の順番にクリックしていく。［一元配置分散分析］のウィンドウが出たら，［従属変数リスト］に発話時間を，［因子］に実験条件を移動させる。それから，［その後の検定］をクリックして，［Tukey(T)］にチェックを入れて，［続行］をクリックする。また，［オプション］をクリックして，［記述統計量］にチェックを入れて，［続行］をクリックする。最後に［一元配置分散分析］のウィンドウで［OK］をクリックすると，出力に分析結果が表れる（図10-6）。

記述統計

発話時間

	度数	平均値	標準偏差	標準誤差	平均値の95%信頼区間		最小値	最大値
					下限	上限		
聞き手の反応なし	8	134.3750	9.03861	3.19563	126.8185	141.9315	120.00	145.00
単調な反応の聞き手	8	148.7500	7.90569	2.79508	142.1407	155.3593	140.00	160.00
豊かな反応の聞き手	8	158.7500	6.40870	2.26582	153.3922	164.1078	150.00	170.00
合計	24	147.2917	12.68165	2.58863	141.9367	152.6467	120.00	170.00

分散分析

発話時間

	平方和	自由度	平均平方	F値	有意確率
グループ間	2402.083	2	1201.042	19.448	.000
グループ内	1296.875	21	61.756		
合計	3698.958	23			

多重比較

発話時間
Tukey HSD

(I) 実験条件	(J) 実験条件	平均値の差 (I-J)	標準誤差	有意確率	95%信頼区間	
					下限	上限
聞き手の反応なし	単調な反応の聞き手	-14.37500	3.92925	.004	-24.2789	-4.4711
	豊かな反応の聞き手	-24.37500*	3.92925	.000	-34.2789	-14.4711
単調な反応の聞き手	聞き手の反応なし	14.37500	3.92925	.004	4.4711	24.2789
	豊かな反応の聞き手	-10.00000*	3.92925	.048	-19.9039	-.0961
豊かな反応の聞き手	聞き手の反応なし	24.37500	3.92925	.000	14.4711	34.2789
	単調な反応の聞き手	10.00000*	3.92925	.048	.0961	19.9039

*. 平均値の差は0.05水準で有意です。

図10-6　SPSSによる1要因3水準の実験参加者間要因分散分析の出力例

出力の「記述統計量」を見ると，3つの実験条件の平均値や標準偏差があり，発話時間は，豊かな反応の聞き手，単調な反応の聞き手，無反応の聞き手の順に長いことがわかる。次に，「分散分析」を見て，実験条件の主効果が有意かどうかを確認する。F値と有意確率から，実験条件の主効果が有意であることがわかる（$F(2, 21) = 19.45$, $p < .01$）。主効果が有意であったため，「多重比較」の結果を続けて確認する。図10-6の例では，無反応と単調な反応の聞き手条件の間は1％水準の，無反応と豊かな反応の聞き手条件の間も1％水準の，単調な反応の聞き手と豊かな反応の聞き手条件の間は5％水準の有意差があることが示されている。この結果では，仮説1が支持されたということになる。

6. 考察

考察課題は以下のとおりである。まず，本研究の目的と方法の概要を記載してください。次に，仮説1～3の検証を行ってください。具体的には，それぞれの仮説について，(1)仮説が支持されたかどうか，(2)仮説が支持されたら，その理由は当初想定していたものでよいか，他に理由はないか，(3)仮説が支持されなかったら，その理由は何なのか，について記述しなさい。それから，本研究の結果と先行研究の知見を照らし合わせて整合しているかを考えなさい。また，日常生活でよりよいコミュニケーションを展開するために，どのような聞き手であるべきか，何に気をつけるべきかを述べなさい。最後に，本実習で問題だったと思われる点をあげ，今後の検討課題として提案しなさい。

〈考察のポイント〉

考察では，次のようなポイントがある。まず，話し手と聞き手に役割分担して話をすると，話し手から聞き手への一方向の情報の流れを想定しがちだが，聞き手から話し手へフィードバックする流れが存在する。また，聞き手の反応は，うなずきの他に，相づち，表情，ジェスチャーなどのさまざまなチャネルを通じて伝えられる。そして，聞き手の反応は，話し手の発話の長さ，その発話内容，聞き手に対する印象といった多角的な影響力を有している。さらに，発話内容や印象のなかでも，聞き手の反応が影響しやすい側面とそうでない側面が存在している。

　　　●この章のねらい●

　この実習を通じて，とても身近で，当たり前に思える，対人コミュニケーションを，あらためて見つめなおす契機にしてもらいたい。対人コミュニケーションという現象には，さまざまなコミュニケーション・チャネルや話の内容，相手に対する印象など興味深い観点がたくさんあることを実習から感じてほしい。また，「質問項目」への回答に基づく自己報告や，第三者による「コーディング」や「評定法」といった，対人社会心理学の多様なアプローチを体験して

もらうのも本実習のねらいである。それから，本実習のような，話し手が聞き手に対して話をするという状況でも，その影響過程は話し手から聞き手の一方的なものではなく，話し手に対する聞き手の反応が，話し手にさらに影響を及ぼすという，双方向性をもつことを実感してもらいたい。さらに，目に見えない，形のない"こころ"を伝え合うために，豊かな手がかりが存在し，それらをいかに活用すべきかを考えて，日常生活のなかで実践してくれることを願う。

第11章 メッセージを伝える
記号化と解読

1 メッセージの送受信

1. メッセージの記号化と解読

🔑 コミュニケーションの記号化

🔑 コミュニケーションの解読

　コミュニケーションの基本は，言葉や身振りなどの対人コミュニケーション・チャネルを用いたメッセージの伝達（記号化）とそれらから相手の発するメッセージを読み解くこと（解読）である。そして，その相手の反応を考慮した記号化や解読が繰り返され，コミュニケーションが成立し展開される。本章では，メッセージの記号化と解読を基盤とし，送り手が自分の望む方向に受け手の態度や行動を変化させようと試みる説得的コミュニケーション（persuasive communication）に焦点を当てる。

2. 説得における対人コミュニケーション・チャネルの役割

　説得的コミュニケーションが送り手の意図した効果をもつためには，注意・注目の段階，好感・関心の段階，受容・態度変化の段階など，受け手が経験しなければならない複数の反応段階がある（深田，2002）。対人コミュニケーション・チャネルは各段階に影響を与えうる。説得研究では，主として，送り手の説得的メッセージを評価する際の手がかりとして，対人コミュニケーション・チャネルの言語的チャネルに関する検討が盛んに行われている。それは，他者を説得するためには言語は欠かせないことが

🔑 言語的コミュニケーション

🔑 非言語的コミュニケーション

理由であろう。しかしながら，対人コミュニケーションを前提とすると，言語的コミュニケーションは非言語的コミュニケーションと相互に影響し合ってメッセージを構成しているため，それらの関連性を考慮する必要がある。リッチモンドとマクロスキー（Richmond & McCroskey, 2007）やナップとホール（Knapp & Hall, 2009）は，言語と関連させた非言語的コミュニケーションの機能を指摘している（表11-1）。非言語的コミュニケーションには，「反復（repeating）」「矛盾（conflicting, contradicting）」「補完（complementing）」「置換（substituting）」「強調（accenting）／やわらげ（moderating）」「調節（regulating）」といった6つの機能がある。また，パターソン（Patterson, 1983）が非言語的コミュニケーションの機能の1つとして社会的コントロールの実行にあげているように，非言語的コミュニケーションにも他者の行動に影響を与えたり，自分の望

表 11-1　言語と関連させた非言語的コミュニケーションの機能

機能	言語との関連性
反復	非言語的コミュニケーションが言語的コミュニケーションを繰り返す，言い直す機能
矛盾	非言語的コミュニケーションが言語的コミュニケーションと異なる内容を伝える機能
補完	非言語的コミュニケーションが言語的コミュニケーションの意味を強化，明確化，詳細化，説明する機能
置換	非言語的コミュニケーションが言語的コミュニケーションの代わりをする機能
強調／やわらげ	非言語的コミュニケーションが言語的コミュニケーションを強調，誇張，目立たせる機能／やわらげる機能
調節	非言語的コミュニケーションが言語メッセージの流れを調整，管理する機能

む方向に他者の行動を変化させようとする，意図的に影響力を行使する機能がある。したがって，対人コミュニケーションを前提とした説得においては，非言語的チャネルは，言語に随伴する近言語的チャネルや眼から入ってくる情報に関する視覚的チャネルといった非言語的チャネルも送り手のメッセージ生成や説得的メッセージを評価する際の手がかりとなりうる。そこで，本章では対人コミュニケーション・チャネルのうち非言語的チャネルに焦点を当て，送り手の非言語的チャネルが受け手の評価にどのような影響を与えるのかに関する検証方法を紹介する。

3. 非言語的コミュニケーションの効果

　非言語的コミュニケーションは，コミュニケーション当事者の感情（Ekman & Friesen, 1975）やコミュニケーション当事者間の関係性（Argyle & Dean, 1965; Hall, 1966）を表し，当事者の印象評価に影響を与える（Burgoon et al., 1990）。説得場面では，送り手の印象は説得の効果に影響を与える要因の1つである。特に，非言語的コミュニケーションは，正確な情報を提供できる送り手の知識と能力を示す「専門性（expertness）」，送り手がどの程度自分の知っていることを正直に伝えるかを示す「信頼性（trustworthiness）」，個人的な好感や親しみやすさを示す「魅力性（attractiveness）」に影響する。

　説得事態における非言語的チャネルの研究は，送り手が説得しようとしてどのような非言語的チャネルを使用するのかと受け手がそれをどのように認知するのかについて検討したメラビアンとウィリアムス（Mehrabian & Williams, 1969）の研究が先駆的である。その後の研究は，その研究で得られた音声的チャネル（たとえば，発話速度，声の高さ）の知見に関する追試や検証が行われてきた（Apple et al., 1979；藤原，1986；Miller et al., 1976; Woodall, & Burgoon, 1983；横山・大坊，2008）。おおむね，シングルチャネル・アプローチによって，ある1つのチャネルが魅力性，専門性と信頼性に関連する信憑性，そして，これらを包括する上位概念である説得性に及ぼす影響に関する検討がなされてきた。このアプローチは，一つひとつのチャネルを体制化するためには重要であるが（Patterson, 1976），対人コミュニケーションでは複数のチャネルが連動して相補的にあるいは相互的に影響を及ぼしているため（Argyle & Dean, 1965;

シングルチャネル・アプローチ

Patterson, 1976), 十分なアプローチではない。したがって, 1つのチャネルでは説明できない複数のチャネルによる効果や複数のチャネルの組み合わせによる効果の説明は, マルチチャネル・アプローチを採用することで初めて検証可能となる。また, ケンドン（Kendon, 1980）はマルチ・モーダル性（multi-modality）という考え方を提唱している。この考え方は, たとえば, 複数の音声的チャネルを検討するだけではなく, 聴覚や視覚といった複数の感覚器官の情報を統合して検証することによって新たに浮かび上がる性質を指す。

シングルチャネル・アプローチを採用した研究として, 横山と大坊（2008）は, 発話速度（遅群, 普通群, 速群）の違いによって説得性に有意な差がみられないことを明らかにしている（図11-1）。また, マルチチャネル・アプローチやマルチ・モーダル性を考慮した検討では, 横山と大坊（Yokoyama & Daibo, 2008）が, 視線時間（少群, 多群）×発話速度（遅群, 速群）が説得性に及ぼす影響を検討している。その結果, 視線時間と発話速度要因の交互作用効果は認められなかったが, それぞれのチャネルの主効果を確認し, 視線時間は多いと, 発話速度は遅いと, それぞれ説得性を高めることを明らかにしている（図11-2）。

第2節では, 日常のコミュニケーションでは, メッセージ伝達手段として複数の音声

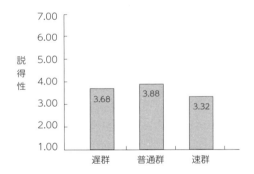

図11-1　発話速度が説得性に及ぼす影響

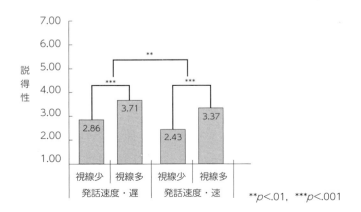

$**p<.01, ***p<.001$

図11-2　視線時間と発話速度が説得性に及ぼす影響

的なチャネルや非音声的なチャネルが使用されることから，マルチチャネル・アプローチおよびマルチ・モーダル性の観点から非言語的チャネルが説得効果に及ぼす影響を検討する。

2 非言語的コミュニケーションが対人印象，態度変化に及ぼす影響を調べる提示実験（実習）

1. 実験の目的

　本実習では藤原（1986）の実験，および横山と大坊（Yokoyama & Daibo, 2012）の実験に倣い，送り手の非言語的コミュニケーションが対人認知・態度変化に及ぼす影響を検討することを目的とする。ここでは，非言語的チャネルとして，視線（多群，少群）と発話速度（遅群，速群）に着目する。

　相手に向ける視線時間の多さと発話速度の遅さは，信憑性（専門性と信頼性），魅力性，説得性や態度変化にポジティブな影響を与えることが示されている（Beebe, 1974; Burgoon et al., 1990；藤原，1986；飯塚，2004）。以上のことから，視線時間の長さと発話速度の遅さの組み合わせは，信憑性や説得性，態度変化に相乗効果をもたらすと予測される。

2. 実験前に行うこと

[1] 話題の選定

　実験の刺激を作成するために，実験者はまずどのような話題で受け手を説得するのかを決定する必要がある。アイゼンクとウィルソン（Eysenck & Wilson, 1978）による社会的態度についての質問項目を参考にして，質問項目に対する態度（1：反対～7：賛成）と関心度（1：関心がない～7：関心がある）を本実験参加者とは別のサンプルから同じ属性・年齢の者に回答を求める。各項目について，態度と関心度の平均値と標準偏差（SD）を算出し，関心度が高くかつ態度が極化していない話題を1つ選択する。

[2] 説得的メッセージのシナリオの作成

　[1]で選択された賛否両論が成立する話題について，賛成方向あるいは反対方向の説得的メッセージを作成する。説得的メッセージの文字数は説得効果に影響する可能性が考えられるので，先行研究を参考にするとよいだろう。なお，その際に，説得方向に対する賛成論のみを取り入れた一面呈示（one-sided presentation）のメッセージの作成，あるいは説得方向に対する賛成論と反対論の両者を取り入れた両面呈示（two-sided presentation）のメッセージの作成の，いずれかの方法を採用する。この2つの呈示方法の与える影響は受け手に依存するため（Petty & Wegener, 1998），受け手となる実験参加者を想定して一面呈示あるいは両面呈示の説得的メッセージのシナリオを作成するとよい。

シナリオを作成後，本実験参加者とは別のサンプルの対象者に，説得的メッセージのシナリオを読んでもらうことで，実験者の意図した唱導方向にメッセージが作成できているのかを確認しておく。

③ 送り手の選定

送り手の選定は，第一印象による選別と総合的判断による選別の2つのステップを踏むとよい。

まず，第一印象によって送り手候補者を選別する。送り手の候補者として複数名設定し，その真顔の写真を本実験参加者とは別のサンプルで送り手について知らない参加者に提示し，本実験で使用する印象に関する質問項目（図11-3）について7件法で回答を求める。各印象について，極端な値を示さない候補者を送り手として選定する。

次に，第一印象によって選定された送り手候補者から総合的判断によって送り手を選別する。第一印象によって選定された送り手候補者に，②で作成したシナリオを音読してもらい，それをビデオカメラで撮影する。この記録した視聴覚情報から，実験者や本研究の目的を知っている複数人で話者の声や話し方の特徴などによって，合議で送り手を決定する。なお，藤原（1986）と，横山と大坊（Yokoyama & Daibo, 2012）では，送り手を男性あるいは女性の1名としているが，非言語的コミュニケーションの使用や認知には性差が報告されていることから（LaFrance et al., 2003; Richmond & McCroskey, 2007），可能であれば送り手には男性と女性の両方を含んだほうがよいであろう。また，送り手の年齢が受け手に影響を与える可能性があるので，実験参加者を想定して送り手の年齢を決定する必要があるだろう。

```
あなたは話し手に対してどのような印象を持ちましたか？
以下の項目について，最も当てはまると思う箇所に○をつけてください。

                  非常に      中位      非常に

  1. ひねくれた    |---|---|---|---|---|---|    すなおな
  2. 頼りない      |---|---|---|---|---|---|    しっかりした
  3. 知識のない    |---|---|---|---|---|---|    知識のある
  4. にくらしい    |---|---|---|---|---|---|    かわいい
  5. 感じの悪い    |---|---|---|---|---|---|    感じの良い
  6. 落ちついている |---|---|---|---|---|---|   せかせかしている
  7. 専門的でない  |---|---|---|---|---|---|    専門的な
```

図11-3　対人印象評定尺度

4 刺激の作成

本実験で提示する刺激を作成するために，まず，送り手には流暢にシナリオを読めるように繰り返し練習を行ってもらう。その際に，実験者は息継ぎを行う箇所やシナリオを読み終える時間，ビデオカメラから視線をはずす箇所や方向，秒数についても指示をする。また，送り手の服装や眼鏡，アクセサリーなどが受け手に影響を与える可能性があるため，実験者は，たとえば，スーツや黒縁の眼鏡の着用，派手なメイクやアクセサリーをしないなどの指示を出す。

次に，藤原 (1986) を参考に，送り手に自然な速度でシナリオを読んでもらう。この際，送り手がビデオカメラに視線を多く向ける刺激とビデオカメラにほとんど視線を向けない刺激の2種類を収録する。なお，今回は受け手に送り手の視線を認知してもらいやすくするために，送り手の上半身のみを撮影する。この2つの刺激を，Adobe Premire Pro. などの音声・映像編集ソフトを利用して，発話速度を操作し，発話速度が速い刺激と遅い刺激を作成する。これで，視線多・発話速度速群，視線多・発話速度遅群，視線少・発話速度速群，視線少・発話速度遅群の4つの刺激を作成したことになる。

最後に，刺激に機械的処理を施したため，実験者や本研究の目的を知っている複数人で，刺激に不自然さがないかをチェックする。加えて，操作した非言語的チャネル（視線，発話速度）が意図したとおり操作できているかについても確認する。

5 非言語的チャネルの確認

作成した4つの刺激に関して，視線と発話速度以外の非言語的チャネルが受け手に与える影響が一定であるかどうか，すなわち，本実験で操作した以外の非言語的チャネルが結果に影響しないことを確認する。刺激評定実験を数度経験したことのある者に4種類の刺激について評定を行ってもらう。発話時間，発話速度，声の大きさ，声の抑揚，間，声の高さ，しぐさ，身体の傾き，まばたき，視線時間，笑顔，身体の角度について評定を求める（図11-4）。4種類の刺激について，チャネルごとに平均値と標準偏差（SD）を算出する。4つの刺激を独立変数，各チャネルを従属変数とする参加者内1要因分散分析を行う。結果として，声の抑揚，声の高さ，身体の傾き，まばたき，笑顔および身体の角度に有意差がみられないことを確認する。視線と発話速度に関しては，主効果があり，各刺激の発話速度と視線が操作通りであるかを確認する。なお，各チャネルに上記に示した結果がみられない場合は，刺激の再作成が必要となろう。

6 本実験での質問紙の作成

質問紙は，人口統計学的項目と回答日，送り手との面識度，送り手の印象，送り手の説得性，実験操作の妥当性，刺激を見聞きした前後の話題に対する態度変化，事前調査から実験実施日までに見聞きした情報によって構成する。具体的な質問項目は以降で述べる。

まず，人口統計学的項目（事前に付与したID番号，年齢，性別）と回答日について回答を求める。ID番号は事前調査と本実験を対応づけて態度変化を測定するために必

```
話し手は以下の手がかりを，どのように用いましたか？
最も当てはまると思う箇所に○をつけてください。

                              非常に        どちらでも      非常に
                              当てはまる    ない          当てはまる

 1. 発話時間     短い      1 -------- 2 -------- 3 -------- 4 -------- 5     長い
 2. 発話速度     ゆっくり  1 -------- 2 -------- 3 -------- 4 -------- 5     はやい
 3. 声の大きさ   小さい    1 -------- 2 -------- 3 -------- 4 -------- 5     大きい
 4. 声の抑揚     少ない    1 -------- 2 -------- 3 -------- 4 -------- 5     多い
 5. 間           少ない    1 -------- 2 -------- 3 -------- 4 -------- 5     多い
 6. 声の高さ     低い      1 -------- 2 -------- 3 -------- 4 -------- 5     高い
 7. しぐさ       少ない    1 -------- 2 -------- 3 -------- 4 -------- 5     多い
 8. 身体の傾き   前傾      1 -------- 2 -------- 3 -------- 4 -------- 5     後傾
 9. まばたき     少ない    1 -------- 2 -------- 3 -------- 4 -------- 5     多い
10. 視線時間     少ない    1 -------- 2 -------- 3 -------- 4 -------- 5     多い
11. 笑顔         乏しい    1 -------- 2 -------- 3 -------- 4 -------- 5     豊か
12. 身体の角度   右向き    1 -------- 2 -------- 3 -------- 4 -------- 5     左向き
```

図 11-4　非言語的チャネルの確認

要であるため，年齢は①の話題の選定と同じ年齢層に本実験を実施できているかを確認するために回答を求める。

　次に，送り手との面識度については，話し手をどの程度知っているかを，①初対面である，②顔は見たことがある，③あいさつをかわす，④日常的な話をする，⑤個人的な問題まで話すことがある，のいずれか当てはまる項目に回答を求める。送り手と受け手に面識があると，以下の送り手の印象，送り手の説得性，刺激を見聞きした前後の話題に対する態度変化の評価についてその影響がでると考えられる。そのため，面識の程度を確認しておく必要がある。②〜⑤と回答した実験参加者のデータは分析に使用しないようにする。

　さらに，送り手の印象については，説得の規定因となる専門性，信頼性，魅力性を測定する。神山ら（1990）から専門性2項目（専門的でない−専門的な，知識のない−知識のある），大坊（1978）から信頼性2項目（頼りない−しっかりした，落ちついている−せかせかしている）と魅力性3項目（感じの悪い−感じの良い，ひねくれた−すなおな，にくらしい−かわいい）を7件法で回答を求める（図11-3）。

また，送り手の説得性については，「1：説得されない」〜「7：説得される」について7件法で測定する。

実験操作の妥当性について，視線時間，発話速度の実験操作がうまくいっていたかの確認を行う。視線（1：見ていない〜7：見ている）と発話速度（1：ゆっくり〜7：はやい）について回答を求める。

刺激を見聞きした前後の話題に対する態度変化を算出するために，本実験で使用した話題についての態度（1：反対〜7：賛成）に回答を求める。この値から事前調査で行った同じ話題についての態度の値を引いた値が態度変化の指標となる。

最後に，本実験参加者が，事前調査実施後から実験実施日の間に，マスコミや書籍などによって見聞きした情報を複数選択できる項目を準備する。この項目には本実験で使用する話題も含める。本実験参加者が本実験で使用する話題を選択した場合には，マスコミや書籍などによって得た情報が本実験の結果に影響を及ぼした可能性があるため，この実験参加者のデータを分析には使用しない。

3. 事前調査

態度変化を測定するために，本実験実施1週間前に「大学生の意識調査」として，本実験参加者に本実験で用いる話題を含めた複数の質問項目についての態度（1：反対〜7：賛成）と関心度（1：関心がない〜7：関心がある）に回答を求める。たとえば，「精神鑑定で犯罪者の責任能力を問うのは間違いだ」「年老いた両親の世話は子どもとしての義務である」「低収入でもやりがいのある仕事を職業とすべきだ」などを質問項目とする。

4. 本実験

1 実験参加者の設定

藤原（1986）および横山と大坊（Yokoyama & Daibo, 2012）の実験参加者は大学生であった。結果の一般化を考えれば，幅広い対象者を参加者としたほうが望ましいだろう。その場合は，「2. の実験前に行うこと」に関しても，幅広い対象者を想定して実施する必要がある。なお，実験参加者は送り手のことを知らない者であるほうがよいだろう。

2 実験デザインの設定

本実験のデザインは，視線時間（多群，少群）×発話速度（遅群，速群）とする。4つのセルにできるだけ等しい数の実験参加者を配置する。この際，各セルの実験参加者の性が偏らないように配慮する必要がある。

3 実験手続き

本実験は100名程度の学生を収容できる講義室で一斉に実施する。実験者は実験参加者が他の参加者の回答を見えない位置かつ講義室前方のスクリーンが真正面に見える位置に着席するように求め，これから行う実験について説明を行う。この際，実際の実験

の目的を実験参加者に伝えてしまうと，実験に対する構えができてしまうため偽の目的を伝える（カバーストーリー）。たとえば，「コミュニケーションの理解に関する研究」であると伝える。その後，この実験への参加は任意のものであると伝えたうえで，質問紙を配布し，回答上の注意事項を説明する。実験者は実験参加者がここまでの手続きを理解できたかどうかを確認する。

確認後，まず実験者は説得的メッセージの送り手の静止画像を数秒提示するので，スクリーンに注目するように教示する。この手続きは，実験参加者を実験に慣れさせる目的がある。次に，実験者は話題を示し，タイトルがスクリーンに提示された後に話し手がメッセージを伝達することを教示し，刺激の提示を行う。刺激提示終了後，実験前に作成しておいた質問紙に回答を求める。実験参加者が回答を終了したのを見計らって，質問紙に記入漏れがないかを確認する。最後に，本実験の真の目的を伝え実験を終了する。

5. 結果の整理

1 属性情報の整理

まず，基礎データとして，実験参加者数とその男女の数の内訳，実験参加者の年齢の平均値と標準偏差（SD）を算出しておく。

SASでは，以下のように記述するとよい。

```
proc sort; by sex; /* 男女で平均値を出す場合はデータを並び替えておく */
proc means maxdec=2; /* 小数点第2位までの値を算出するように指定 */
by sex; /* 男女で平均値を出すように指定する */
var age; /* 年齢の変数を指定 */
run;
```

2 操作チェック

視線多群と視線少群において，視線の評定値が有意に異なるかを検討するために，発話速度遅群と発話速度速群に関しても，発話速度の評定値が有意に異なるかを検討するために，対応のないt検定を行う。これにより，操作の妥当性を確認する。

SASでは，たとえば，視線に関しては，以下のように算出する。

```
proc ttest; /* 参加者間t検定を指定 */
class gaze; /* 視線条件を指定 */
var subjective_gazetime; /*2. の⑥視線の値）を指定 */
run;
```

3 専門性，信頼性，魅力性の算出

各印象について，平均値および標準偏差を算出する。

4 態度変化の算出

本実験の態度の評定値から事前調査の態度の評定値を減じ，差分を算出する。これを

態度変化の指標とする。作成した説得メッセージの唱導方向が賛成方向の場合は，態度変化の値が正の値であれば受け手は説得されたということになるが，負の値であれば受け手は説得されなかったということになる。一方，作成した説得メッセージの唱導方向が反対方向の場合には，態度変化が正の値であれば受け手は説得されなかったということになるが，負の値であれば受け手は説得されたということになる。

5 視線と発話速度が対人印象，態度変化に及ぼす影響の検討

視線時間の多さと発話速度の遅さの組み合わせは，対人印象（専門性，信頼性，魅力性，説得性）や態度変化に相乗効果をもたらす可能性がある。したがって，視線多群かつ発話速度遅群において，各対人印象が最も高く認知されること，また唱導方向への態度変化が最も大きいことを確認するために，視線（多群，少群）×発話速度（遅群，速群）を独立変数とし，各対人印象および態度変化をそれぞれ従属変数とする参加者間2要因分散分析を行う。分散分析の結果，視線と発話速度の有意な主効果および，それらの有意な交互作用が認められたどうかを確認する。

SASでは，たとえば，専門性を検討したい場合は，以下のように実行する。

```
proc glm; /* 分散分析を指定 */
class gaze speed; /* 視線条件と発話速度条件を指定 */
model senmon= gaze|speed/ss2; /* 独立変数と従属変数を指定 */
means gaze|speed/tukey; /* 主効果の多重比較を指定 */
means gaze|speed; /*4条件の平均値を算出 */
/*lsmeans gaze|speed/slice=gaze;*//* 交互作用が見られた場合のみ実行 *//* 視線条件で単純主効果の検討 */
/*lsmeans gaze|speed/slice=speed;*//* 交互作用が見られた場合のみ実行 *//* 発話速度条件で単純主効果の検討 */
run;
```

6. 考察の視点

1. 目的と仮説の簡潔な記述
   まず，考察を行う前に，実習の目的と仮説について簡潔に述べる。
2. 結果のまとめ
   実習の目的と仮説に対応する結果について，簡潔にまとめる。
3. 結果から示される仮説の支持・不支持とその理由
   視線と発話速度が対人印象，態度変化に及ぼす影響を検討した2要因分散分析の結果から，各対人印象や態度変化に関して仮説が支持されたといえるかを明らかにしなさい。仮説が支持されなかった場合は，なぜ支持されなかったのかの理由について考察しなさい。
4. 研究の問題点と今後の展望
   結果に影響したと思われる問題点を謙虚にあげる。また，今後の展望に関しては，この結果を見た読者が追試や研究を展開するために，研究の問題点に対する対策を記述する。

> ●この章のねらい●
>
> 　従来の説得研究が説得には言語は不可欠であるという理由から言語的チャネルの検討を主としてきたのに対し，本章の実習では非言語的チャネルに着目した。発話内容がまったく同じでかつ視線と発話速度を操作した4つの刺激を作成して，それらの非言語的チャネルが対人印象や態度変容に影響を与えるかどうかを検証した。まったく同じ内容を相手に話した場合でも，非言語的チャネルの使用の仕方，すなわちどのように伝達するかによって受け手への影響が異なる可能性があることに目を向けてほしい。
>
> 　また，実際に他者を説得しようとする場合には，視線や発話速度だけではなく，たとえば姿勢や声の大きさなどその他のチャネルに対しても気を使うであろうから，単一チャネルや複数チャネルの連動性について，この機会にあなたのコミュニケーションを振り返ってほしい。

第12章 向社会的行動

1 向社会的行動の研究

1. 向社会的行動とは

　援助行動など他者のためになる行動全般は向社会的行動（prosocial behavior）と呼ばれる。アイゼンバーグとマッセン（Eisenberg & Mussen, 1989）は向社会的行動を，「他者あるいは他の人々の集団を助けようとしたり，こうした人々のためになることをしようとする自発的な行為」と定義している。向社会的行動の近接概念には，利他的行動（altruistic behavior）や援助行動（helping behavior）があるが，それぞれの厳密な定義については本章では割愛し，向社会的行動との類似点，相違点のみをおさえることとする。

　利他的行動は，他者からの評価や賞罰とは関係なく，純粋に相手に利益をもたらすことのみを目標として自発的に行われる行動である（Bar-Tal et al., 1982）。その行動が向けられる相手への感情移入や同情，共感が含まれ，直接的な援助行動に限定されない母親の子どもへのいたわりや愛情表現なども含まれる（松浦, 2012）。必ずしも直接的に人のためにならないような行動も含まれるという意味では，利他的行動に向社会的行動が包摂されるという関係であるが，感情移入，同情，共感が条件として加えられ，行動への動機が伴うという点では，向社会的行動に利他的行動が包摂されるという関係になる。

　援助行動は，援助者が困窮している他者のことを思い，よりよい状態になることを願いながら，そのための行動をしようとする姿を説明するものである（松浦, 2012）。向社会的行動は攻撃行動や犯罪・非行などの反社会的行動（antisocial behavior）に対する対義語的な性質をもつため，他者支援を目的とした行動であっても，その行動が反社会的である場合は，援助行動であるものの向社会的行動とはみなされない。この場合，援助行動に向社会的行動が包摂される関係となる。一方，人を助けるという意味での向社会的行動には，援助以外にも，分与・寄付，共有，支援，協同，同情・共感などさまざまなタイプがある（高木, 1998）ことから，狭義の援助行動は向社会的行動に包摂される関係となる。

このように，向社会的行動は近接概念である利他的行動や援助行動のいずれとも完全な上位もしくは下位の概念として位置づけられるわけではなく，どちらかというと共有部分と独自部分とをもった関係にあるとみなすことができる。ゆるい近接関係にあり，厳密に区別して用いることは困難である。日本の研究においても，この3つの概念は相互互換的に用いられていることからも，本章ではこれらの概念の総称として向社会的行動という表現を用いることとする。

2. 向社会的行動が生じる過程

向社会的行動を生起させる個人内のメカニズムについては，松崎と浜崎（1990）によって複数のモデルが詳細に紹介されている。向社会的行動の内的プロセスないしは意思決定モデルに関する研究は，行動に影響を与える状況変数の分析への関心が，行動の内的プロセスの理解へと移動することで発展したとされている。代表的な意思決定モデルとして，緊急事態への注意や緊急性および個人的責任の判断に基づくラタネとダーリー（Latané & Darley, 1970）の認知的判断モデル，個人変数や状況変数，文化的変数などが援助の判断過程に影響するとするバルタル（Bar-Tal, 1976）の意思決定モデル，緊急事態への情動反応としての覚醒を経て，援助することの利益とコストを勘案して意思決定がなされるとするピリアビンら（たとえば，Piliavin et al., 1981）の覚醒：出費－報酬モデル，非緊急事態への適用も考慮し，注意，動機づけ，予測的な評価の段階を経て，行動もしくは防衛が選択されるとするシュワルツとハワード（たとえば，Schwartz & Howard, 1981）の規範的意思決定モデル，個人の価値構造や感情反応，行為の利益とコストの主観的評価，他者要求の帰属，多様なパーソナリティ変数を含むさまざまな要因の関数として導かれたアイゼンバーグ（たとえば，Eisenberg, 1986）の向社会的行動のモデルが紹介されている。

日本の研究においても，高木（1997）が他者（困窮者など）への気づきから援助の実行に至るプロセスをフローチャートとして詳細に記述したうえで，その後の援助者自身による援助の評価過程をも含めたモデルを提案している。また，松井（1991）は意思決定にかかわる認知的な処理の部分と感情的な部分，そして規範的な部分を統合した「状況対応モデル」を提起している。このモデルでは援助に至る心理的過程に，短時間で援助事態の概略が把握され自動的に意思決定がなされる一次的認知処理過程と，援助の損得の分析や行動プランの検討など，より意識的な認知処理に基づいた意思決定がなされる二次的認知処理過程が想定されている。日常的な援助場面や，緊急事態の援助，寄付や募金，ボランティア活動など想定される援助場面のタイプごとに，下位モデルが提示されている。

3. 向社会的行動の規定因

向社会的行動の意思決定は，このようにさまざまな認知処理過程を経て下されるが，それぞれの認知処理に影響を与える要因に関しては，主に個人内要因と状況要因の2側面から検討がなされている。本章で取り上げる各要因を表12-1に整理する。個人内要

表 12-1　向社会的行動における認知処理への影響要因

個人内要因	状況要因
自己知覚	行動が生起する状況の特徴
向社会的道徳判断	一次的な心理状態
役割取得	援助に関する規範
共感性	傍観者効果

因に関しては，松崎と浜崎（1990）が自己知覚，向社会的道徳判断，役割取得，共感性を主要な要因として取り上げている。

　自己知覚に関しては，社会的に価値があり望ましい行動である向社会的行動を行うことで，自己満足が得られ，自己評価や自尊感情の維持と向上につながるといった動機により，それらの行動が促されると説明されている。一方で，行動形成に有効である外的強化やモデリングが，自己評価や自尊感情の低下をもたらすことで，逆に向社会的行動を抑制することにも言及されている。また，自分の能力や資質に対する自信や責任の評価なども自己知覚に含まれており，自己の責任感への注目が向社会的行動を促進するとされている（たとえば，Staub, 1970）。

　向社会的道徳判断が向社会的行動を促すことについては，アイゼンバーグ＝バーグ（Eisenberg-Berg, 1979）が向社会的な行為が求められる道徳ジレンマ課題を用いて，向社会的道徳判断とその理由づけを検討している。幼児は快楽主義的推論が多いが，小学生ではステレオタイプ的で，承認志向的，対人志向的であり，他者の要求を考慮するようになる。中学生以後では共感的で内面化された判断へと進行し，しだいに他者への共感志向を基礎とした愛他的判断が可能になるとされる（Eisenberg, 1982）。向社会的道徳判断と行動との相関研究では安定した強い関連が認められるとするものの，道徳判断に基づいた行動が行われる場合には共感性や役割取得が機能することが前提となると指摘されている（松崎・浜崎，1990）。

　役割取得は，他者の困窮を知覚する可能性を高める能力であり，向社会的行動を動機づける役割を果たす。ただし，役割取得を共感性に先立って必要となる能力と位置づける立場もあり，共感性を喚起することで向社会的行動を動機づけるとみなされている（たとえば，Iannotti, 1978）。

　共感性に関しては，他者の苦痛や心痛に対する個人の共感的反応が，他者の利益や苦痛の低減を目的とした愛他的動機をもたらし，向社会的行動を動機づけるとみなされている。他者への共感性の高い人が援助行動をしやすいことは，メラビアンとエプシュタイン（Mehrabian & Epstein, 1972）をはじめとした多くの研究で確認されている。ただし，共感性は常に向社会的行動を促すわけではなく，他者の苦しみを観察する際に，共感的心配ではなく個人的苦しみの感情が喚起される場合には援助行動が促進されないこと（Coke et al., 1978），高いレベルの共感的情動が喚起されたとしても，自らの心痛を軽減できないとわかると援助行動が抑制される利己的動機が存在すること（Cialdini et al., 1987）などが確認されている。特にイアノッティ（Iannotti, 1985）は，共感性が

向社会的行動を促すためには，その共感性が困窮者への責任感に基づいた共感性でなければならないことを指摘している。

向社会的行動に影響する状況要因に関しては，高木（1998）が，行動が生起する状況の特徴と援助（可能）者の一時的な心理状態とに整理している。行動が生起する状況の特徴については，援助行動を行っているモデルの観察，加害行動の観察，以前の援助や被援助，他者の存在，依存の程度といった要因を紹介している。一時的な心理状態については，援助（可能）者の気分がポジティブな場合に，ネガティブやニュートラルな場合と比較して援助がされやすくなるといった知見を紹介している（Isen, 1970）。

松浦（2012）は向社会的行動を規定する状況要因を，援助に関する規範と傍観者効果（bystander effect）の2側面に整理している。われわれが生活している社会には規範が存在し，援助が必要とされる場面では援助をすることが奨励され，援助をしなければ非難される。シュワルツ（Schwartz, 1970）は規範意思決定モデルのなかで，行動判断に対する個人の判断基準である個人的規範（personal norm）が果たす役割の重要性を指摘している。ある状況で援助者が困窮者の欲求に気づいた際に，自分に相手を援助できる能力があると判断すれば，その時点で自らの援助責任を認知し，それによって生じる援助の義務感から援助行動が生起するとする。シュワルツとテスラー（Schwartz & Tessler, 1972）では，骨髄提供ボランティアへの援助意図に対して，個人的規範が長期にわたり持続的に影響することを明らかにしており，外在化された基準である社会的規範（所属する集団や状況がもたらす個人への行動期待）に対する個人的規範の優位性が確認されている。

🔑 個人的規範

🔑 社会的規範

傍観者効果は，1964年3月ニューヨークのクイーンズ地区で起こったキティ・ジェノヴィーズ事件をきっかけとして，援助行動研究において主要な関心が向けられてきた現象である。同事件では，彼女が3回にわたって暴漢に襲われ，その間38人もの傍観者がいたにもかかわらず，警察への通報が遅れ，殺されてしまうという痛ましい悲劇が起こり，当時のアメリカ社会に多大なショックを与えている。松浦（2012）によると傍観者効果とは，当該状況において情報不足や情報過多により正確な状況把握ができないこと，援助をしようとしない他者がモデルとなり自分も非援助に同調してしまうこと，多数の非援助者による衆人環視の状況により，援助行動そのものが抑制され，自分も傍観者になってしまうこととされる。なかでも主要な要因は責任の分散であり，その場に援助可能者として自分しかいなければ，事案にかかわる責任は最大となり，援助をしないことによって生じる被害や損失の全責任が自分に帰属されるため援助を行う決定がなされるが，援助可能者が多数いた場合には，責任はその場に居合わせた全員で負うことになり細かく分散する。1人あたりの責任分担量は減るため，援助をしない決定になりやすいとされる。

4．向社会的行動の規定因の整理

ここまで向社会的行動が生起する個人内のメカニズムと，生起するまでの過程に影響する規定因を紹介してきた。向社会的行動の規定因は個人内要因と状況要因に大別され

るが，個人内要因の影響は多様な状況の特徴に規定されることが多く，それだけでは行動の予測や理解に役立つ情報とはならないとの指摘がある（高木，1998）。また個人内要因を検討した研究においては，自己知覚や共感性などの個人特性が向社会的行動へとつながるためには，自らの責任感が伴うといった条件が求められることが明らかにされている。

状況要因の検討においては，社会的規範よりも個人的規範がより強く向社会的行動の生起に関連すること，自らがおかれた状況において困窮者への自らの責任性が低いと判断される（責任の分散）ことで向社会的行動が抑制されることが示されている。個人内要因と状況要因に関するここまでの検討を整理すると，社会的規範を参照したうえで形成された個人的規範に基づいて，困窮者への自らの責任性の判断がどう下されるかが，向社会的行動の生起を左右する可能性が示唆される。傍観者効果は，緊急事態におけるその場での周囲の他者からの情報を規範的情報として参照することが，援助の意思決定に影響することを示す現象である。ただし，向社会的行動は緊急事態における援助だけでなく，緊急性の伴わない多様な行動が含まれるため，状況における規範的情報よりも社会的規範をどう捉えるかといった個人的規範がより強く影響すると考えられる。

そこで本章では，社会的規範を内在化して個人的規範として活用する過程に関連する現象として，ロスら（Ross et al., 1977）の「誤った合意性の効果（False Consensus Effect: FCE）」に着目する。FCEとは，「ある状況での自分の行動選択と判断は一般的なことで適切なものとみなす反面，他の選択反応を稀なことで不適切なものとみなす傾向」と定義されている。ここで向社会的行動にたとえるのであれば，「この状況では一般的に多くの人が援助をする，あるいは，しない（社会的規範）のだから，自分も自らの判断（個人的規範）で援助をする，あるいは，しない」といったことになる。その人が想定した社会的規範が事実であろうがなかろうが，それを社会的規範であるとみなすことで，自らの行為を正当化しようとする試みである。

🔑 誤った合意性の効果

5. 向社会的行動と社会的迷惑行為との関連

🔑 社会的迷惑行為

先述したように，向社会的行動は反社会的行動と対をなす概念である。そのため，両行動の生起メカニズムは同じ理論モデルのなかで比較検証されることも多い（たとえば，Nelson & Crick, 1999）。ここでは両行動の生起メカニズムの共通点を，規範を軸として以下に整理する。

まず，規範的情報として周囲の他者の情報を参照するという点で両行動は類似している。向社会的行動には援助行動を行うモデルの観察が影響するが，周囲の他者が規範的情報として機能し，個人の向社会的行動を促進することを示す研究がある。尾関ら（2008）は，地域社会の大人たちが向社会的な価値規範を有する（この研究では集合的有能感として指標化）ことで，当該地域に住む子どもの向社会的行動が促進されることを確認している。

一方，反社会的行動に関しては，北折と吉田（2000）が歩行者の信号無視行動において，周囲の他者がとる行動規範の影響を検討している。チャルディーニら（Cialdini et al., 1991）は，社会的規範を命令的規範（injunctive norm）と記述的規範（descriptive norm）の２つに分けて捉えている。前者は，多くの人々によって適切・不適切が一義的に知覚され，社会的報酬や罰をもって行動が志向される，法律の形成とも密接に関連するものである（Staub, 1972）。後者は，多くの人々が実際にとる行動により示され，その状況における適切な行動の基準であると知覚することに基づくものである（たとえば，Cialdini, 2001）。信号無視行動は法律で禁止されている命令的規範に逸脱するものであるが，その場の多くの人が信号無視行動をとればその行動が記述的規範となり，渡らないことが逸脱行為となる。北折と吉田（2000）はフィールド実験により，信号待ちをしている人の過半数が信号無視行動をしているといった記述的規範が観察対象者の行動に強く影響することを確認している。

　これらは，向社会的行動，反社会的行動ともに，身近な他者の行動を観察し，多くの人が行う行動を行動規準（規範）として採用していることを実証した知見である。規範を参照するという観点から見れば，両行動ともにFCEが生じる可能性は高く，合意性推定を過大に見積もるほど，当該行動は促進されやすくなると考えられる。では，向社会的行動と反社会的行動のいずれにおいて，より合意性が高く推定され，そのことによる行動促進が高まるのであろうか。

　反社会的行動のなかでも逸脱性は低いがネガティブな社会的評価を受けやすい行動・判断として社会的迷惑行為が存在するが，社会的迷惑行為を行う傾向の高い者は，社会的迷惑行為を迷惑だと認知する人の割合，すなわち社会的合意性を低く見積もることが確認されている（石田ら，2000）。迷惑行為者は他の多くの人も迷惑行為を迷惑でないと考えているというように，自らの考えと人々の考えの合意性を過大視する傾向にあることが示されている。

　犯罪や非行などの反社会的行動を行う傾向の高い者においては，一般的に自らの利己的な行動を認知的に歪めて正当化する思考パターンがあることが多くの研究で指摘されている（たとえば，Barriga & Gibbs, 1996）。一方で，向社会的行動を行う傾向の高い者における認知の歪みに関する知見はほとんど報告されていない。こうした知見の差異をふまえると，社会的にネガティブな評価を受ける反社会的行動を行うためには，一般の人々がそれらの行動を許容する程度を過大視することで，行動の実行を合理化する必要性がより高くなると考えられる。

　こうした予測を支持するように，シャーマン（Sherman et al., 1983）では，未成年者と成人の喫煙行動の合意性推定において，未成年者のみがFCEを示すことを明らかにしている。また吉武と吉田（2011）では，社会的迷惑行為と向社会的行動それぞれの行動傾向が，迷惑行為をする人の割合推定である迷惑推定と向社会的行動をする人の割合推定である向社会推定に及ぼす影響を比較検討している。それぞれの影響力の相対的な強さを比較する分析の結果，迷惑行為傾向が迷惑推定へ及ぼす影響は向社会的行動傾向が向社会推定に及ぼす影響よりも強いことが確認されている。

第12章 向社会的行動

2 向社会的行動と社会的迷惑行為における合意性推定を調べる調査（実習）

1. 調査の目的

本実習では吉武と吉田（2011）の調査に基づき，向社会的行動と社会的迷惑行為における合意性推定の差異を比較検討することを目的とする。

向社会的行動と社会的迷惑行為ともに，それぞれの行動をしやすい人は，一般の人がそれぞれの行動をする割合を過大に見積もると予想される。また，向社会的行動傾向が向社会的行動をする人の割合推定に及ぼす影響と比較し，迷惑行為傾向が迷惑行為をする人の割合推定に及ぼす影響はより強いと予測される。

2. 調査の準備と実施方法

1 調査対象者の設定

吉武と吉田（2011）では，大学生を対象に調査を行っていた。社会的迷惑行為の行いやすさについては，性別や年齢などの人口統計学的特徴による差異は報告されていない。ただし，女性よりも男性のほうが圧倒的に多く反社会的行動を行うことが一般的に確認されている。向社会的行動については，性差に関する一貫した結果は認められていないものの，年齢に関しては加齢に伴い質・量ともに上昇する傾向にあることが指摘されている（高木，1998）。したがって，より成人に近い大学生を対象とした調査が妥当であるといえる。また，性差に関しては一貫した予想が立てられないことから，ここでは性差の分析を行わないこととするが，反社会的行動における男女差の知見をふまえると，性差に関する分析を追加することも興味深いと思われる。

2 調査の準備

調査の準備として，調査用紙とデブリーフィングを作成する。調査用紙には，回答者の年齢や性別といった人口統計学的項目について，表紙あるいはすべての尺度項目の後に回答を求める。

①行動判断の測定：社会的迷惑行為と向社会的行動それぞれについて，自己の行動経験を問う項目への回答を求める。社会的迷惑行為について吉武と吉田（2011）は，吉田ら（1999）で使用された迷惑行為の一部に修正を加えたものに，日常繰り返される迷惑行為を追加した15項目を用いている。ただし，各項目のそれぞれの行為に対する弁別力の高さを検討した多重コレスポンデンス分析を行い，最終的にそのなかから6項目（$\alpha=.78$）が選択して用いられているため，本実習でもそれらの項目の使用が推奨される。回答は，各項目の行為について「することがある」「することはない」の2件法で求める。向社会的行動については，菊池（1998）の向社会的行動尺度大学生版の一部に修正を加えたものに一般的な向社会的行動を追加した12項目を用いている。社会的迷惑行為と同様の弁別力の分析により，7項目（α

表 12-2　行動判断の回答項目

社会的迷惑行為
1. ごみのポイ捨てをする
2. 赤信号のときに横断歩道を渡る
3. 授業中，授業とは関係のないことを友達としゃべる
4. メールやゲームをしながら横断歩道を渡る
5. 歩道を自転車で走行する
6. 駅やお店付近で，指定された場所以外に自転車やバイクを止める

向社会的行動
7. 子どもを乗せている自転車が前から来たら，道を譲る
8. ボランティアに参加する
9. 環境のことを考えて，エコバッグを利用する
10. 知らない人でも困っている人がいると助ける
11. 後ろに並んでいる人が急いでいたときに順番を譲る
12. おつりが多かったときに，それを伝える
13. 見知らぬ人が物を落としたとき，教えてあげる

=.81）が選択して用いられているため，本実習でもそれらの項目の使用が推奨される。表12-2に各回答項目を示した。

②行動判断の合意性推定：①の各項目について，「一般的に，他の人は自分と同じ判断・行動をすると思いますか」との教示のもと，その割合を0～100％の範囲で回答を求める。同時に，回答の合理性を確認するために，自分と異なる判断・行動をする人の割合も0～100％の範囲で回答し，両推定の和を100％にするよう求める。

3 調査の実施方法

大学の講義や演習などで実施することが主な方法になると考えられる。集団調査で質問紙を一斉配布し，回答を求める。回答に要する時間は5分から10分程度と予想される。実施の際には，調査は匿名で行われ，回答は統計的に処理されるため，個人についての情報が問題になることはないことを教示しなくてはならない。また，調査の実施終了後には，デブリーフィング用紙を配布し，調査内容についての事後説明を行う必要がある。調査内容に関心をもった回答者に対しては，全般的な結果のみの報告が可能であることと，そのフィードバックを受ける手段についても伝えておかなければならない。この調査内容は社会的に望ましくない行動（社会的迷惑行為）についての回答が含まれているため，データ入力の際も含めて回答者の匿名性が厳密に確保されるよう十分配慮する必要がある。

3. データの分析と結果の整理

1 人口統計学的情報の整理

性別ごとの分析は行わないが，社会的迷惑行為には性差がある可能性が示唆されるため，基礎情報として男女の人数を算出しておく。また，年齢の偏りなどを確認するため，平均値と標準偏差（SD）も算出する。

② 行動実施者数の確認

社会的迷惑行為と向社会的行動の各項目について，実施者が極端に少ない場合は，この先の分析が困難になる。そのため，各項目における実施者と非実施者の各人数について，度数分布表を作成して把握しておく。

③ 行動傾向群間の合意性推定の比較

ロスら（Ross et al., 1977）の分析方法に従って，項目ごとに，社会的行動の実施者と非実施者とで，当該行動の合意性推定値を比較する t 検定を実施する。

次に，項目ごとではなく社会的迷惑行為の 6 項目および向社会的行動 7 項目の全体を行いやすい傾向で，高傾向者と低傾向者を群分けし，行動傾向の高低群間で合意性推定値を比較する分析を実施する。先立って，社会的迷惑行為と向社会的行動それぞれの該当項目における内的整合性（信頼性と項目全体のまとまりのよさ）を確認するため，クロンバックの α 係数を算出しておく。この分析で高い内的整合性が確認できないようであれば，上記の項目ごとの結果の報告にとどめる必要がある。社会的迷惑行為 6 項目および向社会的行動 7 項目の実施行為数について，全回答者の平均値を基準に「高傾向者」と「低傾向者」に群分けする。その後，高傾向者と低傾向者とで，合意性推定値全項目の平均値を比較する t 検定を実施する。

④ 行動傾向が合意性推定に及ぼす影響力の比較

吉武と吉田（2011）も指摘するように，社会的迷惑行為の高傾向者が見積もる迷惑推定と向社会的行動の高傾向者が見積もる向社会推定は，母集団が異なるため直接比較することはできない。そのため，行動傾向が合意性推定に及ぼす影響の強さを比較する分析を行う。社会的迷惑行為と向社会的行動それぞれの行動傾向が迷惑推定と向社会推定に及ぼす影響の強さを比較するため，構造方程式モデリングを用い，図 12-1 の因果モデルの分析を行う。分析結果においては，モデルの適合度を確認したうえで，各パスの推定値の大きさと推定値間の差に対する検定統計量を吟味する。特に，迷惑傾向から迷惑推定へのパスの推定値と向社会傾向から向社会推定へのパスの推定値とに有意な差があるかを検討する。

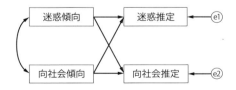

図 12-1　行動傾向が合意性推定に及ぼす影響の因果モデル

4. 考察の視点

以下の点について，結果をもとに考察を行う。

1. 行動傾向群間の合意性推定の比較

    社会的行動の実施者と非実施者とで，当該行動の合意性推定値を比較した結果から，各行動をしやすい人は，一般の人々がそれぞれの行動をする人の割合を過大に見積もるとの予測が支持されたといえるのか考察しなさい。また，項目別に比較した結果から，どのような行動において，より過大な合意性推定が行われ，そこには何らかの法則が見いだされるのかを検討しなさい。

2. 行動傾向が合意性推定に及ぼす影響力の比較

    社会的迷惑行為と向社会的行動それぞれの行動傾向が迷惑推定と向社会推定に及ぼす影響の強さを比較した結果から，ポジティブな評価を受ける社会的行動である向社会的行動よりも，ネガティブな評価を受ける迷惑行為において，行動傾向が合意性推定に及ぼす影響が強いとする予測が支持されたといえるのか考察しなさい。支持された場合，支持されなかった場合に，それぞれの影響メカニズムの差異が理論的にどう説明されるのか検討しなさい。

3. 本結果の一般化可能性

    本結果の一般化可能性について，向社会的行動と対照的に位置づけられる反社会的行動については社会的迷惑行為のみしか扱われていない問題や，反社会的行動を対象とするのであれば大学生がサンプルとして適切であったかという問題を中心として検討しなさい。その際，一般化可能性に限界があると考えられるのであれば，その問題を改善した研究計画にはどのようなものが考えられるか提案できるとよい。

●この章のねらい●

　他者や社会に利益をもたらす向社会的行動が世の中で増えることは，人類の繁栄のためには望ましいことである。対照的に，他者や社会に不利益をもたらす反社会的行動は，人類の繁栄に影を落とす。本章の実習では向社会的行動を，その対照的な行動として位置づけられる社会的迷惑行為と比較することで，それぞれの行動が生じるメカニズムの類似点や相違点について検討した。特に，自らがとる行動を支持する他者がいるという規範的な観点から，これらの社会的行動の実行が促されること，社会的に非難を受けやすいネガティブな行動である社会的迷惑行為において，自らの行動が支持されるという判断が事実を曲解したかたちでより過大になされることに着目した。実習を通して，人がとる行動に影響する規範の重要性や，その規範的判断が必ずしも事実を正確に反映したかたちでなされるわけではなく，良い意味でも悪い意味でも利己的な基準で正当化される傾向にあることを理解できるであろう。

　また本実習の調査内容には，社会的にネガティブな評価を受ける行動である

社会的迷惑行為が含まれている。今回は大学生を対象とした調査の実施を想定したため，回答者の匿名性に配慮する点のみを指摘した。ただし，高校生以下の年齢でこのような調査を行う際には，教師の評価を懸念して回答が歪められる可能性がある。反社会的行動のなかでもより逸脱性の高い非行行為などの質問においては，社会的望ましさを意識した回答のバイアスがより生じやすくなる。そのため，回答した調査用紙が調査実施者以外に確認できないことを印象づける実施上の工夫が必要となってくるであろう。こうした観点から，本実習の方法について議論してみるのも興味深いであろう。

　本実習で扱った向社会的行動における合意性推定の問題は，向社会的行動を生起させるメカニズムの一部を対象としたにすぎない。冒頭で紹介したように，向社会的行動を説明する概念や理論にはさまざまなものがある。向社会的行動が多くみられる健全な社会を目指すために，向社会的行動が生じるメカニズムのより深い理解や，向社会的行動の実践へとつながる知見の蓄積が心理学に求められている。

第13章 社会的スキル・トレーニング

1 社会的スキル・トレーニングとは

1. 導入

　現代社会では，コミュニケーション不全や人間関係の希薄化が社会の疎通性を妨げているとして頻繁に話題にのぼる。そして，これらの問題が顕在化した背景については，個人と個人，個人と社会の関係が変質したことを指摘する多くの論考が存在する。古くは，ゴッフマン (Goffman, 1963) が都市化に伴う儀礼的無関心を，また日本では井上 (1977) が遠慮を必要とする人間関係である世間（セケン）観の変質を指摘している。最近ではやさしさの捉え方が変化したことを指摘する論考がよく知られている。大平 (1995) は「お互いの心の傷を舐め合うやさしさ」から「お互いを傷つけないやさしさ」への変化を，森 (2008) は相手との間に上下や優劣の立場が生じることを極力避け，対等性を保持しようとする傾向があることを指摘している。

　その一方で，コミュニケーションにかかわる能力の低下が叫ばれて久しい。コミュニケーションにかかわる能力がどのように，どの程度低下したのかを示す実証的な研究はまだ乏しく，能力が低下していると考えるのは早計である。ただ，少なくとも，上で述べたような他者とのかかわり方の変化や欧米化・国際化の影響によって，若い世代に必要とされるコミュニケーションにかかわる能力の性質・内容が変化してきているといえそうである。

　実際のところ，日本では若者ほど日常生活において家族以外との人間関係に悩んでおり（厚生労働省，2011），学校教育でも大学や企業でも，子どもや学生，新入社員により高いコミュニケーション能力を期待するようになってきている。コミュニケーション・スキルについて述べた一般向けの書籍も多く刊行され（たとえば，平田，2012；鴻上，2013；竹内，2005），対人関係やコミュニケーションにかかわる課題に対応できることが，これまで以上に重要な意味をもつようになってきている。

　本章では，円滑な対人関係を営むための基本的なスキルが，社会的スキル・トレーニング（Social Skills Training: SST）によって高まるのかを検討するが，SSTはコミュニケーションが円滑に進むための力がすぐに身につく特効薬のようなものではない。対

対人関係

社会的スキル・トレーニング (SST)

人的自己，対人関係，対人コミュニケーションなどについての学術的な研究成果に基づいて，有効なコミュニケーションのとり方について体験的に見直す機会を提供するものである。そして，その機会を通じて，他者とのよりよい人間関係の形成および維持のためのヒントを，参加者自らが発見することを目指す。

2. 社会的スキル・トレーニング研究の歴史

　SSTは，1960年代の欧米で，主張性の欠如や対人不安などの対人的不適応の治療を目的に，行動療法やアサーション・トレーニング，認知療法など各種の治療技法がパッケージ化されたことに始まるとされる（相川，2000）。その後，治療目的にとどまらず，将来の対人的不適応に予防的に対処するために，若年層への教育的な目的でも実施されるようになった。さらに現代では，価値観が多様化し，コミュニケーションにかかわる問題が顕在化しやすいことから，コミュニケーション・スキルを磨きたいと考える人が自己啓発的な目的（栗林・中野，2007）で参加する場にもなってきている。

　ところで，人はコミュニケーションの大部分を言語に依存している。そのため，言語を巧みに駆使し，言語で表現されたことを正確に読み取ることが，コミュニケーションの能力の根幹をなしているといえる。ただ，人は言語だけでコミュニケーションを行っているわけではない。声の大きさや間合いのような準言語的な要素，視線や表情，身振り手振りのような非言語的な要素を言語メッセージに付加することで，より豊かに互いの意思を伝えあっている。

🔑 言語コミュニケーション

🔑 非言語コミュニケーション

　にもかかわらず，現代社会では情報技術が革新的に発達した影響で，相手と顔を合わせてメッセージを伝え合う機会が減り，疑似対面（例：テレビ電話）や非対面（例：電話，メール，SNS）でのやりとりが増えている。対面によるコミュニケーションであれば，相手に対して言語情報，準言語情報，非言語情報が総合的に伝わるが，疑似対面や非対面によるコミュニケーションでは準言語情報や非言語情報が伝わりにくく，誤解を招いたり，意図が伝わらない事態が生じやすい。したがって，これまで以上に言語情報のみで意図を正確に伝える工夫や能力が求められるとともに，準言語情報や非言語情報の役割を再認識する必要があると考えられる。

2　社会的スキル・トレーニング実習の実施

1. 実習概要（内容と手順）

　実習プログラムは，180分（2コマ）×2週分を想定した。1週目はペアでの体験を中心に，自己紹介，チャネル間の関連性，他者との共通点・相違点の再発見など，コミュニケーションの機能や目的に焦点を当てたトレーニング内容とした。2週目は小集団での体験を中心に，リーダーシップや役割分担，自己主張・傾聴など，グループ内でのコ

🔑 チャネル

表 13-1　トレーニング実習の内容

1 週目	2 週目
①【講義】社会的スキルとスキル・トレーニング（10 分間） ② 社会的スキルの事前測定（20 分間） ③ 自己紹介ゲーム（35 分間） ④ 視線と発話（40 分間） ⑤ 同一性をさぐる（75 分間）	⑥ ブックマートX（70 分間） ⑦ ファイブ・エイト（90 分間） ⑧ 社会的スキルの事後測定（10 分間） ⑨【講義】まとめ（10 分間）

注）（　）内は，所要時間の目安である。

表 13-2　トレーニング実習の準備

参加者：5 名〜30 名程度まで
実施者：2 名程度（1 名でも可能だが，複数名いるとよい）
場　所：適当な広さの教室（机・椅子を自由に移動できるとよい）
物　品：ストップウォッチがあると非常に便利である（課題によって配布物や用具が必要となる）

ミュニケーション行動に焦点を当てたトレーニング内容とした。

2．実習プログラム

①【講義】社会的スキルとスキル・トレーニング（10 分間）

▶ねらい：社会的スキルと社会的スキル・トレーニングについて概説する。

🔑 社会的スキル

▶講義例：対人関係・コミュニケーションを円滑に運営するための能力を，広く「社会的スキル」と呼び，その能力を学習・訓練することを「社会的スキル・トレーニング」という。私たち一人ひとりの対人関係にかかわる技能は経験（学習）によって習得されてきたものであり，日常生活のなかでは日々新たな経験を積み重ねている。しかしながら，普段の生活のなかではコミュニケーションの結果にばかり目が向いてしまい，そのプロセスやスタイルには意識が向きにくい。この実習は，参加者が共通の課題に取り組みながら，コミュニケーションのプロセスや自分のコミュニケーション・スタイルを見直し，他者のコミュニケーション・スタイルにふれる機会となる。

　ところで，トレーニングが一定の効果を上げるためには，参加者が自分のこういう面を磨きたい，高めたいという動機づけをもっていることが肝要である。そこで，自分の対人関係やコミュニケーションのとり方について普段どのようなことが課題となっているか，実習に入る前にふりかえってみてほしい。誰しも日常生活のなかで苦手と感じている相手や，苦手とするシチュエーションが 1 つや 2 つはあるであろう。コミュニケーションの相手が同性か異性か，同世代か異世代か，立場が上か下か…。シチュエーションについては，挨拶や自己紹介をする場面，世間話をする場面，相手の話を聞く場面，頼みごとをする場面，申し出を断る場面，冗談を言う場面…。多種多様な相手，シチュエーションで，いつでも思うようにふるまうことができているだろうか。自分の現状を省みて，得意な場面や苦手な場面に意識を向けると，

この実習と日常生活の間がより近いものに感じられるはずである。

　なお，自分のコミュニケーションの特徴がよくわからないという人もいるであろう。そういう人は，この実習が終わるまで，自分のコミュニケーションのとり方と他の人のコミュニケーションのとり方を比べてみてほしい。そのうちに，自分のここをもっと伸ばしたい，ここを変えたい，あの人のようにふるまいたい，といった目標が見つかれば，それを意識して実習に臨むとよい。

▶注意点：この段階では，実習の具体的な内容についてはふれないでおく。

② 社会的スキルの事前測定（20 分間）

▶ねらい：実習前の社会的スキルを測定し，自分の現在の状態を把握する。
　① ENDE2（堀毛，1994）と JICS（Takai & Ota, 1994）を測定する。
　②測定尺度について簡単に解説する。

▶解説例：ENDE2（堀毛，1994）は，社会的スキルを「記号化」「解読」「統制」の 3 因子で捉えようとする測定尺度である。コミュニケーションを情報の送り手と受け手のコード（信号）のやりとりとみなすとき，コミュニケーションを円滑に進めるためには，①信号の送り手が受け手に対し，自分の意思を相手にわかるようにコード化すること（記号化），②送り手が記号化したコードを受け取り，相手の意思を読み取ること（解読），③お互いの主張や置かれている状況をふまえて，自分の行動をコントロールすること（統制）が重要な役割を果たす。

コミュニケーションの記号化，解読，統制

　JICS（Takai & Ota, 1994）は，日本文化に特有の社会的スキルを測定する尺度である。5 因子で構成されており，察知，自己抑制，階層的関係の調整，対人感受性，あいまいさへの耐性からなる。一般的にコミュニケーション能力が高いという場合には，自己主張できることがよしとされるが，日本社会では主張すればいつもうまくいくとは限らず，相手の意図を感じ察すること，相手の出方や関係性に応じて自分の主張を抑制することが求められることも少なくない。

▶注意点：社会的スキルを測定する尺度には，他にも KiSS-18（菊池，1988），ACT（大坊，1991），ENDCORE(s)（藤本・大坊，2007）など，多くの尺度がある。適宜組み合わせてもよい。

　データ入力，尺度得点の算出などの事後処理はレポート課題に含める。ただし，尺度得点の算出について経験のない参加者が多い場合は，手計算で算出する展開も可能である。

③ 自己紹介ゲーム（35 分間）

▶ねらい：参加者同士が 1 対 1 で自己紹介しあい，第一印象について考える。

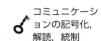
第一印象

▶手順と注意点：

手　順	注意点
①参加者を 10 人程度のグループに分ける。	各グループで男女や未知・既知の偏りが大きくならないよう配慮する。

第Ⅲ部　コミュニケーション

②実習の手順を説明する：各グループでスペースを確保し，そのスペース内を自由に歩き回る。そして出会った人と1対1で自己紹介し合う。短時間で相手を交替して次々に自己紹介する。紹介の内容は自由でよい。	グループ内に顔見知りや知り合いが多い場合には，自己紹介の内容をあらかじめ設定してもよい（例：好きな／嫌いな食べ物，趣味・特技，地元自慢など）。
③自己紹介は1人の相手との間で1～2分程度とし，相手を交替する合図を出す。	自己紹介にかける時間には個人差があるので，交替する合図を出すようにする。
④グループ内での自己紹介が済んだら，グループで円になるよう指示する。そして次のような「ふりかえり」の進め方について説明する。 　a）任意の1名について「この人は誰か，どういう人か」，記憶していることをグループのメンバーに順に問うていく。 　b）「他にこの人について知っていること，思い出したことはないか」補足を求める。 　c）同様のふりかえりをメンバー全員について順に行う。	
⑤この実習を通じて気づいたことを発言してもらい，参加者全体で共有する（わかちあい）。	

🔑 ふりかえり

🔑 わかちあい

　■意見が出にくければ，以下のようなことがらについて考えるようガイドする。
　　・自己紹介でどんな内容を相手に伝えたか？
　　・あなたは何人から覚えていてもらえたか？
　　・紹介した内容のうち，どういうことを覚えてもらえていたか？
　　・逆に，あなたは何人の人を覚えていたか？
　　・比較的記憶に残っている人と，そうでない人は何が違ったのか？
　　・（顔見知りが多い場合には）相手について今まで知らなかったこと，聞いて意外だったこと，わかったつもりでいたことが事実とは違っていたことなど，新たな発見はなかったか？

　▶展開のためのヒント：伝え手（発信者）の立場，受け手（受信者）の立場のそれぞれで多様な気づきが得られる。たとえば，記憶に残りやすい人物として，①自分と共通点（例：同郷，同じ趣味，共通の友人）があった，②会話をかわす前の印象と会話をかわしてからの印象にギャップがあった，③目立ちやすい外見的特徴（背の高さ，服装，容姿など）やめずらしい名前をもっていた，④個性的な趣味をもっていた，⑤その他，その人が醸し出す雰囲気（ユーモアや低姿勢な雰囲気など）といった特徴がよくあがる。これらのふりかえりをふまえ，自分が初対面の相手にどのように見られやすいかといったことや，就職活動などで相手に印象づけるアピールの仕方といったことにも話題を展開できる。また，顔見知りの多い参加者で実習を行う場合には，対人認知の歪みに関する現象（ステレオタイプ，光背効果，想定類似性効果など）に結びつけることができる。

④　視線と発話（40分間）

🔑 視線

　▶ねらい：視線を操作しながら会話し，視線と発話の関係に気づく。

▶手順と注意点：

手　順	注意点
①ペアをつくり，向かい合わせに腰かける。近すぎて気づまりにならない程度の間隔を空ける。	きれいにペアにならなければ3人組でもよい。そのうち1人は観察者の役割となる。
②「最近一番うれしかったこと」「最近一番悲しかったこと」を思い出すよう教示する。	悲しかったことは思い浮かばないというリアクションがあることもある。その場合「腹が立ったこと」「困ったこと」などを思い出させるとよい。
③〈セッション1〉ペアの1人をA，もう1人をBとする。まずAが話し手，Bが聞き手となり，「最近一番うれしかったこと」をAがBに話すよう教示する。ただし，AはBをなるべく見ないで話す。BはAに普通に視線を向けてよい。話す時間は，関係性にもよるが3分程度でよい。	話し手は視線だけを逸らすようにし，目を閉じたり，身体全体を聞き手から背けてはいけない。Bは相づちを打ったり，聞き返すなどの反応はしてよいが，あくまで聞き手役に徹する。
④話し手を交替（Bが話し手，Aが聞き手）し，同様に会話する。	
⑤〈セッション2〉Aが話し手，Bが聞き手に戻る。次は「最近一番悲しかったこと」をAがBに話すよう教示する。ただし，先ほどとは違い，AはBをじっと見ながら話すよう教示する。	
⑥話し手を交替（Bが話し手，Aが聞き手）し，同様に会話する。	
⑦この実習を通じて気づいたことを発言してもらい，参加者全体で共有する。	

■意見が出にくければ，以下のようなことがらについて考えるようガイドする。
・話し手あるいは聞き手の時にどう感じたか（違和感などはなかったか）？
・聞き手の時に，話し手である相手を見ていて気づいたことはなかったか？
・話題によって視線の動きが普段と異なることで違和感を覚えたり，あるいは，むしろ話しやすいということはなかったか？
・視線を逸らさなければならなかったとき，手や足，姿勢など他の身体に変化はなかったか？

▶展開のためのヒント：相手の目を見て話すのが，コミュニケーションのルールといわれるが，実際のコミュニケーションでは，視線の使い方は話題の影響を受けている。相手にぜひ知ってほしいと思う話題では，視線でも相手に伝えようとする行動が自然ととられ，逆にあまり言いたくないような話題では，視線ははずされる。特に深刻な話題では，相手の目を見ないほうが話しやすいこともある。バー・カウンターでの横並びの座席配置や薄暗い照明はそのような特徴を考慮したものといえる。また，嘘をつくときには相手と視線を合わせるのは困難を伴うし，謝罪の場面で相手の目を見ないで謝罪しても気持ちは伝わらないなど，発話と視線が連動していることはさまざまな場面で経験される。日本人の視線恐怖や自己漏洩感の話題などと結びつけてまとめてもよいであろう。

発話と視線の連動

5 同一性をさぐる（75分間）

▶ねらい：自分らしさを，他者との違いを意識しながら再確認する。
▶物品：「ことば」を記載した用紙16枚，首からさげる名札（人数分）を用意する。
▶手順と注意点：

手　順	注意点
①全員を部屋の中央に集め，記名済みの名札を首からさげてもらう。	
②実習の内容を説明する。 　これから部屋の四隅に1枚ずつ，合計4枚の用紙を貼り出す。各用紙には，1つの「ことば」が書かれており，それぞれは異なる「ことば」である。その4つの「ことば」のなかから，自分を最もよく表していると思う「ことば」を1つだけ選んでほしい。どの「ことば」を選ぶかは他人とは話し合わず，自分自身で選択する。	＊「4つのことば」の一例（柳原，1976） 　1組目：温かい，控え目，内向的，ロマンティック 　2組目：さえている，輝いている，熱烈な，根気強い 　3組目：大人，男，女，成熟 　4組目：積極的，消極的，はなやか，楽天的 これらの例以外にも「成長ざかり，幸福な，資格十分，安定した」，「平和，なごやか，現実的，社交的」など，適宜アレンジできる。
③1組目の4つの「ことば」の用紙を部屋の四隅に貼り出し，そのうちの1つを選択したら，その「ことば」を，名札の「ことば」を書く欄にできるだけ大きく記入させる。	
④全員が記入し終わったのを確認し，自分が選んだ「ことば」が掲げてある付近に移動させる。	
⑤同じ「ことば」を選んだ者同士でグループになり，その「ことば」を選んだ理由を話し合う。その際，「ことば」の意味をどう解釈したのか，自分のどういうところがその「ことば」と合致するのか，を意見交換させる。	それぞれの「ことば」を選択した人数によって，話し合いに時間差が出る。人数が極端に多いグループがある場合は，さらに小グループに分けるなどの対応が必要である。
⑥各グループのメンバーに簡単にインタビューをし，参加者全体で共有する。 　・グループのメンバーが，この「ことば」を選んだ理由 　・この「ことば」に集まったメンバーの顔ぶれを見ての感想 　・他の「ことば」を選んでいるが，こちらに来るべきだと思われるメンバーは誰か	
⑦次に，1組目の「ことば」を外して2組目の「ことば」を部屋の四隅に貼り出し，再度，全員を自分を最もよく表していると思う「ことば」のところへ移動させ，1組目の「ことば」と同様に話し合いとインタビューを行う。3組目，4組目の「ことば」についても同様の手続きで行う。時間が足りない場合には，移動を割愛し，「ことば」を選択させてインタビューのみ行うなどしてもよいだろう。	外した「ことば」の組み合わせは参加者から見える位置（前の黒板など）に掲示して，ふりかえりができるようにしておくのが望ましい。
⑧この実習を通じて気づいたことを発言してもらい，参加者全体で共有する。	

■意見が出にくければ，以下のような問いかけをしてみるとよい。
・参加者は4組の「ことば」の選択活動を通して，自分を最もよく表していると思う4つの言葉を選択したことになるはずだが，その4つの「ことば」は自分をうまく表現しているか？
・4回の選択がまったく同じだった人はいるか？　同じ選択をした人同士は似ているのだろうか？
・他の人の意見のなかで，自分とは考え方が異なるが，感心した意見はないか？

▶展開のためのヒント：選択した「ことば」は同じでも，それを選択した理由やその「ことば」に対してもっているイメージは人それぞれである。逆に，選択した「ことば」は違うのに，選択した理由やもっているイメージが似通っていることもある。それに，その「ことば」が自分に合致する感覚も人それぞれである。自己イメージに従って選択した人，他者からよく指摘される特徴に影響された人，自分の理想や希望をそこに投影した人など。

同じ選択をしている者同士が似ているとも限らないし，違う選択をしている者同士が似ていないとも限らない。自分の考えている自分らしい特徴が，他者の目に映る自分らしさとは一致していないこともある。このような不思議な感覚を味わいながら，自分や自分らしさについて再発見し，新たな視点で自分を見つめなおせるとよい。

これで1週目は終了である。実習を2週に分けて実施する場合には，2の社会的スキルの測定をこの時点に追加（中間測定）してもよい。

6 ブックマート X（70分間）

▶ねらい：集団での意思決定における自分の役割，他者との役割分担について考える。また，情報集約のための効率的，効果的な話し合いの仕方について考える。

▶物品：「課題とルール」を記載した用紙1枚，「地図用紙」1枚，「情報カード」20枚1セット，白紙数枚をグループ数分用意する。

▶課題とルール：

【課題】

ひろしくんは今日が世界的に評判の本の翻訳書の発売日なのでうずうずしています。すぐに売り切れることも予想されます。ところがひろしくんの住む町ではこれを扱っている大きな本屋さんがありません。隣町には有名な大きな本屋である「ブックマート X」があるのですが，家族も正確な場所をよく知らず，みんなから集まった情報はバラバラです。ひろしくんを次のバスに乗せてあげるために情報を出し合い，わかりやすい1枚の地図にして，ひろしくんに渡してください。早く地図が完成したらすぐにひろしくんに渡しますので，近くの係に教えてください。隣町へ行くバスは，今から35分後に出発します。

【ルール】

1. 最終的にひろしくんに渡す地図は，1枚の地図用紙に清書し，迷わないようにできるだけ正確に書き，道順を矢印で示してください。

> 2. 各自がもっている情報は，口頭で伝えてください。他人の情報カードを見たり，他人に渡したり，見せたりしないでください。
> 3. 情報をそっくりそのままメモ用紙などに書き出したり，すべての情報を書き出して一覧表を作るというようなことはしないでください。

【地図用紙】　地図を作成するのは白紙でもよいが，道路，橋，川，線路などの地図の下地を示したものを地図用紙（図 13-1）として配布すると，情報を読み解く助けとなり，正解に至りやすい。

【情報カード】　スタート地点（バス停）から目的地（ブックマート X）に至るのに必要なランドマーク間の関係性や方角などを示した 20 個の情報を作成し，情報ごとに手の中におさまる大きさの厚紙に記載する。20 枚のカードを 1 セットとする。その際，地図作成には必要ではない情報も含めるとよい。また，ポストやコンビニエンスストアなど複数存在するランドマークを用いることで難易度を操作できる。

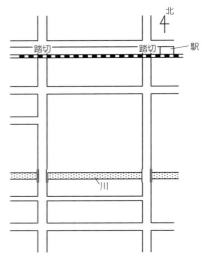

地図の縮尺は必ずしも正確ではない。

図 13-1　道路等の一部の情報が記載された地図用紙の例（磯ら，2007）

【情報の例】（磯ら，2007）
・バス停から西へ進むと十字路があり，そこを右に曲がると川の手前にお寺があります
・駐車場から北に進み，十字路を東に進むと通りの南側にブックマート X があります
・病院から北に進み，木橋を渡って 300m 行くと右側に銀行があります
・幼稚園児は近くの川原で遊ぶのが好きです（地図作成に必要ではない情報の例）

▶手順と注意点：

手　順	注意点
①参加者を 5〜6 名のグループに分け，グループごとにまとまって着席させる。	
②「課題とルール」を記載した用紙をグループに 1 枚配布し，実習の内容を説明する。	課題，ルールを順に音読し，内容を確認する程度でよい。
③「地図用紙（1 枚）」「情報カード（1 セット）」「白紙（数枚）」を各グループに配布する。地図用紙や白紙は多めに用意しておき，申し出があればその都度配布する。	
④「情報カード」20 枚すべてを裏面にしてグループのメンバーに均等に配るよう指示する。グループの構成人数によっては受け取る枚数が異なる。	

第13章　社会的スキル・トレーニング

⑤スタートの合図をし，まずは自分に配られた情報カードの内容を各自よく確認するよう促す。	
⑥地図が完成したグループがあれば正解かどうかを実施者が確認し，不正解であれば課題を続けさせる。	課題が難しく正解に至るグループが現れない場合は，制限時間を延長したり，ヒントを出すなど適宜対応する。
⑦制限時間（35分）になったら，グループでの作業の終了を宣言する。	
⑧課題の答え合わせをする。 ・早く回答を終えたグループの回答を聞き，正解を共有する。 ・正解を各グループに配布する。	
⑨各グループでふりかえりを行う。 ・グループの活動として何がよかった，もしくは何がよくなかったのか？ ・おのおののメンバーは，グループのなかでどのような役割を担っていたのか？	
■意見が出にくければ，以下のような問いかけをしてみるとよい。 ・自分の役割に名前をつけるとしたらどうなるだろうか？　役割がわかりやすい名前をつけ（たとえば，人の意見に対して必ず「どうして？」と疑問を投げかける役），なぜ自分がその役割を担ったのかを考えてみよう。 ・メンバーの「この行動のおかげ」で正解にたどり着いたり，話し合いが進んだ，というものはないだろうか？	
⑩ふりかえりの内容を全体でわかちあう。	

▶**展開のためのヒント**：課題解決型の（正解のある）実習では，グループが正解にたどりついたか否かということだけが活動を評価する基準になりやすい。しかしながら，この場では，課題解決の結果だけにとらわれず，グループとして機能していたのか，そのために自分は何をしたのかという視点でふりかえる必要がある。

　この課題は，限られた時間のなかで，断片的で分散された情報を共有し，整理することが求められる。したがって，そのために重要な行動は，自分のもっている情報を積極的に他のメンバーに伝達できたか，また，他のメンバーの情報提供に対し傾聴し，必要に応じて復唱や確認行動をとれたかということにある。また，情報カードには，問題解決にあたって必要な情報と不必要な情報が混在していることから，その取捨選択についてチーム全体に提案したり，地図の作成にあたって固定観念にとらわれないアイデア（例：ポストやコンビニエンスストアは1つか，複数か／お店や公園の大きさはどのくらいかなど）を出し合えたかが，迅速な問題解決へのカギを握っている。　🗝傾聴

　効率的に課題解決を進めるためには，メンバーがそれぞれ違う役割を担うことも重要である。進行役（リーダー）の役割はむろん重要であるが，リーダーをサポートする役割，情報を整理する役割，時間を管理する役割，地図を描く役割，ムードメーカー的な役割など，多様な役割がある。みながそれぞれの役割を担い，他人任せや手抜きに陥らないことが重要である。　🗝役割

7 ファイブ・エイト（90分間）

🔑 意思決定
🔑 コンセンサス

▶**ねらい**：正解のない課題における意思決定を通じて，コンセンサスのために必要なこと，コンセンサスを得る難しさを知る。個人の考え方や価値観が反映されやすい課題を通して，自分と他者の考えや意見には違いがあることを認識し，それを理解し，互いに受容するプロセスを体験する。

▶**物品**：「課題」「回答シート」を人数分用意する。必要に応じて「グループ集計表」をグループ数分用意する。

▶**課題**：この課題は，柳原（1976）の「スリー・テン―誰が生き残るべきか」をベースとしている。

【課題】ファイブ・エイト：誰を救うべきか

奇怪な一連の事件が続いて，世界中が強力な原子力のえじきとなり，この地球上に終局がもたらされようとしています。しかし，科学者は特別な保護室（カプセル）をつくり，そのなかにいる人たちは完全に生存できることを保障しました。この室内は，すでに選ばれた8人の人たちが入れるようになっています。

1. 弁護士
2. 弁護士の妻（妊娠している）
3. 女子大学生
4. プロサッカーの選手（男性）
5. 学識豊かな女優
6. 東南アジアから留学に来ている医学生（男性）
7. 有名な小説家（女性）
8. 生化学者（男性）

ところが，最後の瞬間になって科学者は，最初の計画に反して，カプセルの中では5名しか安全を保障できないとアナウンスしてきました。上記のリスト中，どの人が救われるべきでしょうか。

救いたい人物	理　由

図 13-2　回答シートの例

【回答シート】　参加者個人の判断を記入する回答シートを用意する。救いたい人物5名とその理由を書けるような欄（図13-2）を「課題」の下に配置して1枚の用紙で配布してもよい。

【グループ集計表】　グループの参加者が選んだ5名を一覧で見られるようなグループ集計表を用意すると問題解決の助けとなる。

▶手順と注意点：

手　順	注意点
①「課題」と「回答シート」を配布し，実習の内容について説明する。 　「ブックマートX」「ファイブ・エイト」，どちらの課題もグループによる意思決定を体験できる実習であるが，「ファイブ・エイト」では正解のない課題を扱う。	課題の内容について，さまざまな質問があがることが予想される（たとえば，弁護士の妻が子を産んだ場合にはどうなるのか）。しかし，日常生活においても限られた情報のなかで意思決定を行わなければならないことは多々あり，このような状況ほど意思決定に個人の考え方が反映される。
②「回答シート」に，個人の意思決定の結果を記入するよう指示する（10分）。 　選択に迷うであろうが，限られた時間のなかで個人による意思決定を終えなければならない。救いたい5名の人物を決定し，なぜその5名を救うべきなのか，その理由を他の人に説明できるように準備しておく。	①②の時点でグループで話し合うことを伝えておかなくてもよい。そのほうが，個人の意思決定が素直になされる可能性もある。
③参加者を5〜6名のグループに分け，グループごとにまとまって着席させる。用意していれば，「グループ集計表」を配布する。全員分配布するほうがよいだろう。	「ブックマートX」と「ファイブ・エイト」でグループを変えてもよいし，変えなくともよい。参加者同士が広く交流できることを目的とするならば，グループ替えを行ったほうがよい。一方，参加者がグループ活動のなかで起きていること（プロセス）にじっくり目を向けられるようにしたければ，グループは変えないほうがよい。
④②の個人の意思決定の結果を，グループ内で各自発表しあい，グループのメンバー全員が納得し，合意するような結論を制限時間内（45分）に出すようにする。	グループでの意思決定の前に，コンセンサスに至るためのヒントを説明するとよい。たとえば，「各自がある程度の納得を得られる結論を導くこと」「多数決や取引などによる妥協した結論を導き出さないこと」「少数意見は考え方の幅を広げるものとして積極的に耳を傾けること」など。
⑤各グループが出した結論とその理由を発表しあい，全体の動向を整理する。	
⑥各グループで「ふりかえり」を行う。 ・グループで1つの結論に至るまで，どのようなコミュニケーションがかわされ，どのような気持ちになったか？ ・自分の意見は賛同を得られたか，他人の意見に賛同したか？ ・他人の意見を聞いて，「そういう見方もあるのか，なるほど」と思ったことはないか？ ・自分の意見と相手の意見が衝突したり，誰かと別な人の意見が衝突したことはなかったか？	

・他のグループの結論とその理由を聞いて，感じたことはないだろうか？ ⑦ふりかえりの内容を全体でわかちあう。 ・各自がどのような経験をしたのか，多様な意見を拾えるようにする。	少数意見にも目が向くように実施者がサポートするとよい。たとえば，話し合いの当初は，8名の人物について参加者が考える前提が一致していない場合が多い（例：医学生に一人前の医者と同等の期待をしてよいのか，生化学者とはどんなことを研究している人か）。曖昧な情報についてどのような前提が共有されたのかを確認してみてもよい。

意見の衝突

▶**展開のためのヒント**：このような実習のなかでも日常生活のなかでも，仮に意見が衝突しても，衝突などまるでなかったかのように処理をされてしまうことがある。些細な事柄であれば，そういった処理でも問題は生じないが，そうでなければ少なくともどちらかは納得のいかぬまま結論に従わざるを得ない。であるからして，時には衝突を回避せずに落ち着いて話し合って，相互の理解を深め，両者にとって納得のいく結論が得られるようにしたい。この場は，学習（経験）の場であるので，意見が衝突しても自分と相手の意見の間で何が一致していて，何が一致していないのかを，見極める余裕がある。また，対立している当事者だけではスムーズにコミュニケーションが進まなければ，誰かが中立的な立場の役割になって，双方の意見を整理するといったこともできるであろう。さらに，日常生活では，そもそも対立すら生じず，声の大きい者の意見が全体の意見のようになってしまうこともある。反対の意見をもつ者や，意見があっても言い出しにくい者がグループ内にいることに気づき，傾聴することができたかどうかを「ブックマート X」において学んだ役割分担の重要性と関連づけてふりかえりの話題にすることもできる。

⑧ **社会的スキルの事後測定（10 分間）**
▶**ねらい**：実習後の社会的スキルを測定し，実習前の状態と比較する。
再度，ENDE2（堀毛，1994）と JICS（Takai & Ota, 1994）を測定する。

⑨【講義】**まとめ（10 分間）**
▶**講義例**：この実習プログラムは，2 週にわたるペアならびに小集団での体験によって，コミュニケーションをすることの意義や，自分のコミュニケーション上のクセに気づいたり，再確認してもらったりするものだった。この実習プログラムのトレーニング効果を，社会的スキル尺度得点の実習前後の変化で確認した。あとで 2 回目の社会的スキル尺度の得点を計算して，各自の訓練効果を確認してみてほしい。

正の訓練効果

このような実習プログラムのトレーニング効果は，概して正の訓練効果（社会的スキル尺度得点が向上する）が認められることが多い（詳しくは，後藤，2012 参照）が，いつもそうなるとは限らない。逆に実習を経験することで自分のコミュニケーション・スタイルを厳しい目で見直して，負の訓練効果（社会的スキル尺度得点が低下す

負の訓練効果

る）が認められることもある。

　それから，実際に実習プログラムを体験してみて，自分のコミュニケーション行動を見直したり，「ふりかえり」や「わかちあい」を通して，社会的スキル尺度では測定できていないような発見・気づきが得られた人もいると思う。そういう人はぜひ，その発見や気づきを直ちにメモに残して，実習のレポート課題のためだけでなく，今後の日常生活に活かしてほしい。今現在，この実習の効果は，みんなの意識レベルに影響を及ぼしているだけに過ぎないであろうが，こういう経験を蓄積していくうちに，意識だけではなく，実際のコミュニケーション行動までもが変化する可能性がある。私たちが普段とっているコミュニケーション行動は，これまでの人生のなかで長い時間をかけて身につけたものでそう簡単には変わらない。ただ，何かのきっかけで少しずつ変化することはあるのではないか。そのきっかけは，これから起こる，人との出会いや別れ，人間関係の広がりや深まりによるものが大きいのだろうが，今回のような実習も小さなきっかけの1つになればと思う。

　最後に，SSTに関する研究はまだ発展途上で，多くの課題を抱えている。代表的な課題を3点あげておく。第1にトレーニング内容の問題がある。どのような内容のトレーニングを，どれだけの時間・回数実施すると，どれくらい効果があるのか，確かなことはよくわかっていない。第2にトレーニング効果の測定方法の問題がある。今回のようにトレーニングの効果は，参加者が社会的スキル尺度に回答して，実際にどのような気づきを得られたかで測定される場合が多いが，本来は，参加者本人の報告だけでなく，その報告の裏づけとして，客観的な指標（行動レベルでの効果測定や他者評価）を得ておくことが望ましい。自分は変わったけれども，他者からは変わったように見えない場合よりも，他者からも変わったように見える場合は，効果がより大きいといえるだろう。第3に，2点目と関連して，トレーニング効果がその場限りのものか，そうでないのかも明らかにしておくべきである。訓練効果がどのくらいの期間保持されるのか，そしてその効果が実習の場や参加者同士での関係の枠を超えて日常生活にまで一般化されるのかということについても検討の必要がある。

10 その他
　上記の実習プログラムは，あくまでも構成例で代表的な課題を示した。2週目の2つの問題解決課題のうち，どちらか一方のみを行い，ふりかえりに時間をかけてもよいだろう。

3. 社会的スキル・トレーニング実習後のまとめ

〈レポート課題〉

1. 理論編
   - 参考資料を吟味して，社会的スキルの概念についてまとめなさい。

   > 【参考資料】
   > 大坊郁夫 (1998). しぐさのコミュニケーション：人は親しみをどう伝えあうか　サイエンス社
   > 大坊郁夫編 (2005). 社会的スキル向上を目指す対人コミュニケーション　ナカニシヤ出版
   > 磯 友輝子 (2011). 視線と発話の連動　末田清子・田崎勝也・猿橋順子（編著）コミュニケーション研究法　ナカニシヤ出版　p.63
   > 菊池章夫・堀毛一也編 (1994). 社会的スキルの心理学　川島書店

   - 社会的スキル・トレーニングの効用と限界について述べなさい。

2. 実践編
   - 個人単位で行った実習についてのふりかえり内容と集団で行った実習のふりかえり内容を比べて，自分の社会的スキルの特徴について比較検討しなさい。
   - 個々の実習を通して経験された，自分の得手不得手についてふりかえりなさい。
   - 今後の生活に向けて意識面で変化したことについて書きなさい。
   - 社会的スキル尺度の測定値を比較し，今回のトレーニング効果について述べなさい。

〈考察のポイント〉

1. 私たちのコミュニケーション行動には，個人特性，使用可能なメディア，社会的・対人関係の要因が総合的にかかわっていることを理解する。また，社会的スキルは固定的ではなく，学習可能なものである。
2. トレーニング効果はいつも認められるものではない。仮に効果があっても，正の効果が認められたり，負の効果が認められたりする。社会的スキル全般に効果がある場合もあれば，一部の要素にのみ効果がある場合もある。トレーニング効果の背景にある，社会的スキルの構成要素や実習プログラムの内容，参加者の特性などにも目を向けられるとよい。

〈分析のためのプログラム〉

- 対応のある平均値の差の検定
- （社会的スキルを3回測定するのであれば）参加者内計画の分散分析
- 尺度間の相関関係，α 係数の算出など

第 13 章　社会的スキル・トレーニング

◉この章のねらい◉

　本章では，社会的スキル・トレーニングの方法とその効果測定に焦点を当てた。現代社会は，これまで以上にコミュニケーション・スキルの重要性が叫ばれていることから，本章はその流れに沿うものとなっている。このような簡易な方法で実習を行うだけで，少なくとも一時的には私たちの意識や行動が変わる可能性があることを自ら確認してもらえるとよい。また，それぞれの尺度得点の変化に注目して，どこが変わり，どこが変わっていないのか（できることなら，それはなぜかまで）をふりかえる機会をもってほしい。

　このような個々人の変化は，何もトレーニングの結果だけに限ったものではなく，いろいろなところで起きている。1つの決断や心の支え，気持ちの持ちようが，私たちの思考や行動を変えることがある。また（自分では変わるつもりなどなかったのに）ある人が放った一言や生活環境の変化，直面する出来事（例：事故・災害など）で人が変わってしまうこともある。私たちを取り巻くさまざまな要因の及ぼす影響に関心をもち，研究してみようというきっかけになれば幸いである。

　研究法的な視点では，本章ではプリ・ポストデザインで得られたデータを取り扱っている。説得，教育・訓練，環境の変化など，同一の個人が2つもしくはそれ以上の時点でどのように変化していくのかを検討した先行研究は枚挙にいとまがない。本来，個人の何かが変わったかどうかを検討するとき，本章の実習例のように，変わるきっかけをもった（本章でいえばトレーニングを行った）対象者だけを調べるのでは不十分である。統制群を設けたり，プログラム内容や構成を変えて条件間を比較したりといったことが求められる。研究者である皆さんそれぞれの問題意識のもと「人が変化する」ことをどのようにすればより客観的に証明できるのか，考えてみるとよいだろう。

第IV部

集団と文化

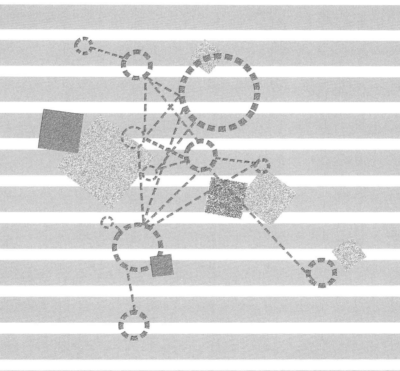

■ Preview ■

集団・文化の研究

1. 集団・文化研究を始める前に考えるべきこと

　第Ⅳ部では，対人社会心理学分野において最もマクロな研究領域である集団・文化の研究について取り上げる。どの分野の研究においても日常的な研究の仕方とは異なるレベルでの問い，その研究テーマの根本にかかわる問いを検討する必要性が存在するが，とりわけマクロな研究領域である集団・文化研究においては，研究者自身のよって立つ認識論的基盤をある程度明らかにしておかなければ，集団や文化という概念の便利な曖昧さや多様さにからめとられてしまい，何がどこまで明らかにされたのかがわからなくなるという問題が生じかねない。それは集団研究に関していえば，たとえば，個人が集まって集団が形成されることについては研究者間で一定の合意があるとしても，いったん集団が形成された以上，集団を個々人の単なる集まり以上の存在として全体的に捉える試みが行われなければその全体像が把握できないと考えるのか，それともあくまでも個々人という存在の延長線上で集団を捉えうると考えるのかという問題として顕在化する。一方の文化研究に関していえば，それぞれ異なる複雑な意味の体系に埋め込まれた現象を取り上げて，文化間での比較を行うことがはたして可能なのかといった疑問がそういった問題に該当する。もちろん集団・文化研究の領域においても，現実の研究プロジェクトを遂行するためには根本的な疑問ばかりを考えるのではなく，専門家としての客観性を担保できる方法論をしっかりと習得し，それを用いて研究を進めていくことが必要であり，それゆえ第Ⅳ部の各章でも研究事例とともにそこで用いられている研究法が実習を通じて学べるように紹介されている。しかしながらこのプレビューでは具体的な研究からはいったん離れて認識論的基盤をめぐる根本的な問いについての議論について簡単に整理することにしたい。この作業によって，個々の研究法がなぜ有効であると考えられるのかに関して，俯瞰的な観点からより深い理解が得られるであろう。

2. 文化をどのように捉え，どう研究するのか

　グローバル化に伴う異文化との接触・交流の機会の増大は，人々に自文化と他文化との差異についての自覚を促し，異なる文化に所属する人々の間で摩擦や葛藤を生じさせる頻度を高めている。その意味で今日ほど，一般の人々においても文化に関する研究の重要性が高まっている時代はないといえるであろう。では，どのように文化についての研究は行われるべき，あるいは行いうるのであろうか。この問題に関して，文化人類学では，エティック・アプローチとエミック・アプローチという研究法上の区別がなされ

てきた（Jahoda, 1982）。前者のエティック・アプローチでは，ある文化における行動が，外部の観察者である研究者によって設定された，科学的，客観的，普遍的である基準で研究されうるとする立場がとられる。したがって，エティック・アプローチでは，たとえば，その人が所属している文化にかかわらず，怒りという感情をヒトという生物種における基本感情の1つとして客観的な基準で観察可能であると想定したうえで，ある文化ではAという状況においては怒りという感情が表出される可能性が高いのに対して，別の文化ではAという状況ではあまり怒りは表出されないというような比較検討が可能となる（第16章ではこの方向性での研究が主として紹介されている）。これに対して，エミック・アプローチでは，ある文化における行動を，あくまでも既存の構造の部分として取り扱い，その構造をそれ自体の用語によって，そして外部から課せられた基準とは無関係に，記述することを目的とする立場がとられる。したがって，エミックな論述は，目下研究されている文化体系の部分としての意味や特質に関する論述としてしか意味をもたないとされる。それゆえ，たとえば怒りという感情に関していえば，怒りの表出というレベルでの基本感情の存在を必ずしも否定するわけではないが，その文化において，どのようなことが怒りを生じさせるのかについては，その文化の意味体系に深く依存しており，客観的な外部の基準によっては理解することはできないことになる。つまり，Aという文化において，自分の面子をつぶされたときに感じられる怒りと別のBという文化において自分の面子をつぶされたときに感じられる怒りとは，それぞれの文化の価値体系のなかで，面子をつぶされるということがそもそも異なる意味をもつため，どちらかの怒りのほうが大きいといった単純な比較は不可能とされるのである。

3. 質的研究と量的研究

　心理学全般においては，個性記述的（idiographic）と法則定立的（nomothetic）という用語を用いてエティック・アプローチとエミック・アプローチという研究法上の区別と同様の議論が行われてきた（Robinson, 2012; Salvatore & Valsiner, 2010）。両アプローチについては，個性記述的アプローチを重視する質的研究と法則定立的アプローチを前提とする量的研究との対比のなかで，それぞれのアプローチの前提や目的の違いが議論されることも多かった。そして，両アプローチをどのように統合させるかに関して，かつては，仮説の生成や発展のために質的研究を用い，そこから得られた仮説を量的研究で検証するという方法論上の棲み分けが有効であると提言され（Barton & Lazarsfeld, 1955），心理学においても長らくその方針が質的研究の帰納的方法に着目したオーソドックスな方法として受け入れられていた。しかし質的な研究が蓄積され，その方法論が発展するに従い，質的研究による仮説の生成・発展から量的研究による検証という単純化された図式に基づく認識は，両者の連携の可能性をむしろ阻害するものとして理解されるようにもなった。

　質的研究と量的研究は対立するものであり，両者の連携は容易ではないという論争の背景にも，文化研究の文脈とも多少関連する哲学的な存在論と認識論の問題も存在していた（能智，2005；Salvatore & Valsiner, 2010）。それは心理学を含む人間科学におい

て，認識する主体の影響を除いた客観的な事実の存在を前提として科学的な厳密性を重視した研究を進めることが可能かどうかという問題である。量的な研究が基盤とする実在論では客観的な事実の存在という前提が素朴に受け入れられ，質的研究の極端な立場からは，それに対する厳しい異議申し立てが行われていたのである。社会心理学における文化研究に関しては，ガーゲン（Gergen, 1994）による社会的構成主義的な立場が後者に該当する。そのような両アプローチの対立状況に関して，フリック（Flick, 1995）は，これまでにないような新しい社会の文脈や視野が現れる状況においては，これまで研究者たちが当たり前のように用いてきた演繹的方法（厳密に定義された既存のモデルから研究の設問と仮説を導き出して，それらを実証的データと比較し検証する）だけでは，研究対象の多様性に対して十分に対応できなくなっていることを指摘し，問題を大まかに示すだけの「感受概念」を出発点とする帰納的な研究戦略の必要性を主張している。

　心理学において，自然な日常の文脈のなかでの研究対象の複雑性に対して適切に開かれた方法として質的研究アプローチが再び注目を集めるようになったのも，研究対象の多様性や複雑性へ対応した方法論の必要性が認識されるようになった流れと対応するものであろう。そのような流れのなかで，マイルズとヒューバーマン（Miles & Huberman, 1994）は，両アプローチを1つの研究に統合するためとして，4タイプの基礎的な研究デザインを提案している。第1の研究デザインでは，質的，量的両方のデータを継続的に収集されることが計画される。第2の研究デザインでは，フィールドにおける継続的な観察が基礎となり，そこにいくつかの時点で収集された調査データが結び付けられて考察が行われる。第3の研究デザインでは，半構造化面接のような質的研究による探索から研究を開始し，中間段階で質問紙法により量的研究を行い，最終的な質的研究によって，それまでに得られた結果を深め評価が行われる。第4のデザインでは，研究の開始当初に実施された量的調査の結果に深さを与えるためにフィールド調査が補完的に行われ，最終的には結果を検証するためにフィールドへの実験的介入が実施されるというデザインである。以上の4つの研究デザインは質的研究と量的研究の連携についての概略を描いたものであり，研究の実践においては，たとえば，同一人物がインタビューに答え，かつ質問紙にも回答したデータを関連づけることや量的調査の分析結果を生かして，インタビュー調査の対象者を選出するなどそれぞれのプロセスでの連携が可能となる（Flick, 1995）。

4. 集団をどのように捉え，どう研究するのか

　社会集団や文化といったマクロな現象を研究テーマとして取り上げアプローチするにあたっては，文化研究や質的研究と量的研究の連携において問題となっていたのとは別に，社会心理学においてよりもむしろ社会学において，古くから論じられてきた認識論上の対立が存在している。一方は，現代の社会心理学が主な認識論として採用している方法論的個人主義であり，もう一方は方法論的全体主義である。佐藤（2005）によれば，ウェーバー（Weber, M.）の理解社会学の方法が代表的なものとされる方法論的個人主義とは，社会の分析の単位を主として「個人」に求め，個人の心理・行為，個人間

の相互行為などから社会が成立していると考える立場である。もう一方の，デュルケーム（Durkheim, É.）が典型とされる方法論的全体主義は，社会現象を個人に還元できない独自の存在と見て，社会全体を考察の出発点とする（佐藤，2005）。もちろん，現代の社会心理学は，オールポート（Allport, F. H.）が集団にも心があるという考え方を集団誤謬として斥けて以降，方法論的個人主義を基盤として発展してきたものであり，方法論的全体主義を単純に採用すればよいというわけではない。しかしながら，集団現象や文化といった社会現象を単に個人の行動に還元するだけで問題が解決するわけではない。

そのような両者の方法に内在する問題を克服するために，近年，ミクロ－マクロ・アプローチと呼ばれる考え方が出てきている。この考え方は，基本的には方法論的個人主義に立つが，社会の挙動を個々人の行為の集積ではなく，「相互行為」ないしは「相互作用」の集積から説明しようとするとともに，先行する制度の影響なども考慮に入れて，制度と人々の行為選択との関係をも射程に入れており，ある意味では，方法論的全体主義と方法論的個人主義を合わせたような方法である（佐藤，2005）。ミクロ－マクロ・アプローチの集団現象を含む社会科学の領域における適用例は，ここ20年ほどの間に，コンピュータ科学の進展およびコンピュータ・シミュレーションを主な研究ツールとして用いる複雑系科学の影響を受けて急速に増加している。なかでも，活動主体であるおのおののエージェントに内部属性を付与し，それらの個人差をもつエージェントの相互作用に基づく行動が集積した結果，集団レベルでのふるまいがどのように出現するのかを検討するマルチエージェントモデルが注目されている。

たとえば，田中ら（2010）は社会関係ネットワークに関する関係的モデル理論であるソシオン理論とハイダーのバランス理論に基づいた学級モデルをコンピュータによるマルチエージェントモデルで構築し，「班行動」「出席停止」「予防活動」などのいじめ対策行動の効果について検証を行った結果，「予防活動」がいじめ対策行動として最も適切な学級運営手法であるとの結論を得ている。また，大隅ら（2014）は，ソシオン理論を用いて学校のクラスの人間関係の移り変わりを再現したシミュレーションモデルを構築して検討を行い，同調方略を実行する生徒が増加するといじめの発生確率が増加する傾向を見いだしている。その他にも，マルチエージェントモデルに基づくものではないが，辻本（2000）はアルゼンチンの首都ブエノスアイレスにおけるインタビュー調査を中心とした経済的講集団に関するフィールドワークの成果を補強するために，模合（頼母子講，無尽講ともいう）の最終収支をコンピュータ・シミュレーションにより検討している。このシミュレーションは，質的研究と量的研究の統合を考えるうえで興味深い試みである。

以上のように，マクロな研究領域である，文化研究と集団研究においてはさまざまな困難な問題が存在しているが，この分野の研究の進展のためには，研究者が量的研究と質的研究それぞれの可能性と限界についての認識を深め，マルチエージェントモデルなどの新たな研究方法も活用しつつ，両者の連携について研究の実践レベルで試みることが必要とされるであろう。

第14章 情報共有と集団内葛藤

1　導　入

　われわれの日常生活において，何らかの集団に所属し，話し合いを通して集団としての1つの結論を出さなければならない機会は数多くある。ゼミ合宿の行き先や，友人たちとランチを食べるお店選び，サークルのリーダーの選定など，普段は意識していないかもしれないが，これらはすべて集団による意思決定である。このような場面では，時にメンバー間で意見が相容れなかったり，特定の相手に対する好き・嫌いの感情が生じたりする。本章では，まず集団での話し合い場面で生じるいざこざや対処行動が集団にもたらす効果を紹介する。そして，集団のいざこざを生じさせる1つの状況要因としてメンバー間での情報の共有のされ方に注目し，実際に情報共有課題を体験することでその重要性について学習する。

⚷ 情報共有課題

1. 2種類の集団内葛藤と集団への影響

⚷ 集団内葛藤

　集団による話し合い場面で生じるいざこざは，集団内葛藤（intragroup conflict）と呼ばれる。なかでも，意見やアイデアの相違（例：私はランチを近くのファミリーレストランで済ませたいが，AとBは少し遠いところにある有名なラーメン屋さんに行きたいと言っている）は課題葛藤（task conflict），対人的な軋轢や価値観の不一致（例：Aは一度言い始めたら他人の言うことを聞かず攻撃的になるので，あまり好きではない）は関係葛藤（relationship conflict）と定義される。これらの葛藤はともに集団内でのいざこざが認知されることで生じるが，集団過程や意思決定の質に対する影響は異なる。課題葛藤は，その程度が強すぎたり持続時間が長い場合を除くと，議題となっている内容の認知的理解や他の選択肢の吟味を通して集団の効果性を向上させる（Jehn & Mannix, 2001）。一方で関係葛藤は，緊張感や不快感を生じさせ，組織やチームに属することへの感情的受容や意思決定の質を低下させる（Simons & Peterson, 2000）。

　こうしてみると，課題葛藤は集団にとって望ましく，関係葛藤は集団が極力排除するべきものであると考えることもできる。しかしながらこの2種類の集団内葛藤は，切っても切れない関係にあるのが現実である。企業や組織，実験室実験場面などで2種類の

葛藤を同時に測定した場合，その多くで両者に中程度以上の正の相関関係がみられることがわかっている（De Wit et al., 2012）。つまり，意見が合わないことと，その相手との対人的な軋轢は同時に認知されることが多いのである。加えて，両者の正の相関関係が強ければ強いほど，本来集団にとってよい効果をもたらしうる課題葛藤も，集団にとって望ましくない影響を及ぼす要因となる（Farh et al., 2010）。

正の相関関係が示される原因として，サイモンズとピーターソン（Simons & Peterson, 2000）は3つの可能性を指摘している。すなわち，①課題葛藤が関係葛藤として誤認知される場合，②課題葛藤に対して攻撃的な言葉を用いて対処することが関係葛藤を高める可能性，③関係葛藤の対象相手を困らせるような形で課題葛藤が引き起こされる可能性，である。たとえば①であれば，課題遂行中に意見対立のみ生じている相手に対して，仲たがいとの認識をしたり相手に対する好き嫌いの感情と混同したりしてしまうことであり，③については，「あの人のことは嫌いだから，あの人の言っている意見にも反対してやろう」というような考えである。あらためて過去の集団意思決定場面を振り返ってみると，自分自身が上記のような考えをしていたり，メンバーの誰かが課題葛藤の相手に攻撃的にふるまうことで仲たがいが生じたりしている場面に遭遇したことはないだろうか。

2. 葛藤への対処行動

話し合い場面で葛藤が認知されると，われわれはそれを極力低減させるために，他のメンバーに対して影響力を行使しようとする。これを集団内葛藤対処行動（intragroup conflict management behavior）と呼ぶ（Lovelace et al., 2001）。集団に属するメンバー複数名に対して同時に表出される可能性があるという点で，友人や恋人同士といった独立的な二者関係で生じた葛藤を対象とする対人葛藤対処行動（interpersonal conflict management behavior）とは異なる。ただし，対処行動の分類などの理論的枠組みには対人葛藤対処行動研究で得られた知見が援用されており，その妥当性も確認されている（DeChurch & Marks, 2001; Lovelace et al., 2001）。

🔑 葛藤対処行動

対処行動の分類については主に二者関係を対象に多くの研究がなされ，その内容も多岐にわたる。そのなかでも集団内葛藤対処行動の測定は，実証データによる理論的枠組みが発展してきた能動性と同意性の2軸，およびその組み合わせにより定義される5種類の葛藤対処行動が測定されることが多い（Blake & Mouton, 1964; Rahim, 1983, 1986; Rahim & Magner, 1995；図14-1）。まず能動性は，葛藤に対して直接的に反応することを指し，メンバーが直面している問題を解決するために，自由な意見交換を志向する。能動性が低い場合は，このような話し合いを避けようとする傾向がみられる。次に同意性は，相手に対する共感を示すことで葛藤の低減を目指す。具体的には，相手の立場を理解し，メンバー全員の満足を最終的に引き出そうとする。同意性が低い場合は，相手に対する敵対的なふるまいや，対立が生じる議論を避ける傾向がみられる。能動性と同意性の程度がともに高い場合を統合的，能動性のみが高い場合を主張的，同意性のみが高い場合を譲歩的，いずれも低い場合を回避的，そしていずれも中程度の場合を妥協的

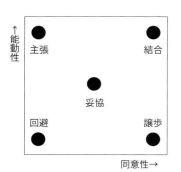

図14-1　5つの葛藤対処行動

な対処行動と定義している（Rahim & Magner, 1995）。

　先に示したとおり，これまでは葛藤が集団の主観的・客観的パフォーマンスに直接的に及ぼす影響が中心に研究されてきたが，近年，対処行動を含んだ統合的な検討が進んでいる。デチャーチとマークス（DeChurch & Marks, 2001）は，集団意思決定場面で認知される課題葛藤への対処行動，メンバーの満足度（主観的パフォーマンス），課題の達成度（客観的パフォーマンス）との関係を検討した。その結果，同意性の高い対処行動は主観的パフォーマンスを高め，能動性の高い対処行動は客観的パフォーマンスを高めることが示された。また，村山と三浦（2014）では，話し合い終了時の集団決定と自らの意見がどの程度乖離しているかという観点から客観的に算出される実質的葛藤（substantive conflict）に注目し，対処行動と主観的パフォーマンスとの関係を検討した。そして，同意性・能動性がともに高いとされる統合的な対処行動は実質的葛藤の程度を低下させ，主観的パフォーマンスを高めることが明らかになった。また，同意性・能動性がともに低いとされる回避的な対処行動は実質的葛藤の程度を高め，主観的パフォーマンスを低下させることも示された。これらの結果から，集団内葛藤のみではなく，それに対してメンバーがどのようにふるまうかといった対処行動も，集団の客観的・主観的パフォーマンスに影響を及ぼすことがみてとれる。

3. 関係葛藤に敏感な日本人

　葛藤の種類によって，選好される対処行動が異なることがわかっている。村山と三浦（2012）では，関係葛藤と課題葛藤の程度をそれぞれ操作した4種類の話し合い場面のシナリオを作成し，各場面で選好される対処行動について検討した。その結果，関係葛藤が高く課題葛藤が低い場面（関係葛藤状況）では，課題葛藤が高く関係葛藤が低い場面（課題葛藤状況）よりも回避的な対処行動が選好されることが示された。また，いずれの葛藤も高い場合（混在状況）は，関係葛藤状況と同程度に回避的な対処行動が選好されることも明らかになった。つまり関係葛藤が強く認知される状況では，課題葛藤の程度がどうであれ，相対的に回避的な対処行動になってしまう可能性が高いということである。

　以上の結果は，われわれ日本人にとって特に顕著なようである。村山ら（Murayama

et al., 2015）では，先に示した4つの場面で選好される対処行動について，日米の大学生を対象に比較を行った。その結果，アメリカ人は関係葛藤が高くても，同時に課題葛藤が高い場合は主張的な対処行動をとろうとする一方，日本人は課題葛藤の程度に関係なく関係葛藤が高いと一様に回避的になることが示された。ただし，日本人はアメリカ人よりも関係葛藤と課題葛藤を明確に区別しており，関係葛藤が低くさえあれば，課題葛藤が強く認知された場合も主張的に対処しようとすることも明らかになった。先行研究では，日本人は葛藤全般に対して回避的にふるまうとされてきたが（Ohbuchi & Takahashi, 1994; Barnlund, 1989），これは主には対人的な軋轢を示す関係葛藤に対してのみであり，人間関係が良好である場合は，意見の相違といった課題葛藤に積極的に対処しようとする新たな側面も明らかになってきている。

4. 葛藤を生じさせうる状況要因：情報の共有化

　集団内葛藤や対処行動に加え，集団意思決定に必要な知識や情報が適切にメンバー間で共有されるかどうかは，後の客観的パフォーマンスと密接に関連している。ステイサーらは，話し合い前に情報がどのように分配されているかが後の集団の決定の質に影響すると仮定して実験を行った（Stasser, 1992; Stasser & Titus, 1985）。実験参加者は3名ずつ集団に割り振られ，3名の生徒会候補者（A，B，C）から1名を，話し合いで選ぶよう指示される。各候補者について，ポジティブ・ネガティブ・ニュートラル情報が示された情報が複数個用意されており，それらを総合的に判断すると，最もポジティブ情報が多い候補者Aを選択することが正しいという正答のある課題である。実験条件として，①話し合い前にすべての情報がメンバー全員で共有されている場合（共有条件）と，②一部の情報しか共有されていない場合（非共有条件）が設定された。2つの条件で共有されている情報の数は表14-1のとおりである。ここで重要なのは，条件間で，各候補者に対する3つの情報価（ポジティブ・ネガティブ・ニュートラル）の比率が異なっており，非共有条件で最も多くポジティブ情報が共有されているのが候補者Bになっている点である。

　実験の結果は，ステイサーらの予測どおりであった。条件間で正答率を比較したとこ

表14-1　ステイサーとタイタスによる共有情報の分配（Stasser & Titus, 1985）

条件と情報価	候補者		
	A	B	C
共有条件			
ポジティブ	8	4	4
ニュートラル	4	8	8
ネガティブ	4	4	4
非共有条件			
ポジティブ	2	4	1
ニュートラル	4	5	8
ネガティブ	4	1	1

ろ，共有条件のほうが非共有条件よりも正答率が高く，集団意思決定場面ではメンバー間で事前に共有された情報を中心に話し合いが展開されることが示された。さらに，集団メンバーが多くなるほど共有情報の優位性が高くなることや，事前に集団メンバーで共有されている情報は，そうでない情報よりも話し合いを通して繰り返し言及されやすいことも明らかになった。ステイサーらは，上述したように，正しい決定をするために重要な情報（この場合，候補者に対するポジティブ情報）が，その分布の偏りのせいで話し合い中に適切に共有されないことを「隠れたプロフィール（hidden profile）」と名づけている。

🔑 隠れたプロフィール

　情報分布の偏りは，時に集団内葛藤を高める要因にもなりえる。村山と大坊（2007）では，正答に至るための重要な情報が4名集団の1名にのみ集中して分配される条件と，平等に分配される条件を設定した実験を行った。その結果，1名のみが重要情報を多く保持している集団のメンバーは，平等に保持している集団のメンバーよりも話し合い中に認知される関係葛藤の程度が高かった。保持情報の重要度の差を，課題を解決するために必要な影響力の差と捉えると，影響力の強いメンバーと弱いメンバーで状況の認識に差が生まれ，メンバー同士のコミュニケーションの困難性や共通理解への障害を増加させる（Newcomb, 1953）。さらに，類似性魅力仮説（Byrne, 1973）に基づくと，状況の認識に差があることで互いの類似性が低まり，メンバー相互の情緒的な魅力が低下することも考えられる。これらが結果として関係葛藤の認知につながる可能性がある。関係葛藤の認知を極力低減させるためには，集団メンバー間で円滑な情報共有を進めていく必要があるだろう。

5. 情報共有を促進するためには

　ここで情報共有を促進するためのいくつかの方法をあげる。まず，いくつもの選択肢の中から最善のものを選ぶような議論の仕方ではなく，選択肢すべてをランクづけしていくという手順をとることで，非共有情報が議論を通して共有されやすくなることがわかっている（Hollingshead, 1996）。また，1人でもすべての情報に精通しているメンバーがいると，その1名によって非共有情報の抽出と言及が多くなされるようになることも示されている（Stewart & Stasser, 1998）。これらはすべて話し合いが始まってからの行動であるが，ある事実の解釈が別の事実の解釈に影響を及ぼすような特徴がある情報（例：刑事事件に関する情報）は，話し合いを始める前にメンバーが個別で探索・整理したほうが正しい解釈を促進させる（Hutchins, 1991）。いずれにせよ，集団意思決定の場では，メンバー間で情報が共有されていることを当たり前と思わず，各自が事前に情報を整理し，決定に際して重要な情報が共有されるように気をつけながら話し合いを進めていかなければならない。

6. 実習：情報共有課題を用いた話し合い

　この実習では，受講生は先に説明したステイサーとタイタス（Stasser & Titus, 1985）の実験を模した3名集団による集団意思決定実験に参加する。実験では，①共有

条件，②非共有条件を設定し，集団内での情報の共有のされ方の違いが，話し合いの結果や集団メンバーに認知される葛藤の程度にどのような影響を及ぼすのか，実際に参加者となって体験する。

2 実習（研究）方法，実施方法，手順

1. 方法の概要
このテーマについては，以下の流れで実習を進める。
①3名からなる集団による課題の遂行（実験条件の割り当て）
②集団・個人決定，集団内葛藤，葛藤対処行動の報告と測定
③講義（集団内葛藤，葛藤対処行動，情報共有）
④ふりかえり

2. 実習の手続き
⑴ 3名からなる集団による意思決定課題の遂行（実験条件の割り当て）

①実験条件の割り当て

受講者を3名（X, Y, Z, とする）ずつにグループ分けし，そのグループをa. 共有条件，b. 非共有条件のいずれかに割り当てる（参加者にはどちらの条件に割り当てられているかが事前にわからないようにする）。

②情報カードの配布

各メンバーに対して，情報カード（章末の付録1参照）を配布する。共有条件では各メンバーがまったく同じ情報（計36個），非共有条件では，X, Y, Zと印字されている情報（各参加者あたり計26個）をそれぞれの参加者（X, Y, Z）に分配する。課題は「夏のダイエットに最も効果的な商品」について，さくら，すみれ，あやめ，から適切なものを選択することである。各参加者にはそれぞれの商品に関する複数の口コミ情報が与えられ，それらを総合的に判断して集団としての結論を提出する。情報の種類（ポジティブ・ネガティブ・ニュートラル）は「痩身効果があるかどうか」を基準にして分類されており，大学生56名（平均年齢20.8歳（$SD = .70$））が全情報の効果性を5件法（「1＝全く効果的ではない」〜「5＝かなり効果的である」）で評定した予備調査において①各商品でポジティブ情報，ニュートラル情報，ネガティブ情報の順に有意に効果性が高く，②さくら，すみれ，あやめの間でポジティブ情報，ニュートラル情報，ネガティブ情報の効果性の得点には統計的な差がないことを確認している。

共有条件と非共有条件において事前に共有されるポジティブ・ネガティブ・ニュートラル情報の分配は表14-2のとおりである。ステイサーとタイタス（Stasser & Titus,

表 14-2 各条件における共有情報の数

条件と情報価	商品		
	さくら	すみれ	あやめ
共有条件			
ポジティブ	6	3	3
ニュートラル	3	6	6
ネガティブ	3	3	3
非共有条件			
ポジティブ	1	3	1
ニュートラル	2	4	6
ネガティブ	2	1	1

1985) の実験同様, 共有条件では「さくら」のポジティブ情報が最も多く共有されているが, 非共有条件では「すみれ」のポジティブ情報が最も多く共有されている点が重要である。

また, X, Y, Z の参加者間で, 各個人が有する情報の個数, およびポジティブ・ネガティブ・ニュートラル情報の比率はほぼ一定になるように操作されている。非共有条件における情報の分配は表 14-3 のようになされている。非共有条件では, 36 個中 21 個の情報が共有されているが, 残りの 15 個の情報は各メンバーが独自に保持している非共有情報となる。

表 14-3 非共有条件における情報配分

商品と情報価		非共有条件における各集団メンバー (X, Y, Z) の保持情報					
		X		Y		Z	
		共有	非共有	共有	非共有	共有	非共有
さくら (a)	ポジティブ (ap)	ap1	ap2, ap5	ap1	ap3, ap6	ap1	ap4
	ニュートラル (an)	an1, an2	-	an1, an2	-	an1, an2	an3
	ネガティブ (ang)	ang1, ang2	ang3	ang1, ang2	-	ang1, ang2	-
すみれ (b)	ポジティブ (bp)	bp1, bp2, bp3	-	bp1, bp2, bp3	-	bp1, bp2, bp3	-
	ニュートラル (bn)	bn1〜bn4	-	bn1〜bn4	bn5	bn1〜bn4	bn6
	ネガティブ (bng)	bng1	bng2	bng1	-	bng1	bng3
あやめ (c)	ポジティブ (cp)	cp1	-	cp1	cp2	cp1	cp3
	ニュートラル (cn)	cn1〜cn6	-	cn1〜cn6	-	cn1〜cn6	-
	ネガティブ (cng)	cng1	cng2	cng1	cng3	cng1	-
合計		21	5	21	5	21	5

③事前説明

今回の課題は，3名による話し合いで，「夏のダイエットに効果的」だとされる商品さくら，すみれ，あやめから，カードに書かれている口コミ情報を吟味して最も効果的であると思われる商品を1つ選択するというものである。すべての条件において，「日常話し合いを行う際，集団メンバー全員が同一の情報を保持して話し合いを始めることはまれであり，今回の実験でもお互いのもっている情報が異なる可能性がある」ことを伝える。

④個別学習と初期判断（5〜10分）

情報カードを配布し，各自で情報を学習する時間を5分間与える。その後，3つの選択肢から現時点で正解だと思うものを1つ選び用紙に記入する（章末の付録2-問1）。記入を終えた時点で情報カードはすべて回収する（情報カードは話し合いの際に参照できないので，学習は各自がしっかりと行うように注意する）。

⑤自由再生課題の遂行（5〜10分）

白紙の用紙に，思い出せる限り学習した情報を書きだすよう指示する（話し合い前に各自の記憶にとどまっていた情報の特徴を後に参照するため）。

⑥話し合い（目安：30分）

集団ごとにひとまとまりになり，集団としての結論を30分で提出するように指示する。30分経過した時点で集団としての回答を提出するように促す。30分の時点でまだ結論が出ていない集団には，2，3分以内に提出するよう指示し，話し合いの時間を多少延長してもかまわない。必ず集団としての結論を提出させる。集団としての結論は，章末の付録2の一番下の行の該当箇所に記入する。

2 集団・個人決定，集団内葛藤，葛藤対処行動の報告と測定

章末の付録2-問2以下に記載されている項目について回答するよう教示する。

3 講義

集団内葛藤，葛藤対処行動，および集団での話し合い場面における情報共有のされ方について，導入部分に記載していることを中心に解説する。

4 ふりかえり

各参加者がどの条件に割り当てられていたかを伝えたうえで（章末の付録2の一番下の行の該当箇所に必ず実験条件を記入。共有条件＝1，非共有条件＝0とする），各条件においてどのように話し合いが展開されていたのかを発表させる。

3. 結果（結果の求め方，分析法）

1 分析に用いる数値の算出
実習に参加した全員の回答を集計する。

①質問紙データ
- 話し合い中の集団内葛藤の程度（各参加者で関係葛藤，課題葛藤の平均値を算出）
- 葛藤対処行動（各参加者で能動性，同意性の平均値を算出）

各尺度の集計方法は以下に示した。

> 各尺度の集計方法
> 1. 集団内葛藤尺度（村山・三浦，2012 より抜粋）
>   a. 関係葛藤…（項目 1 ＋ 2 ＋ 3）／ 3
>   b. 課題葛藤…（項目 4 ＋ 5 ＋ 6）／ 3
>
> 2. 集団内葛藤対処行動尺度（村山・三浦，2012 より抜粋）
>   a. 能動性…（項目 2 ＋ 3 ＋ 5 ＋ 6 ＋ 7）／ 5
>   b. 同意性…（項目 1 ＋ 4 ＋ 8 ＋ 9 ＋ 10）／ 5

②課題に対する回答

話し合い前後の個人ごとの回答（個人決定）から，各条件における正解・不正解の人数を章末の付録 3（表 1）に記入する。同様に，話し合い終了後の集団ごとの回答（集団決定）から各条件における正解・不正解の各集団数を章末の付録 3（表 2）に記入する。

2 分析 1：情報共有の仕方が集団内葛藤に及ぼす影響について（t 検定）

共有条件，非共有条件における，実験参加者の集団内葛藤得点（関係葛藤，課題葛藤の 2 種類）を比較する。

3 分析 2：グラフの作成および話し合い後の正解・不正解者数の条件間の違いについて
- 集団決定について，各条件の正答率を算出，図を作成してレポートの結果に記載する。
- 個人決定について，話し合い前後の各条件の正答率を算出，図を作成してレポートの結果に記載する。
- χ^2 検定（比率の差の検定）：章末の付録 3（表 1）の話し合い後の個人決定データのみを対象とし，正解・不正解の比率が条件間で異なるかどうかを検定する。

4 分析 3：正答に至るために重要な要因について（ロジスティック回帰分析）

話し合い後の個人決定（正解＝ 1，不正解＝ 0）を従属変数とし，実験条件（共有条件＝ 1，非共有条件＝ 0），話し合い前の個人決定（正解＝ 1，不正解＝ 0），集団内葛藤（関係葛藤・課題葛藤），葛藤対処行動（能動性・同意性）を独立変数としたロジスティック回帰分析を行う。

分析のためのプログラム例（SPSS）

分析1：t検定

```
DATASET ACTIVATE データセット0.
T-TEST GROUPS= 実験条件（1 0）
  /MISSING=ANALYSIS
  /VARIABLES= 関係葛藤 課題葛藤
  /CRITERIA=CI(.95).
```

分析2：χ^2検定

```
DATASET ACTIVATE データセット1.
CROSSTABS
  /TABLES= 実験条件 BY 事後判断
  /FORMAT=AVALUE TABLES
  /STATISTICS=CHISQ
  /CELLS=COUNT
  /COUNT ROUND CELL.
```

分析3：ロジスティック回帰分析

```
LOGISTIC REGRESSION VARIABLES 事後判断
  /METHOD=ENTER 実験条件 事前判断 関係葛藤 課題葛藤 能動性 同意性
  /CRITERIA=PIN(.05)POUT(.10)ITERATE(20)CUT(.5).
```

4. 考察

〈考察課題〉

1. 共有条件・非共有条件における集団内葛藤の程度について，課題葛藤と関係葛藤を比較しながら述べなさい。
2. 正答に至ることと関連していた変数を取り上げ，なぜそのような結果が得られたかを「1　導入」で紹介した文献を引用しつつ述べなさい。関連がみられなかった場合も，その原因と思われることについて議論しなさい。
3. 自分が所属した集団メンバーの自由再生課題で書き出された情報と，集団の最終的な決定（正解・不正解）の関連について考察しなさい。

〈考察のポイント〉

　ステイサーとタイタス（Stasser & Titus, 1985）で得られた結果と今回得られた結果の相違点を取り上げて，詳細に考察する。また，状況要因の1つである情報共有のされ方が，集団内葛藤の程度に影響を及ぼしたかどうかについてもふれる。非共有条件・共有条件で他にも差が出そうな変数を取り上げて，なぜそう予測できるかを述べたうえで，今後の検討課題とするのもよい。

> ●この章のねらい●
>
> 　集団意思決定場面における情報共有の重要性について，ステイサーとタイタス（Stasser & Titus, 1985）の情報共有課題実験を模して体験する。情報が事前に共有されているときとされていないときとで，正答に至る人数や集団内葛藤の程度が異なるのかどうか検討する。
>
> 　日常でかかわる意思決定場面において，複数の他者と一緒に何かを決めるとき，他のメンバーが自分の知らない情報を知っていることは多々ある。その情報がとるに足らないものである場合には，集団にとって特にダメージを与えることにはならないだろう。しかし，それが決定に際して非常に重要な意味をもつ場合もある。「そんなこと知らなかった」「知っていたらこんな決定をしなかったのに」と後に後悔することにならないよう，他のメンバーがどのような情報をもっているのか，そしてその情報が集団にとってどれだけ大切なものなのか，常に考えながら話し合いを進めていかなければならない。

＊情報共有課題を作成するに当たり，関西学院大学文学部3年生の梅田京さん，岡田依里さん，歸山玄太さん，上有谷もえこさん，隈香央里さん，高橋麻里さん，山崎竜夜さんの協力を得た。ここに記して感謝します。

付録 1　情報カード－共有条件

商品さくら

- シェイクになる粉末タイプで，冷たい水でもよく溶ける。
- パッケージに「脂肪ゼロ」と書かれており，実際の成分表でも脂質 0g となっている。
- 電話やネットで宅配サービスの予約ができるので，家にいても手に入れられた。
- 商品のラベルを見ても，特に健康に良さそうな成分についての記載は見当たらなかった。
- 1 本あたり 76kcal。一般的な製品に比べ，非常に低カロリーである。
- カルシウムが豊富に含まれていて，ストレスがたまりにくくなった。
- 軽量で持ち運びがしやすいので便利である。
- 一緒に始めた友人は 1 週間で 2kg 痩せたといっていたが，自分にはあまり効果が感じられない。
- 1 杯で満腹感を得ることができ，お腹がすきにくい。
- 体内に脂肪を溜めにくくする成分が含まれている。
- 3 つ買うごとに 1 つプレゼントがあり，ついたくさん買ってしまった。
- 普段の食事と置き換えるには量が少ないので物足りなく感じる。

商品すみれ

- ゼリータイプで，冷蔵庫で冷やして食べるとおいしい。
- 味にクセがあるので，苦手な人もいるだろうと思った。
- 中高年向けに作られており，のどにつまりにくいため食べやすかった。
- 使用を開始してから貧血で倒れそうになることが時々あった。
- 食物繊維が多く含まれており，便秘解消に効果があった。
- 薬局からコンビニまで，どこでも入手できるので便利。
- リサイクルできる材質で包装されていて，リサイクルの意識が高まった。
- 1 日の食事のうち 1 回分をこの商品に置き換えなければならないので，空腹に耐えられない気がする。
- 実際に 1 週間使用してみて，効果を実感することができた。
- 女性向けの商品でパッケージがとてもかわいい。
- 小分けにされた 1 回分だけでなく，5 個入りと 10 個入りがあり，まとめ買いができた。
- 人によってはアレルギーを引き起こす可能性がある成分が含まれているという注意書きがあった。

商品あやめ

- ドリンクタイプで，常温・冷蔵どちらでも飲みやすい。
- 摂取する時間は特に決まっておらず，いつ摂取してもよいと書かれている。
- 1 回分ずつ個装されているので，保存するのに便利で置き場所に困らない。
- 短期間で痩せたいが，この商品は長期間継続することで効果が得られると書かれていた。
- 食事制限をする必要はなく，食事は普段通り 1 日 3 食とれる。
- CM や広告で見ることがないので信ぴょう性が低いように感じた。
- 味が 8 種類もあり，飽きがくることなく続けられる。
- 摂取後，胃に違和感を感じ，気分が悪くなった。
- 脂肪の燃焼を促進する効果のある成分が含まれている。
- 賞味期限が長いので，長期保存ができて助かる。
- 記載されている HP で応募すると 10 人に 1 人小顔ローラーが当たるキャンペーンがあり，たくさん購入した。
- 先週までは体重が 48kg だったのに，この商品を使用してから 52kg に増えてしまった。

付録1　情報カード―非共有条件（X）

商品さくら

- シェイクになる粉末タイプで，冷たい水でもよく溶ける。
- 普段の食事と置き換えるには量が少ないので物足りなく感じる。
- カルシウムが豊富に含まれていて，ストレスがたまりにくくなった。
- 電話やネットで宅配サービスの予約ができるので，家にいても手に入れられた。
- 軽量で持ち運びがしやすいので便利である。
- 商品のラベルを見ても，特に健康に良さそうな成分についての記載は見当たらなかった。
- 一緒に始めた友人は1週間で2kg痩せたといっていたが，自分にはあまり効果が感じられない。
- 1本あたり76kcal。一般的な製品に比べ，非常に低カロリーである。

商品すみれ

- ゼリータイプで，冷蔵庫で冷やして食べるとおいしい。
- 使用を開始してから貧血で倒れそうになることが時々あった。
- 実際に1週間使用してみて，効果を実感することができた。
- 味にクセがあるので，苦手な人もいるだろうと思った。
- 食物繊維が多く含まれており，便秘解消に効果があった。
- 女性向けの商品でパッケージがとてもかわいい。
- 中高年向けに作られており，のどにつまりにくいため食べやすかった。
- 薬局からコンビニまで，どこでも入手できるので便利。
- 1日の食事のうち1回分をこの商品に置き換えなければならないので，空腹に耐えられない気がする。

商品あやめ

- ドリンクタイプで，常温・冷蔵どちらでも飲みやすい。
- 摂取する時間は特に決まっておらず，いつ摂取してもよいと書かれている。
- CMや広告で見ることがないので信ぴょう性が低いように感じた。
- 賞味期限が長いので，長期保存ができて助かる。
- 1回分ずつ個装されているので，保存するのに便利で置き場所に困らない。
- 摂取後，胃に違和感を感じ，気分が悪くなった。
- 記載されているHPで応募すると10人に1人小顔ローラーが当たるキャンペーンがあり，たくさん購入した。
- 短期間で痩せたいが，この商品は長期間継続することで効果が得られると書かれていた。
- 味が8種類もあり，飽きがくることなく続けられる。

付録 1　情報カード－非共有条件（Y）

商品さくら

- シェイクになる粉末タイプで，冷たい水でもよく溶ける。
- 1杯で満腹感を得ることができ，お腹がすきにくい。
- 体内に脂肪を溜めにくくする成分が含まれている。
- 電話やネットで宅配サービスの予約ができるので，家にいても手に入れられた。
- 軽量で持ち運びがしやすいので便利である。
- 商品のラベルを見ても，特に健康に良さそうな成分についての記載は見当たらなかった。
- 一緒に始めた友人は1週間で2kg痩せたといっていたが，自分にはあまり効果が感じられない。

商品すみれ

- ゼリータイプで，冷蔵庫で冷やして食べるとおいしい。
- 食物繊維が多く含まれており，便秘解消に効果があった。
- 実際に1週間使用してみて，効果を実感することができた。
- 味にクセがあるので，苦手な人もいるだろうと思った。
- 薬局からコンビニまで，どこでも入手できるので便利。
- 女性向けの商品でパッケージがとてもかわいい。
- 中高年向けに作られており，のどにつまりにくいため食べやすかった。
- リサイクルできる材質で包装されていて，リサイクルの意識が高まった。
- 使用を開始してから貧血で倒れそうになることが時々あった。

商品あやめ

- ドリンクタイプで，常温・冷蔵どちらでも飲みやすい。
- 食事制限をする必要はなく，食事は普段通り1日3食とる。
- 摂取する時間は特に決まっておらず，いつ摂取してもよいと書かれている。
- CMや広告で見ることがないので信ぴょう性が低いように感じた。
- 賞味期限が長いので，長期保存ができて助かる。
- 1回分ずつ個装されているので，保存するのに便利で置き場所に困らない。
- 味が8種類もあり，飽きがくることなく続けられる。
- 記載されているHPで応募すると10人に1人小顔ローラーが当たるキャンペーンがあり，たくさん購入した。
- 短期間で痩せたいが，この商品は長期間継続することで効果が得られると書かれていた。
- 先週までは体重が48kgだったのに，この商品を使用してから52kgに増えてしまった。

付録1　情報カード－非共有条件（Z）

商品さくら

- シェイクになる粉末タイプで，冷たい水でもよく溶ける。
- パッケージに「脂肪ゼロ」と書かれており，実際の成分表でも脂質 0g となっている。
- 一緒に始めた友人は1週間で2kg痩せたといっていたが，自分にはあまり効果が感じられない。
- 軽量で持ち運びがしやすいので便利である。
- 3つ買うごとに1つプレゼントがあり，ついたくさん買ってしまった。
- 商品のラベルを見ても，特に健康に良さそうな成分についての記載は見当たらなかった。
- 1回分ずつ個装されているので，保存するのに便利で置き場所に困らない。

商品すみれ

- ゼリータイプで，冷蔵庫で冷やして食べるとおいしい。
- 使用を開始してから貧血で倒れそうになることが時々あった。
- 実際に1週間使用してみて，効果を実感することができた。
- 味にクセがあるので，苦手な人もいるだろうと思った。
- 薬局からコンビニまで，どこでも入手できるので便利。
- 人によってはアレルギーを引き起こす可能性がある成分が含まれているという注意書きがあった。
- 中高年向けに作られており，のどにつまりにくいため食べやすかった。
- 小分けにされた1回分だけでなく，5個入りと10個入りがあり，まとめ買いができた。
- 食物繊維が多く含まれており，便秘解消に効果があった。
- 女性向けの商品でパッケージがとてもかわいい。

商品あやめ

- ドリンクタイプで，常温・冷蔵どちらでも飲みやすい。
- 脂肪の燃焼を促進する効果のある成分が含まれている。
- 短期間で痩せたいが，この商品は長期間継続することで効果が得られると書かれていた。
- CMや広告で見ることがないので信ぴょう性が低いように感じた。
- 賞味期限が長いので，長期保存ができて助かる。
- 電話やネットで宅配サービスの予約ができるので，家にいても手に入れられた。
- 味が8種類もあり，飽きがくることなく続けられる。
- 記載されているHPで応募すると10人に1人小顔ローラーが当たるキャンペーンがあり，たくさん購入した。
- 摂取する時間は特に決まっておらず，いつ摂取してもよいと書かれている。

付録2　質問紙

氏名：＿＿＿＿＿＿＿＿　年齢：＿＿＿歳　性別：　男　女

問1．与えられた情報から判断して，あなたはどの商品が正解だと思いますか。　→ □

……………………………以降は課題遂行後に回答……………………………

問2．話し合いを終えた時点で，あなたはどの商品が正解だと思いますか。　→ □

問3．話し合い中，以下の状態をどの程度感じましたか。
「かなり感じた＝7」から「全く感じなかった＝1」の間で該当すると思う数字を○で囲んでください。

	かなり感じた	どちらともいえない	全く感じなかった
1. グループのメンバー間での，感情的な対立	7----6----5----4----3----2----1		
2. グループのメンバー間での，腹立たしい気持ち	7----6----5----4----3----2----1		
3. グループで決定している途中での，緊張感	7----6----5----4----3----2----1		
4. メンバー間で，お互いに出し合った意見の食い違い	7----6----5----4----3----2----1		
5. 様々なアイデアに対する，意見の不一致	7----6----5----4----3----2----1		
6. グループが折り合いをつけなければならない，決定内容に関する相違	7----6----5----4----3----2----1		

問4．話し合い中，以下の行動をどの程度とりましたか。
「かなりあてはまる＝7」から「全くあてはまらない＝1」の間で該当すると思う数字を○で囲んでください。

	かなりあてはまる	どちらともいえない	全くあてはまらない
1. 相手の考えを尊重する	7----6----5----4----3----2----1		
2. 自分の意見を受け入れさせる	7----6----5----4----3----2----1		
3. 自分の考え方を一生懸命説明する	7----6----5----4----3----2----1		
4. 相手の意見を受け入れる	7----6----5----4----3----2----1		
5. うまく相手を納得させる意見を言う	7----6----5----4----3----2----1		
6. 自分から行動したり発言する	7----6----5----4----3----2----1		
7. 人任せにしない	7----6----5----4----3----2----1		
8. 感情を抑える	7----6----5----4----3----2----1		
9. 互いによく認め合うようにする	7----6----5----4----3----2----1		
10. 自分が思ったことばかりを口に出さない	7----6----5----4----3----2----1		

集団No／実験条件
＿＿／＿＿

集団決定
（さくら，すみれ，あやめ，のうちのひとつ）

記入漏れがないか確認して下さい。

付録3　個人決定・集団決定集計用紙

表1　話し合い前後の各条件の正解・不正解者数

話し合い前（個人決定）			
共有条件		非共有条件	
正解	不正解	正解	不正解

話し合い後（個人決定）			
共有条件		非共有条件	
正解	不正解	正解	不正解

表2　各条件の正解・不正解集団数

集団決定			
共有条件		非共有条件	
正解	不正解	正解	不正解

第15章 文化とフィールド研究
写真投影法による身近な環境・空間の理解

1 導入：質的研究としての写真投影法

1. 心理学における質的研究

　本書の他の章では，対人社会心理学の領域において，質問紙調査や実験などのいわゆる量的研究法を用いて，どのようにデータを収集して実際に研究を行うのかについて解説を行っている。それに対して本章では，心理学の研究法におけるもう1つの柱である，質的研究法を用いた実習方法について解説を行う。この量的研究と質的研究という2つのタイプの研究法の相違点は，そこで取り扱われるデータのタイプの違いとそれに伴う分析法の違いである。量的研究では，たとえば心理テストの得点といった数値で表現されている量的データを収集し，そのデータの平均，標準偏差，相関係数などをはじめとして，さまざまな統計的な指標を算出することによって分析が行われるのに対して，質的研究では，行動観察記録，会話記録，内省的な言語報告などのような記述的な質的データが収集され，分析の対象となる（市川，2001）。

　心理学研究における主な質的研究の方法には一般に観察法，面接法，あるいはフィールドワークなどが含まれる。観察法は，大別すると，観察の対象者の行動に何も統制を加えず，生活空間内での日常行動をそのまま観察する自然観察法と，観察の対象となっている事態に対し何らかの条件統制を加えて観察する実験的観察法に分けられる（田島，1999）。いずれの観察法であっても得られる行動観察記録のデータは基本的には質的データといえるが，観察する行動をカテゴリー化するためにチェックリストを作成しておき，そこに行動の生起頻度や持続時間などを記録することによって量的データとして集計し，その特徴を統計的な解析によって数量的に分析することもよく行われる。面接法とは，一定の環境において研究者が研究対象者と対面し，相互的コミュニケーションを通して情報を収集する方法であり（下山，2003），それによって得られる会話記録のデータは質的データである。ただし観察法と同様に面接法でも，その会話中の複数のキーワードの出現数間の関係を数量的に分析するといったことも可能である。フィールドワークとは，研究者自らが，研究の対象となっている出来事や現象が起きている現場，つまりフィールドに出向き，その場に参加しながら対象となっている出来事や現象が生じる過

🔑 質的研究

🔑 環境

程を調査する方法である（下山，2003）。フィールドワークでは，数か月間から数年にわたって研究者自身が調査対象となっている社会集団の生活に参加し，その一員として集団内部から対象を観察したり，内部の一員としての体験を記録したりすることで，そこに生起する事象を多角的に観察する参加観察が必要となる（下山，2003）。フィールドワークは心理学においても重要な研究法であるが，特に文化人類学では主要な研究法であり，すぐれた入門書としては菅原（2006）による『フィールドワークへの挑戦』があるので，詳しくはそちらを参照してほしい。

以上のように，質的研究によって収集された質的データは，カテゴリーに分類されるなどの操作によって量的データに変換して分析することも頻繁に行われ，心理学における質的研究と量的研究は必ずしもまったく別個の研究法というわけではなく密接に関連しているといえる。ただし質的研究は，むしろ量には還元しにくい内容的な側面に着目して考察されることがその特色といえる（市川，2001）。また，質的研究は日常生活における素朴な疑問を研究の形へと起こしていく，初期段階の掘り起こしに向いている研究形態ともいえる（田中，2005）。さらには，質的研究では（特にフィールドワークが代表的であるが），研究対象の出来事や事象が生じている状況を全体として把握することが目指されるため，質的な観察や面接によるデータ収集だけでなく，研究対象となっている事象や要因に合わせて適切な質問紙調査などの量的なデータ収集法も組み合わせて研究が進められることもよく行われ，複数の研究法を組み合わせた複合的なマルチメソッドがその特徴ともいえる（下山，2003）。

質的データの分析といっても多様であるが，能智（2003）が最大公約数的な共通の流れを取り出してまとめたものが図15-1である。図15-1には四角が2つ描かれているが，外側の四角が広い意味での質的分析であり，そこには現場で見聞きしたことを文章化するのも含まれる。それに対して，内側の点線の四角が狭い意味での分析にあたり，分析者が行う作業は，データの全体を大まかに捉えていくこと（データを読む・概略を描く）から始まり，下に向かって，必要な部分や重要な部分を選択（選ぶ・概念化する）したうえで，それらの部分がどのように関連し合っているのかを検討する（分類する・結び

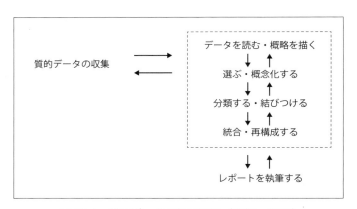

図15-1　質的データ分析の概略（能智，2003）

つける）という段階を経て，最後に，全体をまとめる軸を見いだしてデータを整理し直し，レポートなどをまとめる（レポートを執筆する）作業へと至る（能智，2003）。なお，図15-1において上方向にも矢印が向けられているのは，この分析プロセスが個別の段階を何度か繰り返しながら進む作業であることを示している。

2. 写真投影法とは

　近年，質的研究の分野では，言語的なデータの代理および補足として，視覚データの再発見が進んでいるが（Flick, 1995），そういった視覚的データの1つとして活用されているのが写真である。写真によって収集される質的データは従来の調査手法ではうかがい知ることのできなかったさまざまな情報を含んでおり，その応用可能性は高い。すなわち，写真は実際の情景をありのままに再現することができるため，自由回答のような言語報告よりも対象を具体的に表現でき，これまで言語レベルでの測定によってしか知りえなかった撮影者の視覚的世界や心理的世界を、写真という視覚的データを介して垣間見ることを可能にする（岡本，2009）。本章での実習に用いる写真投影法（正式には「写真による環境世界の投影的分析法」）は，そのような写真を利用した研究法の1つである。 ⚷ 写真投影法

　写真投影法とは，写真に撮影されたものを，自己と外界とのかかわりが反映されたものとみることによって，個人の心的世界を把握・理解しようとする方法である（野田，1988）。具体的な研究は、調査対象者にカメラを渡し、何らかの教示を与え、写真を撮らせるという手順で行われる。野田（1988）は，子どもたちの心にどのように環境が取り入れられているのかを分析するための方法として，写真投影法を開発した。すなわち，子どもたち自身によって撮影され，可視化された写真によって，子どもたちが普段の生活のなかで見ているものに対し，どのような意味を見いだし，関与しているのかを読み解こうとする試みである。

　そしてその方法論は，調査対象者の描写能力や言語能力によらず，誰もが年齢を問わず簡単に取り組めるメリットがあるため（林ら，2008），子どもの環境世界を把握する研究（朝日ら，2012）をはじめとして，団地に住む高齢者の住環境の実態調査（曽ら，2001）など，さまざまな年代を調査対象者にしたさまざまなレベルでの生態学的環境における認知や資源の把握について用いられるようになっている。また，生態学的環境での認知や資源の把握に役立つという写真投影法の特徴は，フィールドワークのマルチメソッドを構成する研究法の1つとして用いられた場合にも有効性を発揮する。

　対人社会心理学の分野においては，大石（2010）が撮影者個人のライフストーリーを写真から捉えるという，質的アプローチをとり，個人のアイデンティティを視覚的に表現する方法として，写真投影法の可能性を検討した。具体的には大石（2010）は，「私の大切なもの」について新しく撮影してもらった写真と過去に撮影された「手持ちの写真で大切なもの」の両方を活用する方法によって，個人のアイデンティティの構成要素と，それが構成されるまでの過去，およびそこから続く現在と未来にわたるライフストーリーを検討した。そして，アイデンティティの測定法としてよく用いられる，文章で「私

は○○である」の○○部分に当てはまる内容を，言語を用いて20個回答する20答法よりも，具体的で正確な結果が得られることを示した。すなわち，写真を撮影することによって，他者からみられる自分，他者との関係性のなかでの自分，自分が大切にしている自分，といった自己の諸側面を視覚的に把握できるようになったという結果である。その結果をもたらした要因については，撮影者の感想をもとに，20答法では10個くらいを記述すると煮詰まってしまい，書くことがなくなり単に連想によって何かを書くという状態になったのに対し，写真投影法では，どんな写真を撮ろうかと考えるための時間が十分与えられている点を指摘している（大石，2010）。大石（2010）の研究は，20答法のような言語報告に基づいたアイデンティティ測定法とは異なり，写真に具体的に表現された視覚的データを介して撮影者の心理的世界を理解することを可能にした写真投影法の特徴を生かした研究といえる。

　また岡本ら（2009）は，大学という集団から獲得される大学生の社会的アイデンティティを写真投影法により測定し，それと言語を基礎とした社会的アイデンティティ尺度との対応関係を検討している。具体的には，4つの大学の学生にレンズ付きフィルムを渡し，大学での生活1週間の撮影を依頼した。そして，分析では，調査対象者が記した撮影対象の記述における大学ごとの語句の生起頻度をもとに，クラスター分析を行い，社会的アイデンティティ尺度の所属集団意識やメンバーに対する親近感の高い学生は，所属大学に固有な被写体を多く撮影し，それらが低い学生は，一般的なものを被写体として選んでいることを明らかにした。岡本ら（2009）は，その結果から，他の大学にはない，その大学ならではの特徴的な場所・空間・シンボル・施設が，個人と所属する大学を結びつける重要な紐帯となっていると考察している。

空間

　もちろん研究法としての写真投影法に問題がないわけではなく，林ら（2008）は①研究者の主観的解釈の可能性、②数量的分析の困難さ、③金銭的コストという3つの問題を指摘している。研究者の主観的解釈の可能性とは，写真という多義的なデータの解釈に際して，必ずしもその分析プロセスを明確化できておらず，写真を撮影した個人の一部の属性と過度に関連づけて写真を解釈する，あるいは限定的につけられた撮影者のコメントのみを手がかりとして写真を考察するなど，写真の読み取り・解釈のプロセスに研究者側のバイアスが多分に入る余地があるという点である（石盛ら，2014）。これは写真を利用した研究法に共通する問題点として，野田（1988）により写真投影法が開発されて以来指摘されてきたことであるが，写真データに固有の問題ではなく，多義的な質的データの分析プロセスにある程度は共通した問題といえる。この問題点に対しては，分析プロセスを読者がたどれるように丁寧に記述することが重要である。そのためには分析プロセスが心理的側面からの推測の域を出ないとの批判を受けることのないように，写真と対応して，なぜその写真を撮影したのかという理由を一定の形式で聞き取っておき，言語データ化しておくことが重要である。

　数量的分析の困難さも質的データの分析には必ず付随するといってもよい問題であるが，観察法で質的な行動観察データをカテゴリー化することによって数量化を行うように，写真投影法でも撮影されたデータをカテゴリー分類し，数量化することはよく行わ

れている。また写真そのものの数量化とは別に，撮影者を対象として心理尺度を測定し，撮影された写真との対応関係を検討することも可能である。このような研究は岡本ら（2009）の研究以外にも，たとえば写真投影法を用いて母親たちの視点から実際の子育て環境の把握を試みた泊ら（2000）の研究が該当する。その研究では，育児ストレス感尺度やプライベート空間の必要度・確保度などの心理尺度と撮影された写真の関連性について検討されている。このように写真投影法は，質的研究法として調査対象者と環境空間の関係性を解明する方法として有効性をもつと同時に，心理尺度を用いて量的データを収集し，それらの間の対応関係を検討することで，質的分析法と量的分析法両方を生かす折衷的な方法ともなりうる（曽ら，2001）。

　金銭的コストに関しては，林ら（2008）が述べているように，調査協力者が所有するデジタルカメラや携帯電話に付属のカメラを活用すれば，調査にかかる経費をかなり低く抑えることができ，現在ではあまり主要な問題ではなくなっている。以上のような問題を捉えて，岡本ら（2010）は，面接調査法を組み合わせた写真投影法の可能性を検討し，写真投影法に面接調査を組み合わせてデータ収集を行うことで，①投影的機能と概念化機能（話題の誘因と深化）や②再評価機能と再発見機能（ふりかえりによる環境への気づき）といった写真投影法のもつ長所を生かしつつ，さらに③客体化機能（自己の環境認知についての客観的な把握），④関係形成機能（調査協力者と面接者間のラポール・対称的関係の形成）といった追加的な利点が実現されることを示した。さらに石盛ら（2014）では，写真という多義的なデータの解釈に対する問題に対して，データ収集と分析手順を総合的にパッケージ化したアプローチ方法を提供する写真－ナラティブ誘出法（PEN-A: Photo Eliciting Narrative Approach）の開発が進められている。このように写真投影法は，調査対象者と環境との関係性を解明する方法として有効性が認められていると同時に，それを基盤として現在も新たな方法論上の展開を見せている研究法である。

2 実習方法

　「文化とフィールド研究」といったテーマの本格的なフィールドワークを行うとなると，とても授業時間内の実習の枠には収まりきらなくなってしまうが，本章の実習では，大学生にとって身近な環境・空間の理解というサブテーマを設定して，大学キャンパス内での写真投影法実習を行い，ミクロな文化を形成する1つの重要な要因である人と環境との相互作用のあり方について学ぶ。質的研究法についてよく理解するためにも，まず受講生自らが調査者としてデータ収集を行ったうえで，そのデータをグループワークによって分析する。そして最終的には，グループの結果も含めて個人でレポートとしてまとめることにより考察を深める。具体的な実習の手続きは下記のとおりとなる。

1. 手続き

1 写真投影法の実施方法の説明

　主な注意点は，撮影枚数の上限10枚を守ること，写真のうまい下手ではなく自分のお気に入りの場所がはっきりと映るように撮影することの2点である。それ以外は，キャンパス内であれば，他人に迷惑をかけたり，プライバシーを侵害しない限りは，どの場所を撮影してもよいことを伝える。

2 キャンパス内での写真の撮影

　実際に，受講生が各自で大学キャンパス内を移動して，お気に入りの場所の写真10枚を個人の携帯電話で撮影する。

3 写真まとめシートの作成

図15-2　写真まとめシートの記入例

撮影した写真10枚を写真まとめシートに縮小コピーして貼り付ける（図15-2参照）。この作業は撮影した写真データを携帯電話からパソコンに転送して行うとよい。

④ 撮影場所と撮影理由の記入

受講生がペアになり，相手が撮影した場所がどこなのかを確認しながら，撮影理由とその場所の利用状況（どういう機会に利用するのか，誰といることが多いのか，そこにいる時にどのような感情を経験するのか）について聞き取りを行う。撮影者とペアになった者が相手の写真まとめシートに1枚ごとの説明を記入していく。なお図15-2の記入例ではパソコン上で記入されているが，実際の作業では，手書きで記入してもかまわない。

⑤ グループでの撮影場所のマッピング

5名程度のグループを作り，各自の写真まとめシートを持ち寄る。そして，キャンパスマップ上の撮影された場所にシールを貼って，撮影枚数の多かった場所を確認していく（図15-3参照）。ただし同じ建物内であっても撮影枚数が多く細分化したほうがよい場合には，撮影者の撮影した対象ごとに適宜サブカテゴリーを設定するなど細分化していく。その際，グループ内で協議しながら撮影者の注目している場所をうまく集計できるように工夫する。

⑥ 撮影場所と撮影理由のキーワードの対応表の作成

グループ内で複数回撮影が行われた場所については，その撮影枚数，撮影理由にあるキーワードを，その場所ごとに写真まとめシートから抜き出して表15-1の例のようにまとめる。なおキーワードについては，たとえば，「ゆったりできる」「ゆっくり過ごせ

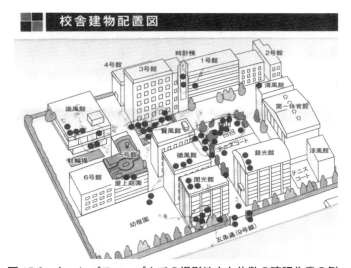

図15-3　キャンパスマップ上での撮影地点と枚数の確認作業の例

表 15-1 複数回撮影された場所と撮影理由に出現するキーワードとの対応関係の例

順位	撮影場所	撮影枚数	撮影理由を説明するキーワードの出現回数
1	築山	9枚	「きれい」3回,「季節感を感じる」2回,「お花見ができる」1回
2	コンビニ	4枚	「安い」2回,「便利」2回,
2	カフェ	4枚	「ゆっくり過ごせる」3回,「オシャレ」2回,「友達」2回,「おしゃべり」2回
2	築山横のベンチ	4枚	「落ち着く」2回,「弁当」2回
5	噴水	3枚	「居心地がいい」2回
5	図書館	3枚	「集中して勉強できる」2回
7	時計棟	2枚	「毎日見るから」2回
7	情報教育センター	2枚	「課題」2回
9	正門	2枚	「通る」2回

る」のようにまったく同一の語句でなくとも，一定程度同じ意味内容を表しているものと判断できるものについては，同じキーワードとしてカウントする。

7 グループでの結果のまとめ作業

🔑 KJ法
🔑 図解化

グループでの結果のまとめ方としては，KJ法を利用して結果を図解化するのがよい。KJ法は文化人類学の分野で川喜多二郎が考案した質的データの研究法で（川喜多，1967，1986），心理学をはじめとする多くの分野で質的データの分析法として活用されている。具体的には，撮影場所を名刺程度の大きさのカードに転記したデータの分類を行い，分類されたグループにラベルをつけ，グループごとの関係を図解化するという手続きで分析を実施する。KJ法でグループごとの関係の図解化が行われることによって，質的データの情報量が膨大で混沌としている場合でも，情報をビジュアルな形でコンパクトに圧縮でき，結果を解釈しやすくなる（田中，2010）。

表 15-1 の撮影場所と撮影理由に出現するキーワードとの対応関係について，KJ法を用いて図解化した1つの例が図15-4である。図15-4では「カフェ」や「築山横のベンチ」

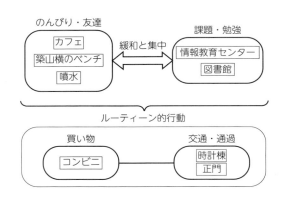

図 15-4 撮影された場所と利用状況との対応関係のKJ法による図解化の一例

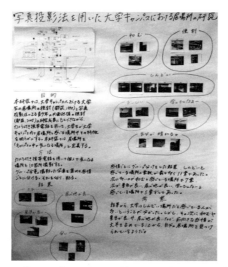

図 15-5　グループでまとめた結果の発表用に壁に掲示されたポスターの一例

で「友達とのんびりと過ごす」という「緩和」のためのキャンパス空間利用と「情報教育センター」や「図書館」での「課題や勉強」への「集中」した取り組みという空間利用が対比的に配置され，それらを「コンビニ」での「買い物」や「正門」の通過などのキャンパス内で日常繰り返される「ルーティーン的行動」が下支えをするという構造が図として作成されている。なお KJ 法を行う際の具体的な手続きや注意点については，田中（2010）にわかりやすくまとめられているので，是非とも参考にしてほしい。

⑧ グループでの発表

これまでにまとめたグループの結果を図 15-5 のようなポスターとして教室内に掲示し，説明することによってグループの発表を行う。グループの結果の説明は交代で行い，担当者以外が他のグループの説明を巡回して聞いていくことにより，自分のグループ以外の結果についても，説明を受けて把握する。

⑨ 個人でのレポートのまとめ

グループでの結果のまとめや他のグループの結果の発表をふまえて，個人レポートのまとめ作業を行う。具体的な考察のポイントは次に示した。

2. 考察課題

1. 自分が個人で撮影した写真について，どのような傾向があったのかを考察しなさい。
2. 自分のグループで，複数回撮影された場所と撮影理由に出現するキーワードとの対応関係について，どのような傾向があるのかを考察しなさい。
3. 自分個人の撮影場所とグループで撮影回数の多かった場所がどの程度一致していたのか，一致していたとしてもその理由も同じであったのかなど，自分の結果とグルー

プの結果とを比較し考察しなさい。
4. 他のグループの研究結果もふまえて，自分の大学独自のシンボル的な環境的な要素と大学の校風といった文化的要素との関連が示されていたのかなど，少し大きな視点から結果を検討しなさい。

●この章のねらい●

　大学生にとって身近な環境・空間である大学キャンパスを対象として，自らが調査者となって写真投影法の実習を行うことで，物理的には同じ空間を，各個人でどのように共通してあるいは異なって認識し，また利用しているのかについて気づかせる。このことは，文化に息づく個人の生活世界・意味世界の多様性について理解を深めることを目的とする質的研究法を学ぶ第一歩として重要な視点である。またそれと同時に，対人社会心理学の研究法としての，質的研究法の有効性について理解を深めることも重要である。具体的には，撮影された写真をどのように集計していくのか，写真を撮影した理由として語られた言語データからどのキーワードを抽出して集計するのか，KJ法を用いて結果を整理するのかといった質的研究法に特徴的な研究プロセスに関するグループワークを通じて，心理学における質的研究の進め方について，さまざまに工夫をしながら取り組み，習熟へとつなげていただきたい。

第16章 表情と文化

1 問題設定

　近年では，日中韓の交流がますます活発になってきており，国土交通省によると，2010年には三国間の相互訪問者数が1700万人に達したと報告されている。このような背景においては，必然的に3国間のさまざまな形態でのコミュニケーションが促進されることとなる。しかしながら，従来，コミュニケーションの比較文化的検討はアジア圏と欧米との比較に注目が集まっており（Ekman & Friesen, 1975），同一アジア圏内である日中韓でのコミュニケーションについてはあまり積極的に検討が行われていない。ますます多様なレベルでの3国間交流が活発化するうえで，これら近隣諸国とのコミュニケーションについて，社会的背景を考慮した詳細な検討を行うことが重要となる。

　人間同士のコミュニケーションでは，一義的な言葉の意味の理解よりも，その場に唯一の特徴的差異を察知し，メッセージのメタ・レベルでの解読を行うことが相互の理解にとって非常に重要となる。各国の言語が異なる一方で，円滑な社会的相互作用が期待されている点では，このようなメタ・コミュニケーションの機能に注目することが不可欠であろう。メッセージの適切なやりとりは，ノンバーバル・コミュニケーションによって支えられているところが多い。声の高さやテンポ，視線やジェスチャーなど，さまざまなチャネルを用いることにより，発せられる言語以上の意味を伝え合うことが可能である。

　対人コミュニケーションの研究動向においては，顔面表情の果たす役割が大きいことが明らかとなっている。顔面の形態特徴は，第1に個人の社会的な識別子として機能し，個人のパーソナリティや属性を推測する際の手がかりとして用いられる（大坊ら，2002）。表情は顔面の構造的特徴により形成されており，顔は上部（眉・額），中央部（目・まぶた・鼻梁），下部（頬・口・顎）の3つの部位で感情が表現できる（Ekman & Friesen, 1978）。所与の顔面形態特徴だけでなく，筋肉の動きによる表情形成により，顔の特徴が多様に解釈される可能性が高いといえよう。

　顔面表情に関する研究を概観すると，顔面形態の時代による変化（馬場，1995），社会的場面における顔の魅力の影響（Landy & Sigall, 1974），顔面形態特徴と対人認知の

関連（村澤，1988；大坊，1991b），文化による表情解読の違い（Izard & Saxton, 1988; Gudykunst & Ting-Toomey, 1988）など，さまざまなレベルで検討が行われている。顔面形態の物理的な時系列的変化に加え，顔面形態のもつ社会的，対人的な影響力が明らかとなっており，さらにはやはり文化的な視点で顔面表情を考えることが主流となっている。

◆**顔面表情の感情表出**

ラッセル（Russell, 1994）は文化的な視点に注目し，顔面表情の感情に関する多くの研究をレビューしている。これらの研究は4つに分類できる。①人類に共通する特定の顔筋の動きのパタン研究，②人類に共通する同様の感情の顔面表出のパタン研究，③観察者による顔面表情パタンの同一感情の意味の帰属に関する研究，④観察者の顔面表情の感情の意味の帰属の正確性に関する研究，である。①，②は主に顔面表情の"表出"に焦点を当てた研究であり，対照的に③，④は顔面表情に対する評価者の"認知"に注目しているといえよう。顔面表情の表出に関する研究報告としては，低コンテクストの文化である西欧よりも，高コンテクスト文化である日本のほうが，コミュニケーションでの曖昧な表現が特徴的であることが明らかとなっている（Takai & Ota, 1994）。また，欧米人に比べて日本人は感情的な表出行動が抑制されていることが報告されている（Scherer et al., 1989）。

しかしながら，やはりアジア圏と欧米との比較が注目される傾向が強く，日中韓というアジア圏内の近隣諸国における比較に注目した研究はみられない。また，このような文化的な表出傾向の違いを指摘する研究はあるものの，顔面表情の表出をする際に，物理的にどのような現象が起きているのかを定量的に検討した研究はない。日中韓の交流が活発化するなか，相互のディスコミュニケーションを低減し円滑な対人関係を構築するためには，どのような感情のときにどのような物理的変化が生じるのかという，表情表出そのものを比較検討することが非常に重要となる。この章では表情の表出を3次元的に定量評価し，かつ形態を測定するのに適した分析方法を適用することにより，より基本的なレベルでの表出の違いを客観的に明らかにする。これにより日中韓のコミュニケーションの様相を，表情という視点から理解することが可能となる。

2 実　験

1. 実験の流れ

文化的な違いを検討するためには日中韓の参加者をそれぞれ募集する必要があるが，十分な数のサンプルを募集することが難しい場合には，男女による違いや，パーソナリティなどの個人変数による違いを比較検討するなど，実習の目的を調整して実施する。

◆**社会的スキル**

ここでは，例として，社会的スキルの高さの高低による表情の違いについて検討する場合を紹介する（たとえば，上出ら，2005）。各国の参加者が募集できた場合には，この

ようなスキルの高低といったグループ変数と同様に，各国のグループ変数別で以下の分析を行うことができる。

2. 実習課題の方法

1 同意書へのサインと社会的スキルの測定

最近では倫理的な規定が厳しくなり，実験が終わったあとではなく，実験の最初に目的と全体の流れを説明し，同意書にサインを求めることが多い。そのため，実験前に実験目的と実験の流れを教示し，撮影した画像の研究目的による使用（統計的分析，学術上の顔画像の使用）についての説明をしたうえで，その使用承諾書への回答を求める。ただし，実験前に詳細な目的を説明することにより，データの測定に影響が出ると考えられる場合においては，各学会の倫理綱領に従いながら，実験前では目的をおおまかに説明するにとどめ，実験後に再度説明を加えるなどの工夫をする必要がある。

次に，2種類の社会的スキル尺度（ACT，KiSS-18）の測定を行う。ACT（大坊，1991a）（13項目，9件法）は，非言語的表出性を測定するための尺度であるが，表出性のみならずコミュニケーションにおける解読能力との関連性も認められており，基本的な社会的スキルを測定する尺度として位置づけることができる。KiSS-18（菊池・堀毛，1994）（18項目，5件法）は，初歩的なスキル，高度なスキル，感情処理のスキル，攻撃に代わるスキル，ストレスを処理するスキル，計画のスキルといった6つのスキルを考慮して作成されたものである。本研究では合計得点を，一般的なスキルの高さとして位置づけて扱う。

2 3次元顔面表情の撮影

感情表出時の顔面表情の顔形態特徴の3次元計測を行う。3次元計測装置を参加者の正面に設置し，参加者の顔が中央に収まるように調整したうえで，以下の教示を行う。

① 「顔の3次元計測装置を用いて，無表情，幸福，怒りの表情の静止画像を撮影します。撮影には2秒間ほどかかりますが，その間は顔を動かしますと，画像にノイズが入ってしまうため，撮影をやり直しさせていただくことをご了承ください。なお，頭があまり動かないように，壁に頭をつけるようにしてください」。
② 無表情 「何の表情も作らずに無表情にしてください。普段の状態でいてください」。
③ 幸福 「あなたが最近，幸福を感じた時のことを思い出して，その幸福の表情を表出してください。表情を表出できたと思ったら，無表情に戻してください」。

怒りに関しても，上記と同様に，「幸福」を「怒り」に変えた教示を行う。それぞれ幸福・怒り表情表出の後に，どのような状況を思い浮かべたかについての説明を求める。これは，想定された状況が個人によって異なることが想定されるため，後に状況をカテゴライズすることで，状況別の詳細な分析ができるようにしておくためである。

状況のカテゴリー分析については，定性的な分析となるため，1人で分類すると結果に偏りが出る可能性が高い。そのため，得られた状況データを複数人で閲覧し，合議しながら意味のあるまとまりに分類することが望ましい。

　順序による効果を相殺するため，真顔，幸福，怒りの順序は参加者によってカウンターバランスをとる。

　3次元曲面計測装置としては，鋼管計測（現：JFEテクノリサーチ）のTRiDY-Sなどがある。この装置は，プロジェクタによる複合パタン投影法を用いて，対象物の表面形状を計測するもので，測定対象表面に2値ストライプパタンとマルチスリットを順次投影してテレビカメラで撮影し，これを画像処理して，投影パタンの歪みから形状を測定するものである。

3. 分析

　人類学的な生体計測法に基づいた大坊ら（1994, 2002），趙（1993）の測定手法を参考に，表16-1，図16-1に示した32指標を形態特徴の測定指標とする。この指標値計測のためには，3次元の静止画像データを，RapidForm2004ソフトで読み込み，立体画像処理を経たうえで，顔部位の測定部位間をマークすることで距離，サイズを計測する。

表16-1　測定対象とした顔形態特徴の32指標

01	相貌学顔高	髪の生え際trと頤下縁（顎先）gn	17	内眼角幅	左右の内眼角間距離　en-en
02	鼻根顔高	鼻根点（最陥没部）seとgnの距離	18	鼻根幅	鼻根部の骨の幅
03	上眼瞼裂高	目頭enから頤gnまでの垂直距離	19	鼻幅	左右の鼻幅　al-al　小鼻間
04	下眼瞼裂高	正面顔目の真中部から頤gnまで	20	下顎角幅	下顎角の最も側方に突出した頬間
05	鼻尖点高	鼻尖点と頤gnとの垂直距離	21	口裂幅	唇外縁間距離　ch間
06	鼻下点高	鼻下端から頤gnまでの垂直距離	22	眼裂幅	（外眼角幅－内眼角幅）/02　目の横幅
07	上唇点高	上唇（中央）からgnの垂直距離	23	眼上下高	03-04　目の縦長距離
08	口唇点高	上下唇接合中央部からgnの垂直距離	24	投影全赤唇高	07-09　上唇点から下唇点まで（上赤唇高）
09	下唇点高	下唇下縁からgnの垂直距離	25	唇面積	24×21　口裂幅
10	頬骨弓幅	投影頭幅　水平面の最大距離	26	鼻の面積	（鼻根点－鼻下点）×（鼻根幅18＋鼻幅19）/02
11	前額幅	左右ft幅／上顔幅／前頭最小幅	27	鼻の高さ	鼻尖点（prn）とsn（スプサナーレ）との直線距離
12	眉毛部幅	左眉の最外側点と右眉の最外側点との距離	28	眉毛の最大幅	太さ：縦（高）での最大厚み
13	眉間幅	眉内側間距離	29	下赤唇高	口裂点高－下唇点高の距離
14	外眼角幅	眼を開いた状態での左右の外眼角間距離	30	鼻尖（先）端高	鼻尖点（prn, プロナサーレ）から鼻下点の距離
15	眼角（右）（度）	右眼　目尻と目の水平線からの角度	31	顔高幅比	相貌学顔高／顔幅（頬骨弓幅）
16	眼角（左）（度）	左眼　同上	32	目の面積	眼列幅×眼上下高

注）図16-1の番号と対応している

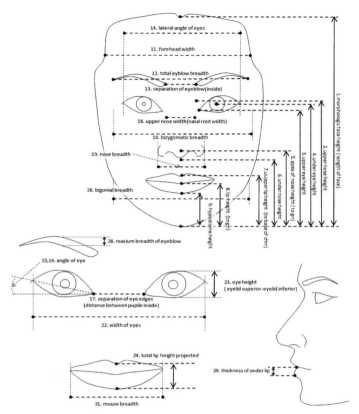

図16-1 顔面における32指標のうち，28指標の箇所

　その結果をエクセルファイルとして作成し，以降の統計分析に用いる。なお，統計分析に際しては，データの分布型の検討を行う必要がある。分布が著しく偏っている場合には，適宜変換を行う。

　これらの指標をマークするには，RapidForm2004の画面上で，コーダーが3次元上の点を適切に狙ってポイントする必要がある。3次元の顔のどのあたりが各指標のポイントとして適切なのかを判断するためには，さまざまな顔を用いて練習する必要がある。また，コーダーの目による判断となるため，複数のコーダー間で，各指標の位置について相互に確認しあうことも重要となる。なお，実際にRapidForm2004でポイントを打つのは28点であり，得られた28点からsas上で計算して残りの4指標を算出する。

参考 PC-SAS プログラム例

```
/* データのインプット　A01-A08とは真顔の28指標 */
data d1;
infile 'C:¥***¥data.csv' LRECL=1000 stopover dlm=',';
input id sex $ age act01-act13 kiss01-kiss18 A01-A28 B01-B28 C01-C28;

/*ACTとKiss-18の分布を確認した後に高低群に分類する */
```

```
IF ACT<=70 THEN ACTG='ACTL';
IF ACT>70 THEN ACTG='ACTH';
IF KISS<=65 THEN KISSG='KISSL';
IF KISS>65 THEN KISSG='KISSH';

/* 各指標のラベルづけ　真顔以外は省略（以下同様）*/
label
A01='真・相貌学顔高' A02='真・鼻根顔高' A03='真・上眼瞼裂高' A04='真・下眼瞼裂高'
A05='真・鼻尖点高' A06='真・鼻下点高' A07='真・上唇点高' A08='真・口唇点高'
A09='真・下唇点高' A10='真・頬骨弓幅' A11='真・前額幅' A12='真・眉毛部幅'
A13='真・眉間幅' A14='真・外眼角幅' A15='真・眼角（右）' A16='真・眼角（左）'
A17='真・内眼角幅' A18='真・鼻根幅' A19='真・鼻幅' A20='真・下顎角幅' A21='真・口唇幅'
A22='真・眼裂幅' A23='真・眼上下高' A24='真・投影全赤唇高' A25='真・唇面積'
A26='真・鼻の面積' A27='真・鼻高' A28='真・眉毛最大幅' A29='真・上赤唇高'

/*28 指標から新しい指標を算出し追加 */
A29=A08-A09;
A30=A05-A06;
A31=A01/A10;
A32=A22*A23;

/* 幸福と怒りの表情の間での変化パタンが各社会的スキル得点の高低で差があるのかについて
共分散分析 */
proc glm;
 class sex actg;
 model B01 C01 = A01|sex|actg/ss2;
 repeated hyoujou;

/* 顔面のどの部位が ACT と KiSS-18 得点の高さを識別しているのか調べるため，両スキル得
点について男女別に判別分析する場合は，3 種類の顔のデータを 1 人につき 3 行のデータとし
て並べ，各行に表情条件 con のデータを入力し表情ごと，あるいは全表情で分析する */
data d2;
infile 'C:¥***¥discrim.csv' LRECL=1000 stopover dlm=',';
input id sex $ con age act01-act13 kiss01-kiss18 face01-face28;

/* 男女別で ACT ごとに判別分析 */
proc sort;
by sex;

proc stepdisc;
class actg;
var face01-face32;
by sex;
```

　近年では表情表出の違いをより詳細に検討するために，幾何学的形態測定学の一手法である一般化プロクラステス分析（Generalized Procrustes Analysis: GPA）という分析がある（Dryden & Mardia, 1998; Bookstein, 1991）。GPA は，生物の形状の変化や差異を検討するために発展した手法であり，2 次元/3 次元の標識点座標データを近似的に多変量正規分布するとみなせる多変量データに変換することができる。そのため，変換されたデータに対してはさまざまな線形多変量統計を実行することが可能となる（Komori et al., 2009）。

4. 考察課題

1. 次の参考資料を吟味して，顔面表情に関する比較文化研究の動向と課題についてまとめなさい。

> 【参考資料】
> Russell, J. A. (1994). Is there universal recognition of emotion from facial expression? A review of cross-cultural studies. *Psychological Bulletin*, 115, 102-141.
> Scherer, K. R., Wallbot, H. G., Matsumoto, D., & Kudoh, T. (1989). Emotional experience in cultural context: A comparison between Europe, Japan, and the United States. In K. R. Scherer (Ed.), *Facets of emotion*. New Jersey: Laurence Erlbaum.
> Takai, J. & Ota, H. (1994). Assessing Japanese Interpersonal Communication Competence. *Japanese Journal of Experimental Social Psychology*, 33, 224-236.

2. 社会的スキルと顔面表情はどのように関連するのか考察しなさい。
3. 欧米とアジア圏との比較に比べて，同一アジア圏内での比較が異なる点，あるいは共通する点について，社会的背景や言語・非言語コミュニケーションの観点から考察しなさい。

〈考察のポイント〉

1. 表情の文化比較の視点で主流となっている研究動向を調べ，何が問題となっており今後の課題として何が期待されているのか見通しを立てる。文化間における感情の分類なども関係するため調べる。
2. 文化比較を行う際の方法論的問題についても調べる。顔面表情などの客観的指標ではなく，心理指標について同じものをそれぞれの文化や国で用いることの妥当性と限界について意識する。
3. 社会的スキルが反映する非言語コミュニケーションのうまさが，顔面表情のみに現れるとは限らない。マルチ・チャネルの視点で見た際に，非言語チャネルのなかで顔面表情がどのような影響をもつのかを理解する。
4. 同一文化圏内での国家間比較と，いわゆる文化比較の違いについて，文化とは何かという視点から理解を深める。

◎この章のねらい◎

顔面の表情表出を社会的スキルとの関連から考察する。表情の表出の豊かさを操作的に定義し，社会的スキルの高さはどのように影響すると考えられるのかを理論的に仮説立て，結果に基づき解釈を行う。自分自身は感情の表出がどの程度できているか，メッセージを非言語的に伝えることの重要性と難しさについて考える。また，異文化コミュニケーションの可能性について考える。

第17章

文化理解と適応

1 導　入

1．問題設定

　社会のグローバル化が進み，世界各国の間ではますますボーダレス化が進行するに伴い，世界中における人的交流は勢いを増している。文化を越えた人的交流のプロセスには，人と人の間，言葉による意思疎通をはじめとするさまざまなコミュニケーションが現れる。西田（1998）では，言語および非言語の意思伝達手段を用いて行われる文化背景の異なる人との人間関係の形成，維持，終焉のためのコミュニケーション行為・行動を「異文化コミュニケーション」として定義している。言語・非言語のチャンネルを通して，自らの思いを相手に届けて，相手から理解してもらえた場合，円滑な「異文化コミュニケーション」が成立するが，一方からの何気ない一言や軽々に行われた行動はもう一方の誤解，さらに怒り感情を引き起こし，けんか別れになる事例は少なくない。

　これらのことから，どのようにすれば円滑な異文化コミュニケーションが成立するかということは，グローバル社会においてはたいへん重要な課題といえるだろう。しかし，円滑な異文化コミュニケーションの実現を本人任せにして，本人の「気づき」に頼ったなら，本人が相当苦労するうえで収穫が少ないという結果が十分考えられる。このように考えると，何らかのプログラムを計画して，異文化接触の準備段階からトレーニングすることは本人の実際の接触時での適応に大いに役に立つと考えられる。

　そこで，この章では，文化の理解と適応を促進する異文化コミュニケーションの力を養うことを大きな目的とする。そのなかでは，とりわけ，異文化トレーニングについて，その小史をレビューし，どのようなトレーニングの考え方があるかを紹介する。あわせて，トレーニングの効果の検証方法などについて先行研究に基づいて検討する。そしてこれらの研究成果をふまえ，大学教育において，異文化コミュニケーションを体験的に学ぶトレーニングのプログラムの効果を検証し，異文化コミュニケーションの力をトレーニングを通して獲得することを目指す。

　文化的理解と適応を促進することを目的として，これまでに，さまざまな取り組みが実施されている。小池（2000）はこれらの取り組みを大まかに①異文化間コミュニケー

（欄外キーワード）
- コミュニケーション
- 異文化コミュニケーション

ション教育，②国際理解教育，③多文化教育，④異文化（間）トレーニングにまとめた。①においては，一般的にはコミュニケーションのメカニズム，文化の比較，文化のコミュニケーションへの影響，文化背景の異なる者同士がコミュニケーションする際に生じる心理的・社会的問題などがテーマとして受講者に教えられる。②は，民間人が互いの文化，経済，環境などの背景や立場の違いを認識・理解したうえで，平和的共存の道を切り開くための教育を指す包括的な用語である。③は，民族，人種などのマイノリティに対して，マジョリティとの共存のあり方を検討するものである。④は，人々が自文化から異なる文化に突入した際の異文化に対する理解・適応のあり方を検討するものである。本章では，④の異文化（間）トレーニングについて詳細に検討することとする。

2. 異文化トレーニング研究の小史

パイゲとマーティン（Paige & Martin, 1996）は，異文化コミュニケーショントレーニングに関する研究の歴史について，研究の始まりが第二次世界大戦後で，アメリカが発信地であったと振り返っている。第二次大戦後の政治経済情勢によって，アメリカが世界の関係強化の中心的役割を果たすことに伴って，軍隊，平和部隊，産業，ビジネスなど，多岐にわたる立場の人々が海外に出向かなければならなくなった。そこで，こういったような人々に対して出発前の教育とトレーニングが必要になり，そのような流れのなか，アメリカ政府は1946年に外務職員局（Foreign Service Institute）を創設し，ここに異文化コミュニケーショントレーニングが始まった。

🔑 異文化コミュニケーショントレーニング

西田（1998）によると，初期段階にこの種のトレーニングの講師を務める地域専門家として，大学の教員が大いに活躍した。大学の教員であるゆえに，伝統的な教育方法を用いて，特定地域や国の地理や法律，政治，習慣，気候に関する情報を与えた。受講者にとって，目的国の基本的な情報の増加がその国での生活・仕事に大いに役立つと考えられた。のちほど，このような教室に座り，行き先の情報を入手して，勉強形式のトレーニングは「大学モデル」と呼ばれた。しかし，1960年代になり，大学モデルの受講生たちは外国からアメリカに戻り，彼らの中から，受講したトレーニングはあまり役に立たなかったとの報告があった。すなわち，知識供与型の「大学モデル」は目的国の基礎情報の提供に重要な役割を果たす一方，それ以上の重要なこと―意思疎通，人間関係を含む現地の人々とのコミュニケーションの仕方―は講義のなかではふれられていなかった。この点について，グディカンストとハンマー（Gudykunst & Hammer, 1983）は，異文化における自己の行動を調べたり調整する機会がなかったこと，知識の学習であって，異なる行動に出会ったときの感情的反応に対するトレーニングではなかったこと，コミュニケーションのスキルを扱わず，実践的な情報が提供されなかったこと，異なる文化の実際の状況を考慮しなかったこと，と「大学モデル」の欠点を指摘した。

講義を中心とした「大学モデル」の不十分さをふまえて，1960年代に，「地域シミュレーション」というトレーニングモデルが登場した。このモデルでは，目的国の環境にできるだけ近い環境が作られ，そこでトレーニングが行われた。しかし，大学モデルと同様に，目的国の社会・文化環境は作り得ないという欠点は相変わらず存在している（西田，

🔑 シミュレーション

1998)。

　この問題の解決に近づく試みは，体験学習のトレーニング方法—対人関係を焦点とするトレーニング—である。この方法は「人間関係訓練」「集団感受性訓練」「Tグループ」と呼ばれるトレーニング方法の異文化コミュニケーションへの応用であり，センシティビティー・トレーニングと呼ばれる場合もある（小池，2000）。このようなトレーニングは，対人関係の自己成長を目指し，開示，表出，傾聴，信頼などといった実際の対人関係における相互作用のアイテムのあり方を自らの体験によって気づき，まとめ，応用していくことが特徴となっている。すなわち，対人関係におけるコミュニケーションのスキルを学習し，実践することを目的としているトレーニングである（西田，1998）。当然，このトレーニングの問題点も指摘されている。たとえば，参加者同士に存在する人間関係の葛藤に真っ向から向かい合うことにより，参加者間の激しい衝突を生じさせるなどの問題点があげられる。そのため，このトレーニングも異文化コミュニケーションに対処する準備段階において適切ではないとの考えもあった（小池，2000）。

　しかし，体験学習のトレーニング，あるいはセンシティビティー・トレーニングが否定されているわけではなく，少なくとも，参加者を積極的に参加させることは評価された。その後，アメリカでは，「異文化の体験学習モデル」と呼ばれるものが登場し，主にストラクチャード・エクササイズ（「シミュレーション」とも呼ばれている）を用いて，理論と体験的学習を組み合わせたトレーニングの方法が実施されている。トレーニングを実施する側は，参加者に目的国で遭遇するであろうと想定した人間関係の状況をエクササイズとして用意し，参加者に知的，感情的，行動的な側面から対応させる。エクササイズの後，参加者は体験したことをファシリテーター（エクササイズの進行役）も含めて議論を行って，そこから，エクササイズで得たものを他のメンバーと共有する。具体的に，エクササイズをすることによって，価値観や文化的仮説，行動様式などにおける文化差を分析する。そのうえで，実際に自ら行った知的，感情的，行動的対応を振り返り，これらの対応に文化的影響が現れているかどうかを調べ，最終的に，学習したことを自分のもつ概念的枠組みのなかに入れるという学習を繰り返す（西田，1998）。

　このようなエクササイズ（シミュレーション）プログラムはこれまでに多く開発されている。日本での出版物（たとえば，西田，1998；小池，2000；八代ら，2009など）でよく紹介されているのは，"BaFá BaFá（バファバファ）"（Shirts, 1977）や"Barnga（バーンガ）"（Tiagarajan & Steinwachs, 1990），"Ecotonos（エコトノス）"（Nipporica Associates, 1993）などである。そのほかに，ポピュラーなものではないが，「国際会議のコーヒータイム」（八代ら，2009）のように，短時間で手軽に実施できるものもある。

　小池（2000）は，よりトータルな異文化トレーニングのプロセスを提案した。それは，①気づきのための導入，②文化・コミュニケーションに関する理解，③事例分析による文化がコミュニケーションに及ぼす影響に関する理解，そして，④特定文化についての学習，という4つのプロセスである。

　①気づきのための導入においては，文化背景の異なる人とのコミュニケーションとはどのようなことかを参加者に気づいてもらうことを目的とする。インターカルチュラ

ル・シミュレーション，認知ゲーム・クイズなどの方法が用いられる。シミュレーションの方法は前述した「異文化の体験学習モデル」の考え方および実行の仕方と同様である。クイズでは，クイズ形式を通して参加者の興味を喚起するとともに，自分の固定観念から脱却して別の視点に立って，新しい世界で解決策が生まれることを認識してもらう。②文化・コミュニケーションに関する理解では，ワークシートとロールプレイの方法を用いて，自文化についての認識を含めた比較文化的な視点を養う。ワークシートは自文化の価値志向を他文化の価値観と比較することを通して，自文化の価値志向のパターンを再認識するエクササイズである。ロールプレイでは，参加者自らが何らかのコミュニケーションスタイルや価値観を体現するように演じ，そこから何かを感じ取るように仕向ける。その意味で，ロールプレイではシミュレーションと同様に，体験終了後のディスカッションや考察が重要となる。③事例分析による文化がコミュニケーションに及ぼす影響に関する理解では，参加者が実際の交流で生ずる問題にふれることができ，より現実味のある体験ができる。これまでに，クリティカル・インシデントとケース・スタディー，そして，カルチャー・アシミレーターなどが提案されている。個々の方法の間に違いがあるものの，異なる文化出身者の間で生じた摩擦の事例を取り上げて，参加者に摩擦の発生原因や解決方法を考えさせる点に関しては，どの方法においても基本的な視点として共有されている。④特定文化についての学習においては，参加者に，これから適応していく文化の出身者との交流やフィールドワークを体験させることが行われる。参加者が自文化内にいる場合には，相手文化の人々が集まる場に出かけたり，その文化関係のレストラン，店，学校などを訪問するなどの方法がある。

3. 異文化コミュニケーション能力の測定

異文化コミュニケーション能力

前項では，異文化コミュニケーションを円滑に行うために，どのようなトレーニングの方法があるのかを検討した。ここで，トレーニングを行うのに先立ち，どのような参加者に対してどのようなトレーニングを行うべきかということがわかっていれば，より効果的なトレーニングが実現できると予想される。たとえば，参加者の異文化コミュニケーション能力を測定すれば，参加者の能力レベルの把握ができる。同時に，トレーニングによって，参加者の能力にはどのような変化が現れているかを知ることもでき，トレーニングの効果を検討することが可能となる。

グディカンスト（Gudykunst, 1991）とキム（Kim, 1991）は動機・態度・行動スキルという概念から異文化コミュニケーション能力の内容について検討した。西田（1998）はこれを参考に，異文化コミュニケーション能力の測定法をまとめた。測定法には，不安，不確実性，自民族中心的傾向，偏見，接近と回避の傾向，マインドフル，曖昧性に対する許容能力，感情移入，行動の適応能力，コンフリクトの管理能力の10の側面が含まれている。

また，ハンマーとベネット（Hammer & Bennett, 1998）は異文化コミュニケーション能力の一側面である「異文化感受性」を取り上げて，「異文化感受性発達尺度（The Intercultural Development Inventory: IDI）」を開発した。山本と丹野（2001）はこの

尺度を和訳している。「異文化感受性」とは，他の社会的／文化的集団の人々と自分自身との間にある文化的差異に対応するとき，その文化的な違いについての個人の認知的な構造である（Hammer & Bennett, 1998）。IDI は文化適応のプロセスの観点から，自文化中心的段階と文化相対的段階における文化，そして相手国の人々に対する考え方を記述する項目から構成される。自文化中心的段階での異文化感受性は，「無関心」「隔絶・分離」「侮辱」「優越」「違いの表面性」「人間的類似性」「普遍的価値」という7つのカテゴリーで，文化相対的段階での異文化感受性は，「違いの描写」「違いを楽しむ」「違いを学習する」「価値相対性」「多重視点」「枠組み転換」「文化間の橋渡し」「行動転換」「文化的複雑性」という9つのカテゴリーで構成される。自文化中心的段階と文化相対的段階の異文化感受性を構成する16のカテゴリーでの質問項目数は，合計60項目（それぞれ30項目）となっている。尺度は個人の資質を測るというよりは，その時点における異文化感受性の発達の程度を示すものであり，異文化トレーニングなどが個人に与える影響を事前と事後で測定し，比較するためのツールとして適切といわれている（山本・丹野, 2001）。

4. 本実習の目的

以上のことをふまえ，本実習では，「異文化の体験学習モデル」に従い，先行研究で提示されている「シミュレーション」を行い，参加者の異文化への理解と適応を促すことを目的とする。同時に，シミュレーションによる異文化への理解と適応が進捗している程度について，尺度を用いて測定する。具体的には，八代ら（2009）で提案された「国際会議のコーヒータイム」という互いに異なるルールに従って会話するシミュレーションを採用する（なお，このプログラムの掲載は著者の許可を得ている）。それによって，異文化状況下において，相手のルールを認識・理解し，そして相手のルールと自分のルールをどのようにすりあわせれば両者の調和が達成できるかを参加者に体験させる。その一方で，シミュレーションの効果を明らかにするために，ハンマーとベネット（Hammer & Bennett, 1998）の「異文化感受性発達尺度（IDI）」の抜粋項目（1つのカテゴリーから1項目，「自文化中心主義」の度合いを測る7項目と「文化相対主義」の度合いを測る9項目）について，シミュレーションの開始前と終了後に参加者の自己報告に基づいて測定し分析する。

2　実習（研究）方法：実施方法，手順

1. 方法の概要：実験の流れ

このテーマについては，以下のトピックについて，文化の理解と適応について実習を行う。

①異文化感受性（IDI）の測定（pre の測定）
②「国際会議のコーヒータイム」の会話シミュレーションの実施
③個人の振り返り
④グループの分かち合い
⑤コメント・ミニレクチャー
⑥異文化感受性（IDI）の測定（post の測定）

2. 実習課題の方法

1 異文化感受性（IDI）の測定（10 分）

表 17-1 に示した「異文化感受性発達尺度（IDI）」の抜粋項目の 16 項目に対して，5 件法（「1. 全然当てはまらない」〜「5. よく当てはまる」）で参加者に自己報告という形で回答してもらう。回答に基づいて，項目 1 から 7 までの合計得点は参加者のトレーニング参加前の「自文化中心主義」の得点とし，項目 8 から 16 までの合計得点を参加者のトレーニング参加前の「文化相対主義」の得点とする。これらの測定は「pre の測定」とする。

🔑 自文化中心主義
🔑 文化相対主義

2 「国際会議のコーヒータイム」の会話シミュレーション（30〜40 分）

互いに異なる会話ルールをもっている人々がペアを組んで相手と 3 分間の会話を行う。会話が終了後，相手を換え，次から次へとグループの全員と一通りに会話を交わす。このプロセスを経験し，自分のルールをわかってもらえるようにすると同時に，相手のルールを理解し，折り合いをつけて，会話を展開することに注意を向ける。いわゆる異文化コミュニケーションを展開するプロセスを実習する。

表 17-1　異文化感受性発達尺度（IDI）の抜粋項目（Hammer & Bennett, 1998; 山本・丹野，2001）

1. 国際問題を気にかけることは，私にとってあまり重要ではない。（自）
2. 私は自分と違ったふるまいをする他の文化の人々を避けている。（自）
3. 他の文化の人々は，私の文化の人々よりも文明が発達していない。（自）
4. 私の文化の人々は，他の文化の人々よりも洗練されている。（自）
5. 外見上の違いがあるにも拘わらず，人はみな同じものである。（自）
6. 人々は同じである。私たちは同じような欲求，関心，人生における目標を持っている。（自）
7. 私たちの根元は皆，超自然で神聖な存在にあるので，それ故に相違点よりも類似点の方がより多い。（自）
8. 人々は文化を優劣で語るべきではない。（相）
9. 私はだいたいにおいて，自分自身と他の文化の人々の間にある違いを楽しむ。（相）
10. 私は文化の異なる人々の価値観を理解しようと努める。（相）
11. 善悪に対する基本的な考えのいくつかが文化によって違うのは，あって然るべきことである。（相）
12. 私は二つ以上の文化の一員であると感じることには，利点があると感じる。（相）
13. 問題が起こったとき，私はしばしばそれらの問題を二つ以上の文化的なものの見方から分析する。（相）
14. 私は異なる文化の人々の間で，よく文化の架け橋としてつとめる。（相）
15. 文化の異なる人々と接する時，彼らのやり方に適応するために，自分のふるまい方を変えていることに気づく。（相）
16. 異なる文化にしばらく暮らすと，私は無意識のうちに自分がその文化の人々とよく似たやり方でふるまっていることにしばしば気づく。（相）

注）（自）は「自文化中心主義」の項目を表す。（相）は「文化相対主義」の項目を表す。

トレーニングの対象は，基本的なコミュニケーションの仕方を再認識すること，ルールの異なる文化において他者と折り合いをつけてコミュニケーションをすることである。
具体的手順は以下のとおりである。

▶**準備物**：下記の物を必要数だけ用意しておく。
　・ルールカード（1セット×グループ数）
　・個人の振り返り用紙（人数分）
　・ミニレクチャーの資料（人数分）

▶**対象・実施のタイミング**：異文化コミュニケーションの体験，あるいはこれから異文化で生活・勉強する人を対象に実施する一連のトレーニングの初期段階に導入するとよい。

▶**会場の設定および必要な道具**：部屋を二分して，半分は空きスペースにし，2人でペアになって立ち話で会話でき，かつペア同士で干渉しあわないような広いスペースを確保する。半分は人数分の椅子と机をセットし，机上に筆記用具を用意する。

▶**グループのサイズ・条件**：1グループに4～10人（偶数の人数が望ましい。奇数の人数の場合，1ラウンドにつき，1人は休憩に回り，ローテーションを組むなどの工夫を必要とする）になるように，参加者をできるだけ均等にいくつかのグループに分ける。各グループにリーダー1人を決める。部屋のスペースを確保できれば，何グループでも同時に実施することが可能である。

・自分が話をするときには目をつぶってじっと考えながら話す	・自分のことを話すのは子どものすることである。常に聞き役に回り，意見を求められても，あまり言わないようにする
・人と話をするときは終始相手の目を見ること	・相手の言ったことに対して，必ず「それはなぜですか」「どうしてそう思うのですか」「もっと説明してください」などと聞き返す
・会話中，気持ちを込めて同感を示すことは大切なマナーである。相手の腕をつかむことでその気持ちを示すようにする	・必ず「です」「ます」調で話す
・あまり人に近づくのはマナー違反である。手を伸ばしても届かないぐらいの距離を保つようにする	・「です・ます」調は人と距離をおくことになるので絶対使わない
・皆，忙しいのだから会話も手短に済まさなければいけない。人の時間をとらないように，言いたいことはさっさと述べて会話を終わらせるようにする	・相手の言ったことを必ず1回復唱する

図17-1　ルールカード

第 17 章　文化理解と適応

▶**手順と注意点**：進行の詳細は次のとおりである。

時　間	手　順	注意点
導　入 （10 分）	はじめに，なぜこの実習をするかということについて説明する。具体的には，参加者が置かれている環境や前後のプログラムとの関連と照らし合わせて話をする。	たとえば，参加者は実習を通して異文化理解の課題が課せられる際に，あるいはこれから外国など自分の現在の生育環境と異なる環境に入る前に，外国のことについて体験的に学んでいくことを説明する。
	実習のねらいを説明する。	・会話を通して，コミュニケーションということを再考する。 ・異なる文化をもっている人同士の衝突・葛藤を体験しながら，相手の文化を理解し，異文化コミュニケーションのあり方を検討する。 ・異文化コミュニケーションを促進するためにどういった姿勢で臨むかを考える。
	これから行う実習の内容を簡単に説明する。	ここでは，ルールの違いにはふれず，「この実習は多くの人との会話を通して，外国のことを体験する」，という程度のことを告げるにとどめる。
実習の実施 （20～30 分）	グループ分けを実施する。	・1 グループを 4～10 人に設定するのが最も理想的である。 ・多人数の場合，何グループかに分ける必要がある。 ・できるだけ偶数人数のグループに設定する。やむを得ず，奇数人数のグループが出た場合，ローテーションを組んで，1 ラウンドに 1 人が休むようにするなど，工夫をする。
	参加者にルールカード（図 17-1 をコピーし，1 枚ずつカットしてカードとして使う）を配布し，ルールを伝える。内容を熟読してもらい，会話のやり方を理解してもらう。	・事前に参加者同士は他人のカードが見られないように距離を空けて立たせる。 ・「ルールカード」という言葉を「会話の注意事項」に言い換えて，「これらの注意事項はファシリテーターがいちいち説明するより，各自紙に書いているものを熟読したほうが理解しやすい」と伝え，ルールカードを全員に配布し，読んでもらう。
	それぞれのルールに従い，2 人ペアの会話を実施する（全員）。	参加者が「注意事項」について完全に理解ができたことを確認し，以下の指示を与える。 ・「注意事項」に気をつけながら適宜歩いて相手を見つけ，「最近の一番面白かったこと」を話題にして，会話をする。 ・3 分ごとにベルが鳴り，そのとき，同じグループの他のメンバーと会話の相手を交代する。 ・会話の相手が重複することがないように，グループ内の他のメンバー全員とひととおり会話をする。

③ 個人の振り返り（20 分）

　ファシリテーターは振り返りについて簡単に説明した後，振り返り用紙（図 17-2 に参照）を参加者全員に配布し，記入してもらう。

▶**注意点**：参加者に「良いとか悪いとかの評価をせずに，自分の気持ちや考え，自分の行動，まわりの様子との関連で起きた言動などの具体的な事実をデータとして集める」ことを強調する。

振り返り用紙

会話って，どういうことでしょうか。どのような機能を果たしているでしょうか。先ほどの会話を通して，改めて考えて記述してください。

本日の会話では，どのようなことが生じたかについて述べてください。

実習の最初に配布したカードは皆同じでしょうか。もし，皆同じではないとすれば，ほかの人たちはどんなルールカードを持っているかを推測してください（全員分を書く必要がなく，思い出せる範囲で十分）。

会話で生じたことについてあなたの心理状態はどうだったかを記述してください。

会話で生じたことについて，あなたはどのように対処したかについて記述してください。

カードに書かれているルールのように，人とコミュニケーションをとる際，自文化のルールを思い出して，書き出してください。

この実習を通して学んだことは文化の理解，あるいはこれからの海外生活にどのように役に立つと思いますか。

図17-2 振り返り用紙

4 グループの分かち合い（20分）

①グループ内での分かち合い

すべてのメンバーが振り返り用紙の記入が終わったら，グループ内（複数の場合，グループごとに）で振り返り用紙に記入した内容を一人ずつ，項目ごとに発表し，話し合いをしていく。

▶注意点：
- 一人ひとりが体験したことをグループの全員に報告し，話し合ってみることで，その気づきや学びをより深くすることができる。
- それぞれの人が書いたことは，そのまま自分の言葉で語ってもらうことが大事である。

②グループ間の分かち合い

複数のグループが存在した場合，グループ内の分かち合いで話し合われたこと，学んだことについて，1グループ1人で代表発言をし，グループ間で分かち合う。

5 コメント・ミニレクチャー（20分）

ファシリテーターはこの実習で観察したことや参加者が発表で言及したこと，実習のねらいと関連させながら簡単にコメントする。

▶注意点：ファシリテーターは参加者自身が体験して気づいたこと，学んだことなどを取り上げることが大事である。

最後にミニレクチャーとして，章末の「コミュニケーションと異文化コミュニケーション」と題する文章を，適宜に参加者に配付し，説明を加える。

6 異文化感受性（IDI）の測定（postの測定）（10分）

再び，2-1の要領に基づき，参加者の「自文化中心主義」と「文化相対主義」の得点を測定する。この測定は「postの測定」とする。

3. 結果の求め方，分析法

まず，異文化コミュニケーショントレーニングに参加することによって得られた，自らの振り返りの内容とグループ内あるいはグループ間の振り返りの内容とを比較する。それによって，会話というコミュニケーションの機能を改めて考える。そのうえで，もともとルールが異なるコミュニケーションにおいては，参加者自身がどのように感じて，そしてどうやってこのような状況を乗り越えたか，について考える。何よりも，このような経験を，文化のルールと個人の行動がどのようにつながっているのかを考える機会として有効に活用し，人々がこのような状況に出会ったときの対処法を適切に検討しなければならない。

このような比較や考えなどは量的データとして表れないが，参加者の主張や観点としてまとめることができる。また，このうち，特徴的に現れたものは実習の結果としてまとめることができる。

もし，これらの結果をさらに詳細に分析しようとすれば，参加者の振り返りに現れる文字をデータとしてまとめることができる。この文字データに対して，質問ごとに，KJ法を用いて整理して，分類することができるが，本章ではそれが主要な目的ではないため，説明を省く。

次に，異文化コミュニケーショントレーニングに参加することにより，参加者の「自文化中心主義」と「文化相対主義」の考え方が，どのように変化したかを知るために，トレーニングの前後に測定した「異文化感受性発達尺度（IDI）」の得点を用いて量的に検討する。

予想として，ルールの異なる会話，言い換えれば多文化の環境を経験したことにより，自分のルールだけ正しい，あるいはどこのルールでも同じといった「自文化中心主義」の考えが弱くなる。その一方で，互いの違いを認め，この違いにうまく対処しようとする「文化相対主義」の考えがより強くなるであろう。

以上のようなことを検証するために，まず，参加者のpreとpostの「自文化中心主義」と「文化相対主義」の測定で得た得点を集計し，そのうえで，対応のあるt検定を用いて，preとpostの違いを検定する。

分析のためのプログラム例（PC-SASプログラム）

```
data Crossculture;
infile "C:¥・・・¥crossculture.csv" delimiter = ","  LRECL=2000;
input id sex $ age pre1-pre16 post1-post16;

jibunkapre= pre1+ pre2+ pre3+ pre4+ pre5+ pre6+ pre7;
sotaipre=pre8+ pre9+ pre10+ pre11+ pre12+ pre13+ pre14+ pre15+ pre16;

jibunkapost= post1+ post2+ post3+ post4+ post5+ post6+ post7;
sotaipost=post8+ post9+ post10+ post11+ post12+ post13+ post14+ post15+ post16;

diffjibunka= jibunkapost – jibunkapre;
diffsotai= sotaipost – sotaipre;

run;                              ↑ここまではデータセット文
--------------------------------------------------------------------------------
proc means n mean t prt;          ↓ここからはプロシージャ文
var diffjibunka diffsotai;
run;
```

4．考察

1. 次の異文化コミュニケーションに関係する参考資料を吟味しながら，異文化への理解と適応に関する見解をまとめなさい。

   【参考資料】
   古田 暁・石井 敏・岡部朗一・平井一弘・久米昭元 (1990). 異文化コミュニケーション・キーワード 新版　有斐閣
   西田ひろ子 (2007). 人間の行動原理に基づく異文化間コミュニケーション [POD版]　川島書店

2. シミュレーションのプロセスに対する参加者の振り返りにおいて，特徴として現れた意見，感想，主張をまとめなさい。
3. シミュレーションへの参加前後に，参加者の「自文化中心主義」と「文化相対主義」

の考え方の得点において，どのような変化が起きたかについてまとめなさい。

〈考察のポイント〉
1. 異文化に対する理解と適応は口で言うほど簡単ではない。なぜなら，それは統一したルールのある基礎コミュニケーションをしっかりとふまえないと，ルールの異なるコミュニケーションができないからである。言い換えれば，異文化コミュニケーションは基礎コミュニケーションの総合運用である。本実習では，まず先行研究で言及した基礎コミュニケーションのポイントを押さえなければならない。そのうえで，異文化コミュニケーションにおいては，活かせる基礎コミュニケーションのポイントと異文化コミュニケーション独自のポイントを整理する必要がある。これらのポイントについては，異文化に対する知識面，態度・姿勢面，そして行動面から捉えたほうがより全面的なものになるであろう。
2. シミュレーションにより，参加者は普段の生活で経験できないことを身をもって体験することになる。このような未体験の状況に遭遇し，他のメンバーとの衝突・葛藤を経験することによって，多くの参加者は実にさまざまな角度からシミュレーションのプロセスについて，多種多様な意見・感想・主張をもつことになる。振り返り，分かち合うという手続きを経て，個々の参加者の意見・感想・主張は局部的なものから全体的なものになり，成員間で共有される。多くの成員が共通にもっている感想や誰か特定の成員のもっている特徴的な意見・主張を材料に，参加者の意識の変化をもたらす理由や原因を分析することを考察の内容とするとよい。
3. 「異文化感受性発達尺度（IDI）」を用いて，シミュレーションが参加者の「自文化中心主義」と「文化相対主義」の考え方の変化にどのように影響を与えたかについて，量的な分析結果をふまえて考察する。その場合，点数の変化がどのような要因によって起きたか，とりわけシミュレーションの内容の性質から考えることが重要である。また，このようなシミュレーションはどのような役割を果たすことができるか，どのような応用が可能かについても考える必要がある。さらに，本実習では，すべての参加者がシミュレーションに参加していて，実験群しか存在しておらず，シミュレーションに参加しない統制群は存在しなかった。そのため，統制群の効果も想定しながら，本研究のシミュレーションの効果を考える必要がある。

●この章のねらい●

本章では，以下のことをねらいとして設定している。
ボーダレスな世界では，異なる文化背景＝異なるルールをもっている人々が集まる場面がますます多くなる。そのなかでは，文化＝ルールの衝突・葛藤が多く発生している。本実習では，その衝突・葛藤を模擬的に体験してもらうことをねらっている。

本実習で,衝突・葛藤は,「会話」という身近な行為を通して体験してもらい,異文化環境下における他者とのコミュニケーションとは何であるかについて考え直す機会を設けた。

　コミュニケーションは本来,意思疎通を手伝う役割を果たすものである。しかし,お互いに異なるコミュニケーションのスタイルは,むしろ意思疎通を阻害するものに変わってしまう。本実習を通して,いかに異なるコミュニケーションのスタイルを乗り越えて,意思疎通を実現するのかについて考えてもらう。何よりも,本章で設定したシミュレーションによって,参加者の異文化に対する基本的な考え方としての「自文化中心主義」と「文化相対主義」の変化を検討する。

　また,シミュレーションや体験から得た意見・感想などをとりまとめて,衝突・葛藤の発生の原因などを考えるきっかけとなる。

　さらに,多元化社会においては,国単位の文化より小範囲のサブ文化の対処の仕方についても,本実習で提示したシュミレーションの応用も可能だと考えられる。

第17章 文化理解と適応

ミニレクチャー
コミュニケーションと異文化コミュニケーション

　人間は一人では生きられず，常に職場，学校，家庭などの組織に所属し，多くの人とコミュニケーションをして，互いに必要な情報を伝達し合って生活している。また，グローバル化社会が進み，われわれの個人的な意志に関係なく，他文化出身の人々とコミュニケーション，いわゆる異文化コミュニケーションを行わなければならない。
　そもそも，コミュニケーション，そして，異文化コミュニケーションとは何か？
　「大辞林」では，「コミュニケーション」を下記のように定義している。
　　　「人間が互いに意思・感情・思考を伝達し合うこと。
　　　言語・文字その他視覚・聴覚に訴える身振り・表情・声などの手段によって行う」
　また，異文化コミュニケーションについては下記のように定義されている。
　　　「文化背景が異なる人々がメッセージの授受により相互に影響し合う過程」

■会話から見えてくるコミュニケーション
　これまでのコミュニケーションに関する先行研究では，コミュニケーションを「メッセージの伝達」「相互交渉」，そして，「共同作業」としてとらえている。
　「メッセージの伝達」はメッセージを発信者から受信者に伝達する，いわゆる一方向に限定されたコミュニケーションである。「相互交渉」は発信者と受信者は対等な役割をもち，メッセージのやりとりの双方向性と相互性を強調する。そして，「共同作業」は発信者と送信者が互いに相手の意図に関係なく意味を見いだし合いながら，自分の意図したことが伝わるように配慮することである。今回の実習では，会話という形式を通して，コミュニケーションにおけるメッセージの「一方向性」「双方向性」，そして意識しないものまで相手に伝えてしまう「総合性」を体験できたと考えられる。

■シンボルの記号と解読の異文化コミュニケーション
　コミュニケーションはシンボルを使う活動である。我々は自分の伝えたいこと（メッセージ）を言語やしぐさなどといったシンボルに記号化し，相手に表出する。異文化コミュニケーションを行う際に顕在化するのは，コミュニケーションの参加者（発信者と受信者）がメッセージを構成するシンボルをどれくらい共有できているかという問題である。共有ができるほどやりとりがスムーズに運んでいく。今回の実習では，シンボルとしての「マナー」はすべての人の間で異なっていて，共有されていることが少ないため，コミュニケーションが円滑にいかず，異なる「マナー」はコミュニケーション進行の妨げとなっている。実習では，マナーは強制的に付与されたが，たとえ強制的ではなくても，個々人の生育環境やバックグランドに規定されるシンボルは多くある。たとえば，親近感を表す挨拶について，日本人は身体接触を避け，お辞儀をする。しかし，日本から遠い中東諸国では抱擁，近い中国では握手やスキンシップなどによって親近感を表している。日本人のビジネスマンは中東の会社に表敬訪問しに行くとき，抱擁されることに強い違和感を抱くことになるだろう。

■異文化コミュニケーションの対処法
　異文化コミュニケーションはコミュニケーションの参加者全員の責任である。やりとりがうまくいかない場合，相手側に責任を押しつけるのではなく，自分のコミュニケーション・パターンを少し変えて，相手がどのように反応するかを見る必要がある。また，相手に自分が望むようなコミュニケーション行動をとってもらうには，どのように自分から働きかければいいのかを考え，実行してみることも大切である。今回の実習では，会話を進行しているうちに，自分の「マナー」と相手の「マナー」が違うと気づいた人が多くいると思われる。そのようなとき，協調能力を発揮し，自分と相手のどちらも受け入れることのできるやり方で会話するのがベストであるかもしれない。

第V部
研究の作法

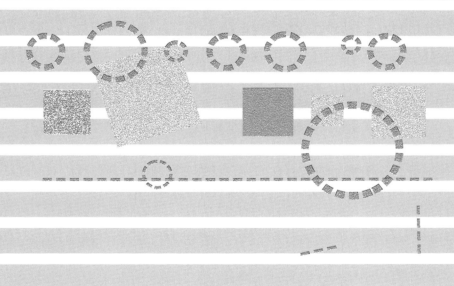

■ Preview ■

研究の達人になる

　対人社会心理学の研究範囲は，個人の特性から集団，地域を含む社会へと広大な拡がりをもっている。したがって，対象となるテーマは，対人的自己過程，対人関係，集団・組織，さらには文化などと多様である。自己，関係，社会を横断する研究姿勢が必要であり，ミクロ－マクロの研究法を会得する必要がある。しかしながら，研究成果の表し方の基本は，明解である。広く言えば，いかなる科学もそうではあるが，科学研究はすべて社会的行為であり，特定の個人なり集団が他に秘してそれを保有すべきではない。研究の成り立ち時点まで遡るならば，研究を意図する，実施する過程においても当該の研究者のみにて遂行することはできない。人間の行動にかかわる科学はとりわけこの社会性を抜きにはできないことを旨としたい。

　ここでは，研究成果を社会的に意味あるものとして表すことについて述べている。

1．研究成果は，適切な方法によって適切に測定されなければならない

　研究方法は，多様であり，それぞれに応じて把握される内容，抽出できるレベルには違いがある。対人社会心理学にかかわるトピックについては，質問紙法を用いることが少なくない。質問紙を用いる調査では，回答者がある質問文を読み，特定の選択肢を選んだという行動は事実である。しかしながら，その選択肢に示されている行動を常に行っている保証はない。概ねはそのような行動についての認知傾向をもっていると予測はできるが，行動の事実を示すものではない。また，場面想定法の調査では，当該の場面に遭遇した場合を推測して，回答内容に類する行動を選ぶ可能性が大きいといえよう。しかし，その回答者はそう行動するものであるとは断定できない。他に比べるとその行動の可能性が高いと言いうる程度である。

　また，実験法は条件を精緻化できるものの，日常性を限定した状況で，かつ，特定の現象に焦点を合わせたものであるので，結果がどのようなものであれ，当該の条件が整えられた場合での結果・事実である。したがって，設定する条件を吟味し，拡張することによって，生態的妥当性の担保を追究し続けなければならない。

　どのような方法に基づく研究であれ，1回の研究実施で妥当性の高い事実が得られるわけではない。研究の繰り返し，異なる研究法を組み合わせることによって，個々の研究法の短所を補い合う工夫が必要である。さらに，参加者（対象者）の属性について拡張する（性別の横断，世代や対象地域の拡大など）必要がある。並大抵の継続性ではおぼつかないことではあるが，人間の行動科学であるがゆえにこそ研究の精度を高め，1

回限りの特殊なデータによる限定された事実を普遍的事実に高める努力をし続けなければならない。

本書では扱うことができなかったが，①ビッグ・データを用いての分析，②web調査，現場実験の延長にも位置づけられる③社会実験の試みは新たな研究方向を示唆するものと考えられる。一時期に比べると喧伝されることが少なくなったが，④シミュレーション研究なども示唆に富む。

1つ目のビッグ・データは，個人や個々の研究チームでは得られない，管理しがたいほどの膨大なデータ群であり，年代，地域や世代を超えたデータを蓄積している場合には，有効活用できる情報は多く，魅力的であろう。計量的な分析手法を駆使することによって，時代的な趨勢の比較，地域間比較，世代のコホート分析などが可能となろう。ただし，これを扱う研究者の研究計画によって得られたデータではないので，厳密な因果分析は難しいであろう。しかし，地域，世代についての大きな枠組みでの検討はできるのであれば，そこから，行動傾向，背景にある心理的要因についての予測も可能であろう。それができることを前提にするならば，有用性は大きい。

2つめのweb調査は，利用者からすると，集合調査を行うことによるコストも削減でき，郵送法による対象者サンプリングのリスクや回答ロスを危惧することなく活用できることの魅力は大きいであろう。これは，質問紙を用いた調査法の1つであり，調査法のもつ長所と短所を併せ持っている。異なる点としては，対象者の特徴を指定して調査が可能であり，いわゆるランダム・サンプリングによらない調査である。これによって得られたデータは，当該の調査会社が保有している回答者群によるものであり，ボランタリーな回答者ではなく，それが元来どのように集積されているかは不明である。この前提をふまえなければならない。

3つめの社会実験というと，一般的には，官公庁が特定の施策実施の前に，一定の場所，一定の条件を設定してある期間して新たな制度や技術などの施策を導入するための試行を指す。交通システムの改良，節水習慣の測定などの例がある。これをここで上げるのは，たとえば，アンビエント情報環境の整備のために，生体特徴の計測と連動させて当該の場面にいる個々人のコミュニケーション精度を増すための環境作成，ロボットと人との関係を現状以上に円滑にするロボット－人インタフェースの改良場面での研究などが想定できるからである。大がかりであり，コストがかかるが，環境を構成する諸要因の関連，有機化を図るために有用な研究方法になろう。

4つめに，人間の科学の目標として，研究成果に基づいて人間の行動を予測できることがあげられる。現状ではこの目標はなかなか達成されてはいない。シミュレーション研究としては，個人レベルの人間行動に基づいて対人関係レベル，集団レベル，組織や社会レベルのシミュレーションが考えられる。また，これまでの人間行動の諸研究をふまえて，ことに，対人社会心理学の研究の1つとして，先駆的なゲーム理論研究と社会的学習の成果をふまえた進化シミュレーションもさらに追究されるテーマと考えられる。実際の研究としては，適応戦略の観点から限定された選択行動を扱っているものがあるが，進化そのものを追究していくには，多様な要因（マクロな意味での社会を扱う

のであれば，環境，自然要因も無視できないであろう）を組み込んだシミュレーションとなるので，短期的には段階的なことであれ，成果は得にくいことが難点であろう。しかし，社会科学の研究戦略としても重要なものといえる。

2. 研究成果は，適切に分析されてこそ成果となる

　何らかの方法によって得られた研究データは，どう分析するかによって得られる意味は大いに異なる可能性がある。第1に心がけなければならないことは，得たデータのもつ水準に適した分析をすることである。得られたデータのもつ情報の性質に基づいた「尺度水準」に見合う統計的分析を行うことである（なお，質的データについてでも記述コメントをつけるという事例研究報告にとどまらないのであれば，限定つきであろうとカテゴリカルな集計に基づくデータ解析は必要であろう）。

　心理学の他の領域についても同様であるが，尺度水準に合致しない分析を適用している研究例は少なくない。当該領域においては慣用的に用いられている統計分析もあるが，そこから導かれる統計分析結果は概略的なものであり，統計学的には，必ずしも一般化できるとは限らない性質のものであることを旨とすべきであろう。多くの心理量は，連続量，正規分布を仮定できない性質であることがほとんどである。したがって，メトリックな分析の前提を充たしていない。近年では，心理事象に合わせたパラメトリックな手法が多く開発されており，それを用いることは有用である。

　同時に，パソコンの普及と軌を一にするSPSS，SAS，JMP，HADなどのレディメードな統計分析パッケージの普及は，すさまじい（さらに，R言語を用いて開発されたライブラリーの使用もあろう）。統計分析が便利にできるようになったメリットと同時に，データに適用できる統計分析法の前提がしっかりと吟味されないままに適用されていることが目立つ。さらには，誤用，分析結果についての過大な解釈も見受けられる。少なくとも心理学教育に携われる者は，学生に統計学の基礎知識習得の徹底，統計パッケージの適切な適用法について十分に教育する責任がある。

　また，研究成果を掲載する学術雑誌（学会等の論文誌）に掲載されている論文には，どのような方法を用いてデータを分析したのかが十分に記述されていない例が少なくない。少なくとも，どのような統計分析パッケージ（かつ，プロシージャー）を用いたのかは明記すべきである。たとえば，重回帰分析を適用したとしても，投入したデータは正規化されたものなのか，変数選択法は何かなどは最小限の情報であろう。その前提として，投入すべき変数はどのような意図をもって選択したのかなどは研究姿勢として示すべきであろう。科学分野によって分析結果の有意性の常識が異なるようであるが，先の重回帰分析の場合，採択された変数の有意性が充たされていたとしても変数選択段階での説明率が低ければ，その分析自体はマージナルなものであることを無視すべきではない。これを無視して変数の有意性を主張するのは偏ったものであり，我田引水の誇りを免れない。

3. 研究成果は，適切に表し，伝えられなければならない

　相応の分析をして結果を手許においておくだけでは，研究成果として社会的に通用しない。他に伝える様式は種々ある。それは，自分がその成果についてどれだけの真実さを認めているのかによるところでもある。研究計画の周到さにもよるが，一般的には，自分の属する研究機関や地域の勉強会（ゼミや学科の研究会，地域の研究会など），国内外の学会発表，企業等の報告書，国内外の研究誌（学会誌，研究会誌など）への投稿，書籍への掲載などがあろう。目的に応じて成果を表す方法が多々ある。

　基本となることは，伝える意図を過不足なく表現することに尽きる。これは自明であり，敢えてここで示すことではないともいえる。しかし，学会大会での発表論文集のなかにはたとえ記述する紙幅の制限はあるにせよ，要を得ない例が少なくない。「伝える」ことの意味は自明ではあろうものの，実際にはその意図を疑わざるをえないものがある。本来の目的をないがしろにして，自分の研究の断片を示しているに過ぎないものがある。研究成果を簡潔に伝えることと，部分的に示すことは異なる。後者の場合には，当事者からは字数制限があるので，成果の一部しか示せないとの弁解が聞こえてくる。しかし，それは妥当ではない。字数制限があるならば，その範囲で成果を伝える工夫が必要である。伝える行為は，用意された表現のための条件において工夫すべきである。字数制限がなければ適切に伝達できるとは一般化できることではない。残念ながら冗長な記述で要領を得ない論文もある。

　適切に伝達するためには，伝えたい内容の重要度をよく把握し，コアの情報から順に階層的に記述する技法を会得しなければならない。大学教育において，この種の論文作法，文章表現法とでもいいうる授業の充実を図るべきであろう（心理学の研究法の授業において部分的に言及されている場合もあるが十分ではない）。論理の組み立て，科学的論文記述の用語法，分析結果の図表示のルールなどどれだけの教育機関で丁寧に扱われているであろう。欧米の大学で展開されているような，修辞法の訓練，さらには学問としての心理学に必要な視点の理解，研究心の醸成（ちなみに，英国のヨーク大学では1年次の最初の学期に Scientific and Study Skills for Psychologists が必須の科目として用意されている）は必要ではなかろうか。個々の心理学領域のトピックを断片的に学ぶだけでは，科学としての心理学の意義，役割を十分に俯瞰できない。

　少なくとも，以下の諸点は重要な基本作業となるであろう。

①対人社会心理学であれ，他の領域の心理学を学ぶのであれ，心理学相互の関連性，さらには，他の社会科学との関連性，視点の異同について眺望する機会を設ける。心理学を学ぶ姿勢自体に，得られる結果を社会に還元する発想が培われるものと考えられる。

②大前提の①に加えて，研究する者自身が自分の研究の位置づけを十分に理解していなければならない。これも研究者にとっては本来自明のことではあるが，疑わしい場合は少なくない。元来，成果を発表することは研究の完成，社会への貢献からすると一里塚でしかないにもかかわらず，発表自体を目的にしていることがある。すなわち，①につながることではあるが，独り善がりにならずに当該の研究の価値を

吟味し，価値あるものとの認識が成果を表すことの前提となる。

③適切な批評が得られる環境を選んで発表する。仲間内の相互依存的な場は何ら生産的な効果はもたらさないことが多い。採択の閾の高い場は発表のモチベーションを高めない。当該の場においてすでに発表されている成果を読み解き，自分の発表に適しているか否かの判断を行うことが必要である。そのためには，関連する研究成果を種々読み込み，自分の研究との照合を日頃よく行い，批評者（あるいは査読者）の視点を自らもつことが重要である。

④研究成果を表すことは，他者からの批評を得ることが重要な「報酬」となる。学会大会の場であれば，居合わせる他者からの直接の質問，コメントを得られるであろうし，印刷物等の媒体は後々のコミュニケーションの手がかりになる。日頃，自分が他者の発表にコメントなどする機会が多い人ほど，自分にもコメントが寄せられることが多い。自分の研究成果が多くの人の目にふれる機会を探り，提供することは大事なことである。

⑤研究は継続的に行われるべきである。ことがらによるものではあるが，一時的な思いつきによる研究は，自他ともに忘却されやすい。持続的な研究は，少なくとも同様な研究領域の者からは注目され，期待される。何らかの課題を設定した研究は，価値あるものであればあるほどそう容易には終結することはない。新たな研究テーマを設定して，研究の展開を行うべきではないという意味ではないものの，テーマに固執することはあっていい。毎年行われている学会大会の発表数は膨大であると同時に，そのテーマは一過性の誇りを免れないものも少なくない。研究することは，けっして個人的趣味によるものではなく，研究の展開自体に多くの社会的資源が必要であると同時に，個人を超えて多くに示唆を与えることによってこそ意味をもつ，社会的行為である。当該の研究のもつ短期的な課題意識だけではなく，よりマクロに考えるならば，後代にどうつながるのか，影響するものであるのかをよく吟味するべきである。

何らかの研究を行ったからといって，当事者がその成果を伝えることは簡単ではない。自分自身は行った者であるから「わかる」のは当然であると思い込んでいること自体に伝えにくさが潜んでいる。問題意識，研究実施の方法，手順，データから抽出した意味ある結果（自分の問題意識に合致したものとして選んだ結果），主張したい論点は自分だからつながっている連鎖であるものの，他者にとってはまったく異なる図式が描かれるかもしれない。思い込みにより得られる成果，データの事実を読み違い，あるいは見落としをしている可能性もありうる。したがって，まずもって大事なことは，自分の研究経緯を正確に伝える努力をする，そのために，どう表現するのかを慎重に推敲しなければならない。

自分の研究成果をなぜ伝えるのか（まぜその研究を行うのかに通じる），その先に何を期待している（当該の研究の持続性を目論むこと）のかを常に問うことが研究の達人になるための第一歩といえよう。

第18章 研究の方法と結果を活かす

　研究のきっかけが，ごく些細な個人的な興味であったとしても，対象や状況を具体的に設定し，適切な方法を選択してその研究を実施することは社会的行為である。人，時間，環境を他と共有し，相応の責任が生じる。得られた結果を検討し，考察する，その成果を発表する一連の活動はさらに社会的な波及をもたらすことに外ならない。結果を一定の視点で吟味し，先行研究と照合し，何らかの理論に照らして考察する。まして，成果を発表するということは，自らの科学的経験を他者の目によって評価されることでもある。これほどに密なる社会的相互作用はそう多くはない。だからこそ，先人が工夫した，ないしは，他の科学領域で革新した研究方法を存分に駆使すべきであろう。まず，対人社会心理学において基本的な研究方法について説明する。

1 研究方法を活用する

　心理学では日常的な行動を扱うがために，研究手順の提示が自明であるかのように簡略化されがちであるが，科学としての心理学の意味を左右する研究方法については，入念に選ばれなければならない。以下に主な方法をあげる。

1. 観察法

 観察法

　対人社会心理学の研究では，日常生活のなかでみられる行動の規則性を捉えることが多い。日常性を損なわない状態のなかで行われる自然観察は多くの知見をもたらす。その場合，対象となる人や集団にいかに観察の意図を意識されずに観察することができるか，また，その行動を正確に不足なく記述できるかが重要である。同時に，明確な目的のもとで組織的かつ整合性の高いデータを得るものでなければならない。そのためには，十分な訓練を積んだ者が整合性の高い観察コードを用いて実行する必要がある。観察対象の明確化や記録の客観化は必須である。この点で，ベールズ（Bales, 1950）の相互作用分析システム（IPA）はよく統合され，カテゴリー相互の排他性が明確であり有用である。そして，その後の研究へ与えた影響力は大きい。近年，特定の行動に特化した，

しかも，その研究以外にはほとんど一般化し難いシステムの例が多くあるが，あえてその方法を用いなければいけないのかどうかを吟味すべきであろう。

現場観察　空間行動や接触行動の一般性を探るための現場観察研究が盛んである。たとえば，北折と吉田（2004）は，歩行者の信号無視の程度を交差点にて観察している。個人属性や状況の特質を統制することが困難なことから，ある程度の不確実さを含むことは避けられないが，人間の一般的な行動パターンを捉えることは可能である。そして，得られた規則性を基礎にして，予想される影響因について条件設定を施した実験を組み合わせれば，全体として非常に意義のある研究となるだろう。なお，状況や集団の特徴をあらかじめ把握している場面を繰り返し観察する方法を採用すれば，対象者の属性の検討も可能であり，観察結果についての考察はより確実なものになる（たとえば，着席行動，鈴木・本間，1984；電車での座席行動，三井，1983など）。この意味で，映像記録，ICT技術の進歩によって，観察の精度のみならずさまざまな形で記録・分析の方法を工夫することが可能となり，観察の技法は飛躍的な進歩を遂げている。たとえば，測定技術の革新にはめざましいものがある。現場観察の場合には，記録されることを意識することによって自然な行動が抑制されかねないので，対象者に記録装置が意識されることを避ける必要がある。当該環境に撮影装置を埋め込んだり，あるいは極小の動画装置などが開発されている。また，それ自体は顕在であるが，発話状態をセンシング（センサーを利用して計測）して，コミュニケーションの状況を「見える化」する技術（例：ボイストラップ，ゼロックス）は，ネックストラップ内に埋め込んだ小型マイクで，発話内容ではなく発話タイミングや韻律をセンシングデータ化し，点在する無線基地局にリアルタイムにそのデータを送信するシステムなどは組織における相互作用を記録するうえで有用であろう（http://www.fujixerox.co.jp/company/technical/main_technology/capturing/communication_visual.html）。また，高さ20cm強，8cm四方ながら4方向を撮影できる動画カメラ（ミーティングレコーダー　http://www.kingjim.co.jp/news/release/detail/_id_17976）などもその装置をあまり顕在化せずに用いることができる（音声を含む）。

実験法

2. 実験法

研究の対象となる社会的行動に特定の要因が影響を及ぼすのか否かを調べる目的のために用いられるのが実験法である。実験では，影響を与えると思われる要因（独立変数）の有無あるいは強度を体系的に変化させ，その変化が当該の行動の一側面（従属変数）に何らかの影響を及ぼすかどうかを検討する，というのが一般的な方法である。こうした**実験室実験**の最大のメリットは，所定の要因の効果をできるだけ純粋に近い形で検討できることである。しかし，その一方で，日常性が制限された特殊な状況における限定つきであるともいえる。また，対人行動を問題とする研究では，参加者は実験室の状況や課題の性質，実験者（教示者）の指示などの手がかり（要求特性）から自分のおかれている状況を「汲み取って」，自分なりに解釈した実験の意図に反応してしまうことがある。さらに，実験仮説を承知している者が実験者の役割を担って対象者に接すると，

その仮説が暗黙裡に対象者の行動に影響する可能性（実験者期待効果）も指摘されており（Rosenthal, 1966），この点の配慮も必要となる。実験である以上は，条件や状況の設定はとりわけ厳密でなければならない。　🔑 実験者期待効果

　当該の実験室のサイズ，照明条件，温度・湿度，さらに実施実験時間帯などは，前提として実験結果に影響を与える。しかしながら，公刊された論文にこの種の情報が示されていないことが多く，その研究結果の検証や一般化に禍根を残すことになりかねない。心理学の実験研究は一定の操作要因の効果を検証するものであり，その操作は厳密になされなければならない。限りなく範囲外変数の効果が混入しないように統制されるべき環境の管理を厳密にしないにもかかわらず，実験変数の効果のみを研究者は重視しがちであることは戒めるべきであろう。参加者の個人要因についての統制も同様に厳に行うべきである。

　この意味で実験場面は特殊なものであるがゆえに，参加者の身体的・心理的な安全を保証するものでなければならない。1971年に行われたジンバルド（Zimbardo, P.）の模擬監獄実験は，一時的なことであれ役割付与によって，看守役は攻撃行動が増え，囚人役は無気力となり，服従的になることを見事に示すもので，貴重な研究といえる（http://www.prisonexp.org/）。しかし，参加者は役割への過剰適応を示したために，短い日数で打ち切られることになったことでわかるように，倫理的な問題を伴うことも少なくない。参加者は事前に実験の進め方について説明を受け，実験中いつでも参加を中止できること，また，自分の結果の用いられ方について，説明を受け，その公表についても自分の意思表示できるものでなければならない。この点については，現在では，関連する学会や大学において研究倫理の遵守が多様に遂行されつつある。安全とともに，倫理的な配慮をあまねく行わなければならない。なお，当時のジンバルドの実験は，上記の倫理的配慮はなされていないので，当時のやり方自体は現在では許可されないものである。もっとも，上記の倫理的な配慮をしたとするならば，彼の意図に基づく実験としては成立しなかったであろう。

　対人的相互作用の過程についての実験的研究では，情報科学の測定技術の進展により，急速に扱う指標が精細になってきている。発話行動，視線，身体動作等を身体動作の計測センサーや皮膚温度の変化，画像解析の技術を用いて指標化できる（大坊, 2014 参照）。この種の測定技術を用いている研究は未だ少ないが，今後は精細な行動データをいっそう活用できよう。

　日常的な場面に特定の実験操作を加えて，そこで生じる現象を観察する現場実験がある。実験室実験に比べると要因の統制は困難になるが，場面の日常性を損なうことなく所定の要因のもたらす効果を捉えることができる。この方法を用いた援助，社会的迷惑行動などの研究は少なくない。たとえば，ラタネとダーリー（Latané & Darley, 1970）の傍観者効果を扱った研究のなかには，興味深い現場実験が数多く含まれている。このような場面はけっして奇異なものではなく，実験的操作しだいでは実験室実験では得られない日常場面でのデータを収集できる。同時に，自然観察よりも特定の要因の効果を捉えられるというメリットもある。

 現場実験

▶ 現場実験例：

　　ニューヨークの地下鉄内において，乗客の1人を選び，そのそばに研究チームの1人が偽の受け答えをする者（偽の乗客）として配置される。いかにも土地不案内の様子の客（実験チームのメンバー：尋ね人）が，すでに配置されている乗客にこの電車が上りか下りかを尋ねる。その際，偽の乗客はわざと間違った答えをする。その際に，すぐ隣にいる本来の乗客がそれを訂正するかどうかを調べた。3種類の条件を設定し，本来の乗客が訂正した割合を以下に示す（Latané & Darley, 1970 に紹介されている実験4）。

	訂正率
①本来の乗客に尋ねた場合（偽の乗客が割り込んで嘘を答える）	92%
②本来の乗客と隣の偽の乗客に尋ねた場合	50%
③偽の乗客に尋ねた場合	27%

　明らかに訂正率は異なる。自分に向けられた場合には，他人が割り込んで嘘を答えた場合でもしっかり訂正しているが，自分に向けられたものでなければ，極端に低い訂正率である。この実験では，実験対象者はおそらく生涯にわたり自分が対象となったことを意識することはない。したがって，日常的な向社会的行動を正しく捉えることができている。

🗝 調査法

3. 調査法

　社会的態度や意見調査をはじめ，質問紙法などの調査は多数のデータ収集を図るために頻繁に用いられる。

　質問紙は，対象者に直接に質問することの代替え法として工夫されたものである。医療場面においては，医療者が来談者個人に合わせて，訴えを聴き取り，問題を整理し，対応を考える。これは，時間がかかることであり，かつ，多くのことがらを不足なく適切に知りうるとは限らない。また，対象者が多人数の場合には，所要時間が長くなる。同一の内容を多数者に問うには，一定の質問を印刷して用意し，待ち時間や事前に配布して回答してもらうことは効率的である。人手と時間を合理化できる。また，同一内容なので，相手によって聞き漏らすことはない。しかも，回答された結果は，書き記されたものであり，回答後に時間をかけて吟味することができ，また，客観的に処理することができる。実施やデータの処理の際には，自由記述のコーディングを要する場合を除いては，特別な技術を要しないことが多い。

　しかし，回答者が自らを振り返って答えるので，意識的なことがらについてのみを扱うものであり，意識下の問題については，把握することは難しい。また，意識的な操作や回答の誤謬がみられる危険性もある。なお，この弱点を解決する工夫は相応に可能である。

　このような性質をもつ方法だからこそ，質問紙は，意識的な心理的な問題や行動について，多量なデータを得ることに主眼があり，また，多くの項目に意味される要因間の

関連を検討する目的をもつ，多変数型の研究には適している。

　質問紙法調査において重要なのは質問文の構成である。対象者の属性を十分に考慮して，理解されやすい表現，文意の明解さに心がけなければならないのは当然である。曖昧で文意が複数とれるようなダブル・バーレル質問（double barreled question），個人の見解よりもステレオタイプな答を導くような質問，誘導的な質問は厳に慎まれなければならない。質問文の配列にも考慮すべき問題がある。前出の質問によって一定の態度が形成され，それが後出の質問への回答に影響するキャリー・オーバー効果の存在も指摘されているので，事前の予備調査などによって十分に検討を加えておく必要がある。 🔑 ダブル・バーレル質問

　個人の特性を把握するために質問紙調査が用いられることも多い。たとえば，コミュニケーションの解読や記号化の感受性を測定する方法としてビデオ刺激を用い，総合的に能力を測定できる PONS テストがあるが（Rosenthal et al., 1979），一方，フリードマンら（Friedman et al., 1980）は簡便な13項目の自記式の非言語的表出性テスト（ACT）を開発している。なお，その日本語版でも，得点に男女差はなく，正規分布し，一般使用性が高く，有効性を確認している（大坊，1991）。

　なお，対面状況での調査実施だけではなく，相応のサンプリングを経て，郵送にて調査を実施する方法，さらには，web 上にて調査項目への回答を求める方法もある。対面では多数の協力者を得にくいこと，さらには，対象者のサンプリングを担う調査会社の出現により，近年ではこの後者の方法は増加している。

　実験的な方法に替わる手段として，一定の制限を前提とした調査法もある。たとえば，コミュニケーション解読を探るために，質問紙法によってコミュニケーション場面を設定し，その場面でどのような行動をとるかを回答させるのである（Exline, 1971 など）。この方法は，現実のコミュニケーション場面では統制が困難な要因を抽出できるなどのメリットはある。

　しかし，調査法によって得られる回答は，現実の行動をそのまま反映するものではなく，回答者の実際の社会的行動の特徴の一端を回答者の認知傾向として知るものであるという制約がある。

　対人社会心理学では場面想定法による調査が行われることがある。日常的な場面を抽出してそこでの対象者の行動を把握することは容易ではない。そこで「次善の策」として行動（認知）傾向（態度）を捉えようとするものである。 🔑 場面想定法

　たとえば，「朝の混雑している電車の中で，そばの席にいた人が降りたので運よく座ることができほっとしました。次の駅で足下のおぼつかない白髪の高齢の女性が乗り込んできました。あなたが降りる駅まではまだ4駅あります。あなたは席を譲りますか」との質問項目があったとしょう。この問いは何を測定しているであろうか。公共の場面での高齢者への援助傾向を測る研究者の意図を概ね予想できる。かつ，多くの回答者が席を譲るとするならば，「このような場面」では，人々はステレオタイプ傾向を示すといえよう。しかし，回答者自身が同様な場面で援助行動を行うことをどの程度の割合で予測できるであろうか。この種の質問は，研究者の誘導的な意図すら感じられるものであり，実証的なものではないとすべきである。同様に，その種の経験のない大学生に「恋

人に別れを告げられた時に」,「職場で新たなプロジェクトの責任者になった場合」などと想定させる妥当性はどの程度あろうか。日常的な状況の現実をどれだけ反映した問いであるのかは，まずもって前提となる。

4. 面接法

科学的な情報収集・分析・記述（記録）を目的とするものであり，面接者が対象者と対面して会話を通して量的ないし質的データを収集する技法である（鈴木，2002）。研究者の依頼によって，面接の機会は一方的に作られることになる。同じ質問であっても面接者の特徴や表現の仕方で受け取り方が違ってしまうこともあるので，面接者の行動の統制訓練も重要な意味をもつ。面接に際しての面接意図の具体性の程度によって以下の3種類があげられる。

① 構造化面接：仮説の妥当性を検証するために事前に質問すべき項目が準備され，データを統計的，系統的に収集する。
② 半構造化面接：被面接者（インフォーマント）との会話の流れに応じ，質問を柔軟に変更し，あるいは追加して行うもので多面的・多様なデータを収集して，仮説を生成することを目的としている。
③ 非構造化面接：質問する項目をあらかじめ想定しておくものの，会話の流れに応じて自ずと面接の目標に関連した内容が語られるように面接を進めることを通じてデータを収集する。

他に，高度な経験，技術を要する方法として深層面接がある。被面接者の心のより深層に向かって面接を行うという意味で，本人が，容易に語らない，あるいは語れない部分に対して面接技法によって接近していくことになる。

また，面接者は被面接者の応答の言語面のみならず非言語的な行動にも多大な関心をもち，その意図を汲み取らなければならないと同時に面接者自身の非言語的コミュニケーションによって被面接者は誠実さ，温かさを判断して応じるものでもある（鈴木，2002）。この点は，質問紙調査法とは大きく異なるところであり，この方法の利点として活用すべきである。

なお，チャルディーニら（Cialdini et al., 1976）による電話を用いた質問調査による自尊心向上の栄光浴についての研究などはよく知られている。この方法は，構造化面接の一方法として実施が簡便でコストも少ない。対面とは異なり，音声以外の非言語チャネルをうまく用いることはできないので，面接者の質問の仕方・内容，音声的な特徴に大きく左右されるので，相応の訓練が必要である。

さらに，個人対応の面接以外に複数の被面接者を相手とする複数面接の方法もある。面接者は司会者としての役割が顕著になる。被面接者個々の反応をバランスよく引き出す，特定の被面接者の回答が他に影響しないように配慮することが必要であり，集団討議の展開の仕方をよくふまえておかなければならない。発言の促し，均等な視線配分に

心がけ，特定の回答の支持に偏らないようしなければならない。

5. 実践的な研究方法

主な方法については上述したが，目的に応じて研究方法は工夫されるものである。

対象者の社会性向上を目指す目的をもつテーマとして，社会的スキル・トレーニングの実践的研究をあげることができる。この種の研究では実証的効果を示すことは重要である。一般的には，当該のトレーニング・プログラムの有無を比較して有効性を明らかにすることが期待できる。その例としては，毛と大坊（2012）がある。この研究では，中国人大学生を統制群と実験群に配置し，中国文化のスキルを勘案したプログラムを実験群に実施したところ，実験群は中国文化に基づく社会的スキル尺度と通文化的社会的スキル尺度の両方で得点が有意に上昇したのに対し，日本文化に基づく社会的スキル尺度の得点は変化しなかった。また，その効果は3か月後の追跡調査においても持続された。一方，統制群はすべての社会的スキル尺度において有意な得点の変化がみられなかった。したがって，このプログラムの効果は有効であったといえる。

この種のプログラムが有効であるか否かについての比較を行うのは容易ではない。当該のプログラムの効果が上記のように認められたならば，同種のトレーニングを行う際には，統制群を設定することなく，先行の研究で得られた当該の効果と同等の得点変化があるならば効果があるとできよう。個々の研究成果を超えて効果の一般化を考えていいであろう。

心的過程をいかに子細に明らかにできるかによって研究の精度は飛躍的に増す。そのためにも，今後もさらなる研究方法の開拓は必要である。対人関係，コミュニケーション研究の領域では，携帯端末や通信機器の進展は研究の仕方を変革するであろう。たとえば，一定の時間間隔で，通信機器を用いて質問項目への回答を促し，その都度，対象者の回答を得る方法などは，密度の濃い時系列的データを得られる。また，遠隔地間でありながら，場の共有としての臨場感をもったコミュニケーション実験を可能にするt-Roomを用いた研究（松田ら，2013）などは，好例であろう。同様に，対人社会心理学研究を行ううえでは，このような技術の進歩に敏感であり，かつ，それらを取り入れた研究をいっそう進展すべきであろう。

2 研究成果の表現方法

どのような研究であれ，ある時間，ある対象，ある場面で行われる具体的な活動である。換言するならば，その経過はすべて表現することができる。また，どのような科学であれ，研究の実証性，研究成果の検証や一般化を重要視している。先行研究をふまえながら新たな研究は展開される（まったく新たな観点から独自の研究を開始することは

あるが，それとて，関連する，類似する研究の一部を参照し，上述のような研究方法を組み合わせることになろう）。

　研究成果を公的に表すことはすべての研究を行う者の責務と考えるが，案外にないがしろにされていることが多く，当該の研究成果がなかなか活用されないことが多いと考えている。ここでは，他に伝えるために留意しなければならない諸点をあげる。

1．研究の実施方法

　一般的には調査であるか実験であるかなどの方法は明記されている。調査を行ったことは，①一般性の高い調査であるならばその名称（Rosenbergの自尊心尺度など）や，②新たに作成した項目群であるならば，その作成手順とともに具体的な項目内容が示される。しかし，①であったとしても市販されているものを別にして，その邦訳版は1種類とは限らない。なぜその版を選んだのかの根拠（妥当性の吟味をしているのか等）は明記すべきである。また，②の場合には，順を追って作成手順，当該対象者の特徴などを示す必要がある。本調査の対象者が男女大学生であるのに，予備調査の対象者が女性の割合が多い，あるいは，大学院生であった場合などには十分な説明が必要である。厳密には，それぞれの対象者がどの地域のどのような大学・専攻に属するのかについても説明があるべきであろう。対象者の専攻や地域によっては，取り上げる調査内容に大きな影響を与える場合もある。さらには，本調査に先立つ予備調査の時期と本調査の実施時期についても長い間隔をおくべきではない（時に予備調査から本調査まで1, 2年も離れているような場合にはその関連性について吟味が必要である）。

　たとえば，「調査対象者は関西地域の男女大学生250人（男100人，女150人，平均年齢20.12，標準偏差2.02）で，授業時間内に一斉に実施した」などと表記されることが多い。この場合，回答者数はわかるが，回答が任意で受講生の何割が回答したのか，単一学年生なのか複数学年が対象になっているのか，文科系か理工学系か，所要時間（授業時間の終わりに10分程度で行われたのか，授業時間の半分近くを要したのか）などの情報は示されていない。最近では，同時に複数の調査・尺度を実施しながら，当該の論文ではその一部のみしか明記せずに論じているものがあるが，調査構成を正確に示すためにもその論文では研究成果として論じないにせよ同時に行った調査内容については説明すべきである。

　一般的に，研究には相応の体系があるはずであり，その全容を示しながら，当該の論文はその中のどの部分であるのかの関連を説明するのに躊躇する必要はない。

2．対象者の属性

　対象者の世代，年齢はその研究が問題とする心理，行動傾向の基本を示すものでもある。年齢段階によって既有の経験，知識の違い，さらには，当該世代が一般的にもつ下位文化，コホートとしての平均的特徴が異なる。対人社会心理的な特徴を扱う研究では重要な要因である。たとえば，対象者が65歳以上の高齢者であるのか，40〜50歳代の勤労者であるのかによって勤労意欲，所得への関心などは大きく異なると考えられる。

したがって，社会意識にかかわる研究などでは対象者の世代によって大きく回答は異なるであろう。同様に，勤労者か学生か，大都市居住者か否か，男女（生物学的特徴以外にも社会・文化的な意味でのジェンダーも含む），きょうだい数，教育環境なども相応の説明力をもつ。少なくともこれらの要因を研究の変数に設定しないのであれば，範囲外変数とならないように偏らないよう統制すべきものである。

3. 分析方法

詳細については，第 20 章で扱うが，データの特徴を解析するために用いる統計分析法は結果の主張性を左右する。適用する統計分析法によって考察での論点は大きく異なることもある。一般的には，算入した変数を示しながら 2 要因の分散分析，重回帰分析，因子分析等を用いたことは記載されている。その分析プログラムを特定の言語で自作する場合もあれば，エクセルの関数を組み合わせて分析することや SPSS，SAS などの統計パッケージを用いることもある。その方法に応じてデフォルトの計算法が異なることは多く，適応する統計基準値も同一ではない。再現性を保証するためにも，用いた分析法，パッケージの種類などを具体的に示す必要がある。なお，研究の進め方の間違いや不適切さについては吉田（2006）が詳細に述べており，示唆に富む。

4. 研究実施の倫理問題

研究への参加の任意性を明示し，自由意思による参加への同意が前提となる。参加のどの段階であれ，自分の意思によって参加の継続やとりやめを表明できるものでなければならない。授業時に行う調査であっても，授業時に一斉に回答を求める類いの調査も行ってはならない。

第 1 節の「2. 実験法」であげたジンバルドの実験の例で述べたように，参加者の自由意思で参加したとしても心理的な不適応が生じることもある。現在ではどの研究機関でも研究実施に際しては研究倫理委員会に相当する組織があり，研究計画について事前に審査を受けることになっている。そこでは，その研究への参加者に意思確認の機会を設けているか否かのみならず，その研究の社会的意義，研究遂行に際して参加者に不適切な影響を与えないかどうかについて吟味することになっている。この審査は研究規模の大小を問わず行われなければならない。医学系，工学系，あるいは心理学でも臨床系の学会によっては投稿される論文審査の条件として，その研究が事前にこの種の審査を通過していることを示している。対人社会心理学領域でも導入されるべきであろう。

5. 論文等記述方法

論文の文章作法については，多くの大学では心理学研究法や別に設置されている論文やレポート作成の指導として行われている。これは実態に応じて繰り返し指導すべきことであろう。客観的な記述法ということでは，心理学実験や実習のレポートも卒業論文，博士論文の作成も同様ではある。ただし，これらと学会誌掲載の論文は異なる点が多い。在学時のレポートや論文では，多くの大学では，枚数制限は緩く，註や添付資料が大幅

に許容される。したがって，後進が当該の研究手順をたどって再現できる可能性は高いし，その種の追試研究はなされることもある。換言するならば，研究手順は詳細に述べるべきであろう。

一方，学会誌等の論文記述は簡潔を旨とするものであり，その記述からだけでは再現可能性はけっして高くはない。ただし，日本社会心理学会では「本誌に掲載された論文の著者は，雑誌の刊行日から向こう5年間，論文中の記述を再現できるレベルのデータファイルを保存しなければならない」（投稿規程21条）としてある。それゆえ，第三者が当該の研究の再現を確かめることも不可能ではない。

論文記述の作法として，具体的なデータの根拠のない副詞や形容詞の多用や，断定的な文章記述は避けなければならない。なお，記載の必要な事項，書式など論文の書き方については，web上の情報や多くの好著があるので参照されたい（日本心理学会「執筆・投稿の手引き」 http://www.psych.or.jp/publication/inst.html；松井，2010など）。

⚷ 参加者

最近の論文のなかには，参加者（英文誌ではparticipantsとされる。日本では，未だ被験者としている例が少なくないが，参加者か対象者とすべき）について簡単すぎる記述を見かけることがある。

①42名の英国の大学生（女27，男15名），②47名の女子大学生，③98名の心理学専攻の英国の大学生（82名の女性，16名の男性，平均年齢は22.43，SD=6.64），④105名のオーストラリアの大学生（69％は女性，平均年齢は24.5，SD=7.65），⑤74名のオランダ人大学生（59％は女性，平均年齢は21歳）。⑥59名の女性（英国の2つの大学で募集，および個人的に依頼した者も含む。年齢は18歳から61歳，平均年齢は25.61歳，SD=8.38歳，全員英国生まれで生育。26人は白人英国人，19人はアジア系英国人，3人は混血，1人はアイルランド人）。

これらは，ある海外の社会心理学系の学会誌（同一号）に掲載されている異なる著者の論文に記載された例である。⑥の例は，人種等は詳しく記述されているが，ランダムにサンプリングされた保証がない。また，どこの国かも示されていないものもある。分析で相応の処理をするのであればいいが，男女数比に大きな偏りのみられるものもある。年齢幅についてもまったく情報のないものもある。これでは，分析されるデータの前提に危惧を抱かざるをえない。研究結果の記述に際しては，得られた結果の特徴の根拠を示しながら客観的に述べられなければならない。著者は自分の研究の目的に合った結果を強調して述べようとしがちであるが，同レベルで採用した指標の中から恣意的に有利な結果だけを強調することはあってはならない。分析に用いた指標を公平に扱い，示された結果を紹介しなければならない。後の考察箇所にて，研究意図や仮説との照合を丹念に行い，ねらいと異なった結果については，その意味について虚心に吟味すべきであろう。

6．結果を活かす

学生ならずとも大方の研究者は研究を行い，それを表すことには熱心であるが，それをどう活用するのかについてのモチベーションは必ずしも高いとは思われない。すでに述べたように，ゼミの共同活動，卒業研究，企業からの委託研究，学会誌掲載に至る研

究いずれであれ，社会的な資源を用い，多くのエネルギーを費やした社会的な活動である。その成果については十分に吟味し，公的に（発表の場に大小はあろうが）表すべきであろう。

一般的には図 18-1 のような研究の経緯があろう。

おそらく大方はこの⑳を1つのゴールとみなすであろう。しかし，それ以前のプロセスがやや内的なものとするならば，実際に社会的な評価が得られるのはその先である。

第三者が成果物をどう評価するのかは重要である。学問領域内では，当該学会からの受賞，当該論文の引用回数，第三者からの招聘講演依頼などは評価の指標となろう。そしてこれらは重要である。

なお，自然科学を主とする研究領域ではその研究論文が学術的に評価されるのかの指標として引用頻度を基礎とする impact factor は著名である。これに比するには適格ではないが，Google Scholar で検索することで概括的な引用頻度，引用元を知ることができる。評価の1指標とはなろう。

🔑 impact factor
🔑 Google Scholar

ここからさらにマクロな観点をもちたいものである。容易に量的には表し難いことではあるが，同じ研究領域以外からどの程度注目されるのかは社会的評価の指標だと考えられる。web での情報伝達が盛んになってきた現代では，その研究がどのくらい人口に膾炙しているのかを探ることは可能になってきているといえる。

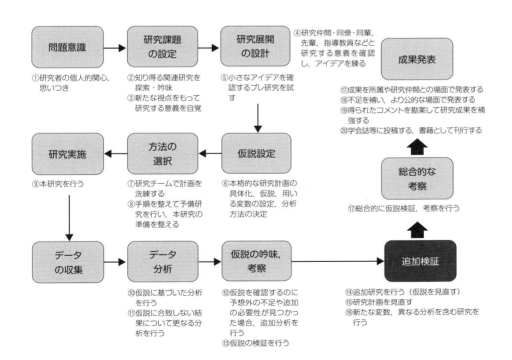

図 18-1　研究はいくつものステップをたどって展開する

第19章 統計パッケージの利用
Rの基礎的な使い方

1 導　入

　心理学では統計パッケージはSPSSかSASといった商用ソフトウェアが利用されることが多かったが，近年，その状況も変わりつつある。それは，Rというフリーのソフトウェアが利用されることが多くなってきたことに一因がある。SPSSなどの商用ソフトウェアの解説本（たとえば小塩，2011など）にはわかりやすい本が多くある一方，心理学を学ぶ人のためのRについての解説書はそれほど多くない。そこで本章では本書で用いられている心理学的な統計手法をRで実行する方法を解説する。

　Rとは，統計解析が実行できるオープンソースのフリーソフトウェアであり，無償で利用ができる。また，統計学の専門家（あるいはそれに近い学者）がパッケージを作っていることが多く，その分析結果も十分信頼できるものである。

　以降では，Rの簡単なインストール方法から始めて，データの読み込み方，そして心理学で使う基本的な分析のコードを紹介する。

1．Rのインストール

　まずはRをインストールしよう。RはRwiki（http://www.okada.jp.org/RWiki/）と呼ばれる，Rについての情報が集まるサイトからのリンクをたどれば，すぐにダウンロードできる。図19-1のように，「主な内容」の2行目に，Rのインストールというリンクがあるので，そこからRをインストールしよう。

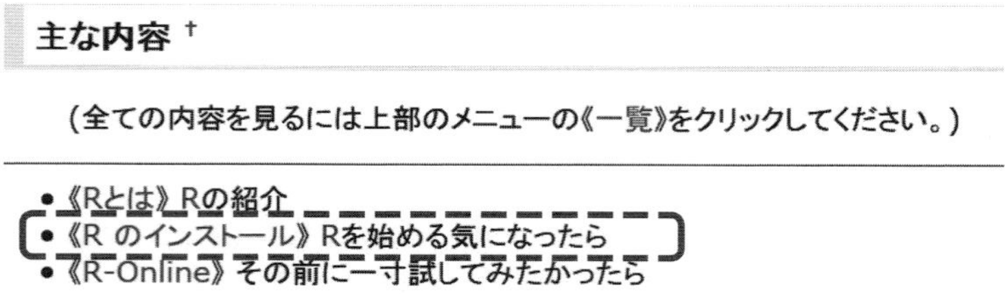

図19-1　Rwiki「主な内容」

2. Rを使う前に

Rをインストールすると、アイコンが2つあることに気づくだろう。1つは64ビット用、もう1つは32ビット用である。自分のOSが64ビットかどうかを確認しよう。確認の仕方は、マイコンピュータから、システムのプロパティで確認できる。

起動すると、図19-2のようなウィンドウが立ち上がる。これがRだ。

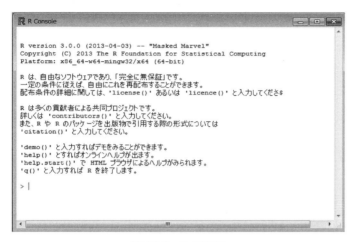

図 19-2　Rの画面

Rを使ううえで覚えておくべきことは多いが、必要最低限の知識についてあげておく。

▶ **Rは対話型のソフトウェアである**：対話型とは、こちらが命令したら、逐一向こうが答えを返してくれる形式のソフトをいう。これを実感するために、まず次の文を書いてみる。

```
2+3
```

すると、Rは

```
> 2+3
[1] 5
>
```

このように、即座に答えを返してくれる。イメージとしては、高度な電卓のようなものだと思えばいい。

▶ **Rは日本語が苦手**：Rは英語圏で生まれたので、日本語は苦手だ。変数名など、ラベルなどは日本語にも対応しているが、極力英数字を使うほうがよい。とりあえず慣れる

までは，Rを使うときは日本語を忘れよう。なお，全角スペースもコマンドミスの主な原因となりえるので，常に半角モードで使っておくほうがいいだろう。

また，Rでパスを指定するときにも日本語が含まれていると読み込んでくれない。

それに関連して，パスを入力するときは，"¥"ではなくて"/"（スラッシュ）か"¥¥"を使う。

ファイルの場所をRに教えるとき，ファイルの住所であるパスを書く。たとえば，「C:\Users\ユーザー名\Documents・・・」こんな文字列を見たことがあるだろう。Rでは，上のようなパスを書くときは，"¥"ではなくて，"/"を使う。つまり，「C:/Users/ユーザー名/Documents・・・」という感じだ。

▶ **Rは大文字と小文字を区別する**：Rでは，SASなどと違って，大文字と小文字を区別する。つまり，データセット名や変数名でDataとdataは別物になるので，注意が必要だ。また，関数名でもfa()とFA()は別の関数となるので，注意しよう。

以上を意識してRを使おう。

3. Rの基本操作

1 変数の代入

さっそくRにコードを書いてRを動かしてみよう。次のコードを書いて，書いたコードを反転させた状態でCtrlキーを押しながら"R"ボタンかエンターキーを押そう。

```
x <- 5
```

この操作"<-"は，「代入」で，xという変数に5という数字を入力している。この状態では，xは5という値になっている。試しに，

```
x + 3
```

と書くと，

```
> x <- 5
> x + 3
[1] 8
>
```

xに3が加えられて8となっているのがわかる。

変数同士の計算も同様である。

```
y <- 4
z <- x + y
z
```

これを実行させると，

```
> y <- 4
> z <- x + y
> z
[1] 9
>
```

となって，z=5+4=9 となる。

2 データセットと変数

実際に分析するときには，変数そのものを操作するのではなく，データセットの中に変数が入っているような形式（データフレーム）を扱う。そこで，データセットと変数の関係を解説する。

R にはいくつかサンプルデータが入っているので，それを使って説明しよう。今回紹介するのはアイリスデータと呼ばれる有名なデータセットである。アイリスとは植物のアヤメのことで，3 種類のアヤメの萼（がく）と花の大きさがデータとして入っている。次のコードを書くと，アイリスのサンプルデータを呼び出すことができる。

```
data(iris)
```

この中身を見るためには，ただ単に「iris」と書いてもいいし，あるいは以下のコードを書く。

```
View(iris)
```

すると，図 19-3 のデータが表示される。

このように，"iris" というデータセットに，5 つの変数が含まれている。R では，データセットも変数も，同じようにオブジェクトとして扱うことができる。

ここで，Sepal.Length の平均値や標準偏差を求めたいとしよう。そういった計算に

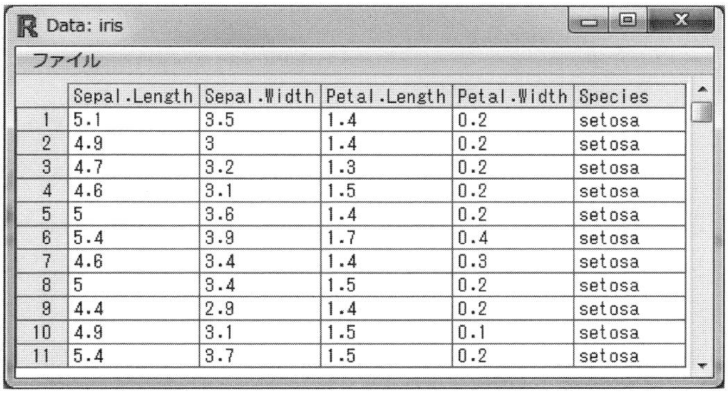

	Sepal.Length	Sepal.Width	Petal.Length	Petal.Width	Species
1	5.1	3.5	1.4	0.2	setosa
2	4.9	3	1.4	0.2	setosa
3	4.7	3.2	1.3	0.2	setosa
4	4.6	3.1	1.5	0.2	setosa
5	5	3.6	1.4	0.2	setosa
6	5.4	3.9	1.7	0.4	setosa
7	4.6	3.4	1.4	0.3	setosa
8	5	3.4	1.5	0.2	setosa
9	4.4	2.9	1.4	0.2	setosa
10	4.9	3.1	1.5	0.1	setosa
11	5.4	3.7	1.5	0.2	setosa

図 19-3 「iris」のデータ画面

はRでは関数を使う。関数を使って計算をする場合には，まずデータセットを指定し，その後変数名を書く。具体的には以下のように書く。大文字と小文字が区別されていることに注意しよう。

```
mean(iris$Sepal.Length, na.rm = TRUE)
sd(iris$Sepal.Length, na.rm = TRUE)
```

データセット名 $ 変数名が，Rでの基本的な変数の操作方法である。データセット名を先に書いておかないと，Rはわかってくれないので慣れていこう。

また，"na.rm = TRUE" は，「欠損値があればそれを省いて計算しろ」という意味である。欠損値がないデータはあまりないと思うので，平均値や標準偏差の計算にはこれを書くことを覚えておこう。

上のコードを走らせると，以下のような結果が表示される。

```
> mean(iris$Sepal.Length, na.rm = TRUE)
[1] 5.843333
> sd(iris$Sepal.Length, na.rm = T)
[1] 0.8280661
```

また，関数が出力した結果を，変数に格納することもできる。その結果をさらなる計算に利用できるのである。たとえば，平均値を mean.SepalL に格納する場合には，

```
mean.SepalL <- mean(iris$Sepal.Length, na.rm = TRUE)
```

と書けばよい。

③ パッケージのインストールと読み込み

パッケージとは，Rユーザーが独自に作った関数のセットのことである。Rにも初めから使える関数が多数あるが，複雑な分析や，ちょっとしたデータセットの操作にはパッケージを利用したほうが便利であることが多い。

最初に紹介するパッケージは，心理学者がよく使う統計手法のための関数が入ってい

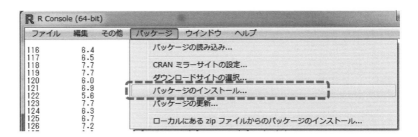

図 19-4　パッケージのインストール

る，psych パッケージである。psych パッケージは心理学者が分析をするうえで便利かつ不可欠な関数が多く含まれているので，必ずインストールしておこう。

　パッケージのインストールは R のメニューにある「パッケージ」を選択して，図 19-4 のように「パッケージのインストール」を選ぶ。するとミラーサイトを選ぶよう言われるので，日本の Hyogo か Tokyo か Tsukuba かの好きなところを選ぼう。次にパッケージの一覧が表示されるので，そこから Psych を選ぶ。すると，インターネットが正常につながっていればインストールが始まるはずである。

　インストールに成功したら，以下のように表示される。失敗した場合は，ネットに正しくつながっているかを確認しよう。

　　　パッケージ 'psych' は無事に展開され、MD5 サムもチェックされました

　パッケージは，インストールしただけでは実は機能しない。命令で呼び出す必要がある。パッケージを呼び出すためには library() を使う。

```
library(psych)
```

こうすることで，psych パッケージが使えるようになる。psych パッケージにどのような関数が含まれているかを知るには，help() を使う。

```
help(psych)
```

と書くと，psych パッケージの取扱説明書を web ブラウザ上で見ることができる。
　psych パッケージの具体的な使い方は後述するが，因子分析や尺度分析など，質問紙調査のデータの多変量解析用の関数が多数入っている。

2　R の実践

1. データを読み込む

　先ほどは R にすでに組み込まれているデータセットを用いたが，実際に分析をする場合には自分のとったデータを読み込む必要がある。R にデータを読み込む方法はさまざまであるが，ここでは，2 つの方法を紹介しよう。

- クリップボードから読み込む
- txt ファイルや csv ファイルから読み込む

1 クリップボードからデータを読み込む

クリップボードとは，PCが一時的に保存している記憶領域のことである。この方法がおそらく一番手軽なので，少なくともクリップボードから入力する方法は確実に覚えておこう。

まずは，たとえばエクセルなどにあるデータの範囲を指定して，コピーしてみよう（図19-5）。このとき，変数名も一緒にコピーしよう。エクセルの場合，列を全部選択してコピーしても問題ない。

	A	B	C	D	E	F	G
1	obs	a	x1	x2	x3	x4	
2	OBS01	1	3	4	6	5	
3	OBS02	2	3	2	3	2	
4	OBS03	1	3	3	6	7	
5	OBS04	2	5	6	2	3	
6	OBS05	1	1	4	6	8	
7	OBS06	2	2	3	3	3	
8	OBS07	1	3	5	4	7	
9	OBS08	2	4	6	6	4	
10	OBS09	1	5	7	8	9	
11	OBS10	2	6	4	5	6	
12							

図 19-5　範囲を指定してコピーする

次に，Rに以下のコードを書く。なお，read.clipboard()は，psychパッケージ内の関数であるので，先にpsychをインストールし，libraryで呼び出しておく必要があることには注意が必要である。

```
dat <- read.clipboard()
```

ただし，この場合は欠損値は"NA"で入力される必要がある。特定の文字列を欠損にしたい場合は，

```
dat <- read.clipboard(na.strings=".")
```

とする。なお，ここでdatというのはデータセットを格納するためのオブジェクト名で，任意の名前で構わない。

2 txtファイルやcsvファイルからデータを読み込む

Rにデータを読み込むとき，最も用いられる方法がテキストファイルやcsvファイルを読み込む方法である。一番簡単なのは，以下のコードを書く方法である。

```
dat <- read.table("C:/temp/sample1.csv", header=TRUE, sep=",", na.strings=".")
```

このコードは，csvファイルを読み込む場合の例である。sep=","は，データがカンマ区切りであることを指定している。header = TRUE とは，変数名が1行目にあることを指定している。

もし，データファイルがcsvファイルで，プロジェクトと同じディレクトリ（フォルダ）にあるなら，read.csv()を用いて，

```
dat <- read.csv("sample1.csv", na.strings=".")
```

というようにファイル名だけ書いても，問題なく読み込める。

③ データセット内の変数を確認する方法

読み込んだ変数を確認したい場合は，データセットをそのまま入力すればいい。

```
dat
```

と打てば，その中身を見ることができる。

```
    obs    a x1 x2 x3 x4
1   OBS01  1  3  4  6  5
2   OBS02  2  3  2  3  2
3   OBS03  1  3  3  6  7
4   OBS04  2  5  6  2  3
5   OBS05  1  1  4  6  8
6   OBS06  2  2  3  3  3
7   OBS07  1  3  5  4  7
8   OBS08  2  4  6  6  4
9   OBS09  1  5  7  8  9
10  OBS10  2  6  4  5  6
```

また，すでに解説したがデータセットの中の変数を指定したい場合は，

```
dat$x1
```

といったように，データセット名＄変数名というように入力する。すると，dat のなかの x1 だけを見ることができる。

2. データの変換や編集

① 変数の型について

R には変数にいくつかの型がある。最もよく使うのは数値型（numeric）で，変数が連続値となっているようなものである。それ以外に，因子型（factor），論理型（logic）などがある。

因子型は，カテゴリカルデータの場合に使う。たとえば，男性，女性といったような文字列データも因子型として扱える。また，関数によっては入力する変数の型が決めら

れていること（たとえば分散分析の独立変数は因子型である必要がある，など）もあるので，注意が必要だ。そこで，数値として得られたデータを因子型に変換する方法を解説する。

ある型の変数を因子型に変えるときは，as.factor() を用いる。

```
dat$a <- as.factor(dat$a)
```

というように記述する。これだけで変数の型を変えることができる。もし数値型にしたいなら，同様に as.numeric() で可能だ。データの見た目は何も変わらないが，変数 a はカテゴリカル変数として扱えるようになる。

変数の型が因子型であることを確認するためには，is.factor() を使う。

```
is.factor(dat$a)
```

と入力すると，因子型のときは TRUE と応えてくれる。

```
> is.factor(dat$a)
[1] TRUE
```

2 変数の四則演算

既存の変数から新しい変数を計算して作成するのは以下のように，各変数を指定して式を書けばできる。

```
dat$ave_x <- (dat$x1+dat$x2+dat$x3+dat$x4)/4
```

attach() という関数を使うと以下のような書き方もできる。attach() で指定したデータセットは，内部の変数を直接指定できる。でも，ずっとそのままではあとで混乱するので detach() で戻しておくことをすすめる。

```
attach(dat)
dat$ave_x <- (x1 + x2 + x3 + x4)/ 4
detach(dat)
```

ただ，attach() を使わずにデータセット名を書いておくほうが，後々混乱が少なくてすむ。ここで dat の中身を確認すると，ちゃんと ave_x が増えているのがわかる。

```
> dat
      ID a x1 x2 x3 x4 ave_x
1  OBS01 1  3  4  6  5  4.50
2  OBS02 2  3  2  3  2  2.50
3  OBS03 1  3  3  6  7  4.75
4  OBS04 2  5  6  2  3  4.00
5  OBS05 1  1  4  6  8  4.75
6  OBS06 2  2  3  3  3  2.75
7  OBS07 1  3  5  4  7  4.75
8  OBS08 2  4  6  6  4  5.00
9  OBS09 1  5  7  8  9  7.25
10 OBS10 2  6  4  5  6  5.25
```

③ 数値を文字に変換する

変数 a が 1 のときは "実験" に，2 のときは "統制" にする，といったような変換は以下のように行う。なお，「等しい」を表すのは "=="（イコールが 2 つ）で，代入 "="（イコール 1 つ）とは違うので注意すること。

```
dat$a2[dat$a == 1] <- "実験"
dat$a2[dat$a == 2] <- "統制"
```

なお「1 より大きいもの」を選択する，という場合は，dat$a2[dat$a > 1] <- "実験" とする。

④ データセットの，一部のサブジェクトや変数だけを取り出す

分散分析の単純効果分析のときは，ある条件のサブジェクトだけで分析したいこともある。このときに利用するのは subset() である。最初にデータセットを指定し，そのあとに条件文を書く。ここでもイコールを 2 つ用いることに注意しよう。

```
dat2 <- subset(dat,a==1)
```

また，一部の変数だけを含んだデータセットを作るときも同様である。いくつかの関数（以下に述べる ANOVA 君とか）は，順番通りに並べたデータセットを入力する必要があるので，使う機会は多い。select =c() では，変数名を入力する。

```
dat2 <- subset(dat,select=c(x1,x2,x3,x4,a))
```

このように，subset() は本当によく使うので，絶対に覚えておくべき関数である。

⑤ データセットを，特定の変数でソートする

ソートとは並び替えのことである。特定の変数の値によって昇順で並び替えたいときは以下のように sort.list() に，ソートしたい変数を入力する。そのあと最後にカンマ（,）がいる点に注意しよう。

```
dat2 <- dat[sort.list(dat$a),]      # カンマが最後についていることに注意
```

6 複数のデータセットの管理について

Rではたくさんのデータセットを作成する必要が出てくる。それは，関数によってデータの読み込み方が異なっているためだ。しかし，元のデータセットをそれに合わせて変換したりソートしたりすると，元に戻せなくなる恐れもある。そのため，元のデータセットと分析用データセットを分けて処理することをおすすめする。

3. 分析

分析に必要な変換などが終わったら，次は具体的に分析をする段階である。

1 ヒストグラムと散布図

Rには最初から，ヒストグラムや散布図など，データを図示するための関数が入っている。ヒストグラムは，hist() を用いる。

```
hist(dat$x1)
```

次に，散布図は plot() を用いる。

```
plot(dat$x1,dat$x2)
```

このように，2つの変数を指定するだけで簡単に散布図を作成できる。

2 要約統計量

データセット内の平均値や標準偏差などを一度に表示させたい場合，describe() が便利である。

なお，describe() は psych パッケージの中にある関数である。

```
describe(dat)
```

図 19-6 ように，データセットをそのまま指定すれば，中の変数すべての要約統計量を見ることができる。

また，次のように [] を使って，連続した変数を部分的に指定することもできる。

```
describe(dat[3:6])
```

このように書くと，dat のなかの 2～5 番目（変数 x1～変数 x4）までの統計量を表示できる。

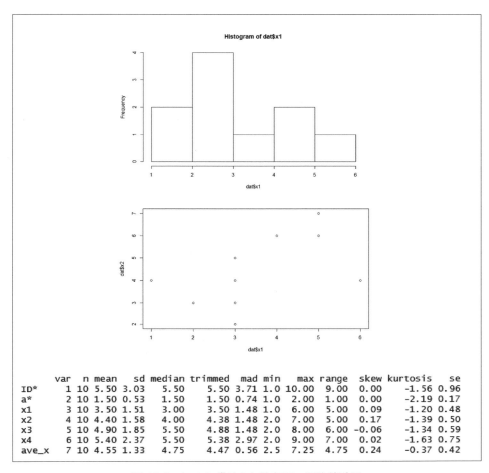

図19-6 ヒストグラムと散布図，要約統計量

③ 平均値の差の検定（t 検定）

R には最初から t 検定用の関数，t.test() が入っている。まずは対応のない t 検定の書き方は以下のとおりである。

```
t.test(dat$x4 ~ dat$a, var.equal=TRUE)
```

チルダ（~）は，予測するといった意味で，変数 x4 を変数 a で予測することを意味する。要は，前者が目的変数，後者が説明変数である。

また，R に最初から入っている関数には，次のように，関数名（目的変数 ~ 説明変数，data = データセット名）のように書くことができるものもある。その場合は，変数名だけを書けばいい。

```
t.test(x4 ~ a, var.equal=TRUE, data = dat)
```

上の2つは，同じ結果を返す。

なお，この例は等分散を仮定する場合の平均値の差の検定である。

```
Two Sample t-test

data:  x4 by a
t = 3.7947, df = 8, p-value = 0.005276
alternative hypothesis: true difference in means is not equal to 0
95 percent confidence interval:
 1.412332 5.787668
sample estimates:
mean in group 1 mean in group 2
            7.2             3.6
```

後半部分を "var.equal = F" あるいは "var = F" とすると，ウェルチの検定になる。ttest() のデフォルトはこちらのウェルチの検定になっている。どちらの分析からも，変数 x4 は，変数 a の2つのカテゴリー間で差があることがわかった。

なお，対応のない順位の検定は wilcox.test() が，3群以上の場合は kruskal.test() がある。関数名を変えるだけで，書き方は同じである。

次に，対応のある t 検定の書き方は以下のとおりである。

```
t.test(dat$x1,dat$x4, paired = TRUE)
```

差を比較する変数を2つ指定して，"paired = TRUE" と書く。

結果は以下のとおり，有意傾向だった。

```
Paired t-test

data:  dat$x1 and dat$x4
t = -2.1407, df = 9, p-value = 0.06095
alternative hypothesis: true difference in means is not equal to 0
95 percent confidence interval:
 -3.9078194  0.1078194
sample estimates:
mean of the differences
                   -1.9
```

なお，対応のある順位の差の検定は wilcox.test() に変えるだけでよい。対応のある3群以上の順位の差の検定であるフリードマン検定は friedman.test() で実行できる。

4 相関分析

R には cor() と，cor.test() という関数がはじめから入っているが，前者は検定してくれず，後者は2変数しか分析してくれない。そこで，ここでは psych パッケージにある corr.test() を紹介する。以下のようにコードを書く。

第 19 章 統計パッケージの利用：R の基礎的な使い方

```
corr.test(dat)
```

また，いらない変数（たとえば ID 変数はいらない）を省きたい場合は，以下のように書く。

```
corr.test(dat[-1])     #1 列目を省いて相関行列を求める。
corr.test(dat[3:6])    #3〜6 列目だけを使う。
```

このコードを走らせると，以下の結果を得る。相関行列と有効サンプルサイズ，有意確率が表示される。

また，print() を使えば，有効桁数を調整できる。

```
print(corr.test(dat[3:6]),digits = 3)
```

digits = のあとに書いた数字が有効桁数となる。

```
Call:corr.test(x = dat[3:6])
Correlation matrix
     x1   x2   x3   x4
x1 1.00 0.51 0.06 0.00
x2 0.51 1.00 0.36 0.37
x3 0.06 0.36 1.00 0.77
x4 0.00 0.37 0.77 1.00
Sample Size
   x1 x2 x3 x4
x1 10 10 10 10
x2 10 10 10 10
x3 10 10 10 10
x4 10 10 10 10
Probability values (Entries above the diagonal are adjusted
for multiple tests.)
     x1   x2   x3   x4
x1 0.00 0.65 1.00 1.00
x2 0.13 0.00 1.00 1.00
x3 0.87 0.31 0.00 0.05
x4 1.00 0.29 0.01 0.00
```

次に偏相関係数は，partial.r() を使って実行することができる。

```
partial.r(dat[2:6],c(2,3,4,5),c(1))
```

このコードは，まず相関係数と統制変数が入ったデータセットを指定し，その後，相関係数を計算した変数の列番号を指定し，最後に統制変数が入った列番号を指定する。上の例の場合，dat の 2〜6 列目（変数の a と，x1〜x4 まで）のデータセットを指定し，その後，x1〜x4 に該当する 2〜5 列目までを指定し，最後に統制変数である変数 a の列番号である 1 列目を指定していることになる。

5 重回帰分析

回帰分析は，R に初期から入っている lm() を用いる。書き方は対応のない t 検定と変わらない。

```
lm(dat$x1 ~ dat$x2 + dat$x3 + dat$x4)
lm(x1 ~ x2 + x3 + x4, data = dat)  # どちらの書き方でも，同じ結果になる
```

このコードを実行すると，

```
Call:
lm(formula = dat$x1 ~ dat$x2 + dat$x3 + dat$x4)

Coefficients:
(Intercept)       dat$x2       dat$x3       dat$x4
    1.70976      0.56522      0.03299     -0.15896
```

このような結果を得る。確かに切片と回帰係数は出力されたが，有意確率などが表示されていない。

実は，R の多くの関数では出力を見たい場合，別に関数が必要なものがある。だが，ほとんどの関数は summary() で必要な出力は知ることができる。その場合，結果を一度任意の名前のオブジェクトに格納してから，それを summary() に入れるのが便利である。

```
result.lm <- lm(dat$x1 ~ dat$x2 + dat$x3 + dat$x4)
summary(result.lm)
```

```
Call:
lm(formula = dat$x1 ~ dat$x2 + dat$x3 + dat$x4)

Residuals:
     Min       1Q   Median       3Q      Max
-1.89690 -0.63617 -0.03199  0.47000  2.81817

Coefficients:
            Estimate Std. Error t value Pr(>|t|)
(Intercept)  1.70976    1.76337   0.970    0.370
dat$x2       0.56522    0.35283   1.602    0.160
dat$x3       0.03299    0.43786   0.075    0.942
dat$x4      -0.15896    0.34454  -0.461    0.661

Residual standard error: 1.54 on 6 degrees of freedom
Multiple R-squared:  0.3057,  Adjusted R-squared:  -0.04144
F-statistic: 0.8806 on 3 and 6 DF,  p-value: 0.5022
```

このように，ちゃんと推定値，標準誤差，t 値，有意確率が表示された。

また，必要な結果を個別に知るための関数を 1 つ紹介しておこう。回帰分析の情報量基準を知りたい場合，AIC() を使う。

```
AIC(result.lm)
```

すると，次の出力が得られる。

```
> AIC(result.lm)
[1] 41.90859
```

6 分散分析

分散分析も R にはじめから入っている関数で実行できるが，参加者内計画や単純効果分析などについては不十分である。そこで，井関龍太先生が作成した ANOVA 君という関数を紹介する。ANOVA 君（関数名は，anovakun()）は，参加者内・間計画の分散分析を実行する。詳しい使い方は，井関先生の web サイトを参照してほしい（http://riseki.php. xdomain.jp/index.php）。

ANOVA 君を使うためには，まず井関先生の web サイトからソースをダウンロードし，それを R に読み込ませる必要がある。一番手っ取り早いのは，上記サイトからダウンロードしたテキストファイルをプロジェクトがある同じファイルに入れて，

```
source("anovakun_472.txt")
```

と書く方法である。これで anovakun() が使えるようになったはずだ。

ANOVA 君で必須の入力情報はやや特殊で，次のようなルールでモデルを指定することになる。

anovakun(データセット, 要因計画, A 要因の水準数, B 要因の水準数・・・・)

まず，ANOVA 君で使うデータを用意する。今回は，a を参加者間要因，x1〜x4 を参加者内要因とする。先ほどと同じ要領で，分析用データセットを作成する。

```
dat2 <- subset(dat,select=c(a,x1,x2,x3,x4))
```

また，参加者間要因を識別するには因子型である必要があるので，以下のように変数 a を因子型にしておく。

```
dat2$a <- as.factor(dat2$a)
```

次に要因計画は，参加者間要因を先に A からアルファベット順に大文字で書き，小文字の s "s" のあとに引き続きアルファベットを大文字で書く。今回は，参加者間要因が1つ，参加者内要因が1つなので，"AsB" となる。

2要因参加者間要因計画なら "ABs"，2要因参加者内要因計画なら，"sAB"，3要因混合（間が1つ）なら，"AsBC" となる。今回は，次のように書く。

```
<< SPHERICITY INDICES >>

== Mendoza's Multisample Sphericity Test and Epsilons ==
-------------------------------------------------------------
Effect  Lambda  approx.Chi  df      p      LB     GG     HF
-------------------------------------------------------------
   B    0.0429    4.4439    11   0.9551 ns 0.3333 0.8896 1.3767
-------------------------------------------------------------
     LB = lower.bound, GG = Greenhouse-Geisser, HF = Huynh-Feldt

<< ANOVA TABLE >>
----------------------------------------------------------
Source      SS    df      MS     F-ratio   p-value
----------------------------------------------------------
   A      16.9000  1    16.9000   2.9075   0.1266 ns
  sxA     46.5000  8     5.8125
----------------------------------------------------------
   B      19.7000  3     6.5667   5.2013   0.0066 **
  AxB     30.5000  3    10.1667   8.0528   0.0007 ***
 sxAxB    30.3000 24     1.2625
----------------------------------------------------------
 Total   143.9000 39
              +p < .10, *p < .05, **p < .01, ***p < .001
```

図 19-7　ANOVA 君による分析結果

```
anovakun(dat2, "AsB", 2, 4)
```

後ろから 2 つめにある数字の 2 は A 要因の水準数，次の 4 は B 要因の水準数を意味する．これだけで，有意な要因の多重比較，有意な交互作用の単純効果の検定（および多重比較）をすべて行ってくれる．

その他，使えそうなオプションたちとして，偏 η^2 を出力 "peta =T"，H-F や G-G の自由度補正（イプシロン） "hf=T", "gg=T", などがある．

ANOVA 君を実行すると，図 19-7 のような見やすい分析結果が出力される．

実際は，この下にも多重比較や単純効果分析の結果が続いている．

7 因子分析

因子分析も，R に最初から入っている factanal() という関数があるが，因子間相関が計算されないなどの不便な点がある．そこで，psych パッケージに入っている fa() を紹介する．

その前に，今回は因子分析用のデータを使うので，図 19-8 に示すデータセットをクリップボードから取り込もう．データセット名は dat.fa としておく．

fa() は，データセットに入った変数をすべて使用するので，以下のようにサブデータセットを作っておくといい（最初から，クリップボードで使う変数だけを指定してもよ

A	B	C	D	E	F	G	H	I	J	K
ID	v1	v2	v3	v4	v5	v6	v7	v8	v9	v10
1	3	3	3	3	3	3	3	3	3	3
2	2	2	3	2	3	3	3	3	3	3
3	3	3	4	3	4	5	4	4	4	5
4	3	4	3	2	3	3	3	4	3	4
5	4	2	4	4	3	3	4	4	4	4
6	2	1	3	2	2	3	2	3	2	2
7	2	3	2	4	3	2	2	1	1	2
8	3	3	3	4	3	4	4	4	4	3
9	2	2	2	2	2	2	2	1	2	3
10	3	3	3	3	3	3	3	3	3	4
11	3	3	2	2	3	3	3	3	2	3
12	5	4	5	4	4	5	5	4	4	3
13	2	4	3	3	3	3	2	3	4	4
14	4	4	5	3	3	4	3	4	4	4

図 19-8　因子分析用のデータセット

い)。

```
dat.fa2 <- dat.fa[-1]      #1 列目をデータセットから省く，という処理
```

fa() を使ううえで覚えておくべき引数は，fa（データセット , nfactors = 因子数 , fm="抽出法" , rotate="回転法"）である。たとえば 2 因子で最尤法プロマックス回転を使いたい場合は，以下のようにコードを書く。

```
fa(dat.fa2, nfactors = 2, fm = "ml", rotate = "promax")
```

なお，fa() で使える因子抽出法や回転法はヘルプから確認することができる。ただし，プロマックス回転には GPArotation パッケージが必要である。あらかじめインストールしておこう。インストール方法は本章 1 節 3-③を参照してほしい。

なお，fa() のままでも結果は出せるが，デフォルトの設定では有効桁数や，カットポイントなどが気になるかもしれない。そこで，print() で出力方法を指定する。

```
result.fa <- fa(dat.fa2,nfactors = 2, fm= "ml", rotate= "promax")
print(result.fa, digits = 3, cut = 0)
```

"digits=" は，有効桁数を指定できる。"cut=" では，指定した絶対値以下の結果を表示しない設定である。

では以下のコードを入力して因子分析結果を出力してみよう。なお，分析結果を格納する変数名は任意である。これらをすべて実行すると，図 19-9 のような結果を得る。

因子分析をしたら，因子得点を出力したいこともあるだろう。次のコードで因子得点を計算できる。

```
Factor Analysis using method =  ml
Call: fa(r = dat.fa2, nfactors = 2, rotate = "promax", fm = "ml")
Standardized loadings (pattern matrix) based upon correlation matrix
      ML1    ML2    h2    u2
v1    0.103  0.665  0.544 0.456
v2    0.022  0.706  0.519 0.481
v3    0.107  0.595  0.450 0.550
v4   -0.022  0.753  0.545 0.455
v5   -0.077  0.810  0.579 0.421
v6    0.837 -0.050  0.647 0.353
v7    0.717  0.075  0.591 0.409
v8    0.753  0.103  0.679 0.321
v9    0.746  0.013  0.570 0.430
v10   0.752 -0.047  0.521 0.479

                       ML1   ML2
SS loadings            3.020 2.626
Proportion Var         0.302 0.263
Cumulative Var         0.302 0.565
Proportion Explained   0.535 0.465
Cumulative Proportion  0.535 1.000

 With factor correlations of
     ML1   ML2
ML1 1.000 0.661
ML2 0.661 1.000
```

図 19-9　fa()の分析結果

```
result.fa <- fa(dat.fa2,nfactors = 2, fm="ml",rotate="promax", scores = TRUE)
print(result.fa, digits = 3, cut = 0)
```

"scores = TRUE" のオプションはあくまで因子得点の計算をするためのもので，出力には次のコードを書く。

```
result.fa$scores
```

このように，因子得点が算出される。

次に，因子得点をデータセットに加えたい場合，次のコードでデータセットに結合できる。

```
dat.fa$factor1 <- result.fa$scores[,1]
dat.fa$factor2 <- result.fa$scores[,2]
```

result.fa$scores の中には，指定した因子数の数だけ因子得点が格納されている。[,1] とあるのは 1 列目という意味である。前にカンマを付けるのを忘れないようにしよう（行は指定していないので，カンマだけつける）。

```
> result.fa$scores
              [,1]        [,2]
 [1,] -0.048041774 -0.11527418
 [2,] -0.151987694 -0.91291513
 [3,]  1.774859667  0.62169179
 [4,]  0.458946629 -0.05247924
 [5,]  0.999277508  0.54239832
 [6,] -0.856424956 -1.59934934
 [7,] -1.914043601 -0.59066569
 [8,]  1.028236450  0.35278495
 [9,] -1.547844089 -1.70516189
[10,]  0.158662693 -0.10751883
```

すると，図 19-10 のように因子得点がデータセットに追加できた。

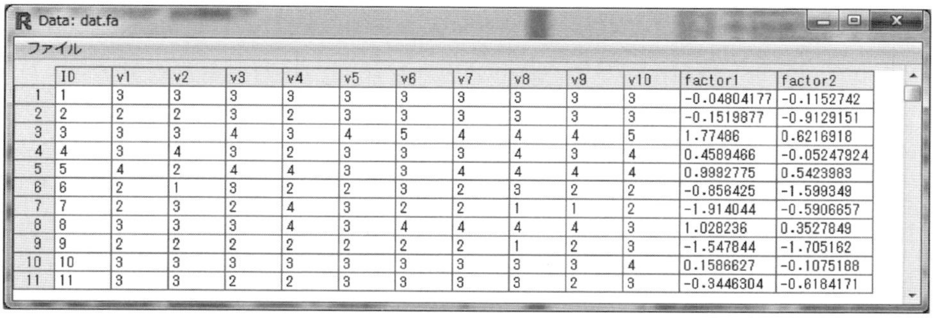
Data: dat.fa
ファイル

	ID	v1	v2	v3	v4	v5	v6	v7	v8	v9	v10	factor1	factor2
1	1	3	3	3	3	3	3	3	3	3	3	-0.04804177	-0.1152742
2	2	2	2	3	2	3	3	3	3	3	3	-0.1519877	-0.9129151
3	3	3	3	4	3	4	5	4	4	4	5	1.77486	0.6216918
4	4	3	4	3	2	3	3	3	4	3	4	0.4589466	-0.05247924
5	5	4	2	4	4	3	3	4	4	4	4	0.9992775	0.5423983
6	6	2	1	3	2	2	3	2	3	2	2	-0.856425	-1.599349
7	7	2	3	2	4	3	2	2	1	1	2	-1.914044	-0.5906657
8	8	3	3	3	4	3	4	4	4	4	3	1.028236	0.3527849
9	9	2	2	2	2	2	2	2	1	2	3	-1.547844	-1.705162
10	10	3	3	3	3	3	3	3	3	3	4	0.1586627	-0.1075188
11	11	3	3	2	2	3	3	3	3	2	3	-0.3446304	-0.6184171

図 19-10 因子得点が追加されたデータセット

最後に，尺度項目の信頼性係数を計算する方法を紹介しよう。内的一貫性の指標である α 係数は psych パッケージに入っている alpha() を用いることで計算できる。たとえば, dat.fa に入っている v1～v5 までの項目を平均した場合の α 係数を計算したい場合は，次のコードを書く。

```
alpha(dat.fa[2:6])
```

すると， α 係数が 0.85 であることが出力されるはずである。

他にも psych パッケージには心理学で用いるさまざまな分析法を実行できる関数が入っているので，ぜひ使いこなしてほしい。

4. エディタについて

ここまでやや駆け足気味に R の基本操作と，心理学で用いられる分析法を実行するためのコードを紹介してきた。SPSS で慣れている読者にとってはなじみがなく難しそうに感じたかもしれない。しかし，一度基本的なことをマスターすれば，コマンドを実行することで結果が得られる R そのものの楽しさにも気づいてもらえるだろう。

だが R 本体だけでは，パッケージ管理やデータセットの編集において若干使いづら

い側面もある。そこで，R にはエディタと呼ばれる，R のユーザーインターフェースを拡張し，使いやすくしてくれるソフトウェアがいくつか開発されている。エディタにはいろいろあるが，最も人気なのは Rstudio（http://www.rstudio.com/）と呼ばれるエディタである。Rstudio は分析以外の操作についてはグラフィカルなユーザーインターフェースが搭載されており，バージョンの管理やどのパッケージを有効にしているかなどがすぐわかるような仕組みになっている。ここでは詳細は述べないが，興味のある読者は R と合わせてインストールしてみてほしい。

5. その他のソフトウェア

1 HAD について

本章では R の使い方について解説してきたが，R は慣れないとやや敷居が高く感じるのも事実である。そこでもし，コマンド入力による統計分析に抵抗がある読者には，筆者が作成した同じくフリーの統計ソフトである，HAD を最後に紹介しておこう。HAD は Excel の Visual Basic Application（VBA）で動くフリーソフトウェアで，Windows と Mac の Microsoft Office で動作を確認している。LibreOffice では動作しないので注意しよう。また HAD はこの章で紹介した分析を同様に実行することができる。つまり，要約統計量や差の検定，相関分析，重回帰分析，因子分析などである。その他にも，一般化線形モデルや階層線形モデル，構造方程式モデルといった応用的な統計手法も実行可能である。ここでは，ごく簡単に HAD がどういうソフトウェアであるかについて解説するにとどめておく。

HAD は筆者の web サイトの HAD のページ（http://norimune.net/had）からダウンロードすることができる。フリーソフトなので，誰でも何回でもダウンロード可能だ。HAD はマクロ有効ブック（*.xlsm）のファイル形式で保存されているので，PC に Excel が入っていれば開くことができる。データはファイルのデータシートに図 19-11

図 19-11　HAD のデータシート

のように入力すれば，図19-12のモデリングシート上で分析を行うことができる。

HADではSPSSのように分析法を先に指定して，そのあと使用変数を選択するのではなく，先に使用変数を指定して，そのあと分析法を選択する。「使用変数」のボタンを押すと図19-13のようなGUI（グラフィカルユーザーインターフェース）によって変数の指定ができる。分析に使用する変数を指定したら，次に「分析」ボタンを押して，図19-14の画面で分析法を選択する。すると，図19-15のようにExcelのシート上に結果が出力される。

SPSS

図19-12　HADのモデリングシート

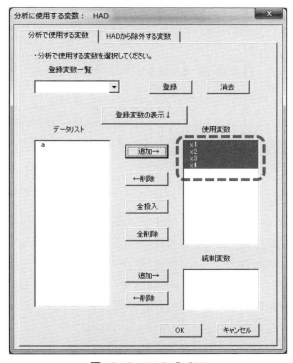

図19-13　HADのGUI

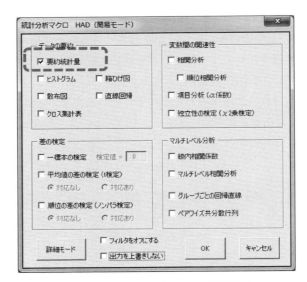

図19-14　HADの分析法の選択画面

要約統計量						
サンプルサイズ		10				
変数名	有効N	平均値	中央値	標準偏差	分散	
x1	10	3.500	3.000	1.509	2.278	
x2	10	4.400	4.000	1.578	2.489	
x3	10	4.900	5.500	1.853	3.433	
x4	10	5.400	5.500	2.366	5.600	

図19-15　Excelシート上の結果表示

このようにHADはRとは違ってコードではなくGUIによる分析が可能なので，比較的扱いやすいかもしれない。Rがどうしても難しいようなら，HADを使ってみるのもいいかもしれない。

② 商用ソフトウェアの特徴

　最後に，本書でも紹介されている商用ソフトウェアの特徴について解説しておこう。日本の大学において最も多く利用されている商用の統計ソフトウェアはSPSSだろう。もしかしたら本書の読者もSPSSを用いた授業を受けたことがあるかもしれない。SPSSはHADのようなGUIによる分析が可能で，卒業論文や修士論文で用いる分析なら十分な統計手法を搭載している。書籍も豊富で，小塩（2011）や米川と山崎（2010）など心理学者にとっても使いやすいものが多い。よって，もし心理学で卒業論文を書くのであれば一度はお世話になるソフトウェアである。一方，型にはまった分析はやりやすいが，応用的な分析に関しては融通がきかないという性質があるのも事実である。

第 19 章　統計パッケージの利用：R の基礎的な使い方　277

　そこで商用ソフトウェアのなかでも特に性能がいいのが SAS である。SAS は R と同様，コードを書いて分析を行うソフトウェアであり，とても高度な分析を速い計算速度で実行してくれる。また，SAS の結果はあらゆる科学分野で信頼されている点も重要な長所である。また 2014 年からは個人利用なら無償で使うことができるようになった（http://www.sas.com/en_us/software/university-edition.html）点も，大きな利点の 1 つである。しかし，SAS についてのわかりやすい心理学者向けの本はそれほど多くないため，学習には少し時間がかかるかもしれないが，高度な分析をマスターしたいなら一度チャレンジしてみてほしい。SAS の有名な入門書としては竹内ら（1993）がある。また SAS の最近出版された初心者向け入門書としては，大橋（2010）などがある。

第20章 結果を表す，発表する

　本章では，論文やレポートを効率的に作成するためのノウハウを，できるだけ簡単に記す。まず，第1節では論文・レポート作成における心得として体裁を整える必要性についてふれ，論理的な文章を書くための技法をいくつか紹介する。また，問題，方法，結果，考察を書く際のポイントについて述べる。そして第2節では，実際に文章を書く際に役立つPC操作についていくつか紹介する。

1　論文・レポート作成における心得

1．最低限の心得：体裁を整えよう

　論文やレポートは人に見せるものである。自分が書いた文章を自分がわかるのは当然としても，その文章は人に評価されて初めて価値のあるものになる。たとえば誤字脱字が多かったり，図表の番号がちぐはぐであったり，段落が分かれていなかったりするだけで，読み手のモチベーションは確実に減る。たったそれだけで丹精込めて書き上げたレポートの評価が下がってしまうのでは，悔やんでも悔やみきれないのではないだろうか（これはちょうど，食べたら美味しい料理なのに，見た目で敬遠されるようなものである）。われわれは，読み手のモチベーションを下げないために，読みやすいと思われる文章を書くように努めなければならない。

　ただし，体裁を整えた文章がそれだけで高い評価をもらえるのかというと，必ずしもそうとは限らない。論文やレポートの内容が薄かったり読み手へのメッセージ性が乏しかったりすれば，学術論文や学位論文執筆としてはもちろん，レポートとしても高い評価はもらえないだろう。つまり，体裁を整えるというのは，内容面で100のものを正当に100として評価してもらうために必要なのである。内容が50のものが体裁を整えただけで100の評価をもらえることはまずありえない。しかし，場合によっては55とか60くらいの評価になることはあるかもしれない。書き手として正当な評価をしてもらうために，しっかりと体裁を整えた文章を書くという姿勢が望ましい。

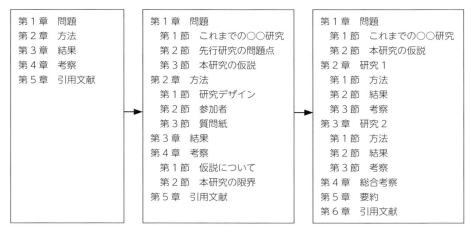

図 20-1　いろいろな章立ての例

2. 論理的な文章を書くために

体裁を整えたうえで，さらに読み手が読みやすいと感じる文章を書くためには，文章を論理的に構成する必要がある。そのための技法について，いくつか紹介していこう。

1 全体構造から考える

論文やレポートは，書くべき内容をだらだら書いてはいけない。論理的な文章を展開するためには，「全体構造」→「段落構造」→「文章構造」というように，大きな視点から細かい視点に移行していくとよい（これはちょうど，弁当箱を見てから彩りを決め，その範囲内で食べたい料理を作っていくようなものである。この順番を逆にすると，大量の余り物を処理することになるばかりか，見た目にも綺麗なお弁当にはならないだろう）。

まず，論文全体の構造を明確にするためには章立てを行うのがよい。心理学のレポートでは一般的に問題，方法，結果，考察となる。さらに，これをもっと細かくすることで，より明確なレポート構成にすることができる（図 20-1）。

コツは文章を書き始める前に章立ての構成を考えておくことである。つまり，最初に箱を用意して，そのなかに中身の文章を詰めていく作業と考えるのである。すぐれた研究者，あるいは文章家は，この章立てに最も時間を費やすともいわれる。論理的な文章を書くためには，最初に PC の前に座るのではなく，紙とペンを持って全体構造に思索をこらす時間が重要となる。

🔑 論理的な文章
🔑 全体構造
🔑 章立て

2 段落構造を考える

全体構造が決まれば，次は段落構造を考える。この段階で有効なのは，伝えたい内容を端的に述べた文章，つまりトピック・センテンスを中心とする方法である。トピック・センテンスは簡潔で，重複がなく，かつ数が少ないほうがよい。そして，トピック・セ

🔑 段落構造
🔑 トピック・センテンス

ンテンスだけで文章としての意味が通じるように配置してみるのである。この作業が終わった段階で，全体構造と段落構造をながめてみよう。自分の書こうとしている文章の全体像がつかめるはずだし，もしそうなっていない場合には，再度トピック・センテンスを見直す必要がある。

こうしてでき上がった文章は，実は段落構造を備えた文章となっている。なぜなら，各トピック・センテンスが1つの段落となるためである。各トピック・センテンスについて必要な情報を過不足なく盛り込んだものこそ，段落なのである。

③ 文章構造を考える

トピック・センテンスを中心とした段落構造が決まれば，最後に段落内の文章構造を考える。ここで大切なのは，段落内でのトピック・センテンスの位置と，接続詞の使い方である。基本的に，論文やレポートではトピック・センテンスを段落の冒頭に書くことが多い。そうすることで，読み手は中心的な内容を念頭に置いたうえで，その根拠や理由を確認しながら読み進めることができるためである。そして，段落の最後で内容をまとめた文章を書いておくことで，まとまりのある段落を構成することができる。

また，この段階まで進むと，接続詞を用いて効果的に文章をつなげていくことも考えるべきであろう。接続詞には，「連接関係を表示する」「文脈のつながりをなめらかにする」「重要な情報に焦点を絞る」「読み手に含意を読みとらせる」「接続の範囲を指定する」「文章の構造を整理する」などのさまざまな機能がある（石黒，2008）。紙幅の関係上，ここで接続詞に関する詳しい解説を加えることはできないものの，トピック・センテンスを強調したり段落間を円滑につなぐためには接続詞が重要な鍵となる。

ここで紹介したのは，あくまで論理的な文章を書くためのエッセンスである。さらなる興味をもたれた方のために，章末にいくつか文献を紹介しておくので，必要に応じてぜひともご参照願いたい。

3. 心理学の論文・レポートを書く際のポイント

ここまでは，一般的に論理的な文章を書くための技法について述べてきた。そこでここからは心理学の論文やレポートに焦点を絞り，「問題」「方法」「結果」「考察」の順にそれぞれの章を書く際の具体的な注意点についてふれていくこととしよう。

① 「問題」を書く際のポイント

問題部分では，論文やレポート全体に通じる問題意識を書き，その問題を解決するためにどのような視点でアプローチするのかを明確にする必要がある。ここでも，大きな視点から小さな視点へと移行していくのがよい。たとえば，

①あるテーマX（ここでは，共感を例にしてみる）に関する大きな問いがあり，②その問いへ迫るために先行研究x1やx2, x3（性別や個人特性に着目した研究）が行われてきたものの，③未だに〇〇（人はお互いに正確な共感を達成できるのかどうか）が解決され

ない問題として残っている。そのため，④本論文のリサーチ・クエスチョンとして●●（会話中のシンクロニーが共感の正確さに関連するか）を検討することとし，⑤仮説は△△（性別に限らず，話者同士の非言語行動のリズムが一致しているほうが正確な共感ができるであろう）とする。

といった具合である。文章の抽象度は①が最も高く，⑤で最も具体的になっているように注意しなければならない。ちょうど，逆三角形（▽）の形をイメージするとよい。このようにすれば，仮説を記す段階で具体的な変数名を用いた結果の予測を書けているはずである。先の共感の例でいうと，話者同士における非言語行動のリズムの一致度が具体的な変数名となっている。なお，技術的な工夫の一例として，リサーチ・クエスチョンを問題の冒頭に提示することもある（先の例でいえば，4→1→2→3→4→5の順番になる）。これは，読み手が論文自体の中心的な問いを念頭に置いたうえで問題全体を俯瞰できるという利点があり，効果的な方法ともいえる。

問題を書く際に重要となるのが先行研究の引用である。あるテーマXについて，どこまでが過去の知見として明らかになっており，どこからが自分のオリジナルの視点であるのかを明確に示す必要があるのである。これは同時に，あるテーマXに迫るために行われてきた先行研究に対する，本論文での位置づけを示していくことにもなる。自分のアイデアの独創性を主張するためにも，先行研究との区別は明確にしなければならない。また，先行研究を引用することは，本論文で対象とするリサーチ・クエスチョンがひとりよがりでないことを示すという効果もある。本論文のリサーチ・クエスチョンが独りでに生じたのではなく，先行研究 x1, x2, x3 があったからこそ生じた問いであることを指摘していくのがよい。先行研究の引用

2 「方法」を書く際のポイント

心理学の論文やレポートでは，方法を書く際に過去形を用いるのが一般的である。方法を書く際のポイントは，再現可能性を意識することである。つまり，自分の研究をまったく知らない人が読んでも，その研究を再現できるように書かなければならない。そのためには，調査対象者の概要や実験デザイン，尺度項目，実験場面の説明などを過不足なく書くことが重要である。また，分析方法についても同様に，欠損値の処理や用いた統計分析を示さなければならない。これらはちょうど，料理のレシピをイメージするとわかりやすいかもしれない（使ったことのない食材なのに，「わかっているだろう」という前提で調理手順が大ざっぱにしか書かれていない場合，途方にくれてしまうだろう）。ここで情報が欠如していると，論文やレポートとしての評価が致命的に下がってしまうので注意が必要である。なぜなら，書き手としての配慮不足を問われるだけでなく，最低限の説明責任すら果たせていないという烙印を押されてしまうためである。こうした事態を防ぐためには，読み手の立場に立って必要な情報を考え，記述していくのがよいだろう。

また，方法を書く際には，必ずしも実験内容を時系列的に説明する必要はない。実験

参加者→刺激→条件→手続き，という流れは臨機応変に順番を決めてもよいのである。時系列が多少前後したとしても，読み進めていくうちに全体像が理解されるほうが重要である。特に，実験手続きが技巧的なものになっている場合には，細かい尺度が先にきてしまうと，手続きを読み終えるころにはどの尺度がいつ用いられたのか，全体像がつかみにくくなってしまう。必要であれば流れ図などを積極的に用いる工夫も有効であるといえる。

③「結果」を書く際のポイント

　結果についても方法と同様に，過去形を用いて書くのが一般的である。結果を書く際のポイントは大きく分けて2つあり，1つ目は仮説や目的と分析との対応を明確に示すことである。たとえば，「仮説である『性別に限らず，話者同士の非言語行動のリズムが一致しているほうが正確な共感ができるであろう』を検討するために，話者の性別とリズムの一致度と独立変数，共感の正確さを従属変数とする2要因分散分析を行った」，といった具合である。結果はあくまで仮説を検証するためのものであることを忘れてはならない。裏を返せば，仮説の検証に関係のない分析は結果に書いてはいけないのである。また，結果は事実を記す部分である。結果に対する解釈を示すのは考察の部分であるため，たとえば「この結果は，仮説を支持している」といったことも，ここに書いてはいけない。結果が仮説を支持しているかどうかはあくまで解釈である。結果の部分には得られた事実だけを簡潔に示さなければならない（ただし，章立ての都合で「結果と考察」という章を作成した場合にはこの限りではない）。その他の注意としては，結果をただ図表に載せて終わりとしないようにしなければいけない。事実が適切に伝わるように，必要最低限の文章で補足することも忘れてはならない。

　2つ目は，データ処理が適切に行われたことを証明できるだけの情報を提示することである。たとえば，基本的な統計量（サンプルサイズ n，平均，標準偏差，相関係数，α 係数など）は明確に示しておく必要がある。たとえ目的が複雑な多変量解析であり，特定の変数間の関連のみが検討対象であったとしても，こうした基本的な統計量は示さなければならない。さもなければ，読み手には適切な分析が行われた確証がもてず，分析の正当性が危惧されてしまう（これはちょうど，材料のわからない料理が食卓に並ぶようなものである）。そのため，結果については細かい視点から大きな視点へと移行していくように，基本的材料の適切さを示したうえで，目的となる仮説検証が行われた過程を記述すればよい。また，仮説の検証に用いた検定統計量や適合度指標も正しく報告する必要がある。近年では，統計的仮説検定を用いた際には検定統計量に加えて効果量や信頼区間の報告が求められている（大久保・岡田，2012）。用いた説明変数が目的変数に対して有意な影響を与えたかどうか（つまり，1か0か）だけでなく，どの程度の効果があったのかをあわせて報告することで，より深い仮説の検証が求められているといえる。

4 「考察」を書く際のポイント

考察はまず，問題と結果を整理して仮説が支持されたかどうかについて言及することから始める。そして，問題部分で提示していたリサーチ・クエスチョンに対して明確な結論を述べていき，最終的にはあるテーマXに対して拡張的な議論を展開するのがよい。この時，小さな視点から大きな視点へと移行するように書くのが有効である。たとえば，

> ①分析の結果，仮説△△（性別に限らず，話者同士の非言語行動のリズムが一致しているほうが正確な共感ができるであろう）は支持されたため，②本論文のリサーチ・クエスチョン●●（会話中のシンクロニーが共感の正確さに関連するか）は解決された。これは，③先行研究で取り残されてきた問題○○（人はお互いに正確な共感を達成できるのかどうか）を△△（話者同士の非言語行動におけるリズムの一致）の視点から解決していることから，④あるテーマX（共感）の問いに対して，◇◇（人は面と向き合うことで，お互いを正確にわかり合うことができる）という示唆が得られた。

といった具合である。問題部分とは反対に，文章の抽象度は④が最も高く，①で最も具体的になっているように注意しなければならない。ここでは，三角形（△）の形をイメージするとよい。問題→方法→結果→考察と進むにつれて議論の抽象度は高→低→高とつながっていくことから，砂時計の形をイメージしながら論文やレポートを書くのがよいともいえる。

また，考察部分には今回の論文の抱える限界と，今後の展望についても述べておくのがよい。これは，1つの研究論文で完全な議論ができるわけではないためである。研究論文とはその特性上，複数集まることで対象とするテーマXを議論できるようになるものである。そのため，1つの研究論文でテーマXのすべてがわかったような言い方は避けなければならない。かといって，あまり限界を細かく述べすぎるのもよくはない。なぜなら，そのように限界の多い穴だらけの論文ならば，現段階で投稿せずに限界をクリアした状態で投稿すればよい，となってしまうためである。自分の書いた論文・レポートの質を過大評価せず，かつ過小評価もしないことが重要なのである。

2 実際に論文・レポートを書くために

本節では，実際に心理学の論文・レポートを書く際のPC操作について，いくつか紹介する。具体的には，文章作成（Word 2013 操作）と図表の作成（Excel 2013 操作）について述べる。

1. 文章を作成する

　ここでは，文章を作成するための操作として「見出しをつける」「ページ内の調整とヘッダーとフッターの利用」「セクション区切りを入れる」について紹介する。

1 見出しをつける

🔑 見出し

　章立てを作成することの重要さは先述（第1節1-2）のとおりである。ここでは，この章立てに関連して見出しを設定する。やり方としては，文章をドラッグしておいて（たとえば，「第20章　結果を表す，発表する」とする），Word画面内右上にある［スタイル］を選択する（図20-2）。ここで［見出し1］を選択すると，書式が自動的に変わる（おそらくはWordのデフォルト設定だと思われる）ので，自分の好みの書式に変えればよい。その後は簡単で，［書式のコピー／貼り付け］（図20-2）を用いて以降の「第〇章」を処理すればよい（もちろん，逐一設定してもかまわない）。

　これで「章」が見出し1に設定できたので，次に「節」を見出し2として設定する。手順は先ほどと同様である。［スタイル］を選択して今度は見出し2を選択して，好みの書式に変える。以下，節の下の階層についても同様にしていくだけでよい。

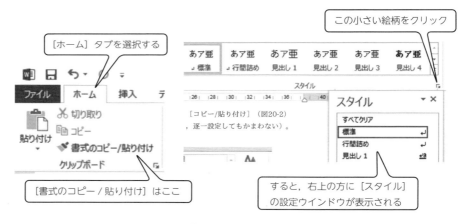

図20-2　スタイルからの見出しの設定方法

2 ページ内の調整とヘッダーとフッターの利用

　まず，ページ内の余白を調整するためには，［ページレイアウト］のタブをクリックして，ページの余白を設定する。Wordを開いた初期状態の余白設定ではあまり読みやすいとはいえず，調整したほうがよい。ただし，余白は大きすぎても小さすぎても読みづらくなる。論文やレポートの提出先によって指定されている場合も多く，せいぜい上下25mm，左右20mm前後に設定するのが限度であろう。また，ページ内に含める行数や，1行内に含める文字数なども設定できる（図20-3）。文字数などの細かい設定については，提出先から指定されたときにだけ調整すればよいだろう。

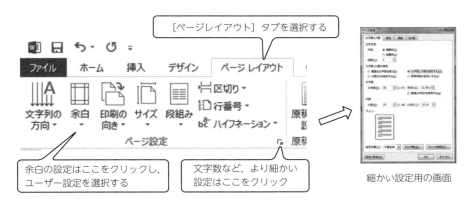

図 20-3　ページ内の余白や文字数の設定方法

　また，余白を設定したら，ヘッダーとフッターの位置を変更することを忘れてはいけない。［挿入］タブのヘッダーとフッターから［ヘッダーの編集］あるいは［フッターの編集］をクリックする。もしくは，ヘッダーエリアかフッターエリアをダブルクリックすることで，両方の位置も含めて編集することができるようになる。長い文章になるときには必ずヘッダーとフッター（ページ番号など）が必要となる。文書を書く際に日頃からヘッダーとフッターを利用するように習慣づけておくのが望ましい。

③ セクション区切りを入れる

　ヘッダーやフッターは通常すべてに同じものが記載される。しかし，章立てを行っている場合，各章に対して異なる編集をしなければならない。そういうときには［ページレイアウト］のタブをクリックし，［ページ設定］から［区切り］を選択してセクション区切りを入れればよい。次のページや現在の位置などさまざまな設定ができ，これを入れることによってヘッダーとフッターをセクションごとに区切って編集できるようになる。なお，セクション区切りを入れたら，ヘッダーエリアかフッターエリアをダブルクリックして，［ナビゲーション］というリボン部分にある［前と同じヘッダー／フッター］のチェックを外さなければならない。これを外さないと，各セクションに対して異なる編集ができなくなるので注意が必要である。

2. アカデミック・スタイルの表を作る方法

　次に，結果を書く際に重要となる図表の作成方法について，Excel の操作を紹介する。Excel でアカデミック・スタイルの表を作成するには，大きく分けて「列を複数使う」「左寄せと中央寄せ，右寄せを使い分ける」「文字と数字を区別する」「桁数を揃える」のがコツとなる。具体的には，下のような表を作るとよい（表 20-1）。なお，表には，表 1，表 2，あるいは Table 1, Table 2 のように通し番号をつけ，タイトルとともに表の上に置く。

🔑 図表の作成方法

表20-1　藤原と大坊（2010）の形式を変更したもの

	会話満足	右手手振り	右手自己接触	左手手振り	左手自己接触
活動的快	-.10	-.04	-.30 †	-.06	-.17 *
非活動的快	-.18 *	.01	-.05	-.22	.02
抑うつ・不安	.24 *	.09	-.09	-.04	.22 **
倦怠	-.16	.02	-.14	.09	-.13
会話1同指標	.86 **	.53 **	.72 **	.53 **	.94 **
調整済み決定係数	.73 **	.14 †	.48 **	.25 *	.87 **

† $p < .10$, * $p < .05$, ** $p < .01$

　表20-1では桁数が揃っていて，小数点の位置がすべて同じところにあることが見てとれる。このように，桁数や表記を整える必要がある。また，「表内に縦線がない」ことも心理学のレポートでは基本的なこととなる。さらに，表の下部には統計記号が何を意味するのかを付記してある（10％の有意傾向を示す"†"はダガーまたは短剣符といい，「きごう」と入力して変換していくと見つかる）。このような表の作り方について，Excel上における具体的な手順を図20-4に示したので，ご参照いただきたい。

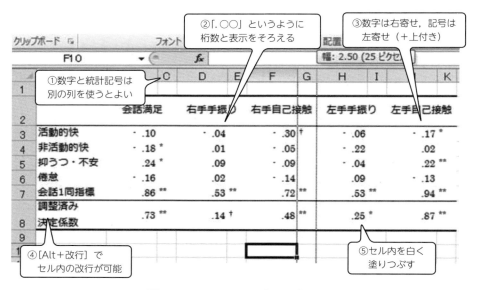

図20-4　Excel上での表の編集画面

　ここで，セル内の数字に注目すると，たとえば一番右上の数字が「-0.17」ではなく「-.17」となっている。これは，相関係数や回帰分析の偏回帰係数が1を超えることがない（つまり，絶対に小数点以下しか必要ではない）ためにこのような表記になる。この表示の設定は，当該セルで右クリックして［セルの書式設定］を選択するか，［Ctrlキー］と［数字の1］を同時に押すことで［セルの書式設定］画面を開く（図20-5）。

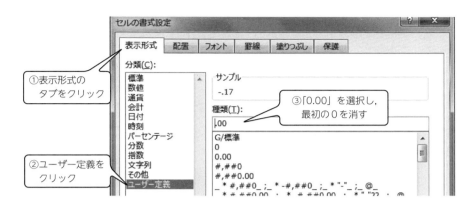

図 20-5　セルの書式設定の画面（表示形式の設定法）

この設定画面のいろいろなタブを選択することで表内に罫線をひいたり，セル内を縦書きにしたり，数字を上付きや下付きにしたり，多様なことができるようになる。セルの書式設定で困ったら，まずはこの画面を開いてみるとよい。

3. グラフを作成する

最後に，グラフの作り方について紹介する。Excel でグラフを作成するためには「ラベルの設定」「縦軸の値の設定」「横軸の補助線を消す」「色を使い分ける」のがコツとなる。まずは例をみてみよう（図 20-6）。なお，図には，図 1，図 2，あるいは Figure 1，Figure 2 のように通し番号をつけ，タイトルとともに図の下に置く。

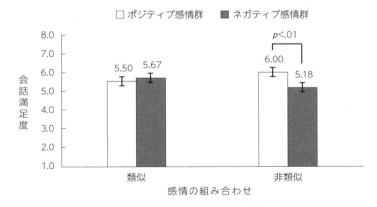

図 20-6　藤原 と 大坊（2013）の形式を変更したもの

では，図 20-6 に示した例のようなグラフを作成するために，Excel 上で何も設定を加えずにグラフを作ってみて，どのように違うかを見てみよう（図 20-7）。Excel でグラフを作るには，[挿入] タブをクリックしておいて，データを範囲選択した状態にしてから [グラフ] の中の好きなグラフを選べばよい。ここでは 2-D 縦棒グラフのなかから集合縦棒グラフを選ぶ。

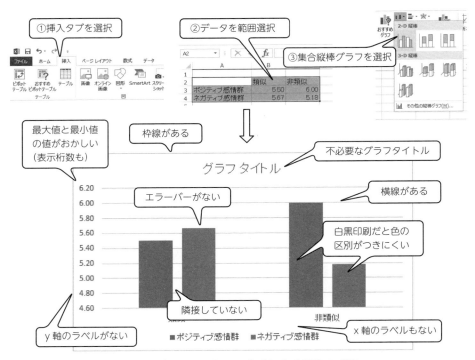

図20-7 データを選択して作成した未編集のグラフ

図20-6と図20-7にはかなりの違いがある。それぞれどのように編集すればよいのかについて、手順を「軸のラベル設定とデータラベルの設定」「縦軸の値の設定」「グラフタイトルや横線の消し方」「枠線の消し方とバーの色の設定」に分けて説明しよう。

1 軸のラベルとデータラベルの設定

まず、軸のラベルとデータラベルの設定を行う。グラフ内をクリックすると、上側の

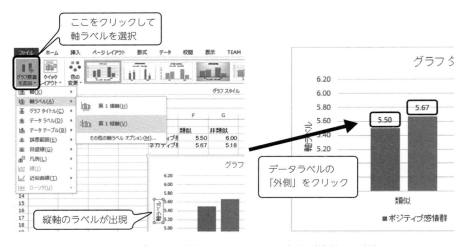

図20-8 グラフの縦軸ラベルを入れる方法（横軸も同様）

タブ一覧の部分に［グラフツール］という項目が出る。これの［デザイン］タブをクリックし，「グラフ要素を追加」の「軸ラベル」を選択する（図20-8）。また，「データラベル」を選択し，「外側」を選択すると，図20-8の右側のようにグラフのバーの上側にデータが表示されるようになる。

2 縦軸の値の設定

　次に，縦軸の値の設定を行う。縦軸の値の部分で右クリックし，［軸の書式設定］をクリックすると，右側に［軸の書式設定］ウインドウが現れる。そこで［軸のオプション］の［境界値］に何かしらの値が入っているはずなので，最小値と最大値を直接入力すればよい。なお，たとえば質問紙調査などで7件法の尺度を用いてその平均をグラフに表す場合などには，最小値は0ではなく1に設定するように注意しなければならない（範囲が1～7なので，絶対に0は取らないため）。また，［表示形式］を選択し，グラフの横軸の表示桁数を設定しておく。カテゴリーの中から［数値］を選んで小数点以下を1桁か2桁に設定しておくとよい。

3 グラフタイトルや横線の消し方

　グラフタイトルや横線の消し方は簡単である。グラフタイトルや横線にカーソルを合わせて右クリックし，［削除］を選択する。これだけで消えてくれる。

4 枠線の消し方とバーの色の設定

　最後に枠線の消し方とバーの色の設定である。グラフ内の余白で右クリックし，［グラフエリアの書式設定］を選択する。ここで［枠線］を選択し，［線なし］にチェックを入れると枠線が消える。また，バーの色の設定はグラフのバーにカーソルを合わせて右クリックし，［データ系列の書式設定］を選択して［塗りつぶしと線］のアイコンをクリックし，［塗りつぶし］部分で単色を選んで色を決める。基本的には白黒印刷に対応するために白と黒（もしくは灰）の2色で図を作るのがよい。また，［枠線］についても同様に，単色を選んで色を決める。なお，ここでは［系列のオプション］も選択でき，バー間の距離を決めることができる。［系列の重なり］を0にしておくとバーが隣接してくれる。

　以上，紹介したものをすべて設定すると，ある程度図20-6に近いものができたのではないだろうか。その他の「$p < .01$」という表示については，Wordと同様に［挿入］タブでテキストボックスを挿入しただけなので，またやってみてもらいたい。また，凡例（□ポジティブ感情群　■ネガティブ感情群という表示）の位置を動かすなどもぜひ試してもらいたい。その際のコツは右クリックである。グラフ内の「色んな場所で右クリックする」というのは，編集作業においても有効なことが多い。困ったらグラフ内を右クリックして，さまざまな編集を試みるとよい。いろいろと自分でいじることで習得できることも多いはずである。

5 グラフ作成の注意

グラフを作成する際には、棒グラフと折れ線グラフのどちらにするのかを注意しなければならない。独立変数（グラフ内では横軸にくる）が離散変数（たとえば性別など）の場合には棒グラフを用いるのが一般的である。一方で、独立変数が連続変数（たとえばある変数の高低群など）の場合には折れ線グラフを用いる。これらは区別する必要がある。

また、近年では棒グラフを作成する際にはエラーバーを表示するのが一般的である。グラフ内をクリックして［グラフツール］という項目を出し、これの［デザイン］タブをクリックしたうえで［グラフ要素を追加］の［誤差範囲］を選択し、［その他の誤差範囲オプション］をクリックする。画面右側に出てくる「誤差範囲のオプション」を表示し、誤差範囲の［ユーザー設定］を選んで値を指定すればよい。前もって平均値と同じ要領で標準誤差の表を作成しておくと、誤差範囲を指定する際にも便利である。［正の誤差の範囲］と［負の誤差の範囲］に同じ値を指定してやると、両方にエラーバーが伸びたグラフにすることができる（図 20-9）。これらは本を手に取って読んでいるだけでは実感が湧かない可能性が高いので、ぜひ自分で試していただきたい。

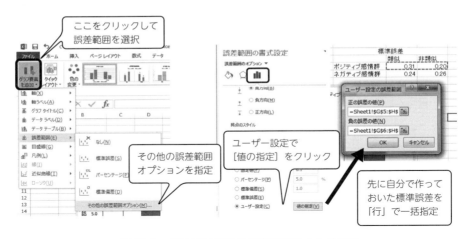

図 20-9　グラフに任意の標準誤差を入れる方法

【論理的な文章を書くための参考資料】

　石黒 圭 (2008). 文章は接続詞で決まる　光文社新書
　木下是雄 (1981). 理科系の作文技術　中公新書
　野矢茂樹 (2001). 論理トレーニング 101 題　産業図書
　清水幾太郎 (1959). 論文の書き方　岩波新書

【効果量や信頼区間を勉強するための参考資料】

　大久保街亜・岡田謙介 (2012). 伝えるための心理統計：効果量・信頼区間・検定力　勁草書房

引用参考文献

■ 1章

大坊郁夫 (2007a). 社会心理学と人間研究　竹内美香・鈴木晶夫 (編)　心理学教育再考　川島書店　pp.149-166.

大坊郁夫 (2007b). 質問紙法　志水宏吉・小泉潤二 (編)　実践的研究のすすめ　有斐閣　pp.111-135.

【第Ⅰ部】

■ Preview

Goffman, E. (1959). *The presentation of self in everyday life*. Dovbleday.（石黒　毅 (訳) (1974). 行為と演技：日常生活における自己呈示　誠心書房）

James, W. (1890). *The principles of psychology*. Harvard University Press.（今田 恵 (訳) (1934). 心理学　岩波文庫　初版 [1956], 今田 寛 (訳) [1993]）

工藤恵理子 (2010). 人や社会をとらえる心の仕組み　池田謙一・唐沢 穣・工藤恵理子・村本由紀子 (著)　社会心理学　有斐閣　pp.13-42.

潮村公弘 (2008). 潜在的自己意識の測定とその有効性　下斗米淳 (編)　社会心理学へのアプローチ　自己心理学 6　金子書房　pp.48-62.

Swann, W. B., Jr. & Bosson, J. K. (2010). Self and Identity. In S. T. Fiske, D.T. Gilbert, & G. Lindzey (Eds.), *Handbook of social psychology* (5th ed.), New York: McGraw-Hill. pp.589-628.

■ 2章

安藤清志 (1994). 見せる自分／見せない自分：自己呈示の社会心理学　サイエンス社

岩淵千明・田中国夫・中里浩明 (1982). セルフモニタリング尺度に関する研究　心理学研究, **53**, 54-57.

笠置 遊・大坊郁夫 (2010). 複数観衆問題への対処行動としての補償的自己高揚呈示　心理学研究, **81**, 26-34.

木村昌紀・磯友輝子・大坊郁夫 (2004). 関係継続の予期が対人コミュニケーションに及ぼす影響　電子情報通信学会技術報告, **104**, 1-6.

Leary, M. R. & Kowalski, R. M. (1990). Impression management: A literature review and two-component model. *Psychological Bulletin*, **107**, 34-47.

Leary, M. R., Nezlek, J. B., Downs, D. L., Radford-Davenport, J., Martin, J., & McMullen, A. (1994). Self-presentation in everyday interactions. *Journal of Personality and Social Psychology*, **67**, 664-673.

森 知子 (1983). 質問紙法による人格の二面性測定の試み　心理学研究, **54**, 182-188.

Morier, D. & Seroy, C. (1994). The effect of interpersonal expectancies on men's self-presentation of gender role attitudes to women. *Sex Roles*, **31**, 493-504.

Pliner, P. & Chaiken, S. (1990). Eating, social motives, and self-presentation in women and men. *Journal of Experimental Social Psychology*, **26**, 240-254.

Snyder, M. (1974). Self-monitoring of expressive behavior. *Journal of Personality and Social Psychology*, **58**, 855-863.

菅原健介 (編) (2003). ひとの目に映る自己：「印象管理」の心理学入門　金子書房

谷口淳一 (2001). 異性に対する自己呈示方略に関する実験的研究：自己呈示ジレンマ状況における魅力度と重要度

の効果　対人社会心理学研究, **1**, 93-106.
谷口淳一・大坊郁夫 (2005). 異性との親密な関係における自己呈示動機の検討　実験社会心理学研究, **45**, 13-24.
谷口淳一・大坊郁夫 (2008). 恋人関係における自己呈示は自己確証的か自己高揚的か　社会心理学研究, **24**, 11-22.
吉田綾乃・浦 光博 (2003). 自己卑下呈示を通じた直接的・間接的な適応促進効果の検討　実験社会心理学研究, **42**, 120-130.
Zanna, M. P. & Pack, S. J. (1975). On the self-fulfilling nature of apparent sex differences in behavior. *Journal of Experimental Social Psychology*, **11**, 583-591.

■第3章

Davis, M. H. (1983). Measuring individual differences in empathy: Evidence for a multidimensional approach. *Journal of Personality and Social Psychology*, **44**, 113-126.
Fenigstein, A. (1984). Self-consciousness and the overperception of self as a target. *Journal of Personality and Social Psychology*, **47**, 860-870.
Fenigstein, A., Scheier, M. F., & Buss, A. H. (1975). Public and private self-consciousness: Assessment and theory. *Journal of Consulting and Clinical Psychology*, **43**, 522-527.
Gilovich, T., Savitsky, K., & Medvec, V. H. (1998). The illusion of transparency: Biased assessments of others' ability to read one's emotional states. *Journal of Personality and Social Psychology*, **75**, 332-346.
岩淵千明・田淵 創・中里浩明・田中國夫 (1981). 自己意識尺度についての研究　日本社会心理学会第22回大会発表論文集, 37-38.
中村陽吉 (編) (1990).「自己過程」の社会心理学　東京大学出版会
中村陽吉 (2000). 対人場面における心理的個人差　ブレーン出版
押見輝男 (1992). 自分を見つめる自分：自己フォーカスの社会心理学　サイエンス社
押見輝男・渡辺浪二・石川直弘 (1985). 自己意識尺度の検討　立教大学心理学科研究年報, **28**, 1-15.
坂本真士 (1997). 自己注目と抑うつの社会心理学　東京大学出版会
Scheier, M. F. (1976). Self-awareness, self-consciousness, and angry aggression. *Journal of Personality*, **44**, 627-644.
菅原健介 (1984). 自意識尺度 (self-consciousness scale) 日本語版作成の試み　心理学研究, **55**, 184-188.
太幡直也 (2006). 被透視感の強さを規定する要因：自己への注意と他者の視点取得についての検討　社会心理学研究, **22**, 19-32.
太幡直也 (2010). 内面の被知覚の意識に関する研究の展望：概念の整理を中心に　パーソナリティ研究, **18**, 210-219.
太幡直也・吉田富二雄 (2008). 懸念的被透視感が生じる状況の特徴　筑波大学心理学研究, **36**, 11-17.
Vorauer, J. D. & Ross, M. (1999). Self-awareness and feeling transparent: Failing to suppress one's self. *Journal of Experimental Social Psychology*, **35**, 415-440.

■第4章

Bauer, J. J., McAdams, D. P., & Sakaeda, A. (2005). Interpreting the good life: Growth memories in the lives of mature, happy people. *Journal of Personality and Social Psychology*, **88**, 203-217
Bauer, J. J., McAdams, D. P., & Pals, J. L. (2008). Narrative identity and eudaimonic well-being. *Journal of Happiness Studies*, **9**, 81-104.
Deci, E. L. & Ryan, R. M. (2000). The "what" and "why" of goal pursuit: Human needs and the self determination of behavior. *Psychological Inquiry*, **11**, 227-268.
DeNeve, K. M. & Cooper, H. (1998). The happy personality: A meta-analysis of 137 personality traits and subjective well-being. *Psychological Bulletin*, **124**, 197-229.
Diener, E., Emmons, R. A., Larsen, R. J., & Griffin, S. (1985). The satisfaction with life scale. *Journal of Personality and Social Psychology*, **49**, 71-75.
Emmons, R. A. & McCullough, M. E. (2003). Counting blessings versus burdens: Experimental studies of gratitude and subjective well-being in daily life. *Journal of Personality and Social Psychology*, **84**, 377-389.
Frank, S. & Quinlan, D. (1976) Ego development and female delinquency: A cognitive developmental approach. *Journal of Abnormal Psychology*, **85**, 505-510.
Hann, M., Stroud, J., & Holstein, J. (1973). Moral and ego stages in relationship to ego processes: A study of "hippies". *Jouranl of Personality*, **41**, 596-612.

上出寛子・大坊郁夫 (2011). 中高年者における自伝的物語と親密な関係内での適応性の関連：人生の重要な出来事に対する解釈の仕方　対人社会心理学研究，**11**, 51-64.
Loevinger, J. (1976). *Ego development*. San Francisco: Jossey-Bass.
Maslow, A. H. (1954). *Motivation & Personarity*. New York: Haper and Row. (小口忠彦 (監訳) (1987). 人間性の心理学　産業能率短期大学出版部)
McAdams, D. P. (1985). *Power, intimacy, and the life story: Personological inquiries into identity*. New York: Guilford Press.
西田裕紀子 (2000)．成人女性の多様なライフスタイルと心理的 well-being に関する研究　教育心理学研究，**48**, 433-443.
大石繁宏 (2009). 幸せを科学する　新曜社
Pargament, K. I. (2002). The bitter and the sweet: An evaluation of the costs and benefits of religiousness. *Psychological Inquiry*, **13**, 168-181.
Piaget, J. (1967). *La psychologie de l'intelligence* (波多野完治・滝沢武久 (訳) (1998). 知能の心理学　みすず書房)
Ryff, C. D. & Keys, C. L. M. (1995). The structure of Psychological well-Being revisited. *Journal of Personality and Social Psychology*, **69**, 719-727.
Ryff, C. D. & Singer, B. (1998). The contours of positive human health. *Psychological Inquiry*, **9**, 1-28.
Ryff, C. D. & Singer, B. (2000). Interpersonal flourishing: A positive health agenda for the new millennium. *Personality and Social Psychology Review*, **4**, 30-44.
佐々木正宏 (1980). Loevinger の自我発達測定手法とそれに基づく最近の研究　心理学評論，**23**, 392-414.
Urry, H. L., Nitschke, J. B., Dolski, I., Jackson, D. C., Dalton, K.M., Mueller, C. J., Rosenkranz, M. A., Ryff, C. D., Singer, B. H., & Davidson, R. J. (2004). Making a life worth living: Neural correlates of well-being. *Psychological Science*, **15**, 367-373.
渡部雅之・山本里花 (1989). 文章完成法による自我発達検査の作成：Loevinger の WU-SCT の翻案とその簡易化　教育心理学研究，**37**, 286-292.
Waterman, A. S. (2008). Reconsidering happiness: a eudaimonist's perspective. *The Journal of Positive Psychology*, **3**, 234-252.

■第 5 章
Brown, J. D. & Kobayashi, C. (2002). Self-enhancement in Japan and in America. *Asian Journal of Social Psychology*, **5**, 145-168.
Carver C. S. & Humphries, C. (1981). Havana daydreaming: A study of self-consciousness and the negative reference group among Cuban Americans. *Journal of Personality and Social Psychology*, **40**, 545-552.
Cousins, S. D. (1989). Culture and self-perception in Japan and the United States. *Journal of Personality and Social Psychology*, **56**, 124-131.
Cross, P. (1977). Not can but will college teaching be improved. *New Directions for Higher Education*, **17**, 1-15.
Diener, E. & Diener, M. (1995). Cross-cultural correlates of life satisfaction and self-esteem. *Journal of Personality & Social Psychology*, **68**, 653-663.
Dunning, D., Meyerowitz, J., & Holzberg, A. D. (1989). Ambiguity and self-evaluation: The role of idiosyncratic trait definitions in self-serving assessments of ability. *Journal of Personality and Social Psychology*, **57**, 1082-1090.
遠藤由美 (1997). 親密な関係性における高揚と相対的自己卑下　心理学研究，**68**, 387-395.
Endo, Y., Heine, S. J., & Lehman, D. R. (2000). Culture and positive illusions in close relationships: How my relationships are better than yours. *Personality and Social Psychology Bulletin*, **26**, 1571-1586.
Fenigstein, A. (1979). Self-consciousness, self-attention, and social interaction. *Journal of Personality and Social Psychology*, **37**, 75-86.
Fulmer, C. A., Gelfand, M. J., Kruglanski, A., Kim-Prieto, C., Diener, E., Pierro, A., & Higgins, E. (2010). On "feeling right" in cultural contexts: How person-culture match affects self-esteem and subjective well-being. *Psychological Science*, **21**, 1563-1569.
Heine, S. J. & Lehman, D. R. (1995). Cultural variation in unrealistic optimism: Does the West feel more invulnerable than the East? *Journal of Personality and Social Psychology*, **68**, 595-607.
伊藤忠弘 (1999). 社会的比較における自己高揚傾向：平均以上効果の検討　心理学研究，**70**, 367-374.
北山忍 (1998). 自己と感情　認知科学モノグラフ 9　共立出版
木内亜紀 (1995). 独立・相互依存的自己理解尺度の作成および信頼性・妥当性の検討　心理学研究，**66**, 100-106.

Kobayashi, C. & Brown, J. D. (2003). Self-esteem and self-evaluation in Japan. *Journal of Cross-Cultural Psychology*, **34**, 567-580.

小林知博・谷口淳一 (2004). 一般的自己呈示尺度作成の試み (1) 日本心理学会第 68 回大会発表論文集, 116.

Markus, H. R. & Kitayama, S. (1991). Culture and the self: Implications for cognition, emotion, and motivation. *Psychological Review*, **98**, 224-253.

Myers, D. G. (1993). *Social psychology* (4th ed.). McGraw-Hill.

内閣府 (2014). 平成 26 年度版子ども・若者白書 特集「今を生きる若者の意識～国際比較から見えてくるもの～」pp.78-92.

Schoeneman, T. (1981). Reports of the sources of self-knowledge. *Journal of Personality*, **49**, 284-294.

Sedikides, C., Gaertner, L., & Toguchi, Y. (2003). Pancultural self-enhancement. *Journal of Personality and Social Psychology*, **84**, 60-79.

Singelis, T. M. (1994). The measurement of independent and interdependent self-construals. *Personality and Social Psychology Bulletin*, **20**, 580-591.

菅原健介 (1984). 自意識尺度 (self-consciousness scale) 日本語版作成の試み 心理学研究, **55**, 184-188.

Suh, E. M., Diener, E., & Updegraff, J. A. (2008). From culture to priming conditions: Self-construal influences on life satisfaction judgments. *Journal of Cross-Cultural Psychology*, **39**, 3-15.

高田利武 (1992). 他者と比べる自分 サイエンス社

高田利武 (1995). 自己認識方途としての社会的比較の位置：日本人大学生にみられる特徴 奈良大学紀要, **23**, 259-270.

高田利武・大本美千恵・清家美紀 (1996). 相互独立的－相互協調的自己観尺度 (改訂版) の作成 奈良大学紀要, **24**, 157-173.

外山美樹 (2002). 大学生の親密な関係性におけるポジティブ・イリュージョン 社会心理学研究, **18**, 51-60.

外山美樹・桜井茂男 (2000). 自己認知と精神的健康の関係 教育心理学研究, **48**, 454-461.

外山美樹・桜井茂男 (2001). 日本人におけるポジティブ・イリュージョン現象 心理学研究, **72**, 329-335.

Yamaguchi, S., Kuhlman, D. M., & Sugimori, S. (1995). Personality correlates of allocentric tendencies in individualist and collectivist cultures. *Journal of Cross-Cultural Psychology*, **26**, 658-672.

Yamaguchi, S. (1994). Collectivism among the Japanese: A perspective from the self. In U. Kim, H. C. Triandis, C. Kağitçibaşi, S. C. Choi, & G. Yoon (Eds.), *Individualism and collectivism: Theory, method, and applications*. Thousand Oaks, CA: Sage Publications. pp.175-188.

山本真理子・松井 豊・山成由紀子 (1982). 認知された自己の諸側面の構造 教育心理学研究, **30**, 64-68.

【第 II 部】

■ Preview

国立社会保障・人口問題研究所 (2012). わが国夫婦の結婚過程と出生力 平成 22 年 出生動向基本調査第 14 回 厚生労働統計協会

国立社会保障・人口問題研究所 (2015). 人口統計資料集 2015 年度版 Ⅵ. 結婚・離婚・配偶関係別人口 表 6-23 性別生涯未婚率および初婚年齢（SMAM）：1920 ～ 2010 年 http://www.ipss.go.jp/syoushika/tohkei/Popular/Popular2015.asp?chap=0 (2015 年 5 月 30 日)

■第 6 章

Acker, M. & Davis, K. E. (1992). Intimacy, passion, and commitment in adult romantic relationships: A test of the triangular theory of love. *Journal of Social and Personal Relationships*, **9**, 21-50.

Berscheid, E. & Walster, E. (1978). *Interpersonal Attraction* (2nd ed.). Reading, MA: Addison-Wesley.

Chojnacki, J. T. & Walsh, W. B. (1990). Reliability and concurrent validity of the Sternberg triangular theory. *Psychological Reports*, **67**, 219-224.

Hatfield, E. & Sprecher, S. (1986). Measuring passionate love in intimate relationships. *Journal of Adolescence*, **9**, 383-410.

Hendrich, C. & Hendrick, S. S. (1989). Research on love: Does it measure up? *Journal of Personality and Social Psychology*, **56**, 784-794.

金政祐司・大坊郁夫 (2003a). 愛情の三角理論における3つの要素と親密な異性関係　感情心理学研究, **10**, 11-24.
金政祐司・大坊郁夫 (2003b). 青年期の愛着スタイルが親密な異性関係に及ぼす影響　社会心理学研究, **19**, 59-74.
Kanemasa, Y., Taniguchi, J., Ishimori, M., & Daibo, I. (2004). Love styles and romantic love experiences in Japan. *Social Behavior and Personality*, **32**, 265-281.
久保真人 (1993). 行動特性からみた関係の親密さ：RCI の妥当性と限界　実験社会心理学研究, **33**, 1-10.
松井 豊 (編) (2010). 対人関係と恋愛・友情の心理学　朝倉実践心理学講座 8　朝倉書店
Rubin, Z. (1970). Measurement of romantic love. *Journal of Personality and Social Psychology*, **16**, 265-273.
Sprecher, S. & Regan, P. C. (1998). Passionate and companionate love in courting and young married couples. *Sociological Inquiry*, **68**, 163-185.
Sternberg, R. J. (1986). A triangular theory of love. *Psychological Review*, **93**, 119-135.
Sternberg, R. J. (1987). *The triangle of love: Intimacy, passion, commitment*. New York: Basic Books.
Sternberg, R. J. (1988). Triangulating love. In R. J. Sternberg & M. L. Barnes (Eds.), *The psychology of love*. New Havan, CT: Yale University Press. pp.119-138.
Sternberg, R. J. (1997). Construct validation of a triangular love scale. *European Journal of Social Psychology*, **27**, 313-335.
Sternberg, R. J. & Weis, K. (Eds) (2006). *The new psychology of love*. New Havan, CT: Yale University Press. (和田 実・増田匡裕 (訳) (2009). 愛の心理学　北大路書房)
和田 実 (編) (2005). 男と女の対人心理学　北大路書房
Whitley Jr, B. E. (1993). Reliability and aspects of the construct validity of Sternberg's triangular love scale. *Journal of Social and Personal Relationships*, **10**, 475-480.

■第 7 章
Altman, I. (1973). Reciprocity of interpersonal exchange. *Journal of for the Theory of Social behavior*, **3**, 249-261.
Altman, I. & Taylor, D. A. (1973). *Social penetration: The development of interpersonal relationships*. Holt, Rinehart & Winston.
大坊郁夫 (編) (2012). 幸福を目指す対人社会心理学：対人コミュニケーションと対人関係の科学　ナカニシヤ出版
遠藤公久 (2009). 自己の表出：自己呈示と自己開示　吉田富二雄・松井 豊・宮本聡介 (編) 新編社会心理学 改訂版　福村出版　pp.78-85.
広沢俊宗 (1990). 青年期における対人コミュニケーション (I)：自己開示，孤独感，および両者の関係に関する発達的研究　関西学院大学社会学部紀要, **61**, 149-160.
日向野智子・小口孝司 (2002). 対人関係における苦手意識の実態と生起過程　心理学研究, **73**, 157-165.
日向野智子・小口孝司 (2007). 学級集団内地位とパーソナリティからみた対面苦手意識　実験社会心理学研究, **46**, 133-142.
石村貞夫・石村光資郎 (2011). SPSS による分散分析と多重比較の手順 第 4 版　東京図書
楠見幸子 (1988). 友人関係の各位相に関わる要因について　日本グループ・ダイナミックス学会第 36 回大会研究発表論文集, 21-22.
松井 豊 (1990). 友人関係の機能　斎藤耕二・菊池章夫 (編) 社会化の心理学ハンドブック：人間形成と社会と文化　川島書店　pp.283-296.
松井 豊 (編) (2010). 対人関係と恋愛・友情の心理学　朝倉実践心理学講座 8　朝倉書店
宮本聡介・宇井美代子 (編) (2014). 質問紙調査と心理測定尺度：計画から実施・解析まで　サイエンス社
諸井克英 (1989). 対人関係への平衡理論の適用 (2)：同性親友との関係における公平性と情動的状態　実験社会心理学研究, **28**, 131-141.
村井潤一郎 (編) (2012). Progress & Application 心理学研究法　サイエンス社
内閣府 (2009). 第 8 回世界青年意識調査　第 2 部調査の結果　第 7 章 人生観関係　2. 悩みや心配ごと　(2) 悩みや心配ごとの相談相手　2009 年 3 月
　http://www8.cao.go.jp/youth/kenkyu/worldyouth8/html2-7-2.html#2　(2015 年 11 月 6 日)
内閣府 (2014). 平成 25 年度我が国と諸外国の若者の意識に関する調査　第 2 部調査の結果　第 1 章 人生観関係　2. 悩みや心配ごと　(2) 悩みや心配ごとの相談相手　2014 年 6 月
　http://www8.cao.go.jp/youth/kenkyu/thinking/h25/pdf/b2_1.pdf　(2015 年 11 月 6 日)
岡田 努 (2007). 大学生における友人関係の類型と，適応及び自己の諸側面の発達の関連について　パーソナリティ研究, **15**, 135-148.
岡田 努 (2010). 友人関係は希薄になったか　松井 豊 (編) 対人関係と恋愛・友情の心理学　朝倉実践心理学講座 8

朝倉書店　pp.90-104.
小塩真司 (2011). SPSSとAmosによる心理・調査データ解析：因子分析・共分散構造分析まで 第2版　東京図書
下斗米淳 (2000). 友人関係の親密化過程における満足・不満足感及び葛藤の顕在化に関する研究　実験社会心理学研究, **40**, 1-15.
高木浩人 (1992). 自己開示行動に対する認知と対人魅力に関する研究　実験社会心理学研究, **32**, 60-70.
丹野宏昭 (2008). 大学生の内的適応に果たす友人関係機能　青年心理学研究, **20**, 55-69.
遠矢幸子 (1996). 友人関係の特性と展開　大坊郁夫・奥田秀宇 (編)　親密な対人関係の科学　誠信書房　pp.89-116.
山中一英 (1994). 対人関係の親密化過程における関係性の初期分化現象に関する検討　実験社会心理学研究, **34**, 105-115.
吉岡和子 (2001). 友人関係の理想と現実のズレ及び自己受容から捉えた友人関係の満足感　青年心理学研究, **13**, 13-30.

■第8章
Ackerman, J. M., Griskevicius, V., & Li, N. P. (2011). Let's Get Serious: Communicating Commitment in Romantic Relationship. *Journal of Personality and Social Psychology*, **100**(6), 1079-1094.
相川 充 (1991). 特性シャイネス尺度の作成および信頼性と妥当性の検討に関する研究　心理学研究, **62**(3), 149-155.
大坊郁夫 (1988). 異性間の関係崩壊についての認知的研究　日本社会心理学会第29回大会発表論文集, 64-65.
大坊郁夫・奥田秀宇 (編) (1996). 親密な対人関係の科学　誠信書房
橋本 剛 (2002). 片思いの求愛者と拒絶者に対する対人認知：仮想場面法による第三者評定　対人社会心理学研究, **2**, 15-23.
飛田 操 (1989). 親密な対人関係の崩壊過程に関する研究　福島大学教育学部論集 (教育・心理部門), **46**, 47-55.
飛田 操 (1992). 親密な関係の崩壊時の行動特徴について　日本心理学会第29回大会発表論文集, 231.
樋口匡貴・磯部真弓・戸塚唯氏・深田博己 (2001). 恋愛関係の進展に及ぼす告白の言語的方策の効果　広島大学心理学研究, **1**, 53-68.
堀毛一也 (1991). 社会的スキルとしての思いやり　現代のエスプリ, **291**, 150-160.
堀毛一也 (1994). 恋愛関係の発展・崩壊と社会的スキル　実験社会心理学研究, **34**(2), 116-128.
石川英夫 (1994). 大学生の恋愛観　東京経済大学人文自然科学論集, **98**, 53-79.
加藤 司 (2005). 失恋ストレスコーピングと精神的健康との関連性の検証　社会心理学研究, **20**(3), 171-180.
栗林克匡 (2001). 失恋時の状況と感情・行動に及ぼす関係の親密さの影響　北星論集 (北星学園大学社会福祉学部), **38**, 47-55.
栗林克匡 (2002). 恋愛における告白の状況と個人差 (シャイネス・社会的スキル) に関する研究　北星論集 (北星学園大学社会福祉学部), **39**, 11-19.
栗林克匡 (2004a). 恋愛における告白の成否の規定因に関する研究　北星論集 (北星学園大学社会福祉学部), **41**, 75-84.
栗林克匡 (2004b). 社会的スキルとは　川俣甲子夫 (編)　社会心理学：臨床心理学との接点　八千代出版　pp.123-127.
Levinger, G. (1983). Development and change. In H. H. Kelley, R. Berscheid, A. Cristensen, J. H. Harvey, T. L. Huston, G. Levinger, E. Mcclintock, L. A. Peplau, & D. R. Peterson (Eds.), *Close relationship*. San Francisco: Freeman. pp.315-359.
松井 豊 (1990). 青年の恋愛行動の構造　心理学評論, **33**(3), 355-370.
松井 豊 (1993). 恋ごころの科学　サイエンス社
松井 豊・戸田弘二 (1985). 青年の恋愛行動の構造について (2)　日本心理学会第49回大会発表論文集, 427.
諸井克英・中村雅彦・和田 実 (1999). 親しさが伝わるコミュニケーション：出会い・深まり・別れ　金子書房
中山 真 (2009). 恋愛感情の告白段階における第三者の役割：情報源の信憑性が説得効果に及ぼす影響　東海心理学研究, **4**, 9-17.
小塩真司 (2011). SPSSとAmosによる心理・調査データ解析：因子分析・共分散構造分析まで 第2版　東京図書
Spitzberg, B. H. & Cupach, W. R. (1989). *Handbook of interpersonal competence research*. NY: Springer.
菅原健介 (2000). 恋愛における「告白」行動の抑制と促進に関わる要因：異性不安の心理的メカニズムに関する一考察　日本社会心理学会第41回大会発表論文集, 230-231.
竹原卓真 (2013). 増補改訂 SPSSのススメ1：2要因の分散分析をすべてカバー　北大路書房
田中 敏・山際勇一郎 (1992). 新訂 ユーザーのための教育・心理統計と実験計画法　教育出版
和田 実 (2000). 大学生の恋愛関係崩壊時の対処行動と感情および関係崩壊後の行動的反応：性差と恋愛関係進展

度からの検討　実験社会心理学研究，**40**, 38-49.

山田昌弘 (1991). 現代大学生の恋愛意識：「恋愛」概念の主観的定義をめぐって　昭和大学教養学部紀要，**22**, 29-39.

山根一郎 (1987).「恋人」という間柄を意味する諸行為の記号学的分析　社会心理学研究，**2**(2), 29-34.

山下倫実・坂田桐子 (2008). 大学生におけるソーシャル・サポートと恋愛関係崩壊からの立ち直りとの関連　教育心理学研究，**56**, 57-71.

Zimbardo, P. G., Pilkonis, P. A., & Norwood, R. M. (1975). The social disease called shyness. *Psychology Today*, **8**, 68-72.

■第9章

Adler, P. S. & Kwon, S.-W. (2002). Social capital: Prospects for a new concept. *Academy of Management Review*, **27**, 17-40.

Aiken, L. S. & West, S. G. (1991). *Multiple regression: Testing and interpreting interactions*. Newbury Park, CA: Sage Publications.

Baumeister, R. F. & Leary, M. R. (1995). The need to belong: Desire for interpersonal attachments as a fundamental human motivation. *Psychological Bulletin*, **117**, 497-529.

Bowlby, J. (1969). *Attachment and loss: Vol. I. Attachment*. New York: Basic Books.

Byrne, D. (1971). *The attraction paradigm*. New York: Academic Press.

Diener, E., Emmons, R. A., Larsen, R. J., & Griffin, S. (1985). The satisfaction with life scale. *Journal of Personality Assessment*, **49**, 71-75.

Ellison, N. B., Steinfield, C., & Lampe, C. (2007). The benefits of Facebook "friends": Social capital and college students' use of online social network sites. *Journal of Computer-Mediated Communication*, **12**, 1143-1168.

Forest, A. L. & Wood, J. V. (2012). When social networking is not working: individuals with low self-esteem recognize but do not reap the benefits of self-disclosure on Facebook. *Psychological Science*, **23**, 295-302.

Hirashima, T., Igarashi, T., & Asano, R. (2014). The Social Networking Motivations Scale: Examining factorial and criterion validity. The 26th Annual Meeting of the Association for Psychological Science, San Francisco, CA, USA.

堀 啓造 (2003). Rosenberg 日本語訳自尊心尺度の検討 http://www.ec.kagawa-u.ac.jp/~hori/yomimono/sesteem.html (2015 年 11 月 2 日)

五十嵐祐 (2012). メディアコミュニケーションの普及は，私たちに何をもたらしたか？　吉田俊和・橋本 剛・小川一美 (編)　対人関係の社会心理学　ナカニシヤ出版　pp.193-215.

Joinson, A. N., McKenna, K., Postmes, T., & Reips, U.-D. (Eds.) (2007). *The Oxford handbook of Internet psychology*. Oxford University Press.

Kadushin, C. (2012). *Understanding social networks: Theories, concepts, and findings*. Oxford University Press. (五十嵐祐 (監訳) (2015). 社会的ネットワークを理解する　北大路書房)

金政祐司 (2003). 成人の愛着スタイル研究の概観と今後の展望 対人社会心理学研究，**3**, 73-84.

Putnam, R. D. (2000). *Bowling alone: The collapse and revival of American community*. New York: Simon & Schuster.

Rosenberg, M. (1965). *Society and the adolescent self-image*. Princeton, N.J.: Princeton University Press.

総務省 (2014). 平成 26 年版情報通信白書　http://www.soumu.go.jp/johotsusintokei/whitepaper/ja/h26/pdf/ (2015 年 11 月 2 日)

山本真理子・松井 豊・山成由紀子 (1982). 認知された自己の諸側面の構造　教育心理学研究，**30**, 64-68.

Williams, D. (2006). On and off the 'net: Scales for social capital in an online era. *Journal of Computer-Mediated Communication*, **11**, 593-628.

【第Ⅲ部】

■ Preview

den Uyl, M. & van Kuilenberg, H. (2005). The FaceReader: Online facial expression recognition. *Proceedings of Measuring Behavior*, 589-590.

Fujiwara, K. & Daibo, I. (2014). The extraction of nonverbal behaviors: Using video images and speech-signal analysis

in dyadic conversation. *Journal of Nonverbal Behavior*, **38**, 377-388.
平川 真・深田博己・塚脇涼太・樋口匡貴 (2012). 自己 - 他者配慮的目標が間接的要求の使用に及ぼす影響　心理学研究, **82**, 532-539.
川浦康至 (編) (1993). メディアコミュニケーション　現代のエスプリ, **306**.
川浦康至・川上善郎・宮田加久子・栗田宣義・向後千春・諸井克英・成田健一 (1996). メディアサイコロジー：メディア時代の心理学　富士通経営研修所
木村昌紀・磯 友輝子・大坊郁夫 (2012). 関係に対する展望が対人コミュニケーションに及ぼす影響：関係継続の予期と関係継続の意思の観点から　実験社会心理学研究, **51**, 69-78.
三浦麻子・小森政嗣・松村真宏・前田和甫 (2015). 東日本大震災時のネガティブ感情反応表出：大規模データによる検討　心理学研究, **86**, 102-111.
三浦麻子・森尾博昭・川浦康至 (2009). インターネット心理学のフロンティア：個人・集団・社会　誠信書房
村山 綾・朝井阿弓美・福井隆雄・三浦麻子 (2012). 社会的スキルとアイコンタクト表出の関連について：非接触型アイマークレコーダによる検討　電子情報通信学会技術報告, **111**(393), 15-20.
小川一美 (2008). 会話セッションの進展に伴う発話の変化：Verbal Response Modes の観点から　社会心理学研究, **23**, 269-280.
小川一美 (2011). 対人コミュニケーションに関する実験的研究の動向と課題　教育心理学年報, **50**, 187-198.
大坪庸介・島田康弘・森永今日子・三沢 良 (2003). 医療機関における地位格差とコミュニケーションの問題：質問紙調査による検討　実験社会心理学研究, **43**, 85-91.
岡 耕平 (2014). コミュニケーションが困難な発達障害がある人のキュレーティング・コミュニケーション　認知科学, **21**, 45-61.
Stiles, W. B. (1992). *Describing talk: A taxonomy of verbal response modes.* Newbury Park, CA: Sage Publications.
田渕 恵・三浦麻子 (2014). 高齢者の利他的行動場面における世代間相互作用の実験的検討　心理学研究, **84**, 632-638.
多川則子・吉田俊和 (2006). 日常的コミュニケーションが恋愛関係に及ぼす影響　社会心理学研究, **22**, 126-138.
田原直美・三沢 良・山口裕幸 (2013). チーム・コミュニケーションとチームワークとの関連に関する検討　実験社会心理学研究, **53**, 38-51.
浮谷秀一・大坊郁夫 (編) (2015). クローズアップ「メディア」　福村出版
山本恭子・鈴木直人 (2005). 他者との関係性が表情表出に及ぼす影響の検討　心理学研究, **76**, 375-381.

■第 10 章
Ambady, N. & Weisbuch, M. (2010) Nonverbal Behavior. In S. T. Fiske, D. T. Gilbert, & G. Lindzey (Ed.), *Handbook of Social Psychology* (5th ed.). New Jersey: John Wiley & Sons. pp.464-497.
荒川 歩 (2008). マルチチャネル行動計測ソフトウェア (sigsaji) の開発　対人社会心理学研究, **8**, 111-113.
Bavelas, J. B., Coates, L., & Johnson, T. (2000). Listeners as co-narrators. *Journal of Personality and Social Psychology*, **79**, 941-952.
大坊郁夫 (1998). しぐさのコミュニケーション：人は親しみをどう伝えるか　サイエンス社
Ekman, P. & Friesen, W. V. (1969). Nonverbal leakage and clues to deception. *Psychiatry*, **32**, 88-105.
藤原 健・大坊郁夫 (2012). 二者間会話場面における非言語行動の抽出法：動画・音声解析ソフトとイベントレコーダーについての比較検討　対人社会心理学研究, **12**, 1-8.
深田博己 (1998). インターパーソナル・コミュニケーション：対人コミュニケーションの心理学　北大路書房
Harrigan, J. A., Rosenthal, R., & Scherer, K. R. (2005). *The new handbook of methods in nonverbal behavior research.* New York: Oxford University Press.
林 文俊 (1978). 対人認知構造の基本次元についての一考察　名古屋大学教育学部紀要 (教育心理学科), **25**, 233-247.
川名好裕 (1986). 対話状況における聞き手の相づちが対人魅力に及ぼす効果　実験社会心理学研究, **26**, 67-76.
川浦康至 (1990). コミュニケーション・メディアの効果　大坊郁夫・安藤清志・池田謙一 (編)　人と人とを結ぶとき　社会心理学パースペクティブ 2　誠信書房　pp.67-85.
木村昌紀・磯 友輝子・大坊郁夫 (2012). 関係に対する展望が対人コミュニケーションに及ぼす影響：関係継続の予期と関係継続の意思の観点から　実験社会心理学研究, **51**, 69-78.
Matarazzo, J. D., Saslow, G. W., Wiens, A. N., Weitman, M., & Allen, B. V. (1964). Interviewer head nodding and interviewee speech durations. *Psychotherapy: Theory, Research, and Practice*, **1**, 54-63.
小川一美 (2011). 対人コミュニケーションに関する実験的研究の動向と課題　教育心理学年報, **50**, 187-198.
岡本真一郎 (2000). ことばの社会心理学　ナカニシヤ出版

Patterson, M. L. (1983). *Nonverbal Behavior: A functional perspective.* New York: Springer-Verlag.（工藤 力（監訳）(1995). 非言語コミュニケーションの基礎理論　誠信書房）

Patterson, M. L. (2011). *More than words: The power of nonverbal communication.* Barcelona: Editorial Aresta.（大坊郁夫（監訳）(2013). ことばにできない想いを伝える：非言語コミュニケーションの心理学　誠信書房）

■第11章

Apple, W., Streeter, L. A., & Krauss, R. M. (1979). Effects of pitch and speech rate on personal attributions. *Journal of Personality and Social Psychology*, **37**, 715-727.

Argyle, M. & Dean, J. (1965). Eye contact, distance and affiliation. *Sociometry*, **28**, 289-304.

Beebe, S. A. (1974). Eye contact: a nonverbal determinant of speaker credibility. *The Speech Teacher*, **23**, 21-25.

Burgoon, J. K. Birk, T., & Pfau, M. (1990). Nonverbal behaviors, persuasion, and credibility. *Human Communication Research*, **17**, 140-169.

大坊郁夫 (1978). 3者間コミュニケーションにおける対人印象と言語活動性　実験社会心理学研究, **18**, 21-34.

Ekman, P. & Friesen, W. V. (1975). *Unmasking the face.* New Jersey: Prentice-Hall.（工藤 力（編訳）(1987). 表情分析入門　誠信書房）

Eysenck, H. J. & Wilson, G. D. (1978). *The psychological basis of ideology.* Lancaster, England: MTP Press.（塩見邦雄（訳）(1981). 社会態度：パーソナリティとイデオロギイ　ナカニシヤ出版）

藤原武弘 (1986). 態度変容と印象形成に及ぼすスピーチ速度とハンドジェスチャーの効果　心理学研究, **57**, 200-206.

深田博己（編）(2002). 説得心理学ハンドブック：説得コミュニケーション研究の最前線　北大路書房

Hall, E. T. (1966). *The hidden dimension.* New York: Doubleday & Company.（日高敏隆・佐藤信行（訳）(1970). かくれた次元　みすず書房）

飯塚雄一 (2004). 視線量の多少が印象形成に及ぼす影響　島根県立看護短期大学紀要, **10**, 69-76.

Kendon, A. (1980). Gesticulation and speech: Two aspects of the process of utterance, In M. R. Key (Ed.), *The Relationship between Verbal and Nonverbal Communication.* Mouton: The Hague. pp.207-227.

Knapp, M. L. & Hall, J. A. (2009). *Nonverbal communication in human interaction* (7th ed.). Boston: MA, Wadsworth, Cengage Learning.

神山貴弥・藤原武弘・石井眞治 (1990). 態度変容と印象形成に及ぼす座席位置の効果　実験社会心理学研究, **5**, 129-136.

LaFrance, M., Hecht, M. A., & Paluck, E. L. (2003). The contingent smile: A meta-analysis of sex difference in smiling. *Psychological Bulletin*, **38**, 36-49.

Mehrabian, A. & Williams, M. (1969). Nonverbal concomitants of perceived and intended persuasiveness. *Journal of Personality and Social Psychology*, **13**, 37-58.

Miller, N., Maruyama, G., Beaber, R. J., & Valone, K. (1976). Speed of speech and persuasion. *Journal of Personality and Social Psychology*, **34**, 615-624.

Patterson, M. L. (1976). An arousal model of interpersonal intimacy. *Psychological Review*, **83**, 235-245.

Patterson, M. L. (1983). *Nonverbal behavior: A functional perspective.* New York: Springer-Verlag.（工藤 力（監訳）(1995). 非言語コミュニケーションの基礎理論　誠信書房）

Petty, R. E. & Wegener, D. T. (1998). Attitude Change: Multiple roles for persuasion variables. In D. T. Gilbert, S. T. Fiske & G. Lindzey (Eds.), *The handbook of social psychology* (4th ed. Vol.1.). Boston, Massachusetts: The McGraw-Hill Companies. pp.323-390.

Richmond, V. P. & McCroskey, J. C. (2007). *Nonverbal behavior in interpersonal relations* (6th ed.). Boston: Pearson Education.

Woodall, W. G. & Burgoon, J. K. (1983). Talking fast and changing attitudes: A critique and clarification. *Journal of Nonverbal Behavior*, **8**, 126-142.

横山ひとみ・大坊郁夫 (2008). 話し手の認知に及ぼすスピーチ速度の影響：話し手の信憑性および知覚された説得力に注目して　対人社会心理学研究, **8**, 65-70.

Yokoyama, H. & Daibo, I. (2008). The role of speech rate and gaze in persuasion. *International Congress of Psychology*, **43**(3/4), 525.

Yokoyama, H. & Daibo, I. (2012). Effects of gaze and speech rate on receivers' evaluations of persuasive speech. *Psychological Reports*, **110**, 663-676.

■第 12 章

Barriga, A. Q. & Gibbs, J. C. (1996). Measuring cognitive distortion in antisocial youth: Development and preliminary validation of the "How I Think" questionnaire. *Aggressive Behavior*, **22**, 333-343.

Bar-Tal, D. (1976). *Prosocial behavior: Theory and research*. Washington: Hemisphere Publishing Corporation.

Bar-Tal, D., Sharabany, R., & Raviv, A. (1982). Cognitive basis for the development of altruistic behavior. In V. J. Derlega & J. Grzelak (Eds.), *Cooperation and helping behavior: Theories and research*. New York: Academic Press. pp.377-396.

Cialdini, R. B. (2001). *Influence: Science and practice* (4th ed.). Columbus, OH: Allyn and Bacon. (社会行動研究会 (訳) (2007). 影響力の武器：なぜ人は動かされるのか 第 2 版　誠信書房)

Cialdini, R. B., Kallgren, C. A., & Reno, R. R. (1991). A focus theory of normative conduct: A theoretical refinement and reevaluation of the role of norms in human behavior. In M. P. Zanna (Ed.), *Advances in experimental social psychology. Vol. 24*. New York: Academic Press. pp.201-234.

Cialdini, R. B., Schaller, M., Houlihan, D., Arps, K., Fultz, J., & Beaman, A. (1987). Empathy-based helping: Is it selflessly or selfishly motivated? *Journal of Personality and Social Psychology*, **52**, 749-758.

Coke, J. S., Batson, C. D., & McDavis, K. (1978). Empathic mediation of helping: A two-stage model. *Journal of Personality and Social Psychology*, **36**, 752-766.

Eisenberg, N. (1982). Introduction. In N. Eisenberg (Ed.), *The development of prosocial behavior*. New York: Academic Press. pp.1-21.

Eisenberg, N. (1986). *Altruistic emotion, cognition, and behavior*. Hillsdale, NJ: Lawrence Erlbaum Associates.

Eisenberg, N. & Mussen, P. (1989). *The roots of prosocial behavior in children*. New York: Cambridge University Press. (菊池章夫・二宮克美 (訳) (1991). 思いやり行動の発達心理　金子書房)

Eisenberg-Berg, N. (1979). Development of children's prosocial moral judgment. *Developmental Psychology*, **15**, 128-137.

Iannotti, R. J. (1978). Effect of role-taking experiences on role taking, empathy, altruism, and aggression. *Developmental Psychology*, **14**, 119-124.

Iannotti, R. J. (1985). Naturalistic and structured assessments of prosocial behavior in preschool children: The influence of empathy and perspective taking. *Developmental Psychology*, **21**, 46-55.

Isen, A. M. (1970). Success, failure, attention, and reaction to others: The warm glow of success. *Journal of Personality and Social Psychology*, **15**, 294-301.

石田靖彦・吉田俊和・藤田達雄・廣岡秀一・斎藤和志・森久美子・安藤直樹・北折充隆・元吉忠寛 (2000). 社会的迷惑に関する研究 (2)：迷惑認知の根拠に関する分析　名古屋大学大学院教育発達科学研究科紀要 (心理発達科学), **47**, 25-33.

菊池章夫 (1998). また／思いやりを科学する：向社会的行動の心理とスキル　川島書店

北折充隆・吉田俊和 (2000). 記述的規範が歩行者の信号無視行動におよぼす影響　社会心理学研究, **16**, 73-82.

Latané, B. & Darley, J. M. (1970). *The unresponsive bystander: Why doesn't he help?* New York: Appleton Century-Crofts. (竹村研一・杉崎和子 (訳) (1977). 冷淡な傍観者：思いやりの社会心理学　ブレーン出版)

松井豊 (1991). 思いやりの構造　現代のエスプリ, **291**, 27-37.

松浦均 (2012). 第 6 章 なぜそこで助けるのか，助けないのか？：援助行動の社会心理学　吉田俊和・橋本剛・小川一美 (編)　対人関係の社会心理学　ナカニシヤ出版　pp. 121-141.

松崎学・浜崎隆司 (1990). 向社会的行動研究の動向：内的プロセスを中心にして　心理学研究, **61**, 193-210.

Mehrabian, A. & Epstein, N. (1972). A measure of emotional empathy. *Journal of Personality*, **40**, 525-543.

Nelson, D. A. & Crick, N. R. (1999). Rose-colored glasses: Examining the social information-processing of prosocial young adolescents. *Journal of Early Adolescence*, **19**, 17-38.

尾関美喜・朴賢晶・中島誠・吉澤寛之・原田知佳・吉田俊和 (2008). 社会環境が子どもの向社会的行動に及ぼす影響　名古屋大学大学院教育発達科学研究科紀要 (心理発達科学), **55**, 47-55.

Piliavin, J. A., Dovido, J. F., Gaertner, S. L., & Clard, R. D. III. (1981). *Emergency intervention*. New York: Academic Press.

Ross, L., Greene, D., & House, P. (1977). The "false consensus effect": An egocentric bias in social perception and attribution processes. *Journal of Experimental Social Psychology*, **13**, 279-301.

Schwartz, S. H. (1970). Elicitation of moral obligation and self-sacrificing behavior: An experimental study of volunteering to be a bone marrow donor. *Journal of Personality and Social Psychology*, **15**, 283-293.

Schwartz, S. H. & Howard, J. A. (1981). A normative decision-making model of altruism. In J. P. Rushton & R. M. Sorrentino (Eds.), *Altruism and helping behavior: Social, personality, and developmental perspectives*. Hillsdale, NJ: Lawrence Erlbaum Associates. pp.189-211.

Schwartz, S. H. & Tessler, R. C. (1972). A test of a model for reducing measured attitude-behavior discrepancies. *Journal of Personality and Social Psychology*, **24**, 225-236.
Sherman, S. J., Presson, C. C., Chassin, L., Corty, E., & Olshavsky, R. (1983). The false consensus effects in estimates of smoking prevalence: Underlying mechanisms. *Personality and Social Psychology Bulletin*, **9**, 197-207.
Staub, E. (1970). A child in distress: The effects of focusing responsibility on children on their attempts to help. *Developmental Psychology*, **2**, 152-153.
Staub, E. (1972). Instigation to goodness: The role of social norms and interpersonal influence. *Journal of Social Issues*, **28**, 131-150.
高木 修 (1997). 援助行動の生起過程に関するモデルの提案　関西大学社会学部紀要, **29**, 1-21.
高木 修 (1998). 人を助ける心：援助行動の社会心理学　サイエンス社
吉田俊和・安藤直樹・元吉忠寛・藤田達雄・廣岡秀一・斎藤和志・森久美子・石田靖彦・北折充隆 (1999). 社会的迷惑に関する研究 (1)　名古屋大学教育学部紀要 (心理学), **46**, 53-73.
吉武久美・吉田俊和 (2011). 社会的迷惑行為と向社会的行動における合意性推定　応用心理学研究, **37**, 1-10.

■第13章
相川 充 (2000). 人づきあいの技術：社会的スキルの心理学　サイエンス社
大坊郁夫 (1991). 非言語的表出性の測定：ACT 尺度の構成　北星論集 (北星学園大学社会福祉学部), **28**, 1-12.
大坊郁夫 (1998). しぐさのコミュニケーション：人は親しみをどう伝えあうか　サイエンス社
大坊郁夫 (編) (2005). 社会的スキル向上を目指す対人コミュニケーション　ナカニシヤ出版
藤本 学・大坊郁夫 (2007). コミュニケーション・スキルに関する諸因子の階層構造への統合の試み　パーソナリティ研究, **15**, 347-361.
Goffman, E. (1963). *Behavior in public place: Notes on the social organization of gatherings*. Glencoe: The free press. (丸木恵祐・本名信行 (訳) (1980). 集まりの構造：新しい日常行動論を求めて　ゴッフマンの社会学 4　誠信書房)
後藤 学 (2012). 社会的スキルと対人関係　大坊郁夫 (編) 第10章 幸福を目指す対人社会心理学　ナカニシヤ出版 pp.213-243.
平田オリザ (2012). わかりあえないことから：コミュニケーション能力とは何か　講談社
堀毛一也 (1994). 恋愛関係の発展・崩壊と社会的スキル　実験社会心理学研究, **34**, 116-128.
井上忠司 (1977).「世間体」の構造　日本放送出版協会
磯 友輝子 (2011). 視線と発話の連動　末田清子・田崎勝也・猿橋順子 (編) コミュニケーション研究法　ナカニシヤ出版　p.63
磯 友輝子・大坊郁夫・松田昌史 (2007). 対面相互作用場面における課題達成と社会的スキルの関連　電子情報通信学会技術研究報告, **107**(59), 7-12.
菊池章夫 (1988). 思いやりを科学する：向社会的行動の心理とスキル　川島書店
菊池章夫・堀毛一也 (編)(1994). 社会的スキルの心理学　川島書店
鴻上尚史 (2013). コミュニケイションのレッスン：聞く・話す・交渉する　大和書房
厚生労働省 (2011). 悩みやストレスの状況　平成22年国民生活基礎調査 http://www.mhlw.go.jp/toukei/saikin/hw/k-tyosa/k-tyosa10/3-3.html　(平成23年7月12日)
栗林克匡・中野 星 (2007). 大学生における社会的スキル・トレーニングの成果と評価　北星論集 (北星学園大学社会福祉学部), **44**, 15-26.
森 真一 (2008). ほんとはこわい「やさしさ社会」　筑摩書房
大平 健 (1995). やさしさの精神病理　岩波書店
Takai, J., & Ota, H. (1994). Assessing Japanese interpersonal communication competence. *The Japanese Journal of Experimental Social Psychology*, **33**, 224-236.
竹内一郎 (2005). 人は見た目が9割　新潮社
柳原 光 (1976). Creative O.D. I　プレスタイム

【第Ⅳ部】

■ Preview

Barton, A. H. & Lazarsfeld, P. (1955). Some Functions of Qualitative Analysis in Social Research. *Frankfurter Beitrage zur Soziologie*, **1**, 321–361.

Flick, U. (1995). Qualitative forschung. Rowohlt.（小田博志・山本則子・春日 常・宮地尚子 (訳) (2002). 質的研究入門：＜人間の科学＞のための方法論　春秋社）

Gergen, K. J. (1994). *Toward transformation in social knowledge* (2nd ed.). London: Sage Publications.（杉万俊夫・渥美公秀・矢守克也 (監訳) (1998) もう一つの社会心理学：社会行動学の転換に向けて　ナカニシヤ出版）

Jahoda, G. (1982). *Psychology and anthropology: a psychological perspective*. London: Academic Press.（野村 昭 (訳) (1992). 心理学と人類学：心理学の立場から　北大路書房）

Miles, M. B. & Huberman, A. M. (1994). *Qualitative data analysis: An expanded sourcebook* (2nd ed.). Thousand Oaks: Sage Publications.

能智正博 (2005). 質的研究が目指すもの　伊藤哲司・能智正博・田中共子　動きながら識る，関わりながら考える：心理学における質的研究の実践　ナカニシヤ出版　pp.21-36.

大隅俊宏・大澤博隆・今井倫太 (2014). ソシオン理論に基づいたクラス内のいじめと同調方略のモデル化　電気学会論文誌 C 電子・情報・システム部門誌，**134**, 560-570.

Robinson, O. (2012). A war of words: The history of the idiographic/nomothetic debate. *The psychologist*, **25**, 164-167.

Salvatore, S. & Valsiner, J. (2010). Between the general and the unique: Overcoming the nomothetic versus idiographic opposition. *Theory and Psychology*, **20(6)**, 1-18.

佐藤嘉倫 (2005). 社会学の新しい分析道具：進化ゲーム理論とエージェント・ベースト・モデル　情報科学，**25**, 1-11.

田中恵海・高橋謙輔・鳥海不二夫・菅原俊治 (2010). 学級のいじめ問題を題材とする工学的シミュレーションとその考察　情報処理学会論文誌 数理モデル化と応用，**3**, 98-108.

辻本昌弘 (2000) 移民の経済的適応戦略と一般交換による協力行動：ブエノスアイレスにおける日系人の経済的講集団　社会心理学研究，**16**, 50-63.

■第 14 章

Barnlund, D. C. (1989). *Communicative styles of Japanese and Americans: Images and realities*. Wadsworth.

Blake, R. R. & Mouton, J. S. (1964). *The managerial grid*. Houston, Texas: Gulf Publishing.

Byrne, D. (1973). Interpersonal attraction. *Annual Review of Psychology*, **24**, 317-336.

DeChurch, L. A. & Marks, M. A. (2001). Maximizing the benefit of task conflict: The role of conflict management. *International Journal of Conflict Management*, **12**, 4-22.

De Wit, F. R. C., Greer, L. L., & Jehn, K. A., (2012). The paradox of intragroup conflict: A meta-analysis. *Journal of Applied Psychology*, **97**, 360-390.

Farh, J.L., Lee, C., &Farh, C. I. C. (2010). Task conflict and team creativity: A question of how much and when. *Journal of Applied Psychology*, **95**, 1173-1180.

Hollingshead, A. B. (1996). The rank order effect in group decision making. *Organizational Behavior and Human Decision Processes*, **68**, 181-193.

Hutchins, E. (1991). The social organization of distributed cognition. In L. Resnick (Ed.), *Perspectives on Socially Shared Cognition*. Washington, DC: American Psychological Association. pp.283-287.

Jehn, K. A. & Mannix, E. (2001). The dynamic nature of conflict: A longitudinal study of intragroup conflict and group performance. *Academy of Management Journal*, **44**, 238-251.

Lovelace, K., Shapiro, D. C., & Weingart, L. R. (2001). Maximizing cross-functional new product teams' innovativeness and constraint adherence: A conflict communication perspective. *Academy of Management Journal*, **44**, 779-793.

村山 綾・大坊郁夫 (2007). 課題解決集団内における 2 種類の葛藤：メンバーの影響力の差と時間制限が集団内葛藤知覚に及ぼす影響　電子情報通信学会科学技術報告，**107**, 51-56.

村山 綾・三浦麻子 (2012). 集団内の関係葛藤と課題葛藤：誤認知の問題と対処行動に関する検討　社会心理学研究，**28**, 51-59.

Murayama, A., Ryan, C. S., Shimizu, H., Kurebayashi, K., & Miura, A. (2015). Cultural differences in perceptions of intragroup conflict and preferred conflict-management behavior: A scenario experiment. *Journal of Cross-Cultural*

Psychology, **46**, 88-100.
村山 綾・三浦麻子 (2014). 集団討議における葛藤と主観的パフォーマンス：マルチレベル分析による検討　実験社会心理学研究，**53**, 81-92.
Newcomb, T. M. (1953). An approach to the study of communicative act. *Psychological Review*, **60**, 393-404.
Ohbuchi, K. & Takahashi, Y. (1994). Cultural styles of conflict management in Japanese and Americans: Passivity, covertness, and effectiveness of strategies. *Journal of Applied Social Psychology*, **24**, 1345-1366.
Rahim, M. A. (1983). A measure of styles of handling interpersonal conflict. *Academy of Management Journal*, **26**, 368-376.
Rahim, M. A. (1986). Referent Role and Styles of Handling Conflict: A Model for Diagnosis and Intervention. *Psychological Reports*, **44**, 1323-1344.
Rahim, M. A. & Magner, N. R. (1995). Confirmatory factor analysis of the styles of handling interpersonal conflict: First-order factor model and its invariance across groups. *Journal of Applied Psychology*, **80**, 122-132.
Simons, T. L. & Peterson, R. S. (2000). Task conflict and relationship conflict in top management teams: The pivotal role of intragroup trust. *Journal of Applied Psychology*, **85**, 102-111.
Stasser, G. (1992). Pooling of unshared information during group discussion. In S. Worchel, W. Wood & J. Simpson (Eds.), *Group process and productivity*. Newbury Park, CA: Sage Publications. pp.48-57.
Stasser, G. & Titus, W. (1985). Pooling of unshared information in group decision making: Biased information sampling during discussion. *Journal of Personality and Social Psychology*, **48**, 1467-1478.
Stewart, D. D. & Stasser, G. (1998). The sampling of critical, unshared information in decision-making groups: The role of an informed minority. *European Journal of Social Psychology*, **28**, 95-113.

■第 15 章
朝日香栄・青木紀久代・壺井尚子 (2012). 写真投影法に見る子どもにとっての環境内資源：友人関係に焦点を当てて　コミュニティ心理学研究，**14**, 132-150.
Flick, U. (1995). *Qualitative Forschung*. Hamburg: Rowohlt. (小田博志・山本則子・春日 常・宮地尚子 (訳) (2002). 質的研究入門："人間の科学"のための方法論　春秋社)
林 幸史・岡本卓也・藤原武弘 (2008). 写真投影法による場所への愛着の測定　関西学院大学社会学部紀要，**106**, 15-26.
市川伸一 (2001). 心理学の研究とは何か　南風原朝和・市川伸一・下山晴彦 (編)　心理学研究法入門：調査・実験から実践まで　東京大学出版会　pp.1-17.
石盛真徳・岡本卓也・加藤潤三 (2014). 写真による高齢者の地域生活把握の試み：写真－ナラティブ誘出法 (PEN-A: Photo Eliciting Narrative Approach) による写真とナラティブの内容分析を中心として　コミュニティ心理学研究，**18**, 42-59.
川喜多二郎 (1967). 発想法：創造性開発のために　中央公論社
川喜多二郎 (1986). KJ 法：混沌をして語らしめる　中央公論社
野田正彰 (1988). 漂白される子供たち：その眼に映った都市へ　情報センター出版局
能智正博 (2003). 質的データの分析　南風原朝和・市川伸一・下山晴彦 (編)　心理学研究法　放送大学教育振興会 pp.47-57.
大石千歳 (2010). アイデンティティの表現方法としての写真投影法　東京女子体育大学・東京女子体育短期大学紀要，**45**, 131-141.
岡本卓也 (2009). 街への愛着と景観：写真投影法による場所への愛着の測定　関西学院大学先端社会研究所紀要，**1**, 130-134.
岡本卓也・林 幸史・藤原武弘 (2009). 写真投影法による所属大学の社会的アイデンティティの測定　行動計量学，**70**, 1-14.
岡本卓也・石盛真徳・加藤潤三 (2010). 面接調査法としての写真投影法　関西学院大学先端社会研究所紀要，**2**, 59-69.
下山晴彦 (2003). 質的調査の考え方とデータ収集技法　南風原朝和・市川伸一・下山晴彦 (編)　心理学研究法　放送大学教育振興会 pp.35-45.
菅原和孝 (2006). フィールドワークへの挑戦："実践"人類学入門　世界思想社
田島信元 (1999). 観察　中島義明・安藤清志・子安増生・坂野雄二・繁桝算男・立花政夫・箱田裕司 (編)　心理学辞典　有斐閣　p.139.
田中博晃 (2010). KJ 法入門：質的データ分析法として KJ 法を行う前に　外国語教育メディア学会 (LET) 関西支部

メソドロジー研究部会　2010年度報告論集：より良い外国語教育研究のための方法　pp.17-29.
田中共子 (2005). 質的研究はじめの一歩　伊藤哲司・能智正博・田中共子 (編)　動きながら識る，関わりながら考える：心理学における質的研究の実践　ナカニシヤ出版　pp.9-19.
泊 真児・辻阪光平・吉田富二雄 (2000). 写真投影法による子育て環境の把握：プライベート空間7機能の視点からの検討　日本社会心理学会第41回大会発表論文集，140-141.
曽 英敏・延藤安弘・森永良丙 (2001). サステイナブル・コミュニティの視点からみた高齢者のための団地再生計画の研究：写真投影法による高根台団地の考察　日本建築学会計画系論文集，**549**, 95-102.

■第16章

馬場悠男 (1995). 日本人の顔が変わる！歴史読本臨時増刊：日本人シリーズ　日本人の顔　新人物往来社　pp.110-117.
Bookstein, F. L. (1991). *Morphometric Tools for Landmark Data.* Cambridge: Cambridge Univ. Press.
趙 鏞珍 (1993). 顔面形態に関する美術解剖学的研究：青年韓国人，日本人，タイ人の形態特徴とその比較　東京芸術大学大学院博士論文
大坊郁夫 (1991a). 非言語的表出性の測定：ACT尺度の構成　北星論集 (北星学園大学文学部)，**28**, 1-12.
大坊郁夫 (1991b). 容貌の構造的特徴と対人魅力　化粧文化，**24**, 55-68.
大坊郁夫・磯友輝子・高橋直樹・橋本幸子 (2002). 顔の形態特徴からのパーソナリティ特徴の認知　日本顔学会誌，**2**, 97-110.
大坊郁夫・村澤博人・趙 鏞珍 (1994). 魅力的な顔と美的感情：日本と韓国における女性の顔の美意識の比較　感情心理学研究，**1**, 101-123.
Dryden, I. L. & Mardia, K. V. (1998). *Statistical shape analysis.* Chichester: Wiley and Sons.
Ekman, P. & Friesen, W. V. (1975). *Unmasking the face.* Prentice-Hall.
Ekman, P. & Friesen, W. V. (1978). *The facial action coding system: A technique for the measurement of facial movement.* Consulting Psychologist Press.
Gudykunst, W. B. & Ting-Toomey, S. (1988). *Culture and interpersonal communication.* Newbury Park: Sage Publications.
Izard, C. E. & Saxton, P. M. (1988). Emotions. In R. C. Atkinson, R. J. Herrnstein, G. Lindzey & R. D. Luce (Eds.), *Stevens' handbook of experimental psychology.* New York: Wiley. pp.627-676.
上出寛子・大坊郁夫・趙 鏞珍・高橋直樹 (2005). 韓国人の顔面表情時の顔形態特徴と社会的スキルとの関係　電子情報通信学会技術研究報告，**105**(385), 33-38.
菊池章夫・堀毛一也 (編) (1994). 社会的スキルの心理学：100のリストとその理論　川島書店
Komori, M., Kawamura, S., & Ishihara, S. (2009). Averageness or symmetry: Which is more important for facial attractiveness? *Acta Psychologica*, **131**, 136-142.
Landy, D. & Sigall, H. (1974). Beauty is talent: task evaluation as a function of the performer's physical attractiveness. *Journal of Personality and Social Psychology*, **29**, 299-304.
村澤博人 (1988). 顔の印象度の基礎的研究　化粧文化，**8**, 89-100.
Russell, J. A. (1994). Is there universal recognition of emotion from facial expression? A review of cross-cultural studies. *Psychological Bulletin*, **115**, 102-141.
Scherer, K. R., Wallbot, H. G., Matsumoto, D., & Kudoh, T. (1989). Emotional experience in cultural context: A comparison between Europe, Japan, and the United States. In K. R. Scherer (Ed.), *Facets of emotion.* New Jersey: Laurence Erlbaum.
Takai, J. & Ota, H. (1994). Assessing Japanese Interpersonal Communication Competence. *Japanese Journal of Experimental Social Psychology*, **33**, 224-236.

■第17章

古田 暁・石井 敏・岡部朗一・平井一弘・久米昭元 (1990). 異文化コミュニケーション・キーワード新版　有斐閣
Gudykunst, W. B. (1991). *Bridging Differences.* Newbury Park, CA: Sage Publications.
Gudykunst, W. B. & Hammer, M. R. (1983). Basic training design: Approaches to intercultural training. In D. Landis & R. W. Brislin (Eds.), *Handbook of intercultural training, Vol. 1.* Elmsford: Pergamon.
Hammer, M. R. & Bennett, M. J. (1998). *The Intercultural Development Inventory: Manual.* Portland, OR: Intercultural Communication Institute.

Kim, Y. Y. (1991). Intercultural communication competence: A systems-theories view. In S. Ting-Toomy & F. Korzenny (Eds.), *Cross-Cultural Interpersonal Communication*. Beverly Hill, CA: Sage Publications. pp.259-275.
小池浩子 (2000). 異文化間コミュニケーション教育と研修　西田ひろ子 (編)　異文化間コミュニケーション入門　創元社　pp.310-334.
Nipporica Associates (1993). *Ecotonos: A multicultural problem-solving simulation*. Yarmouth, ME: Intercultural Press.
西田ひろ子 (2007). 人間の行動原理に基づく異文化間コミュニケーション［POD版］　川島書店
西田　司 (1998). 異文化の人間関係　多賀出版
Paige, M. & Martin, J. (1996). Ethics in intercultural training. In D. Landis & R. Bhagat (Eds.), *Handbook of intercultural training* (2nd ed.). Thousand Oaks, CA:Sage Publications. pp.35-60.
Shirts, R. G. (1977). *BaFá BaFá: A cross cultural simulation*. Del Mar, CA: Simile II.
Tiagarajan, S. & Steinwachs, B. (1990). *Barnga: A simulation game on cultural clashes*. Yarmouth, ME: Intercultural Press.
山本志都・丹野　大 (2001).「異文化感受性発達尺度 (The Intercultural Development Inventory)」の日本人に対する適用性の検討：日本語版作成を視野に入れて　青森公立大学紀要，**7**, 24-42.
八代京子・町恵理子・小池浩子・吉田朋子 (2009). 異文化トレーニング：ボーダレス社会を生きる　改訂版　三修社

【第Ⅴ部】

■第18章

Bales, R. F. (1950). *Interaction process analysis: A method for the small group*. Reading, Mass.: Addison-Wesley.（友田不二男 (編) 手塚郁恵 (訳) (1971). グループ研究の方法　岩崎学術出版社）
Cialdini, R. B., Borden, R. J., Thorne, A., Walker, M. R., Freeman, S., & Sloan, L. R. (1976). Basking in reflected glory : Three (football) field studies. *Journal of Personality and Social Psychology*, **34**, 366-375.
大坊郁夫 (1991). 非言語的表出性の測定：ACT 尺度の構成　北星論集 (北星学園大学文学部)，**28**, 1-12.
大坊郁夫 (2014). 場を活性化する：対人コミュニケーションの社会心理学　髙木　修 (監修) 大坊郁夫・竹村和久 (編)　社会心理学研究の新展開：社会に生きる人々の心理と行動　シリーズ 21 世紀の社会心理学別巻　北大路書房　pp.26-39.
Exline, R. V. (1971). Visual interaction:The glances of power and preference. In J. K. Cole (Ed.), *Nebraska Symposium on Motivation*. University of Nebraska Press, pp.162-205.
Friedman, H. S., Prince, L. M., Riggio, R. E., & DiMatteo, M. R. (1980). Understanding and assessing nonverbal expressiveness: The affective communication test. *Journal of Personality and Social Psychology*, **39**, 333-351.
北折充隆・吉田俊和 (2004). 歩行者の信号無視行動に関する観察的検討：急ぎ要因と慣れ要因の影響について　社会心理学研究，**19**, 234-240.
Latané, B. & Darley, J. M.(1970). *The unresponsive bystander: Why doesn'the help?* Appleton-Century-Crofts.（竹村研一・杉崎和子 (訳) (1977). 冷淡な傍観者：思いやりの社会心理学　ブレーン社）
松田昌史・大坊郁夫・熊野史朗・大塚和弘・大和淳司 (2013). ビデオ通信環境における対人位置と印象形成に関する探索的研究　ヒューマンインタフェース学会論文誌，**15**, 433-442.
松井　豊 (2010). 改訂新版 心理学論文の書き方：卒業論文や修士論文を書くために　河出書房新社
三井宏隆 (1983). 電車内における座席交替のルール　東京都立大学人文学報，**158**, 99-115.
毛　新華・大坊郁夫 (2012). 中国文化の要素を考慮した社会的スキル・トレーニングのプログラムの開発および効果の検討　パーソナリティ研究，**21**, 23-39.
Rosenthal, R. (1966). *Experimenter effects in behavioral research*. Appleton-Century-Crofts.
Rosenthal, R., Hall, J. A., DiMatteo, M. R., Rogers, P. L., & Archer, D. (1979). *Sensitivity to nonverbal communication: The PONS Test*. Johns Hopkins University Press.
鈴木淳子 (2002). 調査的面接の技法　ナカニシヤ出版
鈴木百合子・本間道子 (1984). 着席行動におけるなわばり性の研究　心理学研究，**55**, 109-112.
吉田寿夫 (編) (2006). 心理学研究法の新しいかたち　誠信書房

■第 19 章

大橋 渉 (2010). 統計を知らない人のための SAS 入門　オーム社
小塩真司 (2011). SPSS と Amos による心理・調査データ解析：因子分析・共分散構造分析まで 第 2 版　東京図書
竹内 啓 (監修) 市川伸一・大橋靖雄・岸本淳司・浜田知久馬 (1993). SAS によるデータ解析入門 第 2 版　東京大学出版会
米川和雄・山崎貞政 (2010). 超初心者向け SPSS 統計解説マニュアル：統計の基礎から多変量解析まで　北大路書房

■第 20 章

藤原 健・大坊郁夫 (2010). 覚醒度の異なるポジティブ感情の対人会話場面における機能：会話満足度，および手の動きについての検討　感情心理学研究, **17**, 180-188.
藤原 健・大坊郁夫 (2013). 感情が会話満足度や対人印象に与える影響：話者間の感情構成への着目　心理学研究, **84**, 522-528.
石黒 圭 (2008). 文章は接続詞で決まる　光文社新書
木下是雄 (1981). 理科系の作文技術　中公新書
野矢茂樹 (2001). 論理トレーニング 101 題　産業図書
大久保街亜・岡田謙介 (2012). 伝えるための心理統計：効果量・信頼区間・検定力　勁草書房
清水幾太郎 (1959). 論文の書き方　岩波新書

索 引

【人名索引】

■あ
相川 充　102, 167
アイゼンバーグ（Eisenberg, N.）　155, 156
アイゼンバーグ＝バーグ（Eisenberg-Berg, N.）
　　157
アドラー（Adler, P. S.）　110
荒川 歩　136
アリスティッポス（Aristippus）　33
アリストテレス（Aristotle）　33
アルトマン（Altman, I.）　85
アンバディ（Ambady, N.）　131

五十嵐 祐　109
石川英夫　99
石盛真徳　208
伊藤忠弘　44
岩淵千明　20

ウィリアムズ（Williams, D.）　114
ウォルスター（Walster, E.）　69
ウッド（Wood, J. V.）　112

エピクロス（Epicurus）　33
エプシュタイン（Epstein, N.）　157
エリソン（Ellison, N. B.）　111

大石繁宏　35
大石千歳　207
太田 仁（Ota, H.）　169
大坪庸介　129
太幡直也　28
岡 耕平　128
岡田 努　88
岡本卓也　208
小川一美　127
小口孝史　89

■か
ガーゲン（Gergen, K. J.）　186
笠置 遊　15

カズンズ（Cousins, S. D.）　42
カドゥシン（Kadushin, C.）　111
金政祐司（Kanemasa, Y.）　70, 73
上出寛子　216
川浦康至　128, 133
川名好裕　134

キーズ（Keys, C. L. M.）　35
菊池章夫　217
北折充隆　159
北山 忍（Kitayama, S.）　45
キム（Kim, Y. Y.）　225
木村昌紀　18, 127

クウォン（Kwon, S.-W.）　110
グディカンスト（Gudykunst, W. B.）　223, 225
久保真人　73
栗林克匡　99, 101, 167

ケンドン（Kendon, A.）　146

小池浩子　222
ゴッフマン（Goffman, E.）　10, 166
小林知博（Kobayashi, C.）　50, 59
コワルスキー（Kowalski, R. M.）　15

■さ
佐藤嘉倫　186
ザンナ（Zanna, M. P.）　16

ジェームズ（James, W.）　10
ジェン（Jehn, K. A.）　188
下斗米 淳　85, 89
シモンズ（Simons, T. L.）　188
シャーマン（Sherman, S. J.）　160
シュワルツ（Schwartz, S. H.）　156, 158
ショーンマン（Schoeneman, T.）　41
ジンバルド（Zimbardo, P.）　245

菅原健介　27, 52

鈴木敦子　248
鈴木直人　127
スタイルズ（Stiles, W. B.）　127
スタンバーグ（Sternberg, R. J.）　69
ステイサー（Stasser, G.）　191, 192
スプレッシャー（Sprecher, S.）　69
スワン（Swann, W. B.）　10

■た
ダーリー（Darley, J. M.）　156, 245
タイタス（Titus, W.）　191, 192
大坊郁夫（Daibo, I.）　15, 20, 70, 73, 129, 131, 146, 192, 215, 217, 218, 249
高井次郎（Takai, J.）　169
高木　修　155, 156
高田利武　53
田中恵海　187
谷口淳一　15, 20, 50
ダニング（Dunning, D.）　43
田原直美　129
田渕　恵　127

チェイクン（Chaiken, S.）　17
チャルディーニ（Cialdini, R. B.）　159, 248
趙　鏞珍　218

ディーナー（Diener, E.）　35, 43, 44
ディーナー（Diener, M.）　43, 44
テイラー（Taylor, D. A.）　85
テスラー（Tessler, R. C.）　158

遠矢幸子　84
泊　真児　209

■な
中野　星　167
ナップ（Knapp, M. L.）　144

西田　司　222
西田裕紀子　35

能智正博　206
野田正彰　207

■は
バーシェイド（Berscheid, E.）　69
ハイネ（Heine, S. J.）　43
バウアー（Bauer, J. J.）　34
橋本　剛　100
パターソン（Patterson, M. L.）　133, 144
パック（Pack, S. T.）　16
ハットフィールド（Hatfield, E.）　69
バベラス（Bavelas, J. B.）　135

林　文俊　137
林　幸史　208, 209
バルタル（Bar-Tal, D.）　155, 156
ハワード（Howard, J. A.）　156
ハンマー（Hammer, M. R.）　223, 225, 226

日向野智子　89
ヒューバーマン（Huberman, A. M.）　186
平川　真　128
ピリアビン（Piliavin, J. A.）　156
広沢俊宗　86

フェニングスタイン（Fenigstein, A.）　27
フォレスト（Forest, A. L.）　112
深田博己　144
藤原　健（Fujiwara, K.）　129
プットマン（Putnam, R. D.）　110
ブラウン（Brown, J. D.）　59
フリードマン（Friedman, H. S.）　247
フリック（Flick, U.）　186
プリナー（Pliner, P.）　17

ペーターソン（Peterson, R. S.）　188
ベールズ（Bales, R. F.）　243
ベネット（Bennett, M. J.）　225, 226

ボウルビ（Bowlby, J.）　111
ホール（Hall, J. A.）　144
ボッソン（Bosson, J. K.）　10
堀毛一也　102, 169, 217

■ま
マーカス（Markus, H. R.）　45
マイルズ（Miles, M. B.）　186
マタラッツオ（Matarazzo, J. D.）　134
松井　豊　84, 99, 156
松浦　均　158
マッセン（Mussen, P.）　155
マニックス（Mannix, E.）　188

三浦麻子　127, 130, 190

村山　綾　190, 192

メラビアン（Mehrabian, A.）　157

毛　新華　249
森　知子　20

■や
八代京子　226
山口　勧（Yamaguchi, S.）　46
山田昌弘　99
山根一郎　100

山本恭子　127
山本里花　36

横山ひとみ（Yokoyama, H.）　146
吉岡和子　87, 92
吉武久美　160
吉田俊和　159, 160

■ら
ラタネ（Latané, B.）　156, 245
ラッセル（Russell, J. A.）　216

リアリー（Leary, M. R.）　14, 15

リーマン（Lehman, D. R.）　43
リフ（Ryff, C. D.）　35

ルビン（Rubin, Z.）　68

レヴィンジャー（Levinger, G.）　99
レヴィンジャー（Loevinger, J.）　36

ロス（Ross, L.）　159, 163

■わ
ワイズバッハ（Weisbuch, M.）　131
渡部雅之　36

【事項索引】

■A〜Z
ACT　217
ENDE2　102, 169
Facebook　111
Google Scholar　253
IAT（Implicit Association Test）　12
impact factor　253
JICS　169
KiSS-18　217
KJ法　212
RCI尺度　73
sigsaji　136
TSPS　20
Twitter　128
t検定　76
Verbal Response Modes（VRM）　127
web調査　239
well-being　33
　　eudaimonic ——　33
　　hedonic ——　33

■あ
愛　68
愛の三角理論　69
愛の三角理論尺度（TLS）　70
愛の3要素　69
誤った合意性の効果　159
安定化の機能　84

「いいね！」ボタン　112
意見が衝突　178

意思決定　176
意思決定モデル　156
一面呈示　147
1要因3水準の実験参加者間要因の分散分析　140
一般化プロクラステス分析　220
異文化感受性　226
異文化感受性発達尺度（IDI）　226
異文化コミュニケーション　222
異文化コミュニケーショントレーニング　223
異文化コミュニケーション能力　225
異文化の体験学習モデル　224
イベント・レコーダー　129, 136
因子分析　74, 115
インターネット社会関係資本尺度　114

エティック・アプローチ　184, 185
エフェクタンスと安全　111
エミック・アプローチ　184, 185
演繹的方法　186
援助行動　155

オフライン　109
オンライン　109

■か
解読　131, 144
χ^2検定　105
覚醒：出費－報酬モデル　156
隠れたプロフィール　192
課題葛藤　188
カバーストーリー　22, 152

関係
　　――への評価尺度　73
　　――における自己認知　73
　　――における自己認知尺度　73
　　――の親密化過程　99
関係葛藤　188
関係形成機能　209
関係継続の予期　18
関係重要度　73
関係性の安全基地　111
関係満足度　69, 73
観察法　243
　　実験的――　205
間接的要求　128
顔面の構造的特徴　215
顔面表情の"表出"　216

記号化　131, 144
記述的規範（descriptive norm）　160
期待的被透視感　28
キティ・ジェノヴィーズ事件　158
帰納的方法　185
規範的意思決定モデル　156
客我　10
客体化機能　209
共有条件　191

クロス集計　105
クロンバックの α 係数　30

携帯電話　133
携帯電話メール　133
傾聴　175
懸念的被透視感　28
研究
　　――における価値　1
　　――の課題　1
　　――の社会性　3
研究実施の倫理問題　251
言語データ化　208
言語的コミュニケーション　131, 144
顕在的自己意識　12
現場観察研究　244
現場実験　245

好意（liking）　68
合意性推定　160
交互作用効果　58
高コンテクスト文化　216
向社会的行動　155
向社会的行動のモデル　156
構造化面接　248
構造方程式モデリング　163
公的自己意識　27, 46
コーディング　36
国際会議のコーヒータイム　227

告白　99
　　――の効果　100
　　――の個人差　102
　　――の状況　100
　　――の成否　101
互酬性の規範（norm of reciprocity）　110
個人主義　44
個人的規範　158
個人－文化合致仮説　44
コミットメント（commitment）　69
コンセンサス　176

■さ
再評価機能と再発見機能　209
参加者間 2 要因分散分析　153
3 次元顔面表情　217

自意識尺度　27, 47, 52
自我発達　34
自我発達尺度　36
自己意識　27, 46
自己開示（self-disclosure）　14, 84
自己開示の返報性　85
自己概念　41
自己決定理論　33
自己高揚傾向　43
自己呈示（self-presentation）　14
自己呈示尺度　50
自己呈示動機尺度　21
自己呈示のジレンマ状況　16
自己認識　41
自己評価　42
自己への注意　27
視線　170
自然観察法　205
視線と発話　170
自尊心　111
実験室実験　244
実質的葛藤　190
質的研究　185, 205
失恋　99
私的自己意識　27, 46
視点取得　31
児童用対面苦手意識尺度　90
自文化中心主義　226
自文化中心的段階　226
シミュレーション研究　239
シャイネス　102
社会関係資本　114
　　結合型（bonding social capital）――　110, 111
　　橋渡し型（bridging social capital）――　110
社会関係資本論　109, 110
社会実験　239
社会的規範　158

社会的浸透理論　85
社会的スキル　102, 168
社会的スキル尺度　217
社会的スキル・トレーニング（Social Skills Training: SST）　166
社会的スキルの学習機能　84
社会的ネットワーク　110
社会的迷惑行為　159, 160
尺度水準　240
写真投影法　207
重回帰分析　78, 117
集団主義　44
集団主義尺度　46
集団内葛藤　188
集団内葛藤対処行動　189
主我　10
情熱（passion）　69
職場用対人苦手意識尺度　90
所属欲求　111
シングルチャネル・アプローチ　145
シンクロニー　133
人生満足感　114
人生満足感尺度　114
人生満足度尺度　36
人生物語　34
人生物語の記述　35
親密性（intimacy）　69
親密な異性関係　72
親密な対人関係　68
信頼（trust）　110
信頼性（trustworthiness）　145
信頼性係数　75, 94, 115

精神的自己　42
正の訓練効果　178
説得　145
説得的コミュニケーション（persuasive communication）　144
セルフモニタリング　18
セルフモニタリング尺度　20
潜在的自己意識　12
センシティビティー・トレーニング　224
専門性（expertness）　145

相関係数　116
相関分析　77
相互協調的自己観　45
相互独立的自己観　45
操作的定義　136
ソーシャル・ネットワーキング・サービス（SNS）　109
ソーシャル・メディア　130
ソシオン理論　187

■た
第一印象　169
大学モデル　223
体験学習　224
対人葛藤対処行動　189
対人関係　64
対人関係の親密化過程　99
対人コミュニケーション　131
対面　132
多重比較　140
ダブル・バーレル質問　247
単純傾斜分析　118
単純主効果の検定　58

地域シミュレーション　223
チャネル　131
チャネルの機能　133
中心化　117
調査法　246

強いつながり（strong ties）　111

低コンテクストの文化　216
定性的なデータ　34
定量的なデータ　34
デブリーフィング　26
天井効果　93
伝統的性役割ステレオタイプ　16

同一性をさぐる　172
投影的機能と概念化機能　209
統計分析パッケージ　240
統合的主題　34
透明性の錯覚（illusion of transparency）　32

■な
内在的主題　34
内的整合性　163
内面の被知覚の意識　32
苦手意識　89
苦手意識尺度　90
20答法　208
認知的判断モデル　156

熱愛（passionate love）　69
熱愛の測定尺度　69

ノンバーバル・コミュニケーション　215

■は
場面想定法　247
半構造化面接　248
反社会的行動（antisocial behavior）　155

非共有条件　191
非言語的コミュニケーション　131, 144
非言語的表出性テスト（ACT）　247
非構造化面接　248
ビッグ・データ　239
被透視感　28

ファイブ・エイト　176
フィールドワーク　205
フェイス・リーダー　129
複数観衆状況　15
ブックマートX　173
物質的自己　42
負の訓練効果　178
ふりかえり　170
フロア効果　93
文化相対主義　226
文化相対的段階　226
文化的自己観　45
文化的自己観尺度　47, 53
分散分析　76, 78, 95

偏相関係数　30

傍観者効果　158
方法論的個人主義　186
方法論的全体主義　187
ポジティブ幻想　42
本当の自分　25

■ま
マルチエージェントモデル　187
マルチチャネル・アプローチ　146
マルチメソッド　206
マルチ・モーダル性　146

魅力性（attractiveness）　145

命令的規範（injunctive norm）　160
メタ・コミュニケーション　215
メディア・コミュニケーション　128
面接法　205, 248

モデル機能　84

■や
役割　175
役割行動　85

友愛（compassionate love）　69
友人関係　84
友人関係尺度　92
友人関係の希薄化　88

よい人生　33
弱いつながり（weak ties）　110

■ら
利他的行動　155
量的研究　185, 205
両面呈示　147

恋愛関係　99
恋愛感情（love）　68

ロールプレイ　225

■わ
ワークシート　225
わかちあい　170

編者あとがき

谷口淳一（第Ⅰ部編者）

　数年前に，あるラジオ番組に出演した。「変わった職業」の人を紹介するという番組で，「恋愛心理学者」として招かれた。その番組の最後に「あなたにとって恋愛心理学とは？」と尋ねられた。とっさに「幸せのレシピ」と答えた。おそらく少し前に目にした映画のタイトルが頭に残っていたからだろうが，偶然にも聴いていた友人からは「わけがわからん」と言われた。周りにはあまり評価されなかったわけだが個人的には「いいこと言ったな～」と後で思った。心理学の研究者ではない一般の人の多くが心理学に求めるのは「どうすれば幸せになれるのか」というマニュアルだろう。ただ，心理学の研究成果だけではマニュアルにはなりにくい。そもそも「こうすれば絶対に幸せになれる」というマニュアルがあること自体が幸せではないだろう（というと複雑な議論になるが）。恋愛に限らず心理学，特に対人社会心理学の研究目的は「幸せのレシピ作り」だと個人的には思う。マニュアルではなくてレシピ……言葉遊びのようであるが，レシピには「絶対にこうするべき」といった強制的なニュアンスはなく，「こんな方法もあるよ」とか「たとえばこんな風にしてみたら，こんなものができるよ」といった提案が中心だろう。どうすればいいか悩んでいるとき，なぜ今こんな状態であるのかわからないときにレシピはひとつの道筋を示してくれる。しかし，必ずしもその通りにする必要はない。そのレシピを知ることでもっとよい方法を思いつくかもしれない。本書はそんな「幸せのレシピ作り」をしている対人社会心理学の研究レシピである。レシピを作るためのレシピである。研究をどう進めるのかわからないときに本書は進むべき道を照らしてくれるだろう。ただ，それが最善の方法とは限らない。まずは，レシピの通りにやってみよう。しかし，あなたが求めていたものと違うのであれば，今度はスパイスの種類を変えるなどレシピをアレンジしてみよう。そして，よいものができたなら，それを新たなレシピとして記録して残していただきたい。

■　■　■

金政祐司（第Ⅱ部編者）

　第Ⅱ部「関係する人々」のPreviewには，対人関係の研究を行う際，個人的な経験や感情から離れて客観的な視点をもつことが重要であると書いた。しかし，本当の意味での客観性とは，それこそ神の領域なのではないかと思う。私たち人間には，真の客観性などもち得はしないだろう。どこまでも，どこまでも主観にまみれながら這い進むし

かない。ただ，そうであるとしても，ものごとを極力自分の主観や感情を交えず，そこから距離を置いて遠くから眺めること，言うならば，できる限り"客観的"な視点をとろうとすることは，時に必要なことであるといえる。宮沢賢治の「雨にも負けず」の「あらゆることを　自分を勘定に入れずに　よく見聞きし分かり」といったところであろうか。そのような視点は，研究においてのみならず，日常生活でも生かすことができるだろう。なぜなら，ものごとをできる限り"客観的"な視点で捉えることは，確率論的な考えを涵養し，曖昧さへの耐性を育成するからである。

　ものごとを確率論的に考えることができず，曖昧さへの耐性が低ければ，私たちは二分法的な思考に陥らざるを得ない。この白黒はっきりさせないと気がすまないという二分法的思考は，さらに，そこに自身の考えや思想に対する盲目的正しさという幻想が加わることで，他者を自らの観点からのみで断罪してしまうことにもつながるだろう。

　研究を行うということは，冷淡にものごとを観察し，データという数値を処理しているだけのように思えるかもしれないが，必ずしもそうではない。研究を行うことは，自身の考えや感情に拘泥して己の正しさのみを主張してしまうことになりかねない主観から逃れ，ものごとを俯瞰的に，あるいは構造的に捉えるための思考を養うトレーニングにもなるのである。そう考えれば，研究者になるためのみならず，社会で暮らしていくうえでも，自らが研究を実施し，それをまとめて考察するという作業を経験することの重要性は高いといえるだろう。

■　■　■

木村昌紀（第Ⅲ部編者）

　「対人社会心理学」の授業で教員から研究の話を聞くのと，自分が実際に研究するのとでは大きな違いがある。たとえるならば，授業で教員が学生に話す内容は，教員が美味しい（面白い），栄養がある（重要だ）と思って提供する料理かもしれない。料理の味わい方は人それぞれ異なるだろうが，授業で話を聴くのは，あくまで"料理を食べる側"といえるだろう。ところが，実習では，自分で"料理を作る側"を体験することになる。これまでの食べる側から，作る側になることは大きな変化であり，体験する楽しさより困難さが上回ることもしばしばあろう。とはいえ，研究の実習は，あらかじめ定番メニューの料理が決まっていて材料の準備や下ごしらえはしてあり，そこそこ美味しく出来上がる見込みのあるものである。これが卒業論文や修士論文になると，いよいよ"本格的に料理をする"ことになる。どのような料理を作るのかというメニュー決めから，材料集め，下ごしらえから調理に至るまで，自分自身で主体的に進めていかねばならない。調理に失敗することはもちろん，料理を作っても予想通りの味になるとは限らない。調理の失敗も予想通りにいかないことも実は醍醐味のひとつなのだが，料理を始めたば

かりのときは強いショックを受けるかもしれない。もしそうなっても再び厨房や台所に立ち，くじけずにチャレンジしてもらいたい。本書の研究レシピが，その一助になることを願っている。欲を言えば，いつか読者の作ったオリジナル・メニューを味わう機会があれば，もしくは，一緒に料理する機会があれば幸甚である。

　本書の監修・編者・執筆者の先生方には，学生時代から現在に至るまでずっとお世話になってきた。対人社会心理学，特にコミュニケーション研究は私にとって非常に魅力的なテーマだが，決して一人では続けられなかったと思う。研究の指導・相談・指摘・批判・質問・助言・励まし・雑談など数えきれないコミュニケーションを重ねていただいた結果として，これまでの私の研究がある。ここであらためて感謝申し上げたい。

■　■　■

石盛真徳（第Ⅳ部編者）

　本書のタイトルは「対人社会心理学の研究レシピ」であるが，私が大学院修士課程で指導を受けた先生の持論のひとつは「研究は料理である」というものであった。その意味するところは，つまり，研究の素材集めから始まって，実際の料理の仕方，そしてその味わい方に至るまでの一連のプロセスが料理になぞらえることができる，ということであった。心理学の研究に当てはめるならば，厳密に統制された条件を作り出して行う実験室実験は，たとえば，油の温度に細心の注意を払い調節して，揚げ時間を管理する「天ぷら」に当てはまるかもしれない。確かに天ぷらは，その調理法を身につけた料理人が常に同じ味を再現できる，寿司と並んで世界中に知られた優れた日本料理の調理法である。それと同様に，実験室実験も客観性の確保に最大限の注意を払い，結果の再現性を高めるための科学的な研究法として優れていることは言うまでもない。しかしながら，その先生は，優れた研究法であるがあまり実験室実験至上主義に陥ることは，料理において「なんでもかんでも天ぷらにしてしまえ」というのと同じ過ちを犯すことになる，とも指摘された。たとえば，新鮮な魚にはそのまま刺身で食べたほうがおいしいといったように，それなりの味わい方がある。ただし，ここで気をつけなければならないのは，一流の料理人は，素材集めに関しても一流の目利きであるように，研究者がそのままでもおいしく味わえる素材（データ）を集めることができるようになるためには，大変な努力が必要ということである。たとえば，ごてごてとした分析をするまでもなく，簡単な集計をするだけで，読者になるほどと納得させる力をもつ，観察データを集めるには，厳密な実験室実験とは質的には異なる周到な計画とデータ収集の努力が必要である。世界中の料理それぞれが特色をもっているように，研究法もそれぞれの特色をもっている。結果として自分に合っているかどうかという好き嫌いは出てくるだろうが，本書を通じて，まずは，食わず嫌いはせずにさまざまな研究法を味わってほしい。

執筆者一覧

大坊 郁夫	東京未来大学モチベーション行動科学部	監修，第Ⅴ部 Preview，第1章，第18章
谷口 淳一	帝塚山大学心理学部	編集，第Ⅰ部 Preview，第2章
金政 祐司	追手門学院大学心理学部	編集，第Ⅱ部 Preview，第6章
木村 昌紀	神戸女学院大学人間科学部	編集，第Ⅲ部 Preview，第10章
石盛 真徳	追手門学院大学経営学部	編集，第Ⅳ部 Preview，第15章
太幡 直也	愛知学院大学総合政策学部	第3章
上出 寛子	東北大学電気通信研究所	第4章，第16章
小林 知博	神戸女学院大学人間科学部	第5章
日向野 智子	東京未来大学こども心理学部	第7章
栗林 克匡	北星学園大学社会福祉学部	第8章
五十嵐 祐	名古屋大学大学院教育発達科学研究科	第9章
横山 ひとみ	東京農工大学大学院工学研究院	第11章
吉澤 寛之	岐阜大学大学院教育学研究科	第12章
磯 友輝子	東京未来大学モチベーション行動科学部	第13章
後藤 学	株式会社原子力安全システム研究所	第13章
村山 綾	日本学術振興会・関西学院大学文学部	第14章
毛 新華	神戸学院大学人文学部	第17章
清水 裕士	関西学院大学社会学部	第19章
藤原 健	大阪経済大学人間科学部	第20章

編者紹介

谷口淳一（たにぐち・じゅんいち）　　　　　　　　　　　　　　　［第Ⅰ部］
1975 年　大阪府豊中市に生まれる
2004 年　大阪大学大学院人間科学研究科博士後期課程単位取得退学
現　在　帝塚山大学心理学部准教授　博士（人間科学）
［主著・論文］
『幸福を目指す対人社会心理学』（分担執筆）　ナカニシヤ出版　2012 年
『史上最強よくわかる恋愛心理学』（共著）　ナツメ社　2010 年
「恋人関係における自己呈示は自己確証的か自己高揚的か」　社会心理学研究, 24 巻, 11-22. 2008 年

金政祐司（かねまさ・ゆうじ）　　　　　　　　　　　　　　　　［第Ⅱ部］
1973 年　大阪府羽曳野市に生まれる
2004 年　大阪大学大学院人間科学研究科博士後期課程退学
現　在　追手門学院大学心理学部教授　博士（人間科学）
［主著・論文］
『他人の心理学』（監修）　ナツメ社　2015 年
「自己ならびに他者への信念や期待が社会へのイメージならびに将来への時間的展望に及ぼす影響」　社会心理学研究, 30 巻, 108-120. 2014 年

木村昌紀（きむら・まさのり）　　　　　　　　　　　　　　　　［第Ⅲ部］
1978 年　大阪府堺市に生まれる
2007 年　大阪大学大学院人間科学研究科博士後期課程修了
現　在　神戸女学院大学人間科学部講師　博士（人間科学）
［論文］
「対人コミュニケーションの観察に基づく親密性の推論」　心理学研究, 86 巻, 91-101. 2015 年
「関係に対する展望が対人コミュニケーションに及ぼす影響——関係継続の予期と関係継続の意思の観点から」　実験社会心理学研究, 51 巻, 69-78. 2012 年
「社会的スキルとしての対人コミュニケーション認知メカニズムの検討」　社会心理学研究, 26 巻, 13-24. 2010 年

石盛真徳（いしもり・まさのり）　　　　　　　　　　　　　　　［第Ⅳ部］
1973 年　岐阜県高山市に生まれる
2001 年　大阪大学大学院人間科学研究科博士後期課程単位取得満期退学
現　在　追手門学院大学経営学部准教授　博士（人間科学）
［主著・論文］
『コミュニティ意識と地域情報化の社会心理学』　ナカニシヤ出版　2010 年
「写真による高齢者の地域生活把握の試み——写真－ナラティブ誘出法（PEN-A: Photo Eliciting Narrative Approach）による写真とナラティブの内容分析を中心として」（共著）　コミュニティ心理学研究, 18 巻, 42-57. 2014 年

監修者紹介

大坊郁夫（だいぼう・いくお）
1947年　北海道岩見沢市に生まれる
1973年　北海道大学大学院文学研究科博士課程退学
現　在　東京未来大学学長，同モチベーション行動科学部教授，大阪大学名誉教授
［主著］
『わたしそしてわれわれ　ミレニアムバージョン』（編著）　北大路書房　2003年
『しぐさのコミュニケーション――人は親しみをどう伝え合うか』　サイエンス社　1997年
『幸福を目指す対人社会心理学――対人コミュニケーションと対人関係の科学』（編著）　ナカニシヤ出版　2012年

対人社会心理学の研究レシピ
――実験実習の基礎から研究作法まで――

2016年2月10日　初版第1刷印刷	定価はカバーに表示
2016年2月20日　初版第1刷発行	してあります。

監修者　大坊　郁夫
編者　　大谷　淳一
　　　　金政　祐司
　　　　木村　昌紀
　　　　石盛　真徳

発行所　㈱北大路書房
　　　　〒603-8303　京都市北区紫野十二坊町12-8
　　　　電　話　(075) 431-0361(代)
　　　　ＦＡＸ　(075) 431-9393
　　　　振　替　01050-4-2083

©2016　　　　　　　　　　　印刷・製本／創栄図書印刷㈱
検印省略　落丁・乱丁本はお取り替えいたします。
ISBN978-4-7628-2918-5　　　Printed in Japan

・ JCOPY　〈㈳出版者著作権管理機構　委託出版物〉
本書の無断複写は著作権法上での例外を除き禁じられています。
複写される場合は，そのつど事前に，㈳出版者著作権管理機構
(電話 03-3513-6969,ＦＡＸ 03-3513-6979,e-mail: info@jcopy.or.jp)
の許諾を得てください。